A REVOLUTION IN FINANCE

Competition in Internet Wealth Management

金融革命

财富管理的互联网竞争

吴成丕◎著

中国宇航出版社

·北京·

内容简介

本书深入分析了互联网对金融业的影响，勾勒了互联网影响下的金融市场现状和变革的全景，以丰富的案例为基础，剖析了传统金融企业互联网创新、金融超市、信贷网络平台、互联网保险、互联网支付、第三方理财等各类模式，讨论了在以互联网为基础的金融革命中，互联网金融企业的商业模式、盈利模型、创新方法、面临的问题以及可能的变革路径，为互联网金融企业、部门及相关人士提供借鉴。

图书在版编目(CIP)数据

金融革命：财富管理的互联网竞争 / 吴成丕著. --北京：中国宇航出版社，2013.8

ISBN 978-7-5159-0448-1

Ⅰ.①金…　Ⅱ.①吴…　Ⅲ.①互联网络—影响—金融业—研究　Ⅳ.①F830.49

中国版本图书馆CIP数据核字(2013)第154804号

策划编辑　田方卿

责任编辑　田方卿　刘江力

装帧设计　文道思

出版发行　中国宇航出版社

社址　北京市阜成路8号　**邮编**　100830

(010)68768548

网址　www.caphbook.com

经销　新华书店

发行部　(010)68371900　(010)88530478(传真)

(010)68768541　(010)68767294(传真)

零售店　读者服务部　(010)68371105

北京宇航文苑　(010)62529336

承印　北京中新伟业印刷有限公司

版次　2013年8月第1版

2013年8月第1次印刷

规格　787×1092

开本　1/16

印张　27

字数　447千字

书号　ISBN 978-7-5159-0448-1

定价　48.00元

谨将此书献给我的家人：
父亲吴明贵，母亲马仕秀，太太刘亚玲和女儿吴若瑜

To my beloved family:
Minggui Wu, Shixiu Ma, Yaling Liu and Ruoyu Wu

前言：迎接变革的时代

从1987年中国出现第一封电子邮件开始，迄今互联网在中国已经发展了26年。互联网极大地改变了中国社会的观念和模式，成为影响中国发展的重要力量。如今，互联网正深刻改变着中国经济社会最上层、最封闭保守的一些领域。

金融消费者、投资者都对互联网充满了希冀和关注：

未来的互联网金融会是什么样子？互联网时代的银行、保险和证券公司，将会为我们提供什么样的产品和服务？消费者是否可以找到比线下更好的理财方式？利用互联网理财，是否可以抓住更多的机会，规避更多的风险？如何才能找到更令人满意的金融服务商和金融产品？今天，一边是企业对资金的渴求和高昂的融资成本，另一边却是老百姓微薄的金融资产收入，互联网会帮助我们改善这种情形吗？互联网时代，资金的需求与供给会如何对接？腾讯、阿里、百度、京东、宜信明天会在金融领域做些什么？明天的互联网金融企业，是否也会像今天的金融机构一样成为众矢之的？

如果你是金融从业者，你是否会思考：

10年之后，随着利率市场化、费率市场化进程不断演变，金融业还会像今天这样繁荣吗？在互联网的冲击下，传统金融业的美好时光是否将一去不复返？今天的传统金融企业及其业务部门需要什么样的基因，才能继续成为最具活力的企业或部门？传统大型金融企业和新兴互联网企业，将如何开展竞争？移动支付、P2P信贷、互助保险、“众融”模式*（crowd-funding）会成为主流吗？

如果你是互联网创业者，你是否关注过：

平台型网站（电子商务、威客）如何依靠财务管理和金融业务获得盈利（如应

---

* 牛华勇．“众融”模式：颠覆传统金融的革命．中国经济周刊，2013(3).

收应付账款、消费贷款、保证金、诚意金利息收入）？为什么许多互联网企业都在进军金融业？曾经成功做过短信服务、游戏点卡分销的草根创业者，为何又瞄准了移动支付*,** 业务？阿里巴巴为何将金融作为未来的三大战略重点之一？金融业是不是互联网企业的下一片蓝海？SoLoMo 在金融领域会有什么机会？互联网金融竞争的核心是什么？有哪些主要的商业模式？如何创新成功的互联网金融商业模式？

我们有幸生于一个变革的时代。但是，如果我们不主动参与变革，就有可能会被抛弃。用“金融革命”这个词描绘金融业正在发生的这场互联网变革，在谨慎保守的金融业从业人员看来，是否有夸张之嫌？如果一个行业，从生产者、生产工具到生产对象，从生产力到生产关系，都发生翻天覆地的变化；如果一个行业，从供应链、行业格局到企业经营模式，都发生前所未有的变革；如果这个行业中的企业大批新老交替，即便仍然存在的企业，也都变得面目全非，业务结构、组织架构都发生了根本性重组；如果一个行业的消费者行为、产品与服务的生产模式，都与过去截然不同——这难道还不是一场革命吗？

傲慢造成偏见。事实上，1980 年托夫勒《第三次浪潮》将信息社会作为人类社会的一次革命性飞跃时，有不少人嗤之以鼻。在当时的许多人看来，计算机不过是替代了纸和笔的一个输入和存储工具而已。今天，我们是否还会犯同样的错误？

如果对现代商业和现代科学技术的快速发展和深远影响保持一些基于敬畏、直觉的敏感性的话，每一位富有远见卓识的金融企业领导人和战略家，每一位认真思考职业生涯的金融从业人员，都不仅仅需要关注这场革命，更应该深入了解这场革命。不仅仅需要知道身边正在发生什么，还应当思考将要发生什么，今天应当做些什么。

变革会对每一位从业人员带来冲击。计算机和互联网技术，会彻底改变金融业的从业者。10 多年前，我在为企业开发管理信息系统时，曾遭遇到来自员工的强烈敌意。他们敏感地意识到，系统建成之时，就是某些员工离职之日。后来，我在企业基层进行流程优化时，员工也表现出抗拒情绪。因为对现有流程的剖析和再造，既暴露出当前存在的问题，也意味着流程、业务规则、职责、权限、岗位和利益会随着变革而改变。

变革的压力还常常来自企业外部。当一个行业的基本经营模式发生改变时，许

---

* 吴琼．钱袋宝：让支付飞一会儿．绿公司，2012(2).

** 杨杨．钱袋宝：手机支付的惊人速度．中国民营科技与经济，2011(11).

多岗位就可能被调整。我们已经看到，电话销售、网络销售这些新兴营销模式和集中化管理模式，造成包括金融业在内的许多行业，不得不对销售队伍和业务管理团队进行结构性裁员或调整。变革中仍然保留的岗位，也不得不重新定义岗位职责、工作流程和工作技能，以便适应新的环境。但是，从另一方面看，变革又产生了多少新的就业岗位，提供了多么激动人心的机遇，为整个国家和社会创造了多么巨大的价值！如果互联网金融的兴起会降低传统金融业的盈利水平，使传统金融业面临危机，那也难以成为加强管制、阻碍创新的借口，因为由于市场自由化、边际成本减少、生产效率提高、服务质量改善等导致的消费者剩余增加，使得整个社会福利得以增加。

如果说，企业家的责任是让企业赚钱，让员工成长，并能推动社会进步*，那么，互联网引发的这场金融革命，也正在潜移默化地推动社会和行业的进步，并对每位从业人员带来巨大而深远的影响。企业家对待互联网的态度和由此产生的决策，将决定金融企业的战略方向、组织架构、人力资源、供应链和业务流程，并最终决定企业的兴衰与存亡。这场革命不仅仅是技术进步引发，不仅仅是企业领袖发起的，更是消费者、市场竞争推动的。企业或许可以暂时忽略技术变革的影响，但决不能漠视消费者消费行为的巨大变化和竞争对手借此发动的竞争。

今天的变化是惊人的，明天的变化更会超出我们的想像。在金融业这个重视安全和管制的领域里，想像力有时比我们能够认识到的还要宝贵。想像力是创新的源泉，是竞争力的根基。当然，想像力还有一把锁，就是管制所造成的金融抑制。这在中国是个复杂的问题，学界和业界一直在探索解决之道。互联网，或许将是那只“破环之椎”**。“这道理，你懂的。”来自市场的创新力量是强大的，它会推动监管改革。

今天中国互联网金融领域还存在明显的理论与实践脱节的现象。一是教条主义的理论脱离最新实践；二是轻视理论和客观商业规律，投机取巧，急功近利走捷径；三是直接将个别实践甚至冒险的成功当做理论的根基。因此，理论研究者有必要密切关注互联网金融发展的最新动态，发展和完善理论，因为许多创新实践已经颠覆了我们最初对互联网金融的认识。实践者也需要抽出时间进行抽象总结和系统性思考，避免经验主义的错误。

---

* 克雷格·霍尔 (Craig Hall). 负责任的企业家：开创事业的新哲学 . 王志毅译 . 南宁：广西师范大学出版社 .

** 秦始皇尝使使者遗君王后玉连环，曰：“齐多知，而解此环不？”君王后以示群臣，群臣不知解。君王后引椎椎破之，谢秦使曰：“谨以解矣。”(《战国策·齐策六》)

任何类型的互联网金融创新，都有两个核心绕不过去，一是企业拥有的资源禀赋优势；二是价值创造。而具体的价值创造方法，则“应用之妙、维系一心”，简单即有效。

这本书，正是为了对当前的互联网金融实践进行总结提炼，与大家交流创新理论、管理理论而创作的。

这本书是关于：

（1）互联网金融是什么。通过丰富的案例，介绍传统金融业面临的挑战，勾勒中国互联网金融的全景式图像，剖析移动支付和社会化网络对金融业的影响，全面分析 P2P 信贷、互助保险、阿里金融、众融模式等互联网金融模式。

（2）互联网金融的机会和创新模式。透过大量的互联网金融创新实践，直达本质商业规律，系统性地总结互联网金融的创新机会和可能的创新模式，归纳建立互联网金融商业模式和盈利模型的方法。

（3）互联网金融企业的经营管理之道。在互联网创新中，传统金融企业可能面临什么挑战？互联网金融企业在快速成长中可能遭遇什么烦恼？分别应当采取什么策略？数据和模型对于互联网金融企业具有怎样的意义？如何开展互联网营销？如何制订线下策略？如何推进变革？本书将就以上这些问题开展讨论。

所以，如果您：

（1）对金融变革和互联网创新感兴趣。

（2）对互联网企业、电子商务新趋势感兴趣。

（3）对互联网金融企业经营感兴趣。

（4）对这本书的某个具体内容感兴趣。

那么推荐您阅读本书，并将它推荐给有志之士。

互联网金融领域的创新者们深知，尽管通往成功的行程是沉闷艰苦的，但终会迎来大放异彩的那一天。让我们毫不迟疑地张开双臂，迎接互联网带来的金融革命吧！

吴成丕
2013 年 1 月
wu.champy@gmail.com
piccah@hotmail.com
新浪微博:@淡泊思远

目录
CONTENTS

第2章 机遇与挑战

第3章 是蓝海，还是红海?

第1章 现状与问题

财富管理，通俗地说就是理财，即对个人、家庭或企业的财产进行经营，根据财产状况、经济目标和风险偏好，选择适当的金融工具和投资策略，最终达到预期的经济目标。

财富管理的范围包括：现金储蓄及管理、债务管理、个人风险管理、保险计划、投资组合管理、退休计划及遗产安排等。通过财富管理，不仅仅可以增加投资收入，还可以积累更多的财富，提供更大的财务保障，提高生活水平，改善生活质量。此外，财富管理还包括财富安全管理，即通过购买保险产品，规避财务风险，避免意外损失[1]。

本书所说的财富管理是一个广义的概念，与狭义的仅针对高净值人群*的财富管理概念不同，这里是指面向所有可能客户（主要指个人）的财富管理，其中也包括风险管理，因此可以说，财富管理涉及到整个金融行业。

在严峻的经济形势下，中国金融业正进入改革深水区，市场将发生深刻变化。在这个变革过程中，金融业既会面临挑战，也将迎来前所未有的机遇。在金融业改革的过程中，将诞生真正伟大的企业。金融消费者也将获得更多的选择，更丰富的产品和服务。本章为大家讲述：金融行业面临的挑战、变革和当前主要的互联网金融服务模式，并以一位未来金融消费者的案例，来描述未来可能的金融服务景象。

---

* 高净值人群指的是资产净值较高的人群，一般而言，是指中国内地个人持有可投资资产超过600万元人民币的人群。胡润研究院调查显示，截至2012年3月28日，中国满足这一条件的人群达到270万人，平均年龄为39岁，其中个人资产达到亿元以上的高净值人群数量约为6.35万人，平均年龄为41岁。2013年1月中旬，中国建设银行联合波士顿咨询公司发布的中国财富管理市场报告显示，中国的高净值家庭主要分布在东南沿海经济发达地区，年龄主要分布在40~49岁，男女性别比例较为均衡，为1.27:1，大专或本科的教育程度占到六成以上。

第一节　财富管理市场的现状与问题

从表面上看，中国金融业可谓欣欣向荣，无论规模还是效益，在全球都处于良好水平。以银行业为例，2011 年底，上市公司总市值达 21.48 万亿元人民币，位居全球第三位[2]。2012 年，中国商业银行利润近 1.24 万亿元人民币，连续 4 年创历史新高[3]。2011 年 6 月底基金总规模为 2.36 万亿元人民币，较 2001 年增长近 28 倍[4]。2011 年全国实现保费收入 1.43 万亿元人民币，同比增长 10.4%，是 10 年前的 6.78 倍[5]。保险公司总资产达到 5.9 万亿元人民币，是 2001 年的 12.85 倍[6]。

表面的繁荣也存在隐忧。我们隐约可以感觉到，山雨欲来风满楼，金融行业的竞争正日趋激烈，金融企业的盈利能力还有待提高，迫切需要寻找新的盈利模型。数据显示，中国银行业的净利润增速明显放缓，2012 年净利润同比增长 18.9%，相较 2011 年的 36.34% 大幅回落。资产利润率同比也出现下滑。

目前，中国财富管理业者包括商业银行、证券公司、保险公司、信托公司、基金公司以及第三方理财机构等。根据国泰君安的研究报告[7]，财富人群选择的财富管理机构中，商业银行和证券公司分别占 60% 和 20%，因此这里主要讨论这两大行业。

一、商业银行财富管理业务现状

商业银行一般按资产值将中高端客户分为理财客户、财富客户和私人银行客户三个层级，后两者为高端财富管理的目标客户群。目前，银行业财富管理的概念主要针对高净值人群，其中又以私人银行业务最为典型。

（一）行业主体

截至2010年底，中国有129家银行机构提供财富管理服务。其中包括五大国有商业银行，12家股份制商业银行，16家外资银行，95家城市商业银行，中国邮政储蓄银行以及部分农村合作社。

面向高端财富市场的私人银行业务在2006–2011年中呈现爆发式增长。20多家商业银行先后推出了私人银行业务[8]。客户数量和管理资产规模增长迅猛。如，2011年中国银行私人银行客户数增幅超过60%，私人银行客户资产规模达到3000亿元人民币[9]。

（二）市场格局

目前，中资银行在大陆财富管理市场中占据绝对优势，85%的高净值人群选用中资私人银行进行财富管理。原因包括：中国客户资产以人民币为主；本土商业银行拥有庞大客户基础；本土商业银行在服务网络与资源等方面更具优势。

与此同时，中资商业银行也面临着如下挑战。

（1）原有中资商业银行市场地位的获得，很大程度上依赖于中国经济的高速增长和存量客户资产的高速增长。从市场份额看，外资银行从无到有，已经在部分客户群中取得突破。

（2）随着利率市场化改革和中国经济的结构调整，中资商业银行之间对客户资源的竞争将日益加剧，中资商业银行将开展费用率的竞争。

（3）新兴股份制商业银行通过增强在中、小、微客户的市场竞争力，同时占据对高端客户专业市场的竞争优势，逐步蚕食传统大行的部分细分市场。

（4）其他渠道如第三方理财机构的发展，包括互联网企业的跨界发展（如阿里金融），将对银行业形成巨大挑战。

（5）中国高净值客户的资产全球化、多元化配置，尤其随着移民潮兴起带来的资产转移，将对缺乏全球化布局和国际化竞争力的中资金融机构产生影响。

（6）在产权制度、激励机制、客户关系管理、专业服务、产品创新、整合营销、国际化等方面，中资银行距离国际先进水平尚有一定差距。

（三）产品与服务

银行业财富管理的业务范围涵盖财务咨询、委托理财、外汇、代理税务、代收、慈善、养老、医疗、教育等生活领域，除提供财务管理、资产管理、遗产管理、慈善管理、信托管理及其他增值服务外，还在开发多元化、个性化、具有吸引力的金融产品。

（1）为客户量身订制理财规划，包括现金储蓄及管理、债务管理、税收、个人风险管理及保险计划、投资组合管理、不动产管理、退休计划、遗产安排、业务可持续性发展计划等。

（2）提供资产管理服务，针对客户需求开展投资组合管理。

（3）提供信托服务，按照信托契约受托持有和管理委托人资产。

（4）按需设计投资产品。

（5）托管服务，通过保管、记录、报告、交易结算、收入归集、资金分配以及其他特殊托管服务，支持客户投资活动。

这种多元化的私人银行业务在为客户提供综合服务的同时，也扩大了收费业务领域，并可以获取利差收入。此外，商业银行以私人银行客户需求为依托，在私人银行平台上整合信托、证券、基金、保险、PE* 等领域的资源，构建起资产配置与投资管理体系[10]。

私人银行业务带动了信托、PE、阳光私募的快速发展，但也面临着分业经营限制，缺乏自主资产管理能力，投融资一体化服务不足等问题。未来，中国私人银行服务将从卖产品向卖组合、卖方案，再到全权委托资产管理的模式转变。

就目前看来，国内商业银行的财富管理业务，仍主要以产品销售为导向；而国际上，商业银行的财富管理，通常需要根据客户多方面需求提供相应的服务，除了资产配置外，还包括税务规划、婚前财产信托、遗产继承、子女教育、企业咨询融资等服务。

（四）普通客户财富管理

中国财富市场具有总量大、平均水平低、贫富差距巨大、财富集中度高的特点。对于数量巨大、财富水平较低的大多数家庭，商业银行也提供财富管理服务。

在银行业务中，财富管理属于零售业务范畴。发达国家商业银行的零售业务是其主要盈利来源，零售业务收入在盈利中占比的上升是大势所趋。对于国内银行而

** PE，即私募股权投资（Private Equity）。当前国内外对私募股权投资的含义界定不一，主要有广义和狭义之分。广义的私募股权投资是指通过非公开形式募集资金，对企业进行各种类型的股权投资。这种股权投资涵盖企业首次公开发行前各阶段的权益投资，以及上市后的私募投资等。狭义的私募股权投资主要指对已经形成一定规模，并产生稳定现金流的成熟企业的私募股权投资。私募股权投资通常以基金方式作为资金募集的载体，由专业的基金管理公司运作，如大家熟知的凯雷集团、KKR、黑石集团和红杉资本等国际知名投资机构，就是私募股权投资基金的管理公司，旗下运行着多只私募股权投资基金。

言，随着利率市场化的深入，批发业务利润逐渐下降，商业银行开始高度重视零售业务。如招商银行2004年开始转型，其零售银行业务利润占比逐渐上升，2012年已超过30%。

私人银行业务目前盈利尚微，商业银行零售业务盈利主要来源于传统零售业务。如招商银行，其零售资产主要包括房贷、经营贷、信用卡贷款、消费贷款、汽车贷款等，零售负债主要是储蓄存款，高净值客户带来的盈利通常占80%左右。然而近年来，商业银行利用理财产品、保险产品等吸收存款的趋势日益明显。

因此，对于普通客户，商业银行所提供的财富管理工具主要就是存款和理财产品，以及基金、保险、信托产品等。尽管有存款理财化趋势，但存款占比仍然很高。2012年，中国工商银行、中国建设银行、中国农业银行活期存款占比仍在50%左右[1]。

二、证券公司财富管理业务现状

2010年年末，广发证券正式引入了投资银行财富管理的概念。目前有十多家综合类券商通过设立财富管理中心或财富俱乐部进入财富管理市场。证券业受制于分业监管，客户的存款、投资账户互相分离，难以为客户提供统一账户下的资产规划，致使其发展受到很大限制。

（一）财富管理业务规模较小

与银行、保险等行业相比，证券业在财富管理业务方面处于竞争劣势。

（1）资产规模小。银行、保险、信托业得益于相对宽松的监管而逐步扩大，证券业面临被边缘化的危险。证券业资产管理的规模仅为银行的2%，保险的26%，信托的33%。

表1-1 证券业不同规模客户占比

金额	占比
1万元以下	35.67%
1万~10万元	49.16%
10万~50万元	12.67%
50万~100万元	1.51%
100万~500万元	0.89%
500万~1000万元	0.06%
1000万元以上	0.04%

（2）客户规模小。截至 2012 年 4 月，A 股自然人持仓账户数约为 5600 万，其中流通市值在 10 万元以下的账户占比高达 85%；市值在 50 万元以下的账户占比高达 98%[12]。排名前十位的券商，拥有的高净值客户存量户数约为 5.65 万户，平均每家 5600 户，对比同等级商业银行私人银行客户数 15000 户的均值，差距不小。

（3）服务资源少。已上市的证券公司中，13 家在 2010 年年报中披露了其服务网点、从业人员数量，其中规模最大的中信证券，营业网点数仅为 270 个，所有证券业服务网点也仅 5000 个左右，而保险业是 2 万个，银行业超过 20 万个。

（二）主要收入为佣金手续费

根据 2010 年全国 86 家综合类券商的经营数据（占全部 109 家证券公司的 78%），总体实现营业收入 2090 亿元，其中佣金手续费收入为 1570 亿元，占比为 75%。这个收入比与美国 20 世纪 70 年代证券业水平相当，市场发展阶段也相似。

（三）通过产品创新大力发展资产管理业务

券商业务的创新品种，主要模仿或自行研发类似于国外投行性财富管理机构所提供的产品线。

（1）保证金现金管理。券商于每日收盘后，自动抓取签约客户存放在证券账户内的闲置保证金，用以投资银行活期、定期存款及货币市场工具[13]。

（2）证券质押贷款。2011 年 3 月，银河证券面向资产规模 500 万元以上的客户，推出“金时雨”短期融资业务。客户质押证券获取的贷款，可以投资于证券外资产。

（3）另类投资。2011 年 9 月，广发证券宣布以不超过 20 亿元设立另类投资公司，主要从事《证券公司证券自营投资品种清单》所列品种之外的金融产品等投资。

三、财富管理市场存在的问题

（一）难以满足客户需求

在分业监管体制下，商业银行在产品创新上受到局限，必须与其他金融机构协调配合，进行销售代理，无法进行高效率的产品创新和开发。证券公司客户账户是一个受局限的投资账户，只能进行股票、证券投资基金、交易所债券等有限资本市场投资品种的交易，无法在同一账户下参与商品与金融期货、商品市场、保险、货币工具等的投资。金融机构难以从全市场、全产品线的角度，对客户资产进行规划和配置。

由于分业经营，渠道、投资专业能力等长期分离，难以为消费者提供良好的产品和服务。不同行业之间套利空间巨大，助长了短期行为，不利于市场的扩张。

（二）产品与服务不完善

2011年年底，居民拥有金融资产49.5万亿元，绝大部分是存款和现金，基金仅占6%。截至2012年12月31日，基金业管理总资产达3.6万亿元，其中管理的非公开募集资产（社保基金、企业年金和特定客户资产）规模7481.79亿元，占20.7%。近年来，随着银行理财产品的快速发展，这种富有中国特色的模式，凸显出优质产品和服务的缺乏。

（1）产品与服务单一。私人银行的投资领域主要集中在货币市场和债券市场，金融产品和服务非常有限，一种是投资于信贷资产、票据资产等工具的固定收益产品，另一种是挂钩类的理财产品。这些业务技术含量低，容易出现同质化，缺乏核心竞争力。对冲基金、另类投资、结构性产品以及财产信托等私人银行产品则比较少，但这类产品在国外已经非常普遍，是私人银行的主流产品。

（2）产品同质化严重。商业银行面向财富客户和一般理财客户的产品差别不大，服务同质化倾向明显。如依照资金进入门槛和风险承受程度，向客户提供诸如传统的现金管理工具、结构性产品、不动产基金、资产基金、信托产品、私募基金、对冲基金、QDII共同基金，以及与其他指数挂钩类投资工具。中国私人银行没有突破传统零售银行的模式，提供的服务与银行理财产品重合度高，仍然以“卖产品”或者“卖组合”为主。在这些产品中，私人银行设计的产品与向理财客户行销的产品雷同。经营同质化严重，致使客户忠诚度低。

（3）服务能力有待提高，服务价值尚未充分体现。如私人银行的经营模式是产品导向，缺乏差异化定位。当前正从“卖产品”转向“卖组合”，再到全面财富管理解决方案发展，最终提供全权委托资产管理等综合金融服务。

（三）主体有待多元化

国外财富管理市场中银行所占比重较小。在我国，由于长期历史原因，银行业占有绝对的优势，导致其他行业受制于银行渠道，始终处于供应链中利润被高度压缩的一环，为银行打工。

另一方面，银行专业人才匮乏、不如实告知、过度营销等情况严重，银行业自身的产品供给能力和服务能力严重不足，难以满足消费者的投资需要。

银行理财产品虽然规模庞大，但产品法律定位不清晰，资金池设计产品不合规定，结构化产品混淆，以及风险难以控制，投资股市受限[14]。保险公司、证券公司与银行的财富客户高度重合，竞争性强，合作日益艰难。

对银行来说，由于其对其他行业产品依赖程度高，常常扮演渠道角色。受制于分业经营，国内的私人银行尚不能直接开展资产管理业务。私人银行高收益的特色投资产品须借助信托、证券和 PE 等“供应商”，商业银行仅仅扮演代销角色。

近年来，我国基金业在全球排名处于十强之外，总体资产管理规模刚达到 3 万亿元人民币，其中专户业务只有 1000 多亿元人民币。2011 年年底，基金公司持有的流通股只占到沪深两市的 7.71%。

从产品结构看，国内基金公司主要以公募基金等零售产品为主，主要是自己发行基金产品，并直接投资于基础投资品种，海外机构管理的资产，既包括公募基金，也包括大量的私募计划和专户产品。此外还包括投资 FOF（Fund of Funds, 基金产品的基金）和通过选择基金管理人来管理资产的 MOM 等模式 *。

证监会鼓励基金公司“夯实公募业务，拓展私募业务，开拓国际业务，加快向现代财富管理机构转型”。根据 2012 年 11 月 1 日起正式实施的《证券投资基金管理公司子公司管理暂行规定》，三家基金专项子公司工银瑞信投资管理有限公司、嘉实资本管理有限公司和平安大华汇通财富管理有限公司挂牌成立，开展特定客户资产管理业务以及中国证监会许可的其他业务，将包括但不限于非上市股权、债权和其他财产权利业务 [15]。

进入资产管理行业的主体日益增多，导致竞争加剧。原来信托产品最低购买份额为 100 万元，而突破信托投资期限和资金门槛的新形态信托产品正在涌现，部分信托产品开始尝试信托基金 (FOT，Fund of Trust)。FOT 是一种小信托产品，投资门槛可降到 20 万元甚至 10 万元以下 [16]。

（四）盈利模型单一且面临挑战

1. 银行收入依赖于存贷款息差收入

存贷款息差收入是我国银行业最主要的盈利来源。2011 年，大多数全国性商业银行的利息收入比 ** 在 80% 以上，全国性商业银行净利息收益率 *** 在 2%~3%

---

* MOM(Manager of Manager) 模式，是指基金管理人通过跟踪、研究基金经理投资过程，挑选长期投资风格稳定并能获得超额回报的基金经理，以投资子账户委托形式让他们负责投资管理的一种投资模式。

** 利息收入比是净利息收入占营业收入的比重。

*** 考察商业银行利息收入能力的重要指标是净利息收益率和净利差。净利息收益率 (NIM) 是净利息收入与平均升息资产总额的比率，考察单位生息资产所创造的利息收入；净利差 (NIS) 按日均生息资产收益率与日均计息负债付息率的差额计算。

之间。

随着我国继续实行适度宽松的货币政策，加快利率市场化进程，实施非对称性降息，在宏观经济下行压力增大的情况下，我国银行业净利差和净利息收益率将高位见顶、回落并逐步下行，全国性商业银行尤其是股份制银行，在资产结构、发展模式、经营效率等方面开始提前调整，如加快发展支付结算类、银行卡类、与理财业务相关的资产托管类以及与贷款相关的咨询顾问类业务等中间业务。但2011年全国性商业银行的中间业务*占比（中间业务净收入占营业收入之比）仍只有18.39%。2010年，我国银行业净息差约为2.51%，低于美国银行业整体净息差水平的3.83%[17]。但这个息差反映的是银行业的成本结构，而非净利润水平，发达国家净息差收入比远低于我国银行业，不同银行差异较大[18]。

根据发达国家和发展中国家的实践经验，中国利率市场化将导致商业银行净息差收窄。我国现在仍然实行存款利率上限和贷款利率下限管制，在信贷资源仍较稀缺的形势下，贷款利率下限管理并未发挥作用。一旦将来利率管制完全放开，各竞争主体如果采取价格战，将在吸收存款时抬高存款利率，在争取低风险贷款客户时降低贷款利率，净息差水平必然降低。这不仅仅是银行之间的竞争，还是存款产品与其他金融产品如理财产品、国债逆回购、货币基金等之间的竞争。

我国利率市场化进程于2012年重启。在2012年6月8日和7月6日，金融机构人民币存贷款基准利率及其浮动区间经历两次调整。金融机构人民币1年期存款基准利率累计比调息前下降0.5个百分点，上浮区间扩大到基准利率的1.1倍；1年期贷款基准利率累计比调息前下降0.56个百分点，下浮区间扩大到基准利率的0.7倍。银行业理论上的最小利差已由原来的3.06%骤降到0.9%。

2012年6月8日存贷款基准利率调整当天，五大国有商业银行1年期内存款利率全部出现不同程度的上浮，接近上限标准。而中信银行、民生银行和光大银行也相继宣布了利率调整政策，多次调整其存款利率，最终和小银行为伍，1年期及以内存款利率达到浮动区间上限，即基准利率的1.1倍[19]。

---

* 中间业务是指商业银行作为中间人参与的金融服务，其收入反映为利润表上的"手续费及佣金收入"。判别中间业务的重要标准是商业银行利用自己的人才、网点和系统等资源提供收费服务，其自身并不作为交易主体参与业务并承担风险。

近年来全国性商业银行中间业务持续大幅增长，主要受益于资本市场趋于活跃、银行加大拓展力度、银行理财产品快速增长等多种因素。2011年，在资金紧张的市场环境下，与信贷业务有关的中间业务，如贷款承诺费、融资顾问费等，更是得到迅猛发展。这里选用中间业务净收入和中间业务净收入占营业收入的比例两个指标，评析全国性商业银行的中间业务情况。

伴随着银行息差收入下降，银行业遭受空前的压力，上市公司股价一跌再跌，银行未来的盈利能力受到严重质疑。按照2011年大多数全国性商业银行80%的利息收入比计算，将息差降低0.5个百分点并迫使整个银行业加入竞争，假设存贷款业务规模不变，中国工商银行的营业收入将会下降15.6%。

银行利率下调后，银行收入会受到一定影响。2012年招商银行中报显示，受降息的影响，招行收入减少约8亿元[20]。

招行行长马蔚华认为，利率市场化后，银行的借贷利差肯定会缩小。目前招行的利差不到3%，而已施行市场化利率的台湾银行业的利差仅1.2%左右[21]。事实上，如果银行业开展自由竞争，不排除某些银行会出现亏损现象。

河北省肃宁县尚村农信社已于2012年正式进入破产司法程序，成为全国首家被批准破产的农村信用社。类似濒临破产的农信社不在少数。而相应退出机制的真正建立和顺畅实施，将成为利率市场化的必要结果和完成的前提。

2. 财富管理部门尚未形成成熟的盈利模型

银行业财富管理部门收入来源较为单一，主要为销售或代销理财产品获取手续费。即使是私人银行，其收费模式也仍以销售手续费为主，佣金和咨询费尚未被普遍接受。如信托产品的代销费为1%~3%，PE产品则为3%左右。根据银监会2011年年报，手续费及佣金净收入占银行业金融机构收入的14.0%。在国际上，私人银行的利润贡献水平在30%左右，花旗银行有近35%的利润来源于私人银行业务。

国内银行的私人银行部门尚未形成稳定成熟的盈利模型。由于私人银行前期需要投入大量资源、精力、时间，需要建立和维护客户关系，搭建产品服务体系，建设会所等，因此短期内很难实现盈利。

目前，绝大多数商业银行的私人银行业务仍然处于亏损状态。公开数据显示，宣称私人银行部门实现盈利的商业银行，仅有中国工商银行和招商银行。工行的私人银行2010年盈利近亿元，资产管理、代理业务和顾问咨询三大板块的贡献，占业务收入的比重分别为52%、40%和8%[22]。富人通过银行理财的习惯，将随着新的第三方机构进入以及理财产品多元化逐渐改变，这对银行的渠道地位将形成挑战[23]。

公募基金收入依赖于收取固定管理费。2008—2011年，以国内A股为主要投资方向的基金规模，占A股流通市值的比例分别为28.83%、14.75%、10.93%和13.35%[24],[25]。从目前基金公司发行基金产品的收费看，申购（认购）费、赎回费以及管理费为其主要收入来源，其次还包括少量专户理财产生的业绩提成等。其中，收取固定管理费是基金公司获得绝大部分收入的途径，每年计提基金资产0.6%~1.5%不等的管理费，已经成为基金公司的主要固定收入。

只要公募基金产品规模保持稳定，相对排名靠前，不管产品绝对收益如何，就可以吸引投资者前来申购，基金公司即可坐收管理费[26]。但这种盈利模型也会造成恶性循环：公募基金管理水平低，绝对收益缺乏吸引力，只能依赖渠道推广，因此基金公司一方面收取固定管理费，一方面又不得不支付大量营销费用。这种牺牲投资者利益以讨好渠道的行为，绝对不可持续。事实也已经证明，这种方式已难以为继！

以2011年、2012年为例，股票市场下跌本是基金建仓的最好时机，但公募基金却发行困难。原因就在于，以相对收益比较，公募基金自认为管理的基金已经达到目标，但对投资者而言，亏损却是实实在在的损失，自然不会有人再买账。与之相对应的是，私募基金为了吸引资金，会向投资者作出保证，加大跟投比例，甚至不惜面向员工筹资。

第二节　传统金融业的变革

中国金融业前景广阔。2012年11月，中央提出2020年城乡居民人均收入倍增计划，可以预见，私有部门的财富仍将保持较快的增长。中国金融市场利润丰厚，外资、民营资本、产业资本垂涎已久，竞争主体将随着市场开放而继续增加。

随着包括保险费率市场化改革、银行利率市场化改革、上市公司IPO制度改革等在内的金融市场机制改革，整个金融业的客户需求、市场形势、经营模式都将发生变化。保险业已率先经历了变革的十年。现在，新一届政府高举改革大旗，许多金融从业者已经意识到，包括保险业在内的整个中国金融业，都将面临变革的风暴。

一、金融市场发展趋势

（一）客户需求更趋多元，风险偏好更趋中性

人们的风险偏好与经济形势有极大的关系。在通胀时期，出于保值的需要，人

们会偏向于收益更高、风险也相对较高的积极策略；通缩时期，人们会倾向于相对保守的策略。

招商银行总行行长马蔚华认为[27]，经历了2008年以来的金融危机之后，投资者对风险的认识更加深刻，风险偏好趋于中性和稳健。贝恩咨询调查显示，2011年，全球约70%的投资者倾向于在控制风险的前提下获得中等收益，比例比2009年大约提高了10个百分点。随着2012年民间借贷风险集中暴露，许多居民家庭开始重视风险控制，风险偏好趋向保守。

在价值偏好方面，高净值人群的价值偏好依然是追求更多财富，但其重要性已经从2009年的38%下降到2010年的22%。与此同时，追求高质量生活、财富安全、财富继承、子女教育等偏好明显上升。

在产品和服务偏好方面，多元化的配置，特别是横跨货币、资本、房地产、贵金属、衍生品、私募股权、艺术品等市场的综合性理财方案更受欢迎。

由于客户需求和偏好发生改变，财富管理投资组合也将发生结构性变化。比如房地产投资占比下降。房地产在富裕人群投资组合中的占比从2006年的24%下降到2012年的15%。与此同时，房地产中实物投资的比重也在降低，而房地产投资信托基金的比例则迅速上升。其次，另类投资受到关注。其中私募股权、对冲基金、结构性产品的增速尤其迅猛。再次，区域配置从单一化向全球化发展。

（二）综合金融服务全业务化

随着经济全球化竞争及客户需求的丰富，混业经营将是大势所趋。金融机构在建立防火墙的前提下，要通过信息系统，向客户提供无缝连接的系统化综合金融服务。

目前，各金融监管部门出于发展的需要，鼓励所辖行业拓展业务领域，抢占广义的财富管理市场。例如，保险集团努力获得全业务牌照，积极争取基金销售资格；证券业、基金业进军财富管理；银行系纷纷建立自身主导的保险公司、基金公司等。

互联网时代，客户与金融机构之间的信息不对称程度将逐步削弱，客户具有更多的议价权，更强的消费自主性，更低的交易成本，会更频繁地更换供应商。谁能把握客户消费端口，谁就能掌握整个供应链话语权，获取更大的利润空间。因此，各类金融机构都在拼抢金融消费端口，以增强对渠道的掌控能力。

为了满足客户需求，同时也由于金融危机的冲击，财富管理机构重组频繁。各家财富管理机构都致力于通过整合资源，集中为核心客户和高价值客户提供更有竞争力的服务。如全球最大的财富管理机构瑞士银行宣布，将由“银证保”全业务覆盖转为专注于财富管理、投资银行和资产管理这三项核心业务。

全业务模式的发展趋势，实际上反映了金融机构在降低客户获取成本（通过规模经济、产品经济）、增强客户服务能力、降低客户端交易成本等方面为建立竞争优势所作的努力。

（三）财富管理盈利模型多元化

长期以来，财富管理以佣金和手续费作为盈利来源，比重高达90%。在这种模式下，财富管理机构和客户之间容易发生利益冲突，发生过度营销、不如实告知等，损害客户利益，影响客户忠诚度。

目前财富管理机构正逐渐转向按客户资产规模和专业理财服务收费，这样可以有效地减少客户承担的风险，增加客户信任，提高客户的忠诚度。美国已经有50%的机构开始这样收费，而10年前这个比例还不到3%。

（四）金融监管理念和技术日臻成熟

金融监管机构在提高金融机构国际化竞争力，增强金融业创新和供给能力，服务实体经济改革发展，保障金融安全，保护消费者利益等几大领域，管理水平都在逐步提高。

2008年金融危机爆发以来，国际社会对财富管理机构采取了强化信息披露等措施，建立防火墙，并且把影子银行*纳入监管的范畴，规范衍生品交易，以最大限度地保护投资者利益。可以说金融监管机构的监管理念和监管技术日臻成熟。

（五）竞争更加不均衡

由于货币电子化，资金转移流动更加便捷，金融业内部跨行业竞争更加突出，竞争不均衡状态进一步加剧，马太效应充斥着整个行业。

一是银行资金脱媒，流向越来越发达的金融市场，包括股票、债券、信托、私募基金和民间借贷。

二是互联网“只有第一、没有第二”的规则，使得领先者的竞争优势更加明显，产业集中度进一步加剧。与此同时，市场分化更明显，专业优势突出的企业将得以

---

* 2011年4月，金融稳定理事会(FSB)将影子银行(Shadow Banking System)定义为：银行监管体系之外，可能引发系统性风险和监管套利等问题的信用中介体系。中国影子银行主要体现在信托、担保、小贷公司、典当行、地下钱庄等。

快速成长。

三是市场格局变化速度加快。基于信息社会，尤其是网络社会企业和产品口碑传播迅速的特点，企业成长与淘汰速度将进一步加快。

（六）互联网推动金融业务创新

目前，基于互联网技术的新兴财富管理机构正在迅速成长。

美国嘉信理财曾经是一家传统证券经纪商。20 世纪 90 年代中期，嘉信理财公司预见到，互联网将成为中小零售客户重要的营销工具，于是率先发展互联网在线交易系统，公司业务随后飞速发展，迅速成为美国最大的在线证券交易商[28]。目前该公司已成为美国最大的金融服务公司之一，2011 年为 810 万客户管理着 1.65 万亿美元资产[29]。

美国 Mint 公司则在互联网和智能手机平台推出集银行账户、信用卡、基金、个人养老账户、房贷于一体的账户管理体系，并提供消费、投资、现金流和收支预算等统计分析功能，2009 年一上线就吸引了 100 万客户，两年内迅速成为美国最大的个人理财网站。

在国内，随着电子商务发展，基于互联网的第三方理财机构、第三方支付机构、P2P 信贷*平台等正不断崛起，有力地冲击着传统金融市场。

可以预见，未来的金融业务将越来越多地转移到互联网上。

二、中国的银行转型

银行业原有的粗放式增长模式已难以为继。中国自 2003 年开启国有银行股份制改革（包括政策性银行和农村信用社改革），以极其高昂的代价使中国国有银行的资产负债表趋向好转。一方面，央行自身资产负债表恶化，据测算，中国央行和中国财政为银行业改革累计支付了 3.6 万亿元人民币的成本[30]；另一方面，非市场化的利差驱动模式牺牲了更大的金融消费者剩余；再次，非市场化的资本市场，造成了资金运用与配置低效率，整个国民经济发展付出的机会成本远远高于银行业的

* P2P 信贷，简单地说，就是有资金并且有理财投资想法的个人，通过中介机构牵线搭桥，使用信用贷款的方式，将资金贷给其他有借款需求的人。其中，中介机构负责对借款方的经济效益、经营管理水平、发展前景等情况进行详细考察，并收取账户管理费和服务费等收入。P2P 信贷在国内发展初具雏形，但目前并无明确的立法。随着网络的发展和金融改革不断深入，这种金融服务的正规性与合法性会逐步加强。在有效的监管下发挥网络技术优势，P2P 信贷可以实现普惠金融的理想。

利润。

在外部经济形势与内部发展变革的要求下，银行业必须开始进行基于发展模式的转型，包括完善营销体系（发展零售、中小企业和中间业务、行业客户、供应链业务）、提升产品开发能力（开展产品创新，提高定价和风险管理能力）、加强成本控制（降低资本消耗、控制财务成本、压缩管理费用）、实施客户战略（加强客户关系管理、增强盈利业务和客户的市场竞争力）和信息技术战略（提升生产效率、开展管理模式、经营模式创新）等。

面对利率市场化的竞争策略，银行与当年财产保险业面对费率市场化进程的选择类似，亦将面临两难局面。一方面，紧跟竞争对手，可能会降低利润率；另一方面，坚持原有利率体系，可能会流失客户。平安、民生、兴业、招商以及其他采取进取策略的中小银行，最终会选择最有竞争力的价格策略，且终将带动整个市场进行广泛的价格竞争。市场格局将出现新的变化，定价能力和风险控制能力将决定银行成败，银行成本管控和流程优化将迈上一个新的台阶。

第三节　主要的互联网金融服务模式

目前国内市场上主流的互联网金融服务模式有哪些呢？这里列举一些重要的模式，包括：传统金融企业的互联网业务、金融集团综合金融服务平台、第三方垂直电子商务、电子商务平台、第三方理财软件、其他互联网企业、产业资本等。

一、传统金融企业的互联网业务

（一）互联网营销

传统金融企业通常通过设立电子商务部门，建设官方网站来销售金融产品：银行广泛通过互联网开展品牌宣传、产品推广、客户服务；保险公司进行网络直销；证券公司推广网上营业厅；基金公司进行网上直销。

传统金融企业已经广泛使用了主流的互联网营销推广工具，包括网络广告推广、事件营销、口碑营销、博客营销、微博营销、微信营销、论坛营销、关系营销、病毒营销、搜索引擎营销、SNS 营销、线上线下互动，等等。互联网营销已经成为传统金融机构不可或缺甚至是主要的营销工具。

近年来，传统金融企业加大网络营销力度，已经从早期的初级应用，发展到全面利用互联网技术，通过优化整合内部业务流程及网络销售渠道，建立基于互联网技术的核心竞争优势。由于金融企业的工作内容以信息为主，因此互联网应用深度高于其他传统行业。作为竞争优势的核心要素，互联网也发挥着更大的作用[31]。

（二）基于互联网的核心业务系统

较为典型的网上银行案例，就是招商银行的“一网通”。时至今日，招商银行已经建立了较为全面的互联网服务体系，个人银行服务包括储蓄、投资、理财、私人银行、出国金融、个人信贷、日常生活支付等。投资理财包括通过网上银行购买基金、保险、黄金、外汇、债券、理财产品等。同时还提供企业银行服务、信用卡服务等业务。招商银行借鉴 Web2.0 模式*，于 2010 年专门推出了“i 理财”，建立相对独立的关系型零售银行门户网站，向消费者提供个人理财门户的体验。

保险业，尤其是财产险，基于车险电话销售的经验，在互联网与业务流程深度整合方面走得很远。对于网络销售，则从网上投保开始，就与线下展业部门进行互动，实现自动核保、网上出单，如有需要，还可以提供送单服务。客户不仅可以通过网站进行续保、咨询等，而且网络整合了理赔流程，可以进行报案（如手机上的移动互联网应用）、跟踪赔案等活动。包括中国人保财险、平安财险等在内的业界领先企业，内部业务系统已经全面应用了互联网，如车险远程定价系统、出单系统、核保系统、理赔系统等。

（三）中国人保财险案例

作为亚洲最大的财产险公司，中国人保财险非常重视网销等新兴渠道建设。电子商务官方网站推出了包括车险、家庭保险、意外保险、旅游保险、责任保险在内的适合个人及家庭购买的保险产品和保险卡产品，提供包括保单查询、下载等保单管理服务，提供理赔跟踪等服务。同时，企业也可以通过网站进行货运险、旅行社责任险、企业财产险、员工保障计划、责任保险、建筑安装工程险等险种的预约投保[32]。

中国人保财险网络销售中心 2010 年底开业后，在电子商务领域大力拓展，不断丰富产品线，网络销售业务增速迅猛。车险营销渠道主要包括车商、经纪代理、

---

* Web2.0 是相对 Web1.0 来说的新一类互联网应用的统称。Web1.0 的主要特点在于用户通过浏览器获取信息。Web2.0 则更注重用户的交互作用，用户既是网站内容的浏览者，也是网站内容的制造者；不仅仅是互联网的读者，同时也成为互联网的作者；由被动地接收互联网信息，向主动创造互联网信息发展。

银保、个人代理、直销业务员和新兴渠道等，其中电话销售和网络销售等新兴渠道，受到中国人保财险公司的格外重视。2011 年，电话销售保费收入为 124.5 亿元，同比增长 2.6 倍；网络销售业务全年保费收入达 13.7 亿元。

新渠道既能够解决成本问题，又能够解决客户的便利性问题，潜力很大。从发达市场和同业公司经验来看，新兴渠道业务的费用率一般比较低，赔付率略高，总体盈利水平较好[33]。中国人保财险总裁王银成表示，公司以后还要继续加强电话销售、网络销售等新兴渠道建设，实现新兴渠道业务持续快速增长。据媒体报道，2012 年新兴渠道保费目标 300 亿元，其中网销挑战目标 80 亿元[34]。

图1-1 中国人保财险在百度搜索引擎中的页侧广告及百度竞价关键词

二、金融集团综合金融服务平台

金融集团推出的单一账户产品，是一种客户投资理财和风险管理工具，面向网银（银行、信用卡）、保险（寿险、产险、养老金、健康）、理财（证券、信托）用户。如中国平安推出的平安一账通。

该产品通过账户管理技术，可以将消费者名下的中国平安账户和其他机构的网银、信用卡、证券、基金、第三方支付、社保、通信、航空、电子邮箱等 50 多个网上账户添加到一账通，进行统一管理。对于个人客户来说，只需一个账户，一套密码，就可以一站式登录。在这个账户之下，客户可以在平安集团旗下各专业子公司购买不同类别的金融产品，包括保险、证券、基金等。

不过，尽管相关金融集团在内部数据挖掘、整合客户资源和内部资源、优化业务流程等方面开展了大量工作，但受制于分业经营、分业监管的限制，目前综合金融服务平台对于业务的整合还有待深入。

三、第三方垂直电子商务

（一）垂直商城——以中民为例

以保险为例，10 年前开始的早期中国保险门户网站标杆是易保、中国保险网等，但这类网站未能选择适当方式切入保险产业核心价值链，因此发展缓慢[35]。目前，国内保险垂直门户商城包括大童、向日葵、中民等。国外可以参照的网站是纳斯达克上市公司 insweb 及 QuoteSmith、QuickQuote、SelectQuote 等网站[36]。需要提醒的是，试图将国外模式照搬到中国来的尝试，大多未能取得成功。

在中国，简单易行的商业模式容易获得最初的融资，并能“野蛮成长”，在短期内获得成果。成立于 2008 年的中民保险网，是深圳中民保险经纪旗下的保险电子商务网站，其本质就是网上保险商城。中民保险经纪是全国性、综合性保险经纪公司，通过与保险公司合作，在线销售多家保险公司的 100 多种（款）保险产品，包括旅游保险、意外保险、健康保险、人寿保险、车辆保险、家庭财产险等[37]。

图1-2　中民保险网在国内最大论坛——天涯投放的广告[38]

第三方金融网上商城都是从对渠道依赖较大、渠道利润较为丰厚的产品做起，因此如大童、中民等，都开展了航空意外险和旅游险等产品销售。这类产品利润率通常较高，给渠道留足了成本空间。同时这类产品单均保费较低，传统展业模式成本较高，加上产品相对简单，同质性强，易于通过网络推广。

随着网站逐步完善，这些金融网上商城的功能日渐完善，如开发了在线保费计算、对比、购买、支付与投保功能，并逐渐拓展到竞争最为激烈的车险领域。中民保险网建立了自己的会员体系、积分兑换体系、团购体系、评论与问答体系、合作联盟等多套服务系统，以提高客户忠诚度。此外，还为用户开发了一键搜索式产品对比系统，可以将复杂难懂的保险产品通俗化地展现给客户，让客户挑选到最适合自己的保险产品，进一步增强面对面购买保险产品这种传统模式的替代性。

为凸显网站的便捷性，中民保险网客户能在较短时间（如宣传的 3 分钟）完成从产品选择到支付的所有投保流程。中民保险网宣称，成立 3 年多以来，超过 50 万的客户使用过在线产品购买、对比、咨询、投保与理赔等服务。当然，这个数据可能包含了浏览量，并不能真正反映成交量。

（二）第三方垂直电商的局限

以保险为例，目前第三方垂直电商网站面临的困境有以下几点。

（1）由于缺乏核心竞争优势，随着类似网站数量增加，推广成本上升与议价能力下降，其盈利难度不断加大。

（2）相较于直接保险公司，其在品牌、服务与业务流程的融合等方面存在较大劣势。

（3）难以获得消费者信任。

（4）直接保险公司对这类电商的策略往往是先合作后竞争，逐渐压缩其生存空间。其从网络经销商向直接保险公司转型，则面临着牌照、资金、人才、网点、理赔队伍等方面极高的门槛。值得注意的是，受上述门槛限制，所有第三方金融产品电商平台都难以向产品生产商转型。

四、电子商务平台

2012 年，阿里和京东都不约而同地提出未来企业的战略重点之一：金融服务。

目前，阿里已经通过阿里金融[39]等全面进军金融领域。阿里金融包括如下形式。

（1）信贷。阿里小额信贷主要面向阿里巴巴会员、基于互联网的小微企业、个人创业者及其供应链，2012 年上半年投放贷款 130 亿元。自 2010 年自营小贷业务到 2012 年上半年，累计投放 280 亿元，为超过 13 万家小微企业和个人创业者提供融资服务。

（2）第三方支付平台支付宝，已经在互联网支付领域占据不可撼动的绝对优势地位。

（3）金融机构在天猫、聚划算等平台上销售金融产品，建设金融电商平台。

（4）淘宝计划进一步开放对外接口，吸引金融机构建立信贷生态圈。

阿里金融通过互联网数据化运营模式，为阿里巴巴、淘宝网、天猫网等电子商务平台上的小微企业、个人创业者提供可持续的、普惠制的电子商务金融服务，向这些无法在传统金融渠道获得贷款的弱势群体，提供“金额小、期限短、随借随还”的纯信用小额贷款服务。

阿里金融建立的金融工厂，设立有技术车间、数据仓库车间、微贷技术研究室、贷款车间、风险管理车间、开发平台车间、客户满意部、财务部、法律合规部等，通过深度利用互联网数据，智能化批量作业，实现低成本、高效率的小微企业信贷风险审核控制模式。

京东则宣称进军供应链金融，并已从中行、工行、建行等几大银行获得了逾50亿元的授信额度，向其合作供应商提供金融服务。

五、第三方理财软件（网站）

讨论财富管理，就离不开第三方理财。

目前国内第三方理财软件数量众多，水平良莠不齐。国内第三方理财总体上还不够完善，经营资质一直存在障碍，产品及服务种类不够丰富，规模小，谈判能力弱，竞争力不强，技术开发水平低。

由于第三方理财网站门槛较低，具有简单记账功能的软件或网站大行其道。据不完全统计，国内可查的记账软件或网站达数百家之多，重蹈当年企业财务软件蜂拥而起的覆辙。

这类网站有以下三类。

（1）门户应用。诸如百度应用，谷歌应用，新浪记账理财，和讯理财，UChome 插件。

（2）独立个人网站（包括移动应用）。早期具有一定影响的网站包括钱包网、蘑菇、财族、爱记账、银冬瓜等。移动互联领域较为重要的有挖财等。

（3）具有传统财务软件背景或电子商务背景。目前实力较强的有金蝶推出的随手记，用友注资的财智，早期与阿里软件合作的财客等。

绝大多数记账软件功能都比较类似。以财智家庭理财软件为例，其功能有以下八类。

（1）总账及明细科目，涵盖生活收支。

（2）可为家庭成员分别建立资产账户。

（3）可更新联网数据。

（4）全面的统计分析。

（5）财务诊断，预警用户某项投资或收支异常。

（6）手机版的快捷记账。

（7）个性化界面设置。

（8）电脑端、网站端、手机端数据同步[40]。

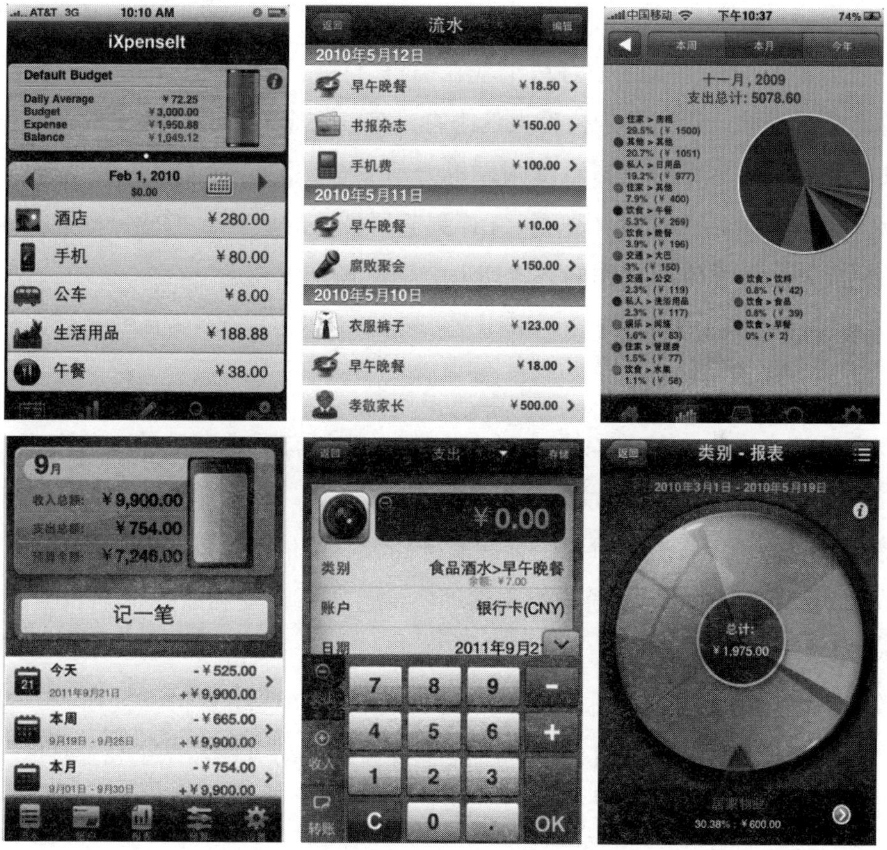

图1–3　iPhone各类记账软件截图

六、其他互联网企业

毫无疑问，腾讯、百度等互联网巨头，都对互联网金融虎视眈眈。其中，腾讯具有即时通讯、内容门户等齐全的产品线，其在互联网金融领域的动作更引人注目。

腾讯通过入股文化中国集团、股益盟操盘手、财新网等，布局财经传媒，建立股票行情资讯系统，发布股票软件和自选股等移动应用，力图抢占金融门户。传统股票软件公司十几万的付费用户，与腾讯超过7亿的QQ活跃用户相比，简直不可同日而语。一旦腾讯免费提供Level-2数据，进军证券资讯行业，必将对整个行业造成巨大冲击。市场对此非常关注，甚至出现了腾讯设立证券软件事业部的消息。

腾讯拥有财付通在线支付平台和QQ平台（现已有QQ钱包这样的应用），一旦设立银行等金融机构，向银行卡、小额信贷等领域进军，将成为传统金融业继阿里金融之后面对的又一大挑战。对于基金销售、保险销售、资产管理等渠道业务，一旦腾讯获得牌照，将通过规模庞大的终端用户，在金融领域大施拳脚。

相较腾讯的进取型战略，百度则显得力不从心。百度正面临360、谷歌、搜狐的直接竞争，还有诸多桌面浏览器、UC浏览器带来的威胁，因此目前主要采取与其他金融企业（如平安）合作的方式切入金融市场。

七、产业资本

固定通信、广电、邮政（快递）、媒体等一切拥有渠道资源的产业资本，都在觊觎互联网金融市场这块巨大的蛋糕。

除互联网外，还有一个重要的金融服务商就是通信运营商，如中国移动、中国电信。这些通信运营商意图通过控制移动终端进军移动支付，从而切入金融市场。而切入金融业，互联网将是一个重要的入口。

事实上，国内大型金融服务商，早已拥有自己的移动支付子公司[41]。中国移动、中国联通等企业，通过其定制的智能手机预装移动应用、网上营业厅、短信营销等模式，不断拓展移动金融业务。

第四节　金融消费者的未来

中国经济将在较长时间内保持高于全球平均水平的较快增速，因此中国财富市场的未来很值得期待。然而对于有志于在这一市场领域有所作为的金融机构来说，最重要的是赢得战略客户市场。

我们有必要重点关注这个市场未来的金融消费者，因为他们的消费习惯将主导未来金融机构与金融市场的发展。

一、下一代消费者的互联网金融消费行为

2020年。小雅是一名快满16岁的女中学生，生活在一个中产阶级家庭，喜欢看视频，听音乐，喜欢体感电子游戏*（Motion Sensing Game）和时尚电子消费品。

小雅已经成为令商业社会敬畏的消费群体中的一员，因为她这一代人的消费观念和消费习惯，很可能决定许多商业机构未来的命运[42]。

对于财富管理，小雅的父母认为，应当从小就对孩子进行财商训练，因此很早就为小雅选购了理财启蒙书籍，使她从小开始了解一些基本的理财知识。

小雅8岁开始上网（不考虑3岁后就用父母的平板电脑上网玩儿童智力游戏），到中学时，上网对她来说已是轻车熟路。她热衷于通过网络查询课堂知识，在学生社交网站用随手拍照片与新朋旧友分享新鲜事。除使用家庭电脑外，她还经常通过手机上网，和同学交流生活趣事以及对社会热点的看法。

小雅喜欢在网上下载音乐，看视频，追星，查找学习资料[43],[44]。不过在电子商务方面，由于财务还没有独立，尽管她经常通过电商网站购物（C2C、B2C），而且很早就在银行开设了网上银行（以父母的名义），也按照父母要求在手机上建立了账本，记录零花钱的支取，但这些行为大多是一时兴起，学着大人玩儿。事实上，她仍然未有过真实的互联网理财经验。

成年人的上网行为和习惯，很大程度上会对下一代产生影响。与此同时，对于很早就接触网络的青少年来说，他们的上网方式与成年人并不完全相同。摩根斯坦利的实习生马修就曾经揭示了这些不同，譬如，成年人所看好的Twitter**并不受年轻人欢迎[45]，这应当引起投资机构的注意。

---

* 体感电子游戏（Motion Sensing Game）是指以i-wall、i-hockey为标准，利用高科技的视频动作捕捉技术，通过摄像头数据分析出玩家的身体动作或手势动作，令人的身体动作能即时反映到游戏系统中，通过感应人体运动来推动的一种游戏。体感电子游戏能够让玩家通过整个身体的协调配合来完成游戏，不再是单一通过手指操控来完成，因而能够提供更完美的游戏体验。

** 推特（Twitter）是一个广受欢迎的社交网络及微博客服务的网站。它利用无线网络、有线网络、通信技术，进行即时通信，是微博客的典型应用。它允许用户将自己的最新动态和想法以短信形式发送给手机和个性化网站群，而不仅仅是发送给个人。

互联网的发展趋势正在证实这一点：社交网站能够给人们带来更高的效用。事实上，在中国也有一种趋势，即青少年更青睐特定的社交网站。这些网站大多针对青年人的特点，无论从功能还是设计，都更加人性化、年轻化，例如QQ、微信和人人网。

据研究，90后的互联网行为具有如下一些特征。

（1）与上一代人将互联网作为获取知识和沟通交易平台的务实特征不同，这一代的网络生活主要内容具有娱乐性和社交性，如聊天和交友。移动互联网不仅仅发挥着通信功能，还包括获得阅读、游戏、音乐体验等重要内容。

（2）社交从扁平化向垂直化转变。基于其鲜明的个性，这一代的线上线下社交活动更局限于特色圈子。

（3）移动设备，如手机、上网本、平板电脑（iPad），甚至是可穿戴设备、物联网终端、成为主要的上网工具，手机上网时长逐步超过电脑上网时长。

（4）具有付费习惯，承认知识产权、创意、创新的商业价值，愿意为之付费。

（5）网络是他们获取信息的主要媒体，其重要性超过传统媒体。

小雅首先进入社交网站的理财小组，她周围很多同龄人都活跃在这个小组里。她看了看组员们的讨论，觉得自己还是只菜鸟，于是遵照“老鸟”的建议，去了这家网站的“训练营”，参加了免费的理财知识培训。事实上，小雅对正儿八经的课件并不感冒，但她饶有兴趣地浏览了大量图解和视频理财类资料。

很早就利用网络为上课收集资料的小雅，从网络上下载了一些理财资料进行研究，不懂的内容就上搜索引擎查阅。弄懂了那些专用名词后，她浏览了几个同龄牛人的理财博客，还参与了热烈的讨论，聆听许多已经开始理财的“前辈”们无私奉献的宝贵经验，在该网站微博上关注了几个业界名人，与她同班的几个理财伙伴互粉。不过小雅最频繁使用的还是QQ和微信，因为她和同学们经常互访QQ空间，查看对方最新的动态。

父亲让小雅登陆一家可靠的网上银行，但小雅却选择了一个叫做EjiaE的网站。这家提供理财综合性服务的网站，正在向青少年提供一种叫“财智摇篮”的服务，吸引了许多像小雅这样的青少年。

小雅为什么会选择这家网站呢？因为小雅这一代人个性鲜明，不迷信权威，喜欢自主选择，对新事物充满好奇，拥有良好的付费习惯。对于那些虽不成熟但有个性的东西，他们也会欣然接受。他们需要能够提供多种客户端软件的互联网产品，喜欢有特色的垂直型网站或移动终端应用[46]。对于小雅这个几乎从来不看“新闻联播”的QQ

后女孩来说，选择一家被主流媒体称为“市场份额最大”的网上银行，显然太OUT了。尽管这家网上银行功能齐全，但缺乏个性，小雅需要一款比较CUTE* 的简单应用。同网上银行相比，“财智摇篮”的卡通界面和实用性更吸引她。

二、个人理财门户上的实践

这家网站拥有监管机构认可的资质，完善的安全系统，以及独立、权威的第三方认证。征得父母同意后，小雅注册了个人信息。由于这些个人信息需要满足监管机构和各类金融机构注册的要求，所以内容非常多。尽管网站已经进行了整合优化，但她仍然花了半个小时才完成注册，包括上传电子照片、证件数码照片、在线录制视频和面谈审核、风险测试和理财知识测试。对于那些测试，小雅颇有微词，因为其中有些内容并不符合青少年的情况。

好在网站兼顾了易用性和灵活性。小雅在最初采用了默认设置。但后来小雅选择了多家希望使用的银行、证券公司、保险公司，她指定了同一行业的多家公司，因为她希望网站帮助她在多家机构中选择单项或组合服务费用低廉、使用便捷、内容丰富的一家。

小雅提供的信息十分完备，加上EjiaE网站与各家金融机构签有协议（B2B），所以网站通过半自动方式，很快就完成了资料审核，并使用她的资料帮助小雅完成了各家金融机构的开户工作。半个小时以后，小雅收到手机通知，告诉她可以开始理财了。

小雅将16岁以前靠压岁钱攒起来的8000元钱存入EjiaE现金账户，并设定了对流动性的要求。她每个月需要购买零食、书籍和文具，还打算半年后换一部新款智能腕表GWatch9**。她计划通过1个月时间，在父母帮助下完成对投资方案的研究。

在这期间，EjiaE按照小雅对流动性的要求，为她打理财务，购买低风险的短期产品。当然，出于成本的考虑，对于像小雅这样的微小型客户，EjiaE基本上只提供自动化服务。可是即便这样，小雅通常也能获得较之银行活期存款更高的收益。

此外，由于小雅父母是该公司的VIP会员，因此网站给予小雅附属账户权利，她可以看到VIP客户才能看到的分析报告（尽管她看不懂某些专业财经词汇），并申请有

---

* CUTE就是俗称的Q，也就是可爱、伶俐、漂亮、逗人喜爱的，但也有解释作装腔作势的、做作的。常常称赞美丽小巧的女孩为CUTE。中国口语、网游、漫画中常用同音字母“Q”简化CUTE，如“Q版”表示可爱风格的意思。

** 随着苹果、三星、谷歌等加大对智能穿戴设备的争夺，至2020年，智能腕表已经非常普及，且由于其低端产品价格远低于智能眼镜，深受青少年喜爱。本书假设2020年的谷歌公司推出了GWatch9腕表产品。

限制的人工咨询服务。

1 个月后，小雅对理财知识有了似懂非懂的了解。经过比较，特别是咨询了父母意见后，小雅决定采用固定比例法*,[47]，即保持自己在投入股市和债市的资金配比为 5:5，并定期调整资产配置。

在股市中，小雅设置了基于市盈率、成长速度、行业类型等多个指标的选股条件，以及基金定期不定额智能定投条件，指定委托网站代为购买。

心血来潮的时候，基于对经济形势的乐观，考虑到极端条件下的平仓概率，小雅甚至还委托网站在网络借贷市场购买了小额贷款产品。这是一个债权打包，由网络借贷平台网站统一运作，并拆分为整数金额供投资者购买的产品。

学了一点儿粗浅的投资知识，小雅便煞有介事地认为，和父母这样的成年人一样，自己的资金管理同样也应当考虑流动性和安全性，以确保今后不但每个月有足够的零花钱，还能使储蓄保值增值。

作为女孩子，小雅对数字不大感冒，网站设置的程序化交易模式，让她感到非常方便。有了这项服务，那些似懂非懂的术语就可以抛在脑后了，毕竟当前最重要的任务还是学习和社区实践等活动。

EjiaE 建立了一个金融产品的自定义系统和共享社区，将爱好者行为商业化。小雅惊喜地发现，自己能够与伙伴一起，共同“开发”一个金融产品。这是某家证券公司提供的服务：通过为具有一定金融知识的用户提供软件工具，使得用户可以自定义相对简单的投资组合，创建自己的“基金”。创始人甚至可以通过分享这一“基金”的设计规则获得收入。

小雅对学校鼓动大家购买学生意外保险不感冒，于是和几个志同道合的网友一道，在网上共同参与了一个“互助保险”。大家成立了一个委员会，共同管理保险基金。这个基金承担了互助保险小组成员的小额赔款支付，而对于大额赔款，则“分保”给一家保险公司。这一保险非常便宜、简便，更关键的是，具有类似背景的年轻人可以经常一起探讨各类风险、安全、逃生、急救知识，形成相对理智、稳定的风险偏好，有助于学生们防范风险，学习法律知识，增长社会经验。在网站平台的帮助下，她们还

* 固定比例法是指投资者采用固定比例的投资组合，以减少投资风险的一种投资策略。投资组合一般分为两个部分，一部分是保护性投资，主要由价格不易波动、收益较为稳定的债券和存款等构成；另一部分是风险性投资，主要由价格变动频繁、收益变动较大的股票构成。两部分的比例是事先确定的，并且一经确定，就不再变动。但在确定比例之前，可以根据投资者的目标，变动每一部分在投资总额中的比例。如果投资者的目标偏重于增值，那么投资组合中风险性部分的比例就可以大些。如果投资者的目标偏重于保值，那么投资组合中保护性部分的比例可以大些。

聘用了第三方保险查勘定损机构。因为年龄关系，这件事还需要监护人帮忙。这一产品和相关社区不仅广受学生的欢迎，还受到学校和家长们的赞赏和支持。

最初，小雅购买自己喜欢的电子产品，在手头没有现金时，希望找父母借钱。现在父母希望她使用银行提供的消费信贷服务，分期付款，按月用零花钱还款，以提高自己的理财能力。小雅只使用了一次，觉得成本太高，因为使用分期付款，就不能参与打折活动。后来她就转向同学之间建立的“互助基金”了。

一些同学通过协议，参考网站提供的标准文本和软件平台，建立了彼此之间的借贷关系。有一些同学将压岁钱和打零工挣的钱放到这个借贷平台，还有一些同学在资金周转不开时通过此平台借钱。由于参加者都是学生，所以审核比较严格，借贷金额也比较小，并且需要家长担保，手续比较繁琐，因此参与者不是太多。

小雅和同学都向该基金提出了一些改进建议，后来只要提供信用记录和零花钱流水账数据，就无需家长担保了。小雅的闲置资金，有一部分经过她设置，委托EjiaE分散投资到网络信贷平台和网络股权融资平台。

暑假过后，小雅再次回到校园。在接下来的3年里，她在理财上只花了很少的时间。她的理财方法也基本没有改变，只是定期将节省下来的零花钱转到EjiaE网站上。

小雅逐渐形成了良好的心态，甚至比许多成年人更能承受股市下跌带来的损失。当股市投资出现损失时，她会想，“哎呀，这个夏天一根哈根达斯都别吃啦”！或者是“鞋子只要舒服就行，不要穿名牌啦”！

当然，EjiaE也代小雅处理包括缴纳手机费这类琐碎的缴费服务。EjiaE从不早缴费用，总是在截止日期最后时刻缴纳费用。在此之前，网站会充分地发挥小雅财富中每一分钱的价值。

上大学后，小雅选修了金融课程，以便进一步学习金融知识。尽管父母为她支付了学费和生活费，但为了尽早培养她良好的借贷理念，鼓励她在网站上申请一笔额度很小的短期贷款，用于支付假期旅游的费用。小雅对利息有了亲身体验后，很快就通过兼职还清了贷款。利用网站的记账功能，小雅学会了量入为出，并且一直使自己的财务状态保持健康。

小雅毕竟还未成年，在意志力、投资纪律等方面，很难做到像成年人那样坚决果断。有段时间，由于股市上涨得很厉害，小雅没能经受住考验，不顾网站多次警示（甚至向她父母发送了通知），决意变更投资配置，向股市投入了更多资金。结果当股市跌下来的时候，她吃了大亏。从那以后，她按照网站的推荐，重新设置了固定比例的自动投资规则，并吸取教训，再也不追涨杀跌了。由于这一理财方式比较稳健，此后她再也没有遇到资产大幅缩水的情况。

从个人财务报表上，小雅欣喜地看到个人财富不断地增长。看这些信息，她可能是在校车上，也可能是在和父母外出旅游时，甚至可能是在运动的间歇。获取这些信息的终端，包括家庭 PC 电脑、平板电脑、GWatch 和智能手机。她很幸福，因为有这么一个从未谋面但不失专业的个人理财顾问——尽管绝大部分服务只是由云服务器自动完成。

大二的时候，小雅得意之余，将网上理财的经验在个人博客上分享，还被大量转载呢！小雅的主题受到网站的关注，被封为“校园理财达人”。基于小雅通过链接引入的业务量，小雅获得了手续费减免的变相收入。

到大学毕业时，小雅去看自己的资产，惊喜地发现自己的投资获得了不错的回报——至少超过了通货膨胀率和银行存款基准利率。小雅投资 6 年期间，年均复合投资回报率约为 8%。同期通货膨胀率不超过 5%，5 年期基准存款利率不超过 6%（单利）。不过资本市场瞬息万变，经历过亏损的小雅知道应当保持一颗平常心，她计划将这一理财活动持续一生。

小雅的父母对小雅的互联网理财实践也非常满意。从高中开始，他们就对小雅个人支配的开支实行预算管理。到大学毕业的时候，小雅已经养成了良好的财务习惯。小雅的父母深知，小雅获得的盈利微不足道，但尽早形成良好的金钱观念，利用互联网学习理财知识，经历资本市场的动荡，对小雅一生的个人财富管理和风险管理理念都至为重要。

第五节　未来的互联网金融服务

一、面向未来的财富管理

在前述虚构的网站中，EjiaE 的“财智摇篮”，同时在为数千万像小雅这样的青少年提供服务，并且收费非常低廉。相较于委托理财的规模而言，这点儿费用几乎可以忽略不计。由于自动化服务的边际成本很低，EjiaE 在这条产品线上的利润率要高于为成人提供的产品。此外，这条产品线不仅会产生持续营销效果（许多青少年长大后转为成人客户），而且会带来其他收益（作为投资产品的销售提成，以及网站巨大浏览量带来的广告收入），这都为 EjiaE 带来了滚滚财源。

EjiaE 不仅仅为青少年提供服务，还为不同职业的人群提供特色服务：从教师到产业工人，从在职者到老年退休人员，从腰缠万贯的富豪到几近月光的工薪族。EjiaE 根据职业特征和生活方式等因素对人群进行分类，提供多达数百个服务模块的灵活组合。

它的网站像一幢大厦，内容包罗万象，包括内容服务、垂直搜索、产品超市、代理业务、论坛社区、个人日志、日常生活交易等模块。由于技术的进步，功能集成更加便捷，因此它致力于向个人提供一切可能的金融服务，这为客户带来了极大的便利。

EjiaE 是银行吗？不是！是保险公司吗？也不是！它像一个理财门户，或者是金融淘宝。然而又不仅仅局限于此。

它的核心竞争力在于有效整合了各类理财要素，如平台、产品和服务，为客户创造真正的价值。显然，一个总是让客户亏损的理财顾问，是不可能长久留住客户的，甚至拓展新的客户都会非常困难。一个出色的投资模型，则会为客户量身定做最佳理财方案，使绝大多数客户都能够实现资产的稳健升值。

使用 EjiaE 服务的消费者，个人资产增值长期高于通胀率。此外，EjiaE 已经打破了原来分散在不同金融机构之间的界线，通过整合供应链，与商业伙伴合作，再造其内部业务流程，使得客户决策更加容易，交易更加便捷，降低了客户包括交易成本在内的各种成本 *。

二、互联网金融服务的必要前提

需要提醒的是，以上只是我们构建的一个未来的财富管理愿景。在此罗列一下实现这个愿景的一些必要的前提。

（1）供给丰富。混业经营、管制开放使市场主体增多，专业化使分工细化明确，产品与服务创新更加灵活多样，产品与服务供给充分，第三方机构数量众多，从而推动金融产品超市和社交平台的发展。

（2）网络技术。信息技术能够确保网络安全，提供运营效率更高、功能更丰富、成本更低廉的服务。移动操作系统 iOS、安卓等的发展，为移动应用提供了广阔的

---

* 交易成本为诺贝尔经济学奖得主科斯 (Coase,R.H.,1937) 提出。交易成本泛指所有为促成交易发生而形成的成本。交易成本很难进行明确的界定与列举，不同的交易往往涉及不同种类的交易成本。威廉姆森（Williamson）在 1975 年曾将交易成本分为搜寻成本、信息成本、议价成本、决策成本、监督交易进行的成本，后来又进一步发展了该分类。

市场潜力。社交网络、交易平台、网上银行、网上保险等的发展，为金融产品网络化提供了产品和技术支持。

（3）市场化机制。通过市场竞争的鲶鱼效应，基于对金融消费行为日益深刻的理解，金融企业大刀阔斧地改革其供应链及价值链，打破行业壁垒与企业界限。充分的市场竞争也使服务整合商与渠道商能够获得平等的谈判地位。

（4）风险控制。风险防火墙、交叉监管能够有效防范金融风险，确保金融安全。

（5）成熟的金融消费者。成熟的金融消费者具有良好的判断能力和自主决策能力，不会受制于个别金融服务商的推销，热衷于使用新的质量更高的服务商。

三、对金融网站的创新要求

从面向个人（或家庭）的财富管理个人金融网站本身来看，要实现以上财富管理愿景，企业需要在如下三个方面进行创新。

（一）为客户创造收益的能力

一种新的商业模式，其生命力大小取决于是否能创造新的价值体系。个人金融网站的价值，归根到底在于能否为客户带来收益，其中包括降低财富管理成本，提高理财收益，这是其赖以生存的根基。因此，个人金融网站需要帮助客户建立符合客户需求的投资（操作）模型。

小雅对个人金融网站的忠诚度，在于该网站帮助其实现了理财目标——跑赢通胀，实现资产保值增值。网站实行的附属账户权利，降低了客户的理财门槛及财务成本。

（二）信息化业务流程

互联网金融与以往金融活动有极大的区别，最重要的一点是极度依赖信息技术。

信息技术是改造现有供应链和价值链的利器，新的价值体系往往是通过企业价值链或者供应链的流程再造实现的。将流程再造简单地、片面地理解为企业内部工作流是错误的，这完全曲解了流程再造理论的实质，低估了流程再造的价值。要实现革命性效果，流程再造必须从根本上改变企业的价值链甚至供应链。

譬如，通过金融企业之间的交易（B2B），小雅在同一家网站上享受了一条龙服务，她无需到一家家银行、证券公司、基金公司办理各种业务，也不需要去看分散的报表，单独面对某一个债券产品。她不仅能够在一个平台上看到不同的信息，而且能分析、筛选、利用工具。更关键的是，能够实现低成本的一揽子交易和自动化交易。

目前，通过不同渠道申购同一只基金，费用相差巨大。在发达市场上费用低廉的指数基金、债券基金，在国内的费用仍显高昂。更甚者，部分渠道还蚕食了整个供应链的大部分价值空间。

作为一名资金积累较少的青少年，小雅理财活动的一个重复内容是开支记账，而网站与银行、电商建立了广泛的数据对接，集成了各类自动导入功能。

（三）充分利用互联网开展营销

基于金融业本身的安全性、私密性等特征，其营销渠道可以是门户网站（包括其相关频道）、广告（尤以网络广告为主）和口碑（包括社会关系，如家庭成员推荐）。

像小雅这样的青少年或非专业人士，往往通过口碑效应获得网站信息。小雅自身依靠父母介绍获得网站信息，小雅的同学则通过小雅的介绍了解到该网站。专业的成年人可以通过专业信息获得该领域的权威网站信息，而非专业人士则可以通过门户网站的垂直频道（如新浪、搜狐的理财频道）、财经网站、生活门户、搜索门户、社交门户应用、移动商店等访问。

四、个人金融网站的架构

这里只是描述了一种可能情形，后面将对互联网金融的背景、定义、竞争主体、营销、管理、盈利模型等展开更充分的讨论。

对于一家个人金融网站来说，EjiaE 的架构需要包括以下这些内容。

（1）客户终端:App+ 网站 + 网页 (wap)+PC 桌面软件。

（2）产品中心：金融产品超市、金融服务超市、配套教育咨询产品。

（3）服务中心：呼叫中心、在线服务中心。

（4）营销中心：线上营销与推广、线下营销。

（5）开发中心：产品与服务创新中心、供应链业务链创新中心。

（6）后台支撑：投资及风险控制管理、客户关系与价值管理（CRM+CVM）、业务流程管理（注册、审核、合同、跟踪服务等）、产品与服务供应商管理。

（7）数据与技术平台：主题数据挖掘（营销分析、客户数据分析、投融资及风险控制模型）、生态系统、服务器（数据库、云存储、云计算）。

由于互联网天然地具有中介平台的特性，使得未来的 P2P 信贷、P2P 股权融资、P2P 保险和第三方理财，将部分代替今天的银行、证券市场和保险公司，在金融市场中占据更重要的位置。

参考文献

[1] 财富管理 . 百度百科 [G/OL].http://baike.baidu.com/view/1804101.htm.

[2] 第一篇发展壮大 . 证券时报，[2012–2–16].

[3] 戴曼曼 .2012 年中国商业银行日赚 34 亿连续 4 年创新高 . 羊城晚报，[2013–3–4].

[4] 中国证券市场十年来十大成就盘点 . 腾讯财经，[2012–2–29].

[5] 2001 年我国保费收入 2109.36 亿元 . 新华网，[2002–2–5].

[6] 朱瑶，张文婷 . 保监会主席 :2011 年全国实现保费收入 1.43 万亿元 . 人民网 – 保险频道，[2012–1–8].

[7] 林采宜，吴齐华，段丽媛 . 中国财富管理市场现状与发展趋势 . 上海证券报，[2012–6–11]

[8]《中国私人银行发展报告 2012》简介 . 网易财经 [R/OL].[2012–4–11].http://money.163.com/12/0411/18/7UR2OQDQ00254QKR.html.

[9] 王丽娟，宋怡青 . 国内私人银行受困盈利模型争议人才瓶颈 . 财经国家周刊，[2012–5–14].

[10] 中信银行私人银行中心，中央财经大学中国银行业研究中心 . 中国私人银行客户特征与发展趋势研究报告 . 凤凰网财经，[2011–10–24].

[11] 周萃 . 年末揽储战预热银行亟待长期稳定负债来源 . 金融时报，[2012–11–23].

[12] 流通市值百万以上股民不足 1%. 投资与理财，[2012–6–14].

[13] 潘倛 . 现金管理业务试点扩大多款券商产品蓄势待发 . 证券日报，[2012–6–27].

[14] 董伟 . 中国财富管理业仍在蹒跚学步 . 中国青年报，[2013–1–28].

[15] 首批基金子公司成立进军 49.5 万亿财富管理市场 .21 世纪经济报道，[2012–11–20].

[16] 周宇宁 . 资管行业竞争加剧：小信托投资门槛降至 10 万 . 广州日报，[2013–1–10].

[17] 何瑫 . 毕马威：中国银行业净息差之谜 .21 世纪经济报道，[2011–9–28].

[18] 银行家研究中心，中国商业银行竞争力评价课题组 .2012 中国商业银行竞争力评价报告（摘要）. 银行家，[2012–8–13].

[19] 胡蓉萍 . 中信民生和光大上浮存款利率 10% 脱离大行阵营 . 经济观察网，[2012–6–15].

[20] 五家银行上半年合计日赚 3.87 亿招行净利润第一 . 新京报，[2012–8–18].

[21] 招行行长马蔚华：招行正研究率先废除信用卡 . 浙江理财网，[2012–5–22].

[22] 工商银行私人银行去年盈利近亿元 .21 世纪经济报道，[2011–3–22].

[23] 刘志飞 . 银行理财陷入低潮 8 月预期收益仍会继续走低 . 解放网 – 新闻晨报，[2012–8–8].

[24] 贾华斐 . 机构盈利能力“分级”：公募缘何垫底？ . 第一财经日报，[2011–8–8].

[25] 柯智华 .2011 年公募基金资产大缩水话语权反增 . 东方早报，[2012–1–4].

[26] 杨毅沉 . 多视角看公募基金行业得失 . 瞭望新闻周刊，[2012–2–6].

[27] 周轩千 . 招商银行行长马蔚华：财富管理市场有六个新趋势 . 上海金融报，[2012–7–10].

[28] 嘉信理财 . 百度百科 [G/OL].

[39] 嘉信理财（香港）官方网站 [G/OL].http://www.schwab.com.hk/public/schwab-hk-zh/about_schwab.

[30] 徐以升 . 怎么看待中国央行资产规模世界第一 . 第一财经日报，[2012-4-24].

[31] 国家经贸委贸易市场局，北京大学网络经济研究中心 . 中国企业互联网应用与电子商务白皮书 . 中国经济出版社，2001

[32] 中国人保财险电子商务官方网站 [G/OL].http://www.epicc.com.cn/.

[33] 万涛 . 人保财险总裁王银成：现金流的秘密 .21 世纪经济报道 [N/OL].[2012-8-2]，http://www.21cbh.com/HTML/2012-8-2/zNMzcyXzQ4ODYzNw.html.

[34] 赵晓菲 .A+H 整体上市人保财险新渠道年内欲冲 300 亿 . 中国经营报，[2012-5-19].

[35] 胡媛 . 第三方保险网站在网络上下“险”棋 . 电子商务 [J/OL].[2001-7-18].http://tech.sina.com.cn/i/c/2001-07-18/76522.shtml.

[36] 柏学行 . 美国第三方保险电子商务概况 . 中国保险报 [N/OL].[2007-2-16].http://insurance.jrj.com.cn/2007/02/000000115288.shtml

[37] 中民保险网 . 百度百科 [G/OL].

[38] 中民保险网在天涯的广告页 [EB/OL].

[39] 阿里巴巴金融 [R/OL].http://alibaba.aliloan.com/home/all.htm.

[40] 财智家庭理财软件 . 百度百科 [G/OL].

[41] 运营商带领中国移动支付难题：流量成不了销量 .IT 经理世界 [R/OL].[2011-7-26].http://it.sohu.com/20110726/n314557789.shtml.

[42] 徐琳玲 . 大摩实习生马修和他的少数派报告：质疑 Twitter. 南方人物周刊 [R/OL].[2009-7-31]，http://tech.sina.com.cn/i/2009-07-31/18313314451.shtml.

[43] 美国青少年中最流行的网站 .ZDNET 网络频道 [R/OL].[2006-12-8]，http://net.zdnet.com.cn/network_security_zone/2006/1208/341550.shtml.

[44] 中国互联网络信息中心 .2008-2009 中国互联网研究报告系列之“中国青少年上网行为调查报告”.[2009-3].http://www.cnnic.net.cn/research/bgxz/qsnbg/200906/P020101230474844270157.pdf

[45]Matthew Robson.How Teenagers Consume Media:there port that shook the City[R/OL].[2009-7-13].http://www.guardian.co.uk/business/2009/jul/13/teenage-media-habits-morgan-stanley.

[46] 可怕的 90 后：被互联网公司忽视的一代 . 创业邦 [R/OL].[2012-8-11].http://tech.sina.com.cn/i/2012-08-11/11167493958.shtml.

[47] 固定比例法 . 百度百科 [G/OL].http://baike.baidu.com/view/1514363.htm.

第 2 章

机遇与挑战

互联网金融的发展趋势，可以从供应与需求两方面来判断。从供应方面来讲，一是互联网产业的发展变化，二是金融业的发展变化。从需求方面来看，主要是客户和市场的变化。互联网既对供应产生影响，也影响着需求的变化。判断金融企业发展的趋势，则可以从内外两方面原因来分析。外因自然包括互联网影响、国际国内经济环境变化；内因则是金融企业自身的变革。

社交网络将对互联网金融产生深刻影响。我们可以从市场、平台、商业模式等角度观察互联网金融的发展趋势。互联网金融存在两大阵营，一类是以互联网公司为代表的“小个子”，另一类是以传统金融企业为代表的“大块头”。双方各有优势。作为“大块头”的传统金融企业要保持基业长青，就必需再造创新基因。

第一节 社交网络

社交网站（SNS）* 可谓近年来互联网领域的耀眼明星。2012 年 5 月 18 日，全球规模最大的社交网站 Facebook 正式上市，估值 1040 亿美元，融资 160.8 亿美元，远超谷歌当年 IPO（首次公开募股）估值 264 亿美元和筹资 16.7 亿美元 [1]，成为美国资本市场历史上第三大 IPO[2]，硅谷有史以来规模最大的 IPO。比较 IPO 的指标，其净利、估值、营收、员工创利能力等方面的指标，都全面超越谷歌。

之所关注社交网络的发展，是因为这一新兴互联网模式，对消费者和金融生态系统将会产生重要的影响。

一、崛起的社交网站

Facebook 由哈佛大学学生扎克伯格创办于 2004 年，至 2011 年营业收入达到 37 亿美元，2012 年 5 月注册用户数已经接近 10 亿 [3]。2010 年世界品牌 500 强中，Facebook 超过微软居全球第一。在网络访问量方面，2011 年 1 月到 11 月，Facebook 访问量占到全美网站总访问量的 10.29%，增速达到 15%，分别超过谷歌

* 社交网站：英文名称为 SNS，全称 Social Network Site。该类型网站起源于美国，专指旨在帮助人们建立社会性网络的互联网应用服务。1967 年，哈佛大学心理学教授米尔格兰姆（Stanley Milgram）创立了六度分割理论，简单地说："你和任何一个陌生人之间所间隔的人不会超过六个。也就是说，最多通过六个人，你就能够认识任何一个陌生人。"后来有人根据这种理论，创立了面向社会性网络的互联网服务，通过"熟人的熟人"来进行网络社交拓展。著名的社交网站有 Facebook 和国内的人人网等。

搜索的 7.7% 和 7%[4]。截至 2012 年 12 月，Facebook 已拥有超过 10 亿活跃用户。

随着 Facebook 的迅速崛起，互联网发展呈现出新的趋势。分析人士认为，Facebook 揭示出互联网发展趋势：从接入时代（AOL）到门户时代（Yahoo!）到搜索时代（谷歌）到人际关系时代（Facebook）；从一对多单向沟通到互动多向沟通；从匿名到实名的社交需求；从封闭平台到开放平台（API）等[5]。

Facebook 创始人扎克伯格在招股说明书中就明确指出，Facebook 的使命是让世界更开放互联 (To make the world more open and connected）[6]。

在中国，较大的社交网站包括腾讯（QQ、Qzone、微博、微信等）、新浪微博、人人网等。尤其是腾讯 QQ，被普遍视为中国拥有垄断地位的、最典型的社交网络。

艾瑞资讯（Iresearch Inc.）报告显示，截至 2011 年，中国社交网络整体市场规模已经达到 43.8 亿元，较 2010 年的 32.0 亿元同比增长 37.1%。预计到 2014 年，中国社交网络市场规模将接近 100 亿元。这个增长速度已经超过任何其他类型的网站。

从注册数量看，2011 年底，QQ 活跃用户已达 7.21 亿（考虑到一人多号情况，真实活跃用户数量小于这一数值）；朋友网注册量已突破 2 亿大关；2013 年 1 月，微信用户突破 3 亿；新浪微博注册量突破 3 亿。

从活跃程度看，2011 年腾讯财报显示：腾讯微博大幅增长，当年年底账户数达 3.73 亿，日活跃账户 6800 万。QQ 空间活跃账户达到 5.521 亿。朋友网 2011 年底活跃账户数同比增长 82.7%，达 2.024 亿。仅在 2011 年清明节当天，QQ 用户上传 QQ 空间的相片数量就达到惊人的 3.3 亿张，在“五一”劳动节更是增加到 5 亿张。

在形式上，中国最受欢迎的是 Qzone（QQ 空间），其活跃程度超过人人网、开心网、朋友网等社交网站[7]。

需要注意的是，中国社交网站主要用户群集中于 20~24 岁和 25~29 岁两个年龄段，与金融业主流用户群重合度不高。金融企业如希望合作或整合，需要考虑选择与自身用户覆盖重合度较高的社交网站[8]。如根据易观国际（Analysys International）2011 年 9 月的统计数据，前 6 位社交网站（不含微博）中，35 岁以上人群占比较高的依次为：51、开心网、QQ 空间（根据 2012 年 12 月 Jiathis 中国社会化媒体排行榜[9]）。

二、社交网站对金融业的影响

社交网站对金融业的发展趋势有哪些影响呢?

（一）关系营销专业化深刻影响金融营销模式

传统金融业比其他行业更依赖关系营销。这种关系营销不需要太多专业能力，而是人脉、政府关系。同时，作为一种服务产品，金融产品较实物产品更为复杂，需要专业知识进行介绍和推销，金融营销在很大程度上依赖于客户经理与客户一对一的关系。也正因为这一特点，金融业较其他行业晚一步应用互联网营销工具，受互联网营销的影响也较晚、较小。然而，随着社交网站的崛起，商业元素将不可避免地通过互联网渗透到基于网络平台的人际关系中。传统上依赖于线下工作的营销活动，将逐步转到线上。

举例来说，传统上，寿险业对营销人员进行活动量管理，而传统推销方式越来越受到展业对象的反感，不仅常常发生矛盾冲突，而且效率也越来越低。现实中，极低的签单率，极高的员工流失率，越来越困难的增员，以及 2012 年寿险业大面积的负增长，和对消费者利益保护的趋势，都反映出这种营销模式难以为继。

随着社交网站的崛起，营销人员将可以通过副作用较低的互联网营销手段促销产品，销售重点从促销向营销转移。譬如，除了传统的搜索引擎竞价排名外，还可以通过发布博客、微博，影响消费者的消费价值观，使自己的粉丝或关注者能够看到相关产品服务信息。这种依靠社交网络开展营销的模式，将为传统的关系型营销注入新的专业化活力。

与传统线下的关系型营销相比，线上关系型营销有如下优点。

（1）营销绩效更易量化。网络平台的开放接口，使网络营销可以更精确地建立评估模型，改进营销活动。毫不夸张地说，网络营销在很大程度上就是数据营销。

（2）反应速度更快。传统线下营销的信息传播和反馈过程是非常缓慢的。金融企业开办新产品说明会，需要经过复杂准备，耗时耗力，而对产品的反馈周期却很长。线上营销则十分迅速。在网络上开展事件营销，其绩效评估甚至可以细化到每小时甚至每分钟。网上口碑的传播效率和范围远高于线下的口碑传播。

（3）对传统关系的依赖程度变低。由于网络人际关系具有匿名性，交往成本也更为低廉，因此其对传统人脉关系的依赖度较低。显然，电话预约上门介绍产品的难度，要远远大于在微博上获得关注的难度。

电商平台社交化，将会产生创新型金融产品销售中介平台，成交效率也将大大提高。顾客不再需要咨询金融机构自己该投资什么金融产品，他的社交圈会告诉他[10]。

（二）传统金融企业与客户的非对称地位将弱化

传统上，金融企业可以依赖自身资源，通过各种方式实现格式条款的不平等地位。然而，消费者在互联网上将获得更具优势的地位。

一是在信息采集、发布等方面，消费者将获得更低的成本和更好的效果。金融企业的市场行为将受到更广泛、更密切的监督。因此金融企业将不得不小心谨慎地处理与客户的关系，使产品信息更加透明。

二是消费者更容易结成联盟。如目前大部分有影响的消费者维权联盟，都是依赖互联网成立的。渣打银行理财产品客户结成的维权联盟，成员来自北京、天津、上海、成都、重庆、深圳等国内城市，以及东京、法兰克福等国外城市的客户，他们在购买渣打银行理财产品之后，出现严重亏损，便通过 MSN 账号建立联系，进行集体维权[11]。消费者不仅可以结成维权联盟，还可以在购买产品时通过网络结盟获得优惠，如团购。

（三）金融机构更加重视营销而非推销

社交网站的典型功能就是 Facebook 的“赞”,Google+ 的“+1”功能。当你“赞”一个品牌时，你的好友便可以看到你的推荐，你自己就成为“赞助广告”。另外，当你“赞”一个品牌（即你成为它的粉丝），就相当于赋予这个品牌给你发送信息的权限。你可以把它看成是零售商基于你“赞”的内容，利用 Facebook 向你发送优惠券的一种方式[12]。

这一功能，实质上是消费者将过去被动接受商家“推送”(Push) 广告，变成由消费者自我预先设定是否接受来自特定商家的广告，或者是否决定将商家广告“拉”(Pull) 到眼前。

当消费者越来越习惯这种体现自我选择权的模式时，对传统强制推销模式的厌恶将与日俱增。事实上，今天的互联网用户面对网络广告时，往往“选择性忽略”，网络广告的单位绩效也因之急剧下降。

网络客户较线下客户具有更高的甄别“水军”等“托儿”的能力。这主要是互联网信息获取成本较低的缘故。譬如，消费者在观察一个网络新兴品牌、产品、渠道美誉度的时候，往往会通过观察其负面消息来进行查证。例如在搜索引擎搜索“品牌名称投诉”（“投诉”可以替换为“骗”等其他负面词语；品牌名称可以替换为联系方式如电话号码、QQ 号码等）。

通过社交网络开展营销活动，重点将不再是直接推销产品和服务，而是激发和引导消费需求。通过对互联网数据的分析，了解在哪里找到目标客户，通过何种方式吸引目标客户，如何启发客户需求，如何引导客户消费，如何建立与目标客户一致的产品价值观，并提供适当的产品和服务。

利用社交网络，如支持客户“晒出”自己的消费体验，可以在客户的社交圈中产生良好的口碑效应。这对于注重安全性、信任感的金融产品而言尤其重要，其效果远比简单推销产品有效得多。

显然，如今绝大多数金融企业已经注意到社交网站对于企业营销的价值，并广泛涉足此领域。例如，几乎所有大型金融企业都拥有自己的新浪官方微博。

（四）创新互助金融商业模式

前面提及的营销方式，只是社交网络在金融业浅层次的应用。社交网络可以进行深入的商业模式创新，包括：进军金融业，直接涉足金融资讯产品、金融产品销售；与金融企业开展战略合作，进行产品与服务创新；开展互助金融业务。这都将对金融业产生更深刻的影响。

Facebook 上市后，招商银行行长马蔚华表示，社交网站未来将影响到商业银行的生存，威胁到商业银行生存的根基——存贷中介功能。

Facebook 有 8.4 亿实名制用户，完全可以梳理出需要借贷的客户，搭建类似 P2P（个人对个人信贷服务）的中介融资平台，弱化银行融资媒介的功能[13]。Facebook 可以通过搜索引擎，对资金供给和需求进行排序，通过云计算和资讯体系确定风险成交的价格，每个人可以在这个平台上完成借贷交易，并不需要银行作为中介。

马蔚华提到的 Facebook 对金融企业的挑战，主要是基于社交网站庞大的用户基础和真实的人际关系。事实上，作为信贷中介出现的 P2P 贷款模式，对银行的挑战更为直接，尽管 P2P 贷款目前只有个别网站在进行探索，还没有大范围延伸到社交网络上[14]。

社交网站对互联网金融的潜在影响显然是巨大的，不过也受到如下因素制约。

（1）国际化的社交网站在国内普及范围有限，难以对国内电子商务市场构成挑战。未来对国内金融企业的挑战，可能主要来自于腾讯、阿里、百度这些本土企业。其中，来自腾讯的销售平台，来自社交化的阿里、支付宝或社交化的第三方理财、金融产品超市平台（如淘宝理财）的挑战，可能会更大一些。

（2）金融经验和人才匮乏，会阻滞社交网站金融业务的发展。与阿里这样拥有信用体系和支付平台的电子商务巨头不同，社交网站普遍缺乏金融基因。社交媒体网站，如新浪微博，受到上自我定位为媒体的限制，盈利模型仍在探索之中。其他社交网站目前也同样缺乏金融基因与经验，缺乏专业人才和清晰的商业模式，发展速度将会受到影响，目前仍在模仿、探索阶段。

（3）国内金融管制较为严格，社交网站除非在产品创新上有大的突破，否则自身难以获得金融牌照，将受制于产品供应商而难成大器。

（4）国内社交网站目前还未能通过大规模并购等模式深入到金融业供应链中，还缺乏对金融供应链本质上的创新。尽管人人公司投资了总部设在旧金山的 Social Finance（简称 SoFi 公司），但却难以在国内开展业务。

（5）用户的社交行为特征，决定了其金融消费决策行为的差异。如百度和新浪用户更偏重娱乐、社会，而淘宝用户则更偏重消费。要使社交网络用户转化为金融消费者，还需要进一步影响和改变其消费行为。

（6）邓巴数。进化心理学家邓巴（Robin Dunbar）提出，人们能够建立社交关系的上限是 150 人，其中具有亲密关系的不过 7 人。这似乎意味着，尽管拥有包括 Facebook、QQ、微博这样的社交工具，社交网络的辐射范围仍会受到限制。

尽管受到如上限制，但毋庸置疑，社交网络仍在发展之中，社交网络的商业化进程也似乎才刚刚开始。事实上，国内社交网站始终高度关注金融业务的潜力。

人人网号称国内最大的实名制社交网站，是人人公司（原千橡集团）于 2002 年成立的。该公司 2006 年收购校内网，2009 年将校内网更名为人人网，目前拥有 1.2 亿注册用户。下辖网站除社交网络（人人网）外，还包括社会化电子商务（糯米网）及网络游戏（人人游戏）等业务[15]。

人人公司于 2012 年 9 月 12 日宣布，已向旧金山的 SoFi 公司投资 4900 万美元，期望借此进入金融服务领域。SoFi 公司由斯坦福大学商学院学生在 2011 年组建，是一家创新型的金融服务公司，帮助学生以低于美国联邦政府贷款的利息获得教育贷款。SoFi 公司成功拿到美国国家许可，已发展成一家成熟的金融服务公司，服务遍及 50 多所高校，可提供多种借贷服务。

人人公司董事长兼首席执行官陈一舟认为，下一波社交化革命浪潮，将在金融行业和教育行业发起[16]。不过，考虑到人人网在其核心业务——社交网络方面的市场份额并不高，其对金融业的影响非常有限。但如果腾讯这样的企业基于其目前的“朋友圈”推出互助金融产品，开展社交金融创新，倒是一件值得金融界高度关注的事情。

金融业更为关注的还是像腾讯 QQ、微信和新浪微博这样的社交巨头，未来它们在金融领域将如何作为。

第二节　互联网金融发展趋势

在金融产品与服务领域开展电子商务，相较于实体商品的上线，具有更大的优势。金融产品及服务“生产制造”的电子化水平较高，不需要类似CIMS（计算机集成制造系统）柔性制造之类的复杂硬件技术，从而天然地更易对接互联网“生产”、销售与服务。但传统意义上非标准化的金融电子商务业务，也会面临一些困难。

一、金融电子商务面临的困难

（1）需要强大的知识库、模型库和信息系统。某些传统金融企业内部运营效率较低，信息化程度不高，传统业务的不同部门、不同流程、不同层级之间，尚且存在大量信息孤岛，更遑论对外部互联网平台的对接。在这种情况下，复杂金融产品和服务的自主创新开发能力较弱，风险控制水平较低，产品与服务标准化、电子化将面临极大困难。例如，保险产品想实现在线实时厘定费率，将涉及复杂的企业内部系统，如果保险企业内部信息系统本身不够完善，这一目标将难以实现。

（2）用户选择和购买较困难。金融企业非标准化产品或服务开发上线后，需要尽到如实告知义务，帮助用户理解、选择产品并完成交互式购买。由于国内相当一部分客户消费观念落后，金融知识缺乏，仅仅依靠互联网销售，极有可能发生理解困难乃至发生重大误解的情况。

（3）识别用户需求要求较高。从金融企业的角度看，一方面，部分用户缺乏“提出需求的能力”，即由于用户缺乏金融专业知识，难以准确描述自身需求；另一方面，部分用户具有一定的或较高的专业水准，需求往往较高且难以满足，如其要求的理财产品的收益水平和风险承受能力不匹配。然而，问题往往并不在于用户需求本身，而是金融业如何理解客户“真正”的需求并创造出产品。从现实情况看，国内金融企业普遍存在理解能力和创新能力不足的问题，难以识别用户潜在需求并创造产品或服务给予满足，普遍停留在“搬、学、用”阶段。简单模仿国外成熟市场的产品或服务，容易造成水土不服。

（4）客户群复杂，差异大。中国金融业的客户群极为复杂，不同客户群之间存在区域差异、阶层差异、贫富差异、风险偏好差异、知识水平差异等。例如，中国金融消费者具有明显的地域特征，一线城市与二线城市的高净值客户具有显著差异。但与其说是地域性差异，毋宁说是族群差异。因为即使在北京这样的一线城市，同样拥有上千万资产的客户，既可能是依靠搬迁补偿获得资产的拆迁居民，也可能是个体工商业者、特殊行业金领、炒房炒股族、高级经理人员，等等，其金融消费行为特征差异显著。

（5）价格不具备可比性。由于产品非标准化，因此价格无法直接比较。以保险产品费率为例，通常涉及保险责任、除外条款、免赔率/金额、限额等，即便是相同的保险标的，不同的保险方案其费率差异也很大。

（6）金融产业链内部存在鸿沟。电子商务业务必须与线下业务流程、外部供应商、协作伙伴进行无缝链接。由于分业经营、金融安全、企业竞争等因素制约，对于B2B的数据交换，不同企业之间，同一企业内部不同部门，不同流程环节之间，往往不是很顺畅。例如，保险企业定价时所需历史出险赔付数据的行业交换，就曾面临重重困难。银联卡系统也曾长期存在全国无法互联互通的问题。

未来的互联网金融会如何发展？下面从市场、平台、商业模式方面进行分析。

二、从市场看互联网金融

（1）市场格局的演变。

囿于金融业的复杂性、风险和监管要求，除非政策发生重大改变，互联网金融创新短期内仍然不会有太大颠覆性，以传统金融企业为主的格局不会发生剧烈变化。在业务结构上，互联网企业将从支付等边缘业务进一步向信贷、保险产品设计等核心业务拓展；而传统的网上银行、网上证券、网上基金、网上保险等仍将保持快速增长，其中相当部分来自于金融企业的已有客户的业务转移。其原因一方面是网上业务内容更加丰富、功能更加强大、操作更加便捷，另一方面则是消费者的互联网技能和对互联网模式的接受程度在不断提高。

（2）金融企业内部的分化。

互联网金融创新的动力既来源于外部，如互联网巨头，更来源于金融企业自身。由于金融业务的专业性特征，未来更可能出现的情形是，在传统金融企业内部出现分化，善于利用互联网技术开展金融业务本质创新的传统金融企业，将较早获得突破，抢占市场先机，在市场竞争中获得更大优势，市场份额不断增加。而那些行动迟缓的企业，则处于被动挨打的局面，逐渐丧失客户和市场。

（3）金融供应链重新整合。

传统金融企业、电子商务平台、社交网站将促进金融供应链重新整合，三者在互联网金融的不同领域或环节发挥各自优势。难以凭空出现现有平台的挑战者，挑战者更可能来源于新的跨行业者。传统金融企业、电子商务平台在法人金融业务上有优势，而社交平台则在个人金融业务上有很多机会。

（4）大规模并购帮助不同企业取长补短。

互联网巨头急切地希望进军金融行业，传统大型金融企业则希望引进互联网企业的体制机制、人才和商业模式，可能会通过并购以快速实现其目标。但由于金融业牌照管制的特殊性，并购会困难重重，一波三折，关键还是在于监管机构是否会支持。

（5）创新深度合作新模式。

传统大型金融企业与互联网巨头将开展更为密切的战略合作，以便发挥彼此优势，建立核心竞争力，共同拓展市场。

2013 年初，中国平安与百度正式签署 JBP（Joint Business Plan，联合发展计划）战略合作协议。平安将与百度在数据研究、消费者洞察、品牌建设、产品创新、营销模式等领域进行合作，共同建立金融行业互联网营销方法论与行业规则，为消费者提供金融业务网上操作的便利平台。双方将从决策层到销售部门、市场部门，客服部门等全业务链的各个环节，实现全面、深入的合作。在业务目标方面，百度与平安将共同承担 KPI（Key Performance Indicator，关键绩效指标法），为共同的市场及销售目标而努力；在消费者洞察方面，借助百度的大数据优势，共同进行深度的用户行为研究，构建金融领域的网民生态圈，以百度 MOMENTS 营销方法论为指导，形成完整解决方案；在合作关系方面，帮助平安直接触及百度多层次的用户及商业产品体系，充分运用百度的媒体品牌价值和流量价值，通过全平台的联合营销活动，全面提升自身的品牌传播势能[17]。

“三马”合作卖保险*，代表了另一种合作模式：互联网企业与金融企业合作进军互联网市场，探索新型产品开发与销售。

微信、人人等互联网企业也可能通过并购、合作等方式进军金融行业。

---

* 阿里巴巴的马云，中国平安的马明哲，腾讯的马化腾，“三马”打算联手在上海组建一家财产险公司，专注于网络保险，初始资本金为 10 亿元。其中阿里巴巴以持股近 20% 成为这家专注网络保险的财险公司最大单一股东。平安、腾讯分别持股 15%，并列为第二大股东。其余还有携程等三四家小股东。合作的方向为开拓针对“虚拟财产”的新险种，例如针对游戏币、网游道具或者是网游账户等。“三马”合作卖保险，是各路资本急涌互联网金融的典型案例，背后折射的是大多数行业在传统销售渠道遭遇瓶颈下的紧急突围。

三、从平台看互联网金融

（一）桌面和移动应用将各具特色

金融业真的会“举家搬迁”到移动端吗？答案是否定的，这需要看移动金融的定义是什么，如果只是小型便携设备，则这种“搬迁”可能是非常有限的，原因是金融需求往往比较复杂，因此需要复杂、便捷的界面。过于小型的设备和界面，难以支持相对复杂的操作。

移动设备将更专注于常用、简单的操作和实时性需求（如支付、信息提醒等），并在移动形式上创新。未来的移动设备将可能在任何地方以任何形式出现：手机、平板电脑、手表（iWatch）、眼镜（Google Glass）、服装等。移动设备将使金融更深入地渗透到个人生活。例如当消费者在超市、电器卖场、4S 店进行移动支付时，支付界面上会出现延保保险产品*的推介信息。

桌面应用更专注于复杂信息展示、复杂交互（如初始配置）和专业性需求。随着平板电脑的功能日益强大，还可能出现在诸如冰箱面板、家庭智能控制面板上。

（二）跨平台将成为必备功能

（1）跨平台和后台支持、云服务和云计算都将成为主流。未来的金融电子商务平台将同时支持移动应用、桌面应用和网站等。用户数据可以实现在不同平台之间无缝链接。譬如，工商银行的手机客户端将会自动展示客户在网页版网上银行上的偏好，如定制页面的常用账户、常用功能等要素，显示用户尚未完成的交易。

（2）跨平台扩展 4A 服务。金融服务将更充分体现 Anytime/Anywhere/Anyway/Anyone，向客户提供更多机会。过去设备不支持客户午夜下单，客户也可能没有这方面需求，目前支持隔夜下单的证券公司很少。但某个客户可能半夜无意中在微博上看到一条 QDII 基金的利好信息并做出购买决策，便顺手拿起手机，在国内市场隔夜下单（购买某 QDII 基金）。

（三）平台将进一步向“端”前移

来自不同行业的各路竞争者，将更加激烈地争夺支付入口。金融电子商务和支付平台，也会进一步向线上和线下的终端前移，形成丰富的渠道。与物联网结合，消费和支付将贴近需求，实现公共事业收费随用随付，交通缴费实时支付（如交通

* 对超过国家三包规定的厂家质保期和质保范围的产品提供保修服务的保险产品。

处罚将实时从账户扣款）等。谷歌眼镜、苹果手表，甚至耐克智能鞋，都将提前激发消费需求，并与金融紧密结合起来。无卡支付技术将进一步推广，金融需求将更加丰富，消费信贷也将蓬勃发展。

四、从商业模式看互联网金融

（1）产品和服务将开展多元化创新。金融企业将普遍通过改造流程、形式、产品和服务内容，使自身更适合通过互联网不同平台、设备销售，以保持竞争优势。“互联网”因素将成为每个产品和服务的必需要素，而非可有可无、锦上添花。

价格因素仍是核心。它并非简单机械地在互联网产品上执行传统定价流程，而是涉及到对企业供应链及流程创新、成本结构再造、成本管控的考验。

定价作为基本门槛，将难以为企业带来超额利润。竞争将更强调产品和服务的深层次创新。举例而言，目前保险公司推出的交通意外险产品，在自主组合要素方面还不够灵活，其根源是保险公司传统的营销理念。在这种理念的支配下，保险公司向客户推销保额高、责任低、费率低的产品，以迎合客户的非专业需求，同时不愿意让客户了解成本结构信息，担心客户进行逆选择，然而这并不能满足专业客户的需求。随着客户保险意识提高以及保险知识增长，传统的营销理念已经不适应客户的消费行为。一旦有保险公司在完善风险控制技术的前提下，推出定制更灵活的产品或服务，将可能吸引这类要求更高的客户。互联网时代更强调信息对称，谁愿意向用户分享信息，共享价值，谁就会赢得更多客户。

移动互联技术的发展，社交平台的壮大和多样化，移动金融和互助金融开始探索更多模式，将为互联网金融的发展注入新的活力。

（2）复杂的非标准化产品和服务将逐渐上线。尽管仍然离不开线下流程和支持，但复杂的非标准化产品和服务，将越来越紧密地与网上流程融合在一起，实现无缝链接，实时互动。

（3）资金的精细化运作，将促成更多商业机会。资金每一分每一秒都将创造价值，在全球范围内流动，并抓住每一个创造收益的机会。各类基于互联网的“资金掮客”、“风险掮客”将大量出现。

（4）以技术驱动的金融业务管理模式和营销模式创新将大量涌现。包括信息技术和金融技术的融合创新，大数据相关技术（数据挖掘、人工智能等），以电子商务为基础的供应链金融技术，金融风险控制技术（如信贷风险控制、赔案风险控制技术。前者以阿里金融的小贷金融工厂模式为代表，后者通过将人工智能引入保险赔案审核，提高赔案风险控制的技能和效率），消费者行为分析和营销技术等，都将迅猛发展。

对于进军金融业的互联网企业来说，风险控制体系是否健全，风险控制技术和能力的高低，都将影响成败。基于互联网数据及分析的风险控制技术将快速发展，并可能出现重大金融创新。例如，阿里通过数据挖掘，建立互联网小额贷款业务规则，有效地控制了信贷风险，形成能够大面积推广的“信贷审核工厂”商业模式，从而顺利进军信贷市场。

（5）金融电子商务平台将进一步发展。各金融企业加大互联网营销，互联网巨头一边抢占客户端，一边在已有终端上布局金融销售业务，第三方理财也将出现分化。在互联网企业方面，淘宝、京东、当当等电子商务门户，新浪、和讯等咨询门户，金融垂直电子商务门户等，都将持续发力，监管创新将为综合性平台提供发展空间。

第三节　努力成为巨人的小个子

互联网的发展，给了金融业小个子和那些准备进入金融业的小个子长成巨人的机会。

这里的小个子是什么样的企业呢？一方面包括那些从无到有的创新型公司，这在纯粹的互联网企业中比较普遍，因为互联网本身就是一个新兴产业。对于金融行业而言，还包括那些在专业领域耕耘多年，但囿于传统格局桎梏难以长大，始终在市场缝隙中寻找机会的中小型企业。互联网金融的发展，有可能给原来在细分市场长期排名靠后的企业，带来超越领先者的机会。

一、GEICO的电销和网销

GEICO 汽车保险公司，是财富巨鳄格雷厄姆重点投资的一家企业，他曾以每股 475 美元购进了 GEICO 一半的股份。该公司也是巴菲特积累财富的重要起点 [18]，巴菲特旗下的伯克希尔公司于 1996 年接管 GEICO。

与整个金融市场一样，美国的保险业经过长期发展，市场已经相当成熟，细分市场分割十分稳定，消费行为也非常成熟。在这种环境下，作为一家不大的保险公司，GEICO 还有多少机会呢？

（一）GEICO的电话销售

从传统眼光来看，保险和其他金融产品一样具有高度专业性。充满专业术语的保险条款，比传统金融产品更为复杂，因此传统保险产品更依赖于销售人员一对一的推销。然而随着消费者对保险产品的理解日益加深，对传统关系型营销方式的不满，以及消费者对电话及互联网销售渠道的接受程度逐步加深，电话销售乃至互联网销售的可行性已经大大加强。

GEICO公司正是洞察了这一趋势和机会，将电话电视营销转变为具体的商业行动。GEICO市场策略的核心，是通过集约化、具有规模优势的电话销售渠道，压低经营成本，尤其是营销成本；通过成本结构的改变，提供具有竞争力的价格，向依赖传统销售渠道的公司发起进攻。GEICO从电话销售做起，树立起新的品牌形像，建设了直销渠道，并获得了巨大成功。

为了支持直销渠道的发展，GEICO公司推出一只说话带伦敦腔的壁虎，作为电视广告的主角。为突出保险简单易懂的特点，GEICO公司2004年推出这样一则电视广告：一群野人在抗议，因为有人声称在geico.com上买保险简单极了，“野人都干得来”。该公司独特的营销战略，在传统金融业人士看来是难以想像的。

GEICO的主要模式是：重设渠道—获得营销的规模优势—降低营销成本—提供有竞争力的价格—类似快速消费品的营销战略—占领市场。这样的效果显而易见。从图2-1中可以看到，GEICO在市场份额、承保保费和直销渠道份额3个指标的增速上，全部领先于竞争对手[19]。自2002年以来，GEICO迅速扩张，新增了400万投保人，一举成为纽约地区最大的汽车保险商[20]。

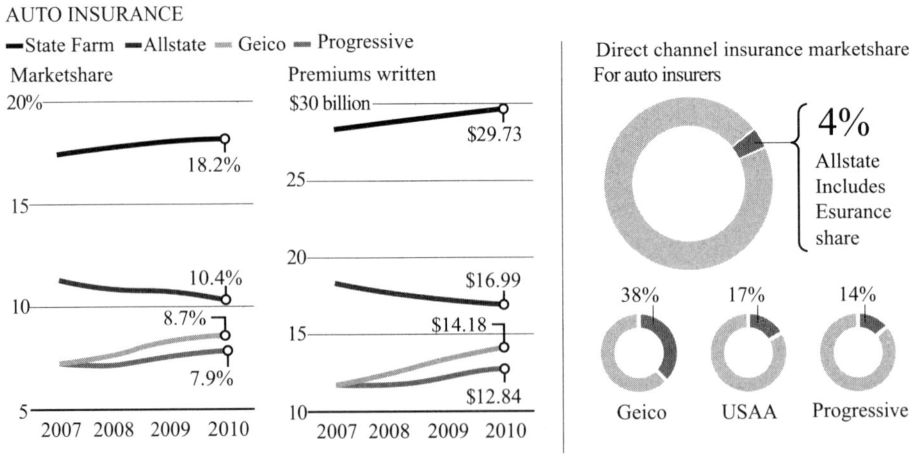

图2-1 GEICO市场份额、承保保费、直销渠道份额

（二）GEICO 的网络销售

在电话销售获得成功后，GEICO 将目光转向了互联网。这一方面是因为二者具有一定的相似性，都属于能够实现规模经济的直销模式；另一方面，随着互联网在人们生活中的重要性日益凸显，互联网渠道已经成为一个举足轻重的销售渠道，通过互联网销售较为复杂的金融产品，已经水到渠成。

互联网的最大优势之一，就是可以形成规模经济，降低交易成本，这与电话销售特征相似。随着互联网的普及，GEICO 将互联网视为未来的战略渠道。GEICO 发扬其在拓展电话车险业务中的创新精神，在互联网领域充当美国车险电子商务的急先锋。

GEICO 将汽车保险整个业务流程中的所有客户接口，全部以互联网形式实现。即消费者可以通过公司官方网站注册、投保、获得保单、管理保单以及索赔。

图2-2 GEICO的官方网站主要功能

具体而言，GEICO 的官方网站已经由原来的公司形象展示，完全转变为公司的业务平台。目前，GEICO 网站首页已经变成网上“营业厅”。访问该网站，首页展示了四个主要功能：新客户或潜在客户获得相关产品功能及报价；已有客户登陆保单管理；保险营销，诸如评估自身风险，评估已有保险，与代理人联系等；报案索赔。

（三）涉足移动互联网领域

GEICO 预见到移动互联网将深刻改变消费者的习惯，对现有互联网的营销渠道产生影响，便开始投入力量，加强对移动互联网领域的争夺，试图在这一细分市场上建立先发优势。

GEICO 开发的移动应用软件包含手机保单类、游戏类、便利类 3 种，目前已经开发了 iPhone、安卓以及 iPad、黑莓应用程序，而 GEICO 则适用于所有类型的手机。在 Windows Phone7 刚推出时，GEICO 就推出了相应的应用品牌 GloveBox[21]。其主要功能包括：

（1）客户服务。

①账单和保险 ID 卡。客户无论在哪里，都可以支付和访问保险 ID 卡。

②交易业务。用户可以收到新保险条款的报价及交易。

（2）通用服务。

①事故协助。当用户遇到事故时，可以呼叫本地紧急服务，提交事故照片以进行索赔。

②道路服务。利用 Bing Maps 和 GPS 功能，帮助用户随时随地找到最近的拖车服务和加油站。

③出租车 / 租车。帮助用户快速找到最近的出租车 / 租车服务。

④汽车使用手册。有详细操作步骤的手册，指导用户启动汽车，检查及更换轮胎。

目前，GEICO 已将其开发重点放在了智能手机应用程序上。

GEICO 会成为美国保险业的巨人吗？它已经在路上！

二、支付宝的崛起

在国内，我们可以从支付宝的发展，感受到互联网金融中新兴企业的快速成长。

（一）支付宝的发展历程

支付宝成立于 2004 年 12 月。在金融领域，这是一家非常年轻的公司，也是一家小公司。我们不知道，在成立之初，它是否就拥有了今天的野心[22]。

最初支付宝只是作为淘宝网为解决网络交易安全设置的一个功能，该功能首先使用“第三方担保交易模式”，由买家将货款打到支付宝账户，由支付宝向卖家通知发货。买家收到商品确认后，指令支付宝将货款发与卖家，至此完成一笔网络交易。

经过 8 年时间，这家年轻的公司发展得如何呢？

成立 4 年后的 2009 年 7 月 6 日，支付宝宣布其用户数正式突破 2 亿人次大关。2010 年 3 月 14 日，支付宝宣布用户数突破 3 亿人次。2010 年 12 月宣布用户数突破 5.5 亿人次，日交易额超过 25 亿元人民币。除淘宝和阿里巴巴外，支持使用支付宝交易服务的商家已经超过 46 万家。2011 年 9 月 5 日，支付宝收购“安卡支付”，计划深度拓展跨境业务。

支付宝官方发布的数据显示，2005 年支付宝日均交易量为 1 万笔，2006 年这一数据就达到 50 万笔，到 2010 年支付宝日均交易量达到 1000 万笔，而 2012 年，支付宝日均交易量达到 1 亿笔[23]。

支付宝用户数的增长是呈几何加速的。首次达到 1 亿是在 2008 年 8 月底，从其 2003 年 10 月首次开放平台，到积累 1 亿用户，花去了近 5 年时间。但从 1 亿用户增长到 2 亿，支付宝仅仅花了 10 个月，而从 2 亿增长到 3 亿，只花了 9 个月[24]。

2011 年底，支付宝总注册用户数超过 6.5 亿，日交易额超过 40 亿元。今天的支付宝，毫无疑问已经成为第三方支付领域的巨人。

据统计，在 2011 年第 4 季度中国第三方互联网在线支付市场格局中，支付宝以 46.9% 的市场交易额份额占据第一的位置，财付通和银联网上支付分别以 21.4% 和 10.4% 排名第二和第三。支付宝、财付通、银联网上支付共占据整个市场 81.7% 的份额，与上一季度相比，市场集中度提升 1.1%[25]。

从 2011 年全年来看，中国第三方支付市场继续呈现高速增长态势，而支付宝占据绝对领先地位[26]。

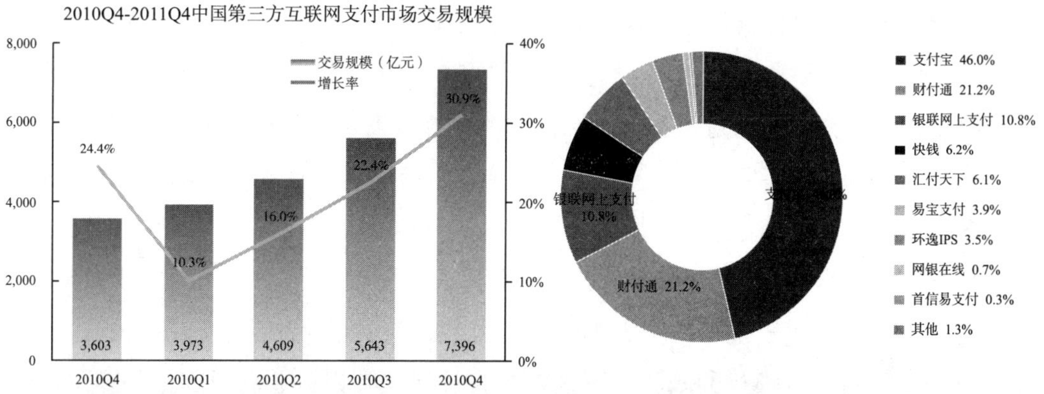

图2–3 中国第三方支付市场交易规模与份额

（二）支付宝的威胁

今天的支付宝，野心显然不仅仅在于第三方支付，但相对于银行业来说，支付宝仍然是一个不折不扣的小个子。要知道，即使到 2011 年，支付宝全年交易额也不过 1000 亿元。根据估算，2012 年，如按日均交易额突破 60 亿元计算，支付宝全年的交易额也只有 2000 亿元左右。而这一年，仅淘宝和天猫的交易额就突破了 1 万亿元，但当年网上银行市场交易额预计超过 800 万亿元。也就是说，支付宝的交易额仅为网上银行市场交易额的万分之一多一点儿。

但如果因为交易额占比不大而小看支付宝，那就大错特错了。从发展角度来看，很多时候，客户份额比市场份额更值得重视。

我们对比一下用户数。2011 年第三季度，中国全部商业银行的网上银行注册用户数超过 4 亿人[27]，而支付宝的总注册用户数超过 6.5 亿人。考虑到网上银行用户数还包含一人多行、一人多卡的情况，支付宝的网上用户占有率远超任何一家网上银行，包括号称要做全球第一的工商银行。

业界曾经流传这样一个故事：谈及谁是世界上最大的互联网公司，微软、谷歌还是 Facebook？工商银行董事长姜建清的答案是：工商银行。理由是目前通过工商银行网络银行提供金融服务，每天赚取的利润超过其他世界级互联网公司。但是从用户数量和互联网支付市场来看，从某种角度来说，支付宝已经在互联网支付领域战胜了所有商业银行。

进一步来说，比较支付宝和传统银行业巨头，我们还不能忽略这样一个事实：支付宝的市场，是在市场竞争比较充分的条件下获得的——至少早期是如此，并且现在也不依赖牌照管制。网上银行则严重依赖牌照限制。

如果有人因此声称支付宝的客均价值远远低于传统银行，我们不妨设想一下，假如允许支付宝（阿里金融）开办银行，或者更开放一些，允许支付宝设立全国性的非实体网上银行，允许其通过资本运营手段并购重组现有商业银行并颁发全国性牌照，降低设立分支机构的门槛，阿里金融大力向企业市场进军，那么阿里集团的金融业务会有多大？对传统银行会造成多大的冲击？传统银行业是否有信心应对这一挑战？

面对支付宝的威胁，一些传统银行在宣传上力图消除这种影响，但收效甚微。很多银行业人士充满了忧虑，努力进行政策公关，对阿里金融进行狙击。

支付领域对商业银行的威胁，不仅因为直接涉及到银行业的饭碗，关键是在银行业务中，只有支付这一版块目前进入者众多，开放程度最大，支付宝只是开了个头。以阿里、腾讯为代表的互联网巨头在金融领域的发展潜力和极强的竞争力，令传统金融企业不寒而栗。

三、快捷支付撼动银行

（一）率先开放的支付市场

2012 年 6 月 28 日，央行公布了 95 张新的第三方支付牌照。在短短的 13 个月内，共有 196 家企业获得了不同类型的支付许可证。央行颁发的牌照涵盖了货币汇兑、互联网支付、移动电话支付、固定电话支付、数字电视支付、预付卡发行与受理和银行卡收单等 7 大业务类型，其中互联网支付是第三方支付的发源地。根据易观国际的调查，2011 年，中国第三方互联网支付市场交易规模达到 2.16 万亿元人民币，较 2010 年增长 99%。

2012 年 7 月 16 日，WTO 发布了美国诉中国电子支付争端案的专家组报告，否决美国的部分指控，认为中国银联卡在中国市场并不具有垄断地位。但报告同时称，银联卡在部分类型特别是以人民币为单位的支付卡交易上，确实是国内唯一供应商，同时要求其他供应商在卡上必须印上银联标识并与银联联网，这些行为都违反了关贸总协定中作出的承诺。中国已经放弃在规定时间内对 WTO 裁决提出上诉[28]。这意味着中国政府将接受裁决，逐步对外开放电子支付服务市场，银联以外的其他卡组织，将允许在中国境内发行人民币支付卡。

尽管国内人民币转接清算渐进开放的进程尚待观察且不容乐观，但如果央行出台关于电子支付提供商准入清算交易的行业标准文件，比如规定注册资本、经营资质，那么可以预想，国内的民营企业如阿里集团（支付宝）等，极有可能利用这一契机进入转接清算领域，这才是银联需要面对的真正挑战[29]。

（二）支付脱媒

以支付宝为代表的支付公司起源于电子商务，扎根于互联网，但在业务上必须依靠商业银行。2010 年底以来，多数支付公司都推出了快捷支付。通过快捷支付，用户无须开通网银，便可直接输入卡面信息，完成支付。更为重要的是，开通快捷支付后，此后每一笔支付，都可以直接通过支付公司完成。使消费者的支付过程彻底摆脱网上银行，这显然是支付公司有意为之。当然商业银行也因此提高了支付成功率，扩大了银行卡的消费金额。

快捷支付绕开电子银行渠道，使电子银行被边缘化。换言之，快捷支付的出现，将冲击网上银行的市场份额。

面对支付中介脱媒的挑战，银行业管理人员看在眼里，忧在心中。目前支付宝快捷支付的合作银行已经超过 160 家，覆盖了国内所有的主流银行。但支付公司不断努力减少对银行的依赖。

据支付宝每月向合作银行提供的月报显示，2012 年支付宝快捷支付每天以 10 万用户的速度增长。2012 年 5 月底，支付宝快捷支付的用户数只有 1700 万人，而到 11 月已经突破 1 亿！“11·11 购物狂欢节”当天，支付宝快捷支付交易笔数占到所有交易笔数的 45.8%。

艾瑞咨询发布的《2011–2012 年中国互联网支付用户行为研究报告》显示，2011–2012 年的一年中，有 46.7% 的互联网支付用户使用过快捷支付，而同期通过第三方支付跳转网银进行支付的用户，仅有 41.7%[30]。

（三）快捷支付对银行的挑战

包括支付宝在内的所有支付公司，都极力淡化支付方式对网上银行的冲击，力图将其描绘成与传统银行之间的共赢，不过银行业却未放松警惕。就整个供应链来看，商业银行失去了客户体验的窗口，如果未来支付公司能够甩开商业银行的话，一定会这么做。

如今，第三方支付尤其是支付宝这样的企业，已经做到一定的规模，使银行不得不重视第三方支付。随着商业银行间的竞争加剧，各家商业银行都担心，如果不参与快捷支付，将会影响自身的业务规模。

目前大多数支付公司规模尚小，没有引起银行战略层面的警惕，促使其下决心统一战线，狙击这些新兴企业。或许银行业希望通过支付公司的繁荣，对一家独大的支付宝进行制约。但长期缺乏市场化竞争经验，又缺乏统一战略的银行业，必然会被支付公司分化瓦解，从而为支付公司培养自身的核心客户群提供契机。这一点与当年国内车险市场进入市场化竞争时，保险公司与车商之间的博弈颇为相似。

在收单业务方面，商业银行已经直接面临支付公司的竞争。收单业务包括商户资质审核、商户培训、受理终端安装维护管理、获取交易授权、处理交易信息、交易监测、资金垫付、资金结算、争议处理和增值服务等业务环节，主要收入来源为手续费收入。根据行业的不同，费率为 0.5% 至 4% 不等。手续费分成一般遵循 7 : 2 : 1 的比例，即 70% 归发卡行所有，20% 由收单方所有，10% 则为银联所有。

在支付企业进入之前，收单业务市场主要被银联商务和各家商业银行占据。收单业务收入是商业银行重要的中间业务收入之一，甚至很多商业银行的卡中心都设立了收单业务部门。但第三方支付企业进入这个市场之后，多家支付公司都将收单业务视为战略重点之一，如拉卡拉、指付通（指纹支付公司）[31] 等。

谁能断言，像支付宝这样的小个头，不会成为整个金融领域的巨人呢？传统金融寡头，有必要对这样的企业产生一些敬畏！当然，除了敬畏之外，更重要的是思考如何对抗它，战胜它？

第四节　进军金融的互联网挑战者们

随着全球互联网的发展和金融业的变革不断深入，金融信息化对金融业的影响日益深入，产业革命性的突破和产业升级的壮阔画卷，正在我们面前展开。无论从业者是否察觉到，金融业都将在未来10年发生翻天覆地的变化。

从2000年前后第一波互联网热潮到来及泡沫破灭，到2005年后热潮再次席卷而来，互联网经济从电子商务举步维艰，艰苦探索盈利模型，到今天万马奔腾，一日千里，无数企业在这里厮杀，许多投资者血本无归。尽管这个市场仍然存在着惊人的机会，但已经由昔日的蓝海变成血腥的红海。2012年7月26日，由于业绩低于预期，Facebook股价大跌11.7%[32]，到8月份，股价暴跌一半[33]。

互联网是一个动荡不安、充满血泪的领域。在这一领域里，大家要拼资金，拼资源，拼模式创新，拼产品服务创新，竞争手段层出不穷。同时这也是一个充满机会和希望的行业。传统产业中，除了某些特别市场如金融、自然垄断资源行业等，电子商务已经渗透到每一个商业领域。艾瑞咨询数据显示，2012年中国网络购物市场交易规模达13040亿元，较上年增长66.2%，在社会消费品总零售额的占比达到6.2%，远超同期社会消费品零售总额12.1%的实际增长率[34]。

一、越来越长的电子商务触角

从业态来看，早期被电子商务所忽略或者说电子商务发展相对迟缓的是哪些市场？从产业或业务领域看，主要是非标准化产品与服务市场。这是因为互联网的规模经济特征，更适合在标准化产品或服务中体现其优势。因此，由企业信息化应用和互联网技术发端的电子商务，从一开始就从信息电子化、标准化做起。

在电子商务巨鳄淘宝上面，几乎没有什么产品不能搜索到，从3C产品*、日用品到家具、汽车，几乎所有行业的产品都能在淘宝上找到，但非标准化产品与服务仍然存在许多空白，只有服装是非标准化电子商务的一个特例。服装之所以能够进入电子商务营销范围并得到蓬勃发展，源于传统渠道交易成本高。另外，均价较低、评价系统完善、售后服务有保证等因素，也使其克服标准化劣势而蓬勃发展。

值得注意的是，淘宝并未放过标准化金融产品这一领域。淘宝的退货保险、意外险、车险等模块，就是试图将标准化金融产品纳入进来。

如同传统电子商务领域一样，任何门户网站，都难以将垂直频道做到极致，因为它首先需要将资源投入到边际效益最高的领域。即便是淘宝，也在走大而全、深

---

* 3C产品是计算机（Computer）、通信（Communication）和消费类电子产品（Consumer Electronics）的统称，亦称信息家电。

而精之路，深入挖掘客户价值，因此淘宝也在不断深入探索细化分类下的定制和个性化服务。即便如此，其仍然难以满足某些非标准化产品对于复杂性的要求[35]。

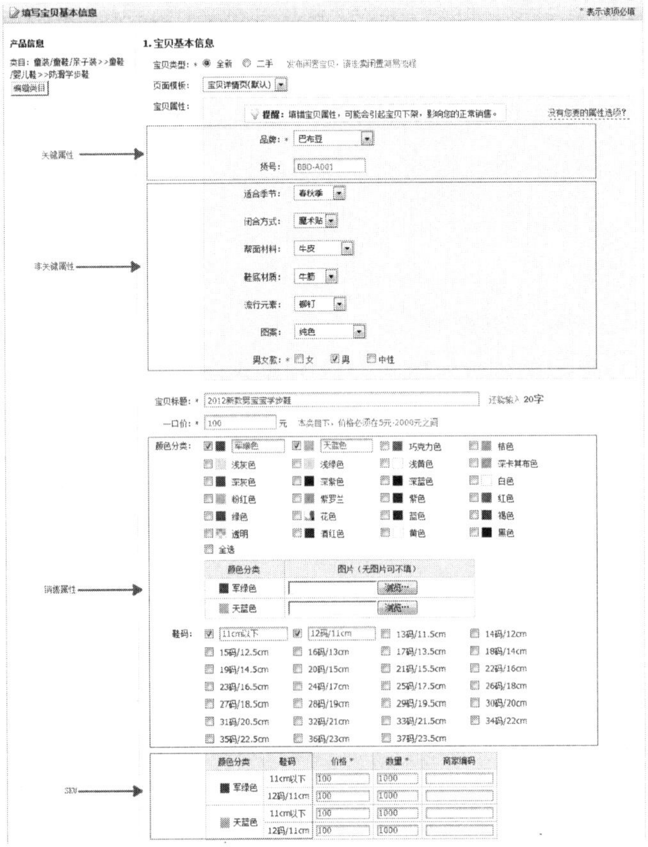

图2-4　淘宝的标准化产品单元SPU[36]及库存量单位SKU*

相较于电子商务已经基本覆盖的标准化商品，非标准化、复杂性商品仍处于探索阶段。在所有非标准化产品与服务里，金融产品与服务拥有巨大的市场空间，是尚未充分发掘的金矿，金融业作为整个经济领域中的皇冠，其电子商务仍处于初级阶段。不过，这一领域越来越引起互联网产业的重视。其中，金融产品和服务作为典型的知识密集型产业，非标准化产品与服务正在逐步纳入互联网巨头拓展的版图，这意味着金融产品和服务的标准化孕育着巨大的市场，如晨星的基金评价产品。

---

* SPU 意为标准化产品单元（Standard Product Unit），是商品信息聚合的最小单位。在商品信息电子化过程中，商品的特性可以由多个“属性 | 属性值对”进行描述。“属性 | 属性值对”完全相同的商品，可以抽象成为一个SPU。

SKU 全称为库存量单位 (Stock Keeping Uint)，为保存库存控制的最小可用单位，它是由产品的销售属性组成，如鞋子的 SKU 为颜色 + 鞋码，如红色 35 码鞋子 100 双，棕色 35 码鞋子 150 双。

同时，正如传统产业资本必然要发展金融资本一样，除阿里外，其他互联网产业巨头，也都逐渐将目光转向金融业，希望凭借主营业务进军金融领域。研究表明，产融战略的核心在于产业部门能够降低金融部门的某项成本，进一步表述，就是产业资本能否提供金融竞争的某项核心要素的优势[37]。

二、淘宝的金融产品与服务销售平台

值得注意的是阿里集团、京东、腾讯、百度等在金融领域的创新。下面以阿里集团为例，看看该企业除了支付外，在销售平台（渠道）和小额信贷方面还做了些什么。

（一）阿里集团：向更广泛的金融领域进军

凭借4亿核心用户群以及淘宝、天猫、阿里巴巴的商家客户，阿里集团野心勃勃地将触角逐渐伸向更广泛的金融领域。

2012年7月23日，淘宝网推出理财频道，首期推出泰康人寿、太平洋保险、交通银行三家旗舰店，消费者可以在网上购买交通银行贵金属、泰康人寿投连险、太平洋人寿分红险等理财产品。交通银行的淘宝旗舰店展示了“基金营养组合产品”，之前，平安车险等已经率先登陆淘宝。

淘宝网早已计划涉足基金销售。早在2011年底，支付宝便开始培训20多家基金公司营销人员。各基金公司也非常重视淘宝的巨大客户资源，提前开始业务和技术层面的对接。

2012年5月11日，支付宝、财付通、快钱正式取得证监会发放的基金销售第三方支付牌照。5天后，博时基金就开通了支付宝支付渠道。由于受制于资格限制，目前第三方支付不能直接销售基金，阿里只能让商业银行在淘宝网上开设旗舰店。虽然现在仅有交通银行一家在淘宝网上开设了旗舰店，但是淘宝的野心远不在此。今后淘宝必然会不断升级完善理财频道，引入更多的银行理财产品、基金产品和理财型保险产品[38]。2013年6月，支付宝推出余额宝，引起金融界关注。

淘宝的保险频道早已架构完成，并已经有人保、平安、阳光、泰康、太平洋等多家保险公司入驻。淘宝网上销售的产品包括车险、意外险、旅游险、健康险、少儿险（意外健康险）、家庭财产险等，投资理财险则主要是泰康投连险。此外，淘宝还依托保险合作伙伴销售电子商务保险，包括退货运费保险、货到付款拒签险、假一赔三（手机）保险等。银行、私募基金等也蠢蠢欲动，试图通过淘宝销售产品。

国华人寿通过淘宝聚划算团购平台，销售 3 款万能险产品，仅 3 天便售出 4356 份，销售额达到 1.05 亿元，成为网络平台团购保险产品的第一例，创下聚划算单次团购过亿元的销售纪录。这 3 款产品是国华人寿专供网销的理财型保险产品，分别是金钥匙 1 号、金钥匙 2 号和创富人生 2011，预期年化结算利率分别为 4.05%、5.2% 和 5%，销售门槛均为 1 万元。这些产品形态简单，以理财加保障为主[39]。

2012 年底，光大银行在“聚划算”上推出“定存宝”产品的“优惠”团购，以“买 1000 送 1000 集分宝”进行促销。购买者除了享受 1 年期 3.3% 这个上浮到顶的利率外，还额外赠送能够直接抵现使用的集分宝。其中每 100 分集分宝可以在淘宝、天猫等网站抵扣 1 元钱，购买 1000 元的理财产品，相当于返还 10 元现金抵扣券。很多买家在论坛上发出“还有这样的好事”的惊呼，更有部分买家利用该“游戏规则”，以 1000 元反复操作 3 次（上限）以获得 3000 集分宝，相当于获 3% 的返还。

截至 2012 年底，定存宝已累计成交 51925 笔。不过，送集分宝活动由于涉嫌违反央行“严禁擅自提高利率，或以手续费、协储代办费、吸储奖、有奖储蓄、介绍费、赠送实物等名目变相提高存款利率”的规定，随即被叫停[40],[41]。

图2–5　淘宝保险主页

（二）供应商对互联网渠道资源极度渴望

金融产品对销售渠道的依赖，以及传统销售渠道的高成本，使得传统金融产品供应商纷纷转向互联网进行营销。以传统基金销售为例，国内基金发行过程中的主要费用，都被销售渠道获得。在销售渠道中，超过 60% 的份额集中在银行渠道。有媒体报道，上海某小型基金公司发行的一个产品，给渠道的销售佣金及尾随，已经与管理费用持平[42]。因此基金行业有一个流行的说法："给商业银行打工。"

从消费者角度来看，他们显然也希望能从成本更低的销售渠道获益。调研显示，近6成网上基金投资者和潜在网上基金投资者表示，正在使用或考虑使用第三方支付方式购买基金。其中表示"很可能使用"的基金投资者占比最高，分别为39.1%和40.5%；仅有9.9%的网上基金投资者和7.8%的潜在网上基金投资者，表示不会使用第三方支付购买基金。

国外的基金或理财产品，大多是通过直销或第三方销售机构完成。美国共同基金的销售基本上分为两种途径，其一是通过网络、邮寄、电话，或在基金公司零售点直接销售。其二是通过经纪商、财务顾问、保险公司、商业银行等代理销售。据美国对基金投资者的调查显示，经纪商和基金公司是美国基金投资者认购基金的两条主要渠道，其所占比例高于独立理财顾问、保险公司和商业银行等渠道[43]。

一方面，国内基金公司对渠道资源极度渴望；另一方面，互联网作为一个新兴销售渠道已经越来越重要。那么，为什么迄今互联网企业在这方面没有大的作为呢？这并非因为互联网行业没有人注意到这个领域，而是与金融管制对金融产品销售资格的限制有关，也与金融业自身的复杂性和专业性有关，与金融消费者的消费习惯有关。

（三）金融改革为互联网金融提供了契机

中国特殊的金融客户市场，为互联网金融的发展提供了一些契机。譬如，正是由于金融业目前的竞争不够充分，消费者选择受限制，因此在全世界，没有企业与个人像在中国金融市场那样，对新进入的竞争主体的产品和服务充满期待。对于新的渠道、新的产品、新的方式，消费者有更大的包容性和接纳性。

国内金融业改革的雷声隆隆，尤其是牌照开放、价格市场化，给许多期望进入这一市场的资本和创业者以无穷想像的空间，以至于许多对金融业并不了解的创业者，也匆匆闯进这个领域。

以上集中讨论了金融产品与服务的互联网销售。尽管当前互联网行业对金融业的探索还只是初级的，主要限于销售渠道，缺乏两个产业的深度整合和价值创造，但能因此忽视互联网对这个行业可能带来的革命性影响吗？

今天的互联网，已经越来越深入到非标准化产品与服务市场，金融业如保险、理财产品销售，小额信贷等细分市场，已经闯进了许多迫不及待的创新者。尽管这些变化对整个市场的影响还微乎其微，但某些可能对行业产生深刻影响的征兆在提醒我们，我们已处在巨大变革的前夜。

三、野心勃勃的阿里金融

除了支付，互联网行业向传统银行业发起的另一大挑战，是商业银行的核心业务——信贷。

阿里金融以淘宝、天猫的商家为基础，开始大力发展信贷业务。对于这一业务，阿里金融究竟拥有什么优势呢？这就是庞大的商家和客户资源，以及基于海量交易数据的风险模型。

（一）阿里金融的信贷业务

早在2007年6月，阿里集团便与建设银行、工商银行合作推出小企业贷款：小企业不需要任何抵押，由3家或3家以上企业组成一个联合共同体，即可申请贷款。

2009年9月，阿里集团又与格莱珉银行（孟加拉乡村银行）信托基金携手开展格莱珉中国项目，向居民提供小额信贷金融服务。但由于和银行信贷在理念上存在本质差异，这次合作逐渐式微。

阿里几年前曾提出过想做阿里银行的想法，后被央行否决。2010年，浙江阿里巴巴小额贷款股份有限公司，获得国内首张电子商务领域的小额贷款公司营业执照，标志着阿里集团正式进军金融业。

阿里主要为B2C（商家对客户）平台，即淘宝和天猫的客户提供订单贷款和信用贷款，同时也为B2B（商业对商业）平台客户提供阿里信用贷款。

阿里金融提供7天×24小时服务，小微企业可以随用随借，随借随还。阿里公司根据需要贷款公司的信用资质，决定是否批准贷款，不需要任何担保和抵押，这大大降低了小微企业融资的门槛。

为鼓励客户尽早还款，阿里小贷采用了按日计息的利息结算方式。其中淘宝、天猫订单贷款最高额度为100万元，贷款周期30日，日利率0.05%，折合年利18.25%；淘宝、天猫信用贷款最高额度100万元，贷款周期6个月，日利率0.06%，折合年利21.9%；阿里信用贷款额度为5万至100万元，贷款周期12个月，日利率在0.05%至0.06%之间。

根据媒体报道，阿里信用贷款面向江、浙、沪三地的普通会员放开[44]，贷款形式为"循环贷+固定贷"。循环贷指获贷额度作为备用金，不取用不收利息，可随借随还，日利率万分之六左右，只算单利，不会利滚利，贷款较为灵活。固定贷指获贷额度在获准后一次性发放，日利率万分之五左右，更为便宜。

阿里信用贷款申请人，必须是阿里巴巴中国站会员或中国供应商会员，申请人为企业法定代表人或个体工商户负责人，工商注册地在上海市、浙江省（除温州）、江苏省，且注册时间满2年。同时，申请人近12个月总销售额不小于200万元[45]。

从2010年开始自营小额贷款业务，至2012年年中，阿里金融累计投放贷款金额已达280亿元，为超过13万家小微企业、个人创业者提供融资服务。2012年上半年，阿里金融新增的获贷小微企业达4万余家。

（二）阿里金融的微贷技术

根据阿里金融统计，2012年上半年，阿里金融累计向小微企业投放170万笔共130亿元贷款，日均贷款接近1万笔，平均每笔贷款仅为7000元。

传统金融业能够为个人创业者提供7000元甚至更低的贷款吗？在传统经营模式下是不可能的，但阿里金融做到了。

阿里金融微贷技术的核心，是利用小微企业在电子商务平台上的大量数据、信用风险模型、计算机技术和互联网，有效解决了降低融资门槛（不依赖担保和抵押）、控制风险、降低运营成本三者之间的矛盾。

利用网络低成本采集客户信息，通过数据挖掘分析，判断客户信用风险，提供365天×24小时不间断服务。新型微贷技术减少了人工参与，简化了融资环节，提高了效率，降低了成本。使得原本通过传统金融机构难以获得贷款的小微企业，融资需求得到满足，推动了微贷业务快速发展。

中国市场一直有农村包围城市、中低端包围高端的传统。从小微贷款开始向中小规模再向大型企业信贷发展，是一条顺理成章的路径。更何况，小微贷款对于企业的风险识别、管理能力是一个极大的锻炼，将帮助阿里金融积累进军大中型企业客户市场的经验[46]。

（三）阿里金融发展的限制

阿里巴巴的信用贷款产品，虽然名义上与电子商务的会员服务有关，但事实上已向全社会开放，只要在阿里巴巴中国站进行免费注册，就可以申请这一产品。难怪有媒体用上了“银行颤抖吧”之类的标题来报道此事，认为其将对银行业形成巨大冲击。

其实，在阿里金融获得银行牌照前，商业银行暂时还无需“颤抖”。

首先，从贷款总量来看，阿里金融的贷款规模不到商业银行贷款总额的万分之三。

其次，从服务的小微企业占比看，阿里金融以企业网络经营数据为主的信用评估体系，决定了其客户发展的速度受到限制。截至 2012 年中，阿里金融尽管已累计为超过 13 万家小微企业、个人创业者提供融资服务，但还未达到国内 4000 万小微企业的 0.3%。与此同时，小型商业银行、信用社，以及放开政策后的小额贷款公司等机构，其业务拓展能力也不容小觑。

再次，阿里金融的小贷资金来源于旗下浙江、重庆两家小额贷款公司，注册资金总计 16 亿元。按照法规要求，阿里金融最多可用于放贷的资金为 24 亿元，若要提升放贷量，需要更多的资金支持。由于没有银行牌照，阿里金融无法吸收存款，其业务快速扩展必然受到资金制约。

（四）阿里金融的其他业务

值得注意的是阿里下一步的动作。

2012 年 9 月，阿里巴巴集团主席兼首席执行官马云已经宣布，将从 2013 年 1 月 1 日启动阿里巴巴转型计划，重塑公司平台、金融和数据三大业务。这是阿里巴巴的重大战略转型[47]。

另外值得注意的是，在保险方面，阿里实质上已经进入了产品开发的核心环节。一是与华泰合作开发退货运费保险，二是与平安、腾讯合作，成立众安在线财产保险公司，由阿里控股 19.9%，俗称“三马”（马云、马明哲、马化腾）合作卖保险。该财险公司计划通过互联网这一唯一渠道进行销售和理赔服务，销售基于互联网的产品和基于物联网的产品，比如虚拟货币失盗险、网络支付安全保障责任险，甚至还有基于语音技术的保险保障服务[48]。

退货运费保险是淘宝与华泰保险合作推出的一款保险产品，2012 年“光棍节”日签单达 5000 万笔[49]。

在经营过程中，淘宝与华泰不断完善风险控制措施，针对客户网购及理赔数据，分析道德风险（职业退货师、买卖勾结骗赔。如有商家近 30 天的退款次数高达 92095 次，也有商家近 30 天的退款比例高达 35.97%[50]）及逆选择风险，完善承保条件（如对出险率超过 30% 的客户暂停退货运费险购买服务 3 个月），提高费率（部分客户费率由原来的 0.5 元涨到最高 11.5 元[51]），以实现扭亏为盈。

四、亚马逊的商户贷款

在美国，电商平台亚马逊旗下建立了亚马逊资本服务公司。其项目 Amazon Lending 负责向小商户提供贷款，以帮助它们扩大规模。根据商户的销售业绩，亚马逊向部分商户发送邮件，向他们介绍这一新服务，并给予商户 30 天时间来决定是否接受该服务。亚马逊表示，通过 Amazon Lending 的贷款，商户可以增加库存，提高在亚马逊网站上的销量。

如果希望使用 Amazon Lending 服务，商户需要遵照以下步骤。

首先是注册账号。商户需要使用 Selling on Amazon 的主账号来注册，如果得到批准，资金将在 5 个工作日内打入商户账号。商户的亚马逊贷款每月还款，将从亚马逊商户的账号中自动扣除。

亚马逊采取各种方式来帮助商户发展业务，通过向商户提供贷款，解决了一些商户的燃眉之急。尽管贷款利率高达 13%，但手续完成时间只有 4 天，这意味着时间成本低于信用卡，手续也比银行简单。

需要指出的是，13% 只是部分商户看到的利率，不同商户获得的利率可能并不相同[52]。

第五节 传统金融业的阵地

尽管面临巨大的挑战，但传统金融企业拥有得天独厚的优势，并积极开展互联网实践。如果能够有效提升创新能力，传统金融企业仍然能在互联网时代大有作为。

一、传统金融企业的优势

传统金融企业在互联网金融领域具有先天的优势，这种优势体现在以下几个方面。

（1）销售与服务网络。毋庸讳言，就个人市场来说，现金交易在中国仍是主流，线下服务网络的普及至关重要。对企业来说，传统的销售如银行存贷款业务、服务及风险管理等，仍需要在线下进行。

（2）成熟的业务体系。经过长期的经营，传统金融企业形成了成熟的产品体系，稳定、高效、优化的业务流程和业务规则，拥有强大的产品开发能力。

（3）品牌优势。传统金融企业的品牌早已深入人心，并被广泛认可和信赖。

（4）拥有大规模的忠实客户群。西方国家针对金融消费者的研究表明，金融消费者对银行的忠诚度，一定程度上甚至高于对配偶的忠诚度。

（5）雄厚的资本基础，丰富的财务资源。

（6）完备的人才储备。长期经营中积累了大量的人才和业务经验。

（7）复杂、稳定、安全的 IT 系统。

（8）金融安全。这一点对消费者非常重要，而健全的监管体系，则进一步支撑了传统金融企业的金融安全。

但是互联网对金融业的影响是极为深刻的，传统金融企业是否全面认识到这一点呢？对于传统金融企业而言，开展互联网创新，在某种程度上不亚于二次创业。

二、传统银行业的互联网创新

（一）美国网上银行创新

基于利率市场化的大背景，美国的网上银行首先通过利率争夺市场与客户。与传统银行相比，网络银行在营运成本和交易成本方面拥有很大优势，通过提供更高利率和免费服务等方式，足以与传统银行争夺客户和存款。

网上银行提供给客户的存款利率，比传统商业银行最高水平要高出 2 倍以上，正是这种高利率，使得网上银行的存款与客户数量急剧增长。美国最大的网上银行 Telebanc 在 1994–1999 年的 6 年中，资产增加 13.5 倍，存款增加 13.2 倍，账户数增加 24.9 倍。

表2–1　互联网时代早期北美网络银行的20项创新[53]

	日期	创新
1	1995.5	Wells Fargo 是世界上第一个提供 Web 通道的银行
2	1995.10	Security First Network Bank 是第一个开始提供全面银行服务的网络银行品牌
3	1998.6	Lending Tree 开始为拍卖市场提供零售贷款
4	1999.11	PayPal 开始提供电子邮件支付系统
5	2000.7	Citibank 开始提供银行账户综合服务（银行品牌）
6	1996.3	Bay Shore Trust(加拿大）是世界上第一个提供在线实时贷款的银行
7	1997.12	NextCard 开始提供网上信用卡服务
8	1997.3	Bank of Montreal 开始提供实时抵押贷款
9	1997.1	Beneficial Finance 在美国第一个提供实时小额贷款
10	1998.10	Compu Bank 第一个开始提供基于 Web 的银行内部资金转账系统

	日期	创新
11	1996.7	Britton&Koontz First National Bank 第一个开始提供触发式电子邮件提醒系统
12	1998.4	OneCore 开始为小企业提供在线优化服务
13	1997.7	E-Loan 开始提供在线抵押经纪人业务
14	2000.8	Deep Geen Bank 开始提供实时住宅净值贷款
15	1997.8	People First Finance 最先提供空白支票自动出借业务
16	1997.8	River City Bank 为其网站增加个人金融服务功能
17	1999.12	X.com 第一个提供银行服务与价值投资（与共同基金指数挂钩）综合服务（无缝集成）
18	1997.8	Qspace 首先提出在线信用局报告
19	1996.3	AT&T 第一个为信用卡持卡人提供在线欺诈保护
20	1999.3	Cyberbills 第一个为企业提供审查支付账单

资料来源：网上银行报告 (Online Banking Report)，2000.12

（二）中国银行业的互联网创新

在银行业中，最先敏锐地认识到互联网带来的发展机会和拓展空间的，还是中小银行，如成立时间相对较短的股份制商业银行。这并不难理解，新企业必须寻找新的市场空间，唯有这样才能生存和成长。

国内银行业在互联网领域率先采取行动的，是招商银行与建设银行。从时间上看，建设银行全面启动网上银行服务仅比招商银行晚几个月。

早在 1997 年，招商银行便率先推出中国第一家网上银行，目前已拥有包括网上企业银行、网上个人银行、网上支付系统、网上证券系统和 5 个系列网站在内的全系列网上银行产品[54]。

作为国内首家经批准开展个人网上银行业务的商业银行，招商银行在互联网领域的战略定位、营销手段、产品创新和服务等方面花了大力气。2002 年制订了以技术发展为核心的中期发展战略，明确提出将“技术领先型银行”作为该行未来发展的整体定位[55]。其“一网通”已经成为网上银行的一个重要品牌。

根据招商银行年报，到 2011 年为止，招商银行零售电子渠道综合柜面替代率达到 87%，电子渠道综合柜面替代率达到 50%，零售网上银行替代率为 79%，零售网上银行累计交易金额同比增长 35%，达 14 万亿元。

此外，招商银行还提供远程银行服务，由远程客户经理为客户提供实时、全面、快速、专业的各类银行交易、顾问式投资理财、一站式贷款服务以及产品销售等服务，力图给予客户类似柜台面对面的体验。就目前来看，主要提供远程交易、远程助理、空中理财、空中贷款和空中直销服务。其中，2011 年远程银行累计销售基金 178 亿元，同比增长 496%，累计销售理财产品 1111 亿元，同比增长 113%。

2011 年招商银行个人手机银行保持高速发展。招商银行推出了“水泥 + 鼠标 + 拇指”移动互联网时代业务发展模式，即在优化网点布局、创造网上银行优势的基础上，打造移动互联网优势。2010 年推出 iPhone 版个人手机银行，2011 年携手国内三大运营商推出安卓版手机银行，实现了对中高端智能手机用户的覆盖。

2011 年，招商银行手机银行用户群、交易量、手机支付发展迅猛。截至 2011 年底，iPhone 版、安卓版手机银行客户端下载量突破 250 万次，手机银行签约客户总数达 449 万户，同比增长 343%，在国内银行业遥遥领先[56]。手机银行累计交易金额达 1187 亿元，同比增长 373%，手机支付累计交易金额为 24 亿元[57]。

虽然工商银行 2000 年 2 月 1 日才正式开通网上银行，但凭借其强大的客户资源，2011 年个人网上银行用户率先突破 1 亿户，电子银行业务占全行业务量的比重超过 70%。

尽管大行凭借其客户规模优势仍保持市场份额领先，但在应对互联网、移动支付等方面的战略举措，行动仍相对迟缓，其互联网业务增速要逊于创新型中小银行。

大块头被小个子战胜了吗？确实如此，至少从区域战场看，小个子们步伐更轻盈一些，走得更快一些。电影《功夫》里有一句话：“天下武功，唯快不破！”这句话在很大程度上适用于互联网。

在银行业，小个子们首先占领了互联网领域战略上的制高点，网上品牌获得了传统市场中无法取得的知名度和美誉度。从实践上来看，小个子们在产品与服务创新方面速度更快，反应更加灵敏，市场份额也随之不断提高，一方面蚕食大银行传统客户市场，同时又在新增客户市场上一路领先。

然而，规模仍然在竞争中发挥着重要作用。在互联网金融领域，从整体上看，银行业的规模仍远非支付宝这样的“小”公司可比。2011 年，中国网上银行市场交易额估计超过 800 万亿元，将近支付宝交易额的 1 万倍[58]。但从细分领域看，在新兴的互联网金融市场，如个人电子商务支付领域，网上银行的发展速度要慢于第三方支付，客户占有率也低于支付宝[59]。

对支付宝而言，任何一家银行都是大块头。在未来相当长一段时间里，由于市场管制的原因，像支付宝这样的企业，仍然难以获得银行牌照，更别说在全国经营线下业务，在企业市场有所作为。但从更长的社会发展来看，金融改革深化、金融脱媒将是必然趋势，银行业在包括个人电子商务支付等领域，都极有可能逐渐失去市场，甚至被非传统企业超越。

三、传统保险业的互联网实践

国内传统保险业的互联网实践，可以概括为“普遍涉足，差异较大，增速迅猛，总量较小”。

（一）互联网保险销售

近年来，保险企业在渠道发展方面面临严峻挑战。经纪公司、银行、4S店等专业和兼业代理存在成本较高，营销员增长乏力，代理人产能受限，过度营销广受诟病等问题，这促使保险企业加大互联网、电话等新渠道的开发力度[60]。近3年，保险业电子商务平均每年的复合增长率超过100%。行业内领先的人保、国寿、平安、太保等保险公司，均已开展了互联网业务。根据和讯网统计[61]，截至2012年底，60家财产险公司及超过50家寿险公司中，16家财险公司、23家寿险公司已经开设了互联网销售业务，分别占33.82%和26.67%。

早在2002年10月16日，中国人保电子商务平台(www.e-picc.com.cn，简称e-PICC)就正式上线。客户不仅可以通过e-PICC投保中国人保的车险、家财险、货运险等保险产品，还可以享受保单验真、保费试算、理赔状态查询、咨询投诉报案、风险评估、保单批改、保险箱等一系列实时服务。e-PICC还提供网上支付和保单速递功能，为保险代理和外勤人员提供车险网上录单，客户信息管理箱等销售支持工具。公司业务管理人员可以通过电子商务系统后台，对投保单进行初审、核保、业务处理，受理咨询投诉报案等操作。经过不断完善，人保电子商务平台功能进一步丰富，产品更为齐全。2012年，增加包括电销、网销在内的新渠道业务，保费收入预计超过300亿元[62]。

中国人寿于2012年6月推出新版互联网电子商务平台，服务范围涵盖了寿险、财险、企业年金等综合业务。

平安直销车险的官网日均访问量超过20万人次，日保费超过千万元。平安网销平台创新实践移动客户端平台，推出国内首款车险iPhone客户端投保应用。平安网销支付平台已建立快速与外部合作直通的标准接口及模式，与淘宝、拍拍、网易、汽车之家、苏宁易购等电子商务开展合作。同时与百度、谷歌、汽车之家等更多网站合作，建立了纯数据接口的简易报价及获取客户功能。中国平安设有全资子公司——深圳平安渠道发展咨询服务有限公司，负责保险产品、银行理财类和信用卡产品等新销售渠道的开拓与创新，2012 年 8 月，该公司开始与阿里巴巴、腾讯等公司筹建新公司，共同探索互联网保险业务。

中国太平洋保险 2012 年 1 月成立全资子公司——太平洋保险在线服务科技有限公司。在 2012 年半年报中，太保明确提到了“新渠道业务发展迅速”的内容，这一年，电网销业务同比增长 128.4%。根据其半年报显示，2012 年上半年，太保的产险新渠道业务实现收入 57.56 亿元，同比增长 94.5%；新渠道业务收入在产险业务收入中占比为 16.3%，同比提高 7.1%，其中的电网销业务收入为 44.92 亿元，同比增长 128.4%。

表2–2　保险业互联网营销增长情况

行业 \ 年度		2003年	2004年	2005年	2006年	2007年	2008年	2009年
电子商务	保费（亿元）	1.57	2.3	3.97	8.78	31.57	72.6	77.7
		46.90%	72.20%	121.30%	362.10%	259.50%	130.00%	7.00%
保险业	保费（亿元）	3880.4	4318.13	4927.34	5641.44	7035.76	9784.1	11137.3
	同比增长（%）	27.10%	11%	14%	14%	25%	39%	14%
电子商务占比（%）		0.04%	0.05%	0.08%	0.16%	0.45%	0.74%	0.70%

资料来源：和讯网[63]

表2–3　保险业互联网营销的形态

模式	代表公司	形态	特点
险企直销	人保财险、中国人寿、平安、泰康	B2C	只销售本公司产品，品牌忠诚度要求高
兼业代理	淘宝、携程		航意险、车险、意外险等简单产品的销售
专业中介	优保、保网		
	大童	B2C+O2O	线上撮合，线下自建营销员团队开单
营销员第三方平台	大家保、向日葵	C2C	营销员与消费者撮合平台

资料来源：和讯网

（二）基于互联网的业务管理

保险企业的互联网实践不仅仅包括营销，还包括全业务链全流程。即，充分应用互联网技术，开展核保、理赔、客户服务创新，重组优化业务流程，实现规模经济和成本集约，改善客户满意度。

以中国人保财险为例，其为客户开发的移动应用“掌上人保”，包括不同手机操作系统的版本，提供了资讯信息、自助理赔、手机投保、增值服务（实时路况、限速提醒、交通法规、定点寻车、违章查询、自助查询等）功能[64]。客户可以通过电子查勘员、电子理赔员提供的服务，实现智能手机自助查勘理赔[65]。

图2–6　中国人保财险的移动应用“掌上人保”

第六节 大块头有大智慧吗

在互联网领域，传统金融企业应对新兴市场主体挑战时，存在哪些困难？该如何克服这些困难，才能保持基业长青？

一、大块头为什么缺乏创新基因

（一）传统金融业落后于新兴竞争对手

首先需要强调的是，互联网目前还没有造成金融业市场格局根本性、颠覆性的变化，传统金融企业仍然占据有利地位。不过我们也要看到，在以下几个方面，传统金融企业明显逊于新兴竞争对手。

（1）实质性创新。大多数实质性创新是由新兴企业发展起来的。传统金融企业往往顾虑对原有业务的影响，创新活动局限在机械地将线下业务线上化，缺乏实质性创新和对原有业务流程的大规模改造。除非遭遇较大的市场冲击，传统金融企业在互联网创新方面往往动力不足，进度较慢，客户体验逊于互联网企业。

（2）互联网增量市场。新兴企业往往将互联网视为撕开原有市场格局的一个口子，采用目标积聚战略，调动资源集中作战，因此，其在互联网市场获得竞争优势，基于互联网的品牌美誉度和市场份额都好于线下。传统金融企业在互联网市场的份额往往低于线下市场份额，品牌影响力也不及线下。

（3）人才。新兴企业往往从无到有，高起点培养互联网竞争人才，对接PE等资本手段，激励力度较大，人才竞争力强。传统金融企业的互联网业务人员往往脱胎于传统业务，人才激励机制缺乏市场化。尽管在初始阶段，新兴企业面临着人才短缺、经验不足、业务知识欠缺等问题，但随着市场发展，往往3~5年后，就能逐渐拥有骨干力量和丰富的经验。

（二）大块头为什么干不过小个子

大块头会不会干不过小个子？对于银行业而言，互联网二次创业为什么绩效平平？我们抛开深层次的体制问题，来看一些直接原因。

1. 局部创新受限于整体短期经营目标

即使新兴的股份制金融企业，在创新方面也可能会受到制约。如某银行坚持“效益、质量、规模协调发展”的战略指导思想，这一指导思想会在企业内部的考核体系、资源投入上体现出来。因此，即便如股份制银行这样在传统银行业具有较强创新能力的企业，在互联网领域的试错魄力、创新文化等方面，也难以达到与互联网创业企业同样的水平，它们必须服从于公司整体经营战略，服从年度考核指标的导向。在业务模式上，必然要借助现有资源，采取“常规成长”策略。其所谓的超常规发展，仍摆脱不了原有文化和体制的束缚。

业务经营需要根据其目标和约束条件选择最优化决策。增加约束条件，就会导致目标结果降低。如果互联网金融业务受限于整个企业的约束条件，其实现的目标结果极有可能小于不受制于企业内部约束条件的目标结果。除了从某一时点来看企业内部部门能实现的目标和独立企业能实现的目标之间存在的差异外，从动态发展看，短期与中长期目标结果也常常不一致。独立企业与企业内部某个事业部为实现经营目标能够采取的策略集合也完全不同。通常而言，选择越多，受到的束缚越小，能够实现的目标就越好。从这个角度讲，或许可以理解阿里为何要冒着协同更困难、交易成本更高的风险，将集团分拆为25个事业部[66]。

大企业内部的互联网金融业务，受制于整个企业统一的年度考核指标，往往不及新兴创业企业更有耐心。当然，在某些时候，如果决策层给予互联网业务足够的重视，并对互联网业务给予足够的宽容和自主空间，反而较新兴的互联网企业更有优势。因为风险投资同样会考虑退出问题，对这些创业企业的管理层形成一定的压力。

这种短期目标的约束，增加了传统企业发展互联网业务的风险。在保险业，电销业务第一波挑战其盈利能力，网销业务将紧随其后。传统企业电销业务链经过多年（普遍3年以上）才能实现盈利，网销在初期也会有较大投入且无法递延成本，导致连年亏损。对于一些核算不清晰、缺乏规划的企业来说，是否亏、亏多少、什么时候能赚钱，都难以说清楚。

面对互联网革命，传统企业有一句经典台词：“不改革等死，改革找死。”大家都认识到，互联网是战略性客户市场，不在互联网领域投入，必然会失去先机，在未来的市场竞争中处于下风，自己的客户将可能流失到竞争对手的互联网渠道中去。然而，做起来却发现如同鸡肋，投入巨大而盈利却遥遥无期，还对现有的传统业务造成冲击。

对于传统业务效益较好，可以贴补互联网业务的企业而言，尚可维持一段时间。对于传统业务本来就效益不佳、盈利压力大的企业而言，财务状况进一步恶化，可能会导致企业倒闭。家电连锁行业如国美、苏宁，就早已面临这一困境——来自京东、淘宝商城等电子商务的竞争，使传统业务效益不断下滑，新开发的互联网业务则始终无法盈利。但是，大势所趋，逼上梁山，不得不为。苏宁加快布局苏宁易购，国美也不得不全面收购库巴网股份并建立国美商城，试图放手一搏。

2. 财务资源投入有限，制度创新受到制约

互联网创新企业往往能够依靠天使投资、PE(Private Equity，私募股权）等风险投资，在某些局部领域投入大量资金。阿里巴巴在 1999 年 10 月获得高盛 500 万美元天使投资的基础上，2000 年 12 月，再次获得软银等境外财团联合投入的 2500 万美元风险投资。与此相比，即使在财大气粗的金融领域，传统企业由于效益导向以及年度经营目标的要求，也很难对互联网事业部这样的内部考核单位实行如此大规模的“风险投资”。

对传统企业而言，内部通常按照各业务链、产品线的边际利润率进行资源配置。对于尚未盈利的互联网部门，只能单独采取特殊的资源配置办法。破例到何种程度？资源支持到多大力度？这主要取决于高层决策者的商业直觉。然而，传统金融企业往往具备较为稳定（但不一定完善）的产权结构，高层决策者受制于资本市场和董事会，需要对当年的经营目标负责，很少有董事会制定单独的互联网经营目标。

此外，大型金融企业达到一定规模，边际效应递减甚至边际成本有可能递增，与新兴企业相比，就会丧失成本优势。对于一家小型创业公司来说，新上一个业务模式，硬件方面可以简单到一台服务器（或租用云服务），软件方面可以采用共享软件，加上对于安全投入极少，因此，几乎没有多少投入就可以解决问题。对于一家大型金融企业来说，如果要新上一个业务模式，哪怕只是一个最简单的产品，在信息技术方面的投入也要复杂得多，成本要高上数倍乃至数十倍。这也造成试错成本高昂，抑制创新。

京东早年通过竞价营销方式进行推广时，多次发生宕机，但并未影响其快速发展。当其业务规模做大后，再发生类似事件，造成的损失将难以弥补。因此，大型企业内部的投资决策机制和创新业务方案往往更为复杂，效率更低，边际成本远高于小型企业。

传统企业为鼓励二次创业和内部创新，需要对互联网业务采用特殊的管理：执行中长期发展战略；采用更市场化的用人机制（外聘比例较高、人员流动性更高、

薪酬更具有市场竞争力、升迁淘汰更为频繁等）；对其内部管理的财务、人事及外部谈判、采购进行更大授权；进行单独核算，建立内部服务交易机制；采取完全不同于传统部门的考核指标和办法；增加虚拟期权激励（制订分拆上市预案）。显然，这将在内部遇到极大阻力，增加管理成本以及经营结果的不确定性。

3. 创新企业以聚焦战略形成局部优势

正如招商银行等新兴银行将中小客户、个人客户、信用卡业务等作为聚焦战略一样，没有金融牌照的互联网“小个子”，往往将一些边缘、交叉领域作为突破口，充分发挥主业特点，如支付宝依托淘宝业务资源，依托互联网技术资源开发第三方API等，在细分市场、细分客户群、供应链细分环节等方面形成局部优势。

大块头往往拥有更充足的能量，因此在许多新兴领域，它们甚至是先行者。互联网领域的“老大”生存法则，并不是指整个体量谁是老大，而是指在局部领域谁是老大。谁先开始做，谁拥有存量资源固然重要，但更重要的是，谁能够通过先行探索获得在技术、人才、品牌等方面的先发优势，获得局部市场的垄断优势。

旭日升虽然在国内首创茶饮料概念，并让“冰茶”广告家喻户晓，但它却最终破产[67]。同样，互联网世界和金融领域里，最先创新却未能笑到最后的案例也比比皆是。譬如，中国银行早在1979年就开始发展信用卡业务[68]，但今天招商银行却成为信用卡第一品牌。从这里可以看出，只有通过聚焦战略，在细分市场获得短期内难以被模仿和超越的核心竞争优势，才能最终赢得市场。

通常而言，传统企业求稳健、求安全，新兴创新企业求发展、求速度。某些创业企业由于与风险投资签署对赌协议，因此存在巨大的发展压力，体现在业务战略上，创业企业往往比传统企业表现得更为激进。

4. 对待政策的态度影响创新空间

2001年7月9日，中国人民银行颁布《网上银行业务管理暂行办法》。尽管第三方支付早已百花齐放，疯狂圈地，但中国人民银行2010年6月21日才颁布《非金融机构支付服务管理办法》（同年9月1日实施）。

在注重金融安全的传统思维定势下，监管往往倾向于谨慎。大企业的一举一动都非常引人瞩目，违规成本高昂，因此，大型企业往往更加保守。创业公司往往遵循“非禁止的就可以做”这一原则，传统大型企业则更多地遵循“不鼓励的就不做”的原则。即便在没有禁止性规定的情况下，大型企业也会顾及到多方利益和后果，在许多商业机会面前反复揣摩监管机构的意图，不敢贸然行事。在许多创新领域中，尽管从形式上看，大型企业往往反应并不慢，但实际动作却进展迟缓，这也是其中的一个原因。例如，中国移动及中国联通很早就成立了自己的支付公司，但至今二者的发展与其拥有的资源很不相称，与创业型支付企业的进展大相径庭。

金融业有其特殊性，监管较为严格，监管成本较高。金融企业相当比例的信息系统投资，是为了满足监管的要求。据报道，近年欧洲某保险企业的信息系统投入中，有高达 40% 是为了满足监管增加的要求。如果监管强度对于大企业和小企业处于同样水平，那么大企业就可能处于优势地位，因为可以很好地分摊监管成本。

从另一方面来说，监管机构从自身角度出发，往往对大型企业采取更严格的监管，也就是所谓的“抓大”、“抓重点”，从而使大型企业付出更高的成本。大型企业在“灰色地带”中的摸索，极易引起监管部门的关注和重视，也更容易被公开叫停。在国内，更普遍的情况是通过非正式意见乃至“暗示”阻止。尽管国家倡导“创新”与“转型”，但如果缺乏明确具体的考核指标和激励机制，鼓励创新容易流于形式，难以进一步落实。

从某种角度来说，创新企业首先需要创新监管。近年来，金融监管机构加快改革步伐，成效明显，创新环境逐渐改善。2012 年以来，证监会的监管创新值得关注，其坚定推行 IPO 改革，放松审查，转变审查重点，对鼓励创新起到极大的推动作用。与此同时，保监会、银监会监管创新也层出不穷，引人注目。

互联网金融业务的另一个重要成本，是人力资源成本。大型企业往往需要执行更严格合规的人力资源政策，因为一旦违反法规，极易成为诉讼对象，损失巨大。小型企业、创业企业则往往不会严格执行法律法规，在裁员、缴纳保险金乃至签订劳动合同等方面都较为随意，成本相应也低得多。

5. 禀赋资源与满杯心态

现有资源禀赋，限制了经营模式和盈利模型的创新[69]。迈克尔·哈默 (Michel Hammer) 在阐述业务流程再造 (Business Process Reengineefing，简称 BPR) 理论时曾指出，为了对企业原有经营过程进行根本性的重新思考和革命性创新，不应当过于细致地了解原有流程，以免阻碍创新思维。然而作为企业，要抛弃过去的资源禀赋，进行归零决策，是异常困难的。这不仅仅是经营理念的问题，还涉及到企业的刚性成本、内部文化、现有经营模式、财务状况以及现有人力资源安排等诸多方面。例如，传统企业开展电子商务的决策者和管理人员，通常来自于原有业务部门，需要服从整个企业原有的文化与机制，这往往难以较好地适应互联网这一新兴业态。

传统金融企业在创新时还受制于沉没成本。传统金融企业拥有存量业务和客户，互联网业务这一新兴业务领域往往只是一个新的增长点，企业需要考虑现有投入是否与现有利益方冲突。如网销渠道，就涉及到与传统渠道的冲突。

很多时候，并非大企业不愿意创新，而是因为创新可能会在一定时期内损害既有利益，导致成本上升，效益下降，风险增加。以财产险公司为例，电销和网销在车险市场擅长的价格战，将冲击传统渠道和销售队伍稳定。一方面，人力成本存在刚性，难以迅速降低。另一方面，同一渠道的销售人员可能既销售车险，也销售其他险种，其受到冲击后，保费下降会导致难以生存或跳槽，从而影响到既有的非车险业务。因此传统大企业发展互联网业务，面临更为复杂的资源配置、策略、增长模型和盈利模型。

大型金融企业的互联网创新，还受制于现有企业组织架构、内部业务关系和资源配置。在质量、效率、价格等方面，内部服务供应商往往不及外部服务供应商。如银行系、保险系的基金公司和投资公司，如果内部没有市场化，往往缺乏市场竞争力。在发展战略或策略上，可能既有渠道、模式、产品、组织架构及人事安排并非最优，但互联网业务部门却缺乏充分的自主决策权和资源配置权。按照互联网业务特殊的发展管理，理应实行特殊的考核办法，但大型金融企业往往很难做到。大企业的综合管理部门和业务支持部门，也无法针对互联网业务进行单独的资源配置。例如，财务部门主要根据公司整体情况考虑融资策略，难以做到针对具体某个渠道或产品考虑差异化融资或内部交易。

如何以开放、宽容的心态对待失败？举例来说，即便是淘宝，也有与电视台合作快乐淘失败的案例[70]。传统行业电子商务失败的案例更是不胜枚举。仅以服装业为例，在凡客成功的激励下，啄木鸟等传统服装业品牌试水电子商务，均以失败告终，金光集团投资的大货栈网站，仅仅运营 1 年便停止运营。

试错是互联网创新的根本基因，如何将试错制度化呢？李开复创办了创新工场，试图以工程化、科学管理的手段来做创新，其部分项目就是系统复制美国的一些成功模式[71]。对于传统企业来说，也需要制订系统化创新战略和策略，通过体制、机制、文化来激励创新，其中考核激励机制尤为重要。

二、再造大块头的创新基因

人们总是希望看到奇迹。因此，看到小个子艰难地打败大块头时，大家便为之欢呼雀跃。这似乎是资本主义精神的写照——当移民二代奥巴马当上美国总统时，人们为美国梦兴奋和感动。在企业界，那些拥有非凡创新精神的互联网公司，更容易受人崇敬。谷歌、Fcaebook 通过创新，从小公司发展成大公司，打败曾经的巨无霸而独树一帜，成为受人尊敬的大型公司。

与之形成鲜明对比的是，当今中国的金融巨头们，却频频在严谨的决策、严格的管理、成本高昂的风险控制体系等方面受到“创新不足”的指责。这些指责尽管不无道理，但也并非完全公正。尤其是在互联网金融行业中，大型企业成熟的风险控制体系，常常被互联网企业所误解，其作用不能被深刻认识。从公众利益、市场发展、企业健康的角度看，严格的内控体系和风险管理机制是必需的。只是当行业的价值链、市场的竞争格局、国际化的发展趋势发生变化时，要有所革新。

尽管如此，当在市场上面临互联网创新企业的挑战时，大型企业的领袖们的确有必要思考：如何再造大块头的创新基因？

传统大型企业需要对下列基因进行改变。

（1）理念。企业的经营理念，根植于企业制度，是最基本的理念。经营理念既能长期发挥作用，又顽固不化，难以改造。深入骨髓的理念建设，需要通过显著的标志性事件、制度和机制深化。

（2）文化。值得幸庆的是，互联网时代，有许多帮助建立这种文化的工具、平台、机制和人才。在进行文化创新的过程中，企业决策层具有举足轻重的作用。应当看到创新与投资并不成正比，苹果、3M、谷歌都不是创新因素占比最高的企业。某些企业虽然投资占比较高，同样不能获得与之相应的收益。这些企业之所以能够通过创新获得超额收益，往往是因为其拥有鲜明的创新文化。

（3）人事。马云曾深刻反思职业经理人制度及该制度对阿里的正负面影响。如何保持创业者（对于传统金融企业，则是战略决策层）的权威和控制力，同时又不丧失企业的生命力，这是任何一家企业都需要思考的问题。

（4）制度。事实上，制度不是要保留创业者的问题（这带有浓厚的人治思想），而是在机制上使创新存续。传统金融企业应当向谷歌学习，关注若干看似与主业无关，却可能影响商业模式的重大发明。而之所以能产生这样的发明，是依靠企业激励制度、工作制度来保证的。

（5）技术。在创新上滞后的大块头企业，往往不缺乏人才和技术，只是缺乏与技术相关的管理机制和制度。在技术制胜的互联网创新领域，大块头企业应当充分发挥自身在行业中的传统优势，把握话语权，制订游戏规则，掌控技术标准。

（6）更重视经营和绩效。大块头企业容易陷入管理事务中，规则复杂、流程冗长。这固然是规模扩大的需要，但也有可能阻碍企业的发展，增加企业成本，消耗企业价值。

以网上支付为例，各大银行各自为战，拒绝开放，最终将导致话语权旁落，标准最终将被新兴中小企业（如支付宝）获得话语权。以支付宝为例，在接口基础上，将可以提供基于数据分析、交易便利的更丰富的功能，从而争夺客户。未来，这些功能为客户创造的价值，将超过支付网关手续费的价值。即使竞争对手提供更低的手续费率，但当企业、网店店主对这些功能形成依赖，将很难转移。不仅如此，还将吸引传统网银客户转移到支付宝。未来，不仅仅是支付宝，所有交易工具、中介平台，都必然将从价格竞争如免手续费等转移到专业能力上来。而理念和技术的创新，将对核心竞争力建设起到要作用。

参考文献

[1] 水声 .Facebook 与 Google 上市前财务对比显示估值合理 . 搜狐 IT，[2012-2-7].

[2] 美国史上第三大 IPO：Facebook 上市 . 福布斯中文网，[2012-5-18].

[3] 美国 10 大网站排名出炉 Google 继续称霸 . 驱动中国，[2012-3-27].

[4] 曾子嶒 .Facebook 连续两年登顶，访问量与增速均超 Google.[2011-12-23].http://www.36kr.com/p/71157.html.

[5] 洪波 . 东拉西扯：Facebook 怎样改变互联网 .http://blog.donews.com/keso/archive/2007/11/28/1232091.aspx.

[6] 雪婷 . 扎克伯格公开信：Facebook 使命是为让世界开放互联 . 凤凰网科技，[2012-2-2].

[7] 社交系统的价值探讨：关键是开放和用户体验 . 腾讯科技，[2012-6-1].

[8] 左恩臻，特日格乐，许彤等 . 浅析国内社交网络发展 . 百度文库 [G/OL].

[9] 社会化媒体排行榜 [G/OL].http://www.jiathis.com/services/.

[10] 汪孜博，张玉洁 . 马云式金融 . 金融世界，2011(12).

[11] 渣打苦主筹建联盟集体维权渣打面临集体诉讼 . 每日经济新闻，[2008-11-20].

[12]Kathy. 谷歌“+1”、Facebook“赞”与电子商务之战 . 腾讯科技，[2011-6-3].

[13] 陈家林 . 招行行长马蔚华：招行正研究率先废除信用卡 . 都市快报，[2012-5-22].

[14] 招行行长马蔚华：互联网金融威胁银行生存 . 北京商报，[2012-7-9].

[15] 人人公司 RenrenInc(RENN). 新浪财经 – 美股 [G/OL].

[16]TechWeb. 人人公司 4900 万美元投资美金融服务公司 .i 美股，[2012-9-12].

[17] 康民 . 平安携手百度开展联合发展计划 . 中国保险报，[2012-1-24].

[18] 徐慎之 .GEICO——成长的经典 . 中国经济时报 [G/OL].[2009-7-21]，http://finance.sina.com.

cn/roll/20090721/08562961500.shtml

[19]Steve Daniels.All state misses the turn as rivals reinvent auto insurance.[R/OL].[2011-7-27].http://www.chicagobusiness.com/article/20110625/issue01/306259984/allstate-misses-the-turn-as-rivals-reinvent-auto-insurance.

[20]Colin Barr. 巴菲特犯大错，信用卡业务亏损 5000 万美元 . 财富中文网 [G/OL].[2010-3-4]. http://www.fortunechina.com/business/c/2010-03/04/content_31824.htm

[21]xiaoye. 美国汽车保险公司 GEICO 利用 Windows Phone7 将业务投入市场速度提高 60%. 译言网 [G/OL].[2011-6-29].http://article.yeeyan.org/view/8312/203448.

[22] 侯云龙 . 阿里巴巴酝酿推出“阿里银行”. 经济参考报，[2010-12-8].

[23] 中国电子商务研究中心 .2005 至 2012 年支付宝日均交易额数据 [G/OL]，[2012-11-21].

[24] 支付宝 . 百度百科 [G/OL].

[25] 易观数据 .2011 年第 4 季度支付宝继续领跑中国第三方互联网支付市场，[2012-2-3].

[26] 易观智库 .2011 年中国第三方支付交易额 2 万亿增长 99%.2011 年中国第三方支付市场季度监测，[2012-2].

[27] 高晨 . 中国网银三季度注册用户数超 4 亿增速放缓 . 京华时报，[2011-11-18].

[28] 放弃 WTO 银联案上诉电子支付将对外开放 . 华西都市报，[2012-9-6].

[29]“WTO 银联案”执行博弈继续转接清算渐进开放 . 第一财经日报，[2012-9-6].

[30] 包慧 . 爱恨交加第三方支付银行发力零售客户现金管理 .21 世纪经济报道，[2012-12-19].

[31] 谢璞 . 指纹支付到来 .21 世纪商业评论，[2011-6-24].

[32] 张望 .Facebook 股价大跌 11.7% 扎克伯格损失 16 亿美元 . 中国广播网 [G/OL]，[2012-7-28].

[33] 赵嘉妮 .Facebook 股价缩水一半员工财富大幅下降 . 新京报，[2012-8-27].

[34]2011 年中国网购交易额达 7849 亿元同比增 66%. 经济观察报，[2012-3-10].

[35] 活雷锋 .YY 淘宝商品数据库设计 .[R/OL]，[2010-11-4].

[36] 木子屋 . 淘宝基础概念 [G/OL].[2012-2-7].http://www.mzwu.com/article.asp?id=3107.

[37] 杜丽虹 . 我搞了一家银行 . 创富志，[2009-11-7].

[38] 赵明超 . 淘宝借道掘金基金第三方销售市场陡生变数 . 上海证券报，[2012-7-31].

[39] 刘雁 . 保险产品网上团购 3 天破亿网销搅动传统渠道 . 证券时报，[2012-12-19].

[40] 吴奇炜，陆婷婷，王雅君 . 光大新一轮“定存宝”促销悄然停 . 上海商报，[2012-12-12].

[41] 宁佳彦，杜海 . 光大银行开网店卖定存宝已揽下 5000 万存款 . 经济导报，[2013-1-8].

[42] 基金业十年变迁：通往奴役之路渠道压榨史无前例 .21 世纪经济报道，[2012-9-7].

[43] 张若斌 . 美国共同基金销售渠道多元化 . 证券时报，[2007-9-1].

[44] 阿里金融“扩版”普通会员可申请小微贷 . 和讯视频 [G/OL]，[2012-8-28].

[45] 阿里信贷向部分普通会员开放网络大佬集体触金 . 每日经济新闻，[2012-8-28].

[46] 李帆 . 阿里金融上半年完成贷款 170 万笔累计贷款 130 亿 . 金融投资报，[2012-8-29].

[47] 赵刚 . 马云启动阿里转型计划：从运营商到平台商 . 通信产业网，[2012-9-10].

[48] 梁小婵 . 三马卖保险最新进展：马云当主导 . 南方都市报，[2012-10-5].

[49]“双十一”网购狂欢节如何 hold 住荷包 . 大洋网，[2012–11–21].

[50] 淘宝退货运费险价格调整：投保金额挂钩理赔次数 . 成都商报，[2012–12–17].

[51] 淘宝退货运费险保费悄然上涨网友呼吁引入竞争 . 每日经济新闻，[2012–12–18].

[52] 亚马逊启动新项目：向商户提供小额贷款 .Donews，[2012–9–30].

[53] 胡杰荣 . 网络银行的分析与研究 . 论文，2005.

[54]CHP– 招行网上银行评奖申请材料 . 搜狐财经，[2003–6–4].

[55] 梁瑶兰 . 招商银行网上银行的成功案例与经验 . 中国信用卡，2002(6).

[56] 肖扬 . 去年多家银行电子银行交易替代率超 60%. 金融时报，[2012–4–9].

[57] 招商银行 .2011 年年度报告 . 中财网，[2012–3–28].

[58] 创业家 .2011Q2 中国网上银行市场季度监测 .

[59] 易观 .2011 年第 3 季度中国网上银行工行稳居第一 .

[60] 回味 2012 麻：电商保费年均增 100%，40 余家险企触网 . 和讯保险，[2012–12–13].

[61] 刘敬元 . 部分险企网销徒有虚名网购保险小心上当受骗 . 证券日报，[2012–8–30].

[62] 中国人保电子商务平台简介 . 东方财富网 [G/OL]，[2012–9–26].

[63] 回味 2012 麻：险企触“网”. 保险频道 – 和讯网 [G/OL].

[64] 掌上人保介绍 [G/OL].http://www.e–picc.com.cn/zsrb/index.html.

[65] 掌上人保使用说明 [G/OL].http://www.e–picc.com.cn/zsrb/directions.html.

[66] 秦川 . 阿里分拆成 25 事业部金融或并入支付宝 . 新闻晚报，[2013–1–11].

[67] 张一 . 营销失败案例探讨之三：日落旭日升 .[2010–8–16].http://blog.chinaceot.com/front/showarticle.php?id=605845.

[68] 张联利讲述，苏曼丽整理 . 中国第一张信用卡的诞生 . 长春晚报，[2010–6–6].

[69] 郭士纳 . 张秀琴等，译 . 谁说大象不能跳舞？ IBM 董事长郭士纳自传 . 中信出版社，2003(1).

[70] 谢鹏 . 克隆淘宝 . 南方周末，[2010–1–14].

[71] 朱旭冬 . 互联网大风暴 . 环球企业家，[2011–8–29].

第 3 章

是蓝海，还是红海？

互联网金融市场广阔，机遇巨大，但它的市场空间究竟有多大？包含了哪些领域？这些领域中，已经有哪些竞争者？以家庭记账和财务管理为例，目前的竞争者在提供哪些服务？以第三方理财机构为例，其发展空间究竟有多大？它们的生存策略是什么？那些曾经的蓝海如何变成红海？我们能够从中得到什么启示？

第一节　这是多大的一片海

无论是创业企业，还是传统金融企业的互联网部门，首先要做的一件事，就是制定商业计划，研究市场空间。那么，互联网金融这个市场空间到底有多大呢？

一、市场空间到底有多大

研究表明，2012 年中国财富市场总值达 103 万亿元（2012 年淘宝交易额突破 1 万亿元，约占 1%），并以 25% 的年均复合增长率快速增长。截至 2012 年 6 月底，中国网民数量达 5.38 亿，互联网普及率达 39.9%[1]。

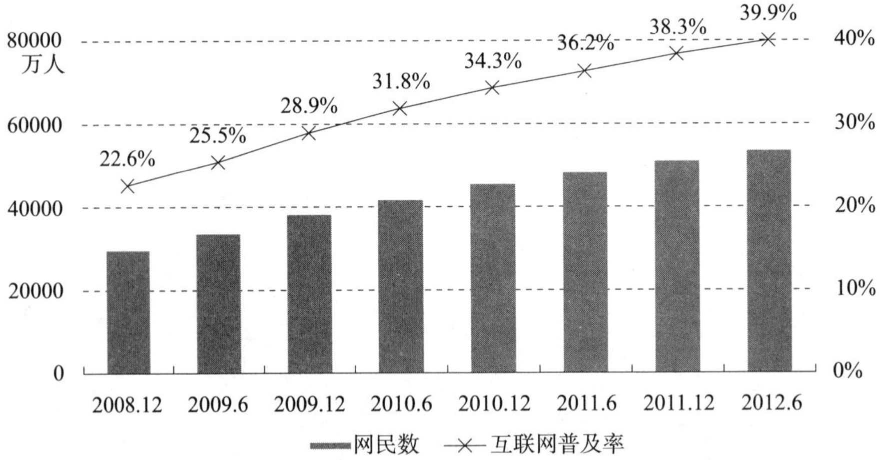

图3–1　中国网民规模及互联网普及率

我们用一个不太可靠但比较简单的方法，估算一下互联网理财产品销售市场的规模。

5亿网民，假设其中20%即1亿人有理财需求；2011年仅工商银行就销售银行理财产品41352亿元[2]，我们姑且假设其中20%即约10000亿元通过互联网购买理财产品，并且假设手续费（管理费、营销费）可以收取0.5%。模拟计算结果显示：理财产品市场潜在客户1亿人，收入达50亿元。

如果按照2011年中国拥有62万亿元的个人可投资资产计算，假设20%通过互联网购买投资产品，手续费（管理费、营销费）收取0.5%，则有收入达6200亿元的市场。

不过，实际估计这一市场的潜力及其发展趋势时，需要考虑消费习惯与趋势，与传统市场渠道的重合度，以及实际成交率、流失率等因素。

另外需要指出的是，这里只是描述整个市场的情况。在一个创业项目的商业规划中，这种宏观描述几乎毫无价值——重要的不是所谓的潜在市场，而是一个项目能够真正获得的细分客户市场。

二、结构性变化产生的市场

（一）美国家庭金融资产结构的变化

研究显示，在过去20年间，美国家庭金融资产结构主要有两方面的变化[3]。

（1）非风险性金融资产(交易账户、储蓄账户、储蓄性债券和债券)的占比逐步下降，比重由1992年的35%下降至2007年的20%；以共同基金和退休账户为代表的风险性金融资产的重要性日益增加，仅此两者的比重就由1992年的33.3%上升到2007年的50.5%。

（2）共同基金和养老金延后应税退休账户，逐渐成为家庭主要的投资理财工具，美国家庭的金融投资越来越依靠金融中介。1980年，仅有不到6%的美国家庭拥有共同基金。1990年以后，共同基金占美国家庭金融资产的比重不断上升，家庭成为共同基金的主要投资者。到2008年，45%的美国家庭持有共同基金。由于家庭投资越来越依靠共同基金等金融中介，家庭直接投资股票和债券的需求下降，从2004年到2008年，美国家庭一共购买了2.4万亿美元的共同基金，同时卖出价值2.5万亿美元的直接持有股票。

表3-1 美国家庭金融资产构成（%）[3]

资产种类	1992年	1995年	1998年	2001年	2004年	2007年
交易账户	17.5	13.9	11.4	11.5	13.2	11.0
储蓄账户	8.0	5.6	4.3	3.1	3.7	4.1
储蓄性债券	1.1	1.3	0.7	0.7	0.5	0.4
债券	8.4	6.3	4.3	4.6	5.2	4.3
股票	14.6	15.6	22.7	21.6	17.6	17.9
共同基金	7.6	12.7	12.4	12.2	14.7	15.9
退休账户	25.7	27.1	27.6	28.4	32.0	34.6
人寿保险折现值	5.9	7.2	6.4	5.3	3.0	3.2
其他托管资产	5.4	5.9	8.6	10.6	8.0	6.5
其他金融资产	3.8	3.3	1.7	1.9	2.1	2.1

（二）中国家庭金融资产结构的变化

中国家庭金融资产结构的变动情况，可以概括为高储蓄下的多元化发展，其具体特征主要表现在以下几个方面。

（1）非风险性资产（现金、储蓄存款和国债）比重有所下降，但占比仍然很高，历年均超过80%。风险性资产（股票、保险准备金和外汇存款）比重持续上升，但占比仍然较低，不到20%。

（2）在非风险性金融资产中，现金比重持续下降；储蓄存款比重略有波动，但是变化不大，基本稳定在65%以上。

（3）在风险性金融资产中，股票比重有所波动，但是除1992年和1993年接近10%外，其余年份基本稳定在5%左右；保险准备金比重持续上升，外汇存款比重先升后降。

表3-2 中国家庭金融资产构成（%）[3]

年份	现金	储蓄存款	国债	股票	保险准备金	外汇存款
1992	19.2	65.7	2.1	9.2	0.9	2.9
1993	19.7	65.5	2.5	8.0	0.9	3.3
1994	17.9	68.4	3.1	6.0	0.9	3.7
1995	14.8	72.2	3.9	4.7	0.9	3.6

年份	现金	储蓄存款	国债	股票	保险准备金	外汇存款
1996	13.1	73.4	5.1	4.2	0.9	3.3
1997	12.5	71.5	6.9	4.8	1.2	3.2
1998	11.7	70.1	7.7	5.1	1.4	4.0
1999	12.2	67.5	.4	5.3	1.9	4.8
2000	11.9	64.9	8.2	6.3	2.9	5.8
2001	11.2	63.2	7.9	6.5	3.6	5.7
2002	10.6	63.9	7.1	6.1	5.0	5.3
2003	10.4	67.1	6.3	5.6	6.2	4.3
2004	10.0	68.4	5.2	5.4	7.5	3.5
2005	9.7	69.8	4.5	5.0	8.6	2.4
2006	9.6	70.2	4.2	4.7	9.4	2.0

（三）中美两国居民家庭金融资产差异

中美两国家庭金融资产的结构性差异，主要表现在以下三个方面。

（1）中国家庭的风险性金融资产比重远低于美国。2007年，美国非风险性金融资产比重降至不到20%，而中国历年非风险性资产比重均超过80%。与此相对应，美国家庭以共同基金和退休账户为代表的风险性金融资产的重要性日益增加，仅两者的比重2007年就达50.5%。而中国家庭全部风险性资产的比重，到2006年仍不足20%。

（2）中国家庭的储蓄存款比重远高于美国。中国家庭金融资产中，储蓄存款是比重最高的金融资产，历年均高达65%以上。而美国包括交易账户和储蓄账户的储蓄存款，近10年仅在15%左右。

（3）股票投资比重和投资方式的差异。美国家庭股票持有额接近20%。在中国，除1992年和1993年外，历年家庭股票持有额仅占家庭金融资产的5%左右。而且美国家庭日益通过共同基金和养老金等中介机构投资于股票市场，共同基金和退休账户所占比重在2007年高达50.5%。

中国居民的金融资产结构会向美国结构转变吗？表3–2显示，中国居民的储蓄率自2000年之后反而上升。中国居民金融资产结构之所以表现出如此特征，是因为受到个人收入水平偏低，社会保障体系不健全，资本市场不完善，投资意识不强等诸多因素限制。随着这些限制因素逐渐变化，再考虑到中国经济面临的刘易斯拐点*，面临的通货膨胀压力以及必然面对的人口老龄化，我们不难预言，中国居民的金融资产结构将在未来20年发生巨大变化。金融资产结构调整将成为资本市场繁荣的长期动力，更为金融服务业提供了广阔的前景。

可以预见，从中长期来看，随着市场化进程的发展，中国金融业的牌照将进一步开放。指数基金、私募基金、PE基金等多样化的投资工具将会获得空前发展，股市容量将继续快速增长，储蓄存款的比重将逐渐下降，股票、基金的比重将持续上升。高度重视家庭资产配置、投资性需求强烈的人，也会逐渐增多。这些变化，都为互联网金融的发展提供了大量机遇。

三、互联网金融领域的发展空间和机会

（一）互联网金融市场还存在蓝海

随着居民风险性金融资产的比重上升，互联网金融与传统金融拥有同样的机遇，但需要培育专业能力作为核心竞争能力。也就是说，互联网金融市场还有大量未被认识的蔚蓝海洋，但那里是深水区，具备一定实力的竞争者才能驶入。

（1）互助金融：包括P2P信贷、P2P保险、众融平台等，已初露端倪，但存在风险控制薄弱，资源有限，模式不清晰等问题。

（2）网络保险：目前存在的问题是模式简单。互联网与保险的融合亟待深耕，谁能充分发挥互联网优势，创新产品与服务，优化业务流程，提升营销和生产效率，提高风险控制能力，谁就有可能获胜。

（3）网上银行：零售模式已经基本成熟，大量业务已经转到线上进行。但盈利模型单一、产品与服务单一，核心业务领域如信贷审核、产品创新等有待突破，还需要以互联网为手段，再造业务规则与业务流程。

（4）理财服务：市场巨大，良莠不齐，割裂严重，竞争分散。

（5）第三方销售：市场机遇巨大，部分网站基金超市日均销售额已达到千万级别[4]，但需搭建金融产品垂直销售平台。

---

* 刘易斯拐点，即劳动力由过剩走向短缺的转折点，由诺贝尔经济学奖得主刘易斯1968年在人口流动模型中提出。刘易斯认为，在工业化过程中，随着农村富余劳动力向非农产业逐步转移，农村富余劳动力逐渐减少，直到最终枯竭。大多数学者认为，刘易斯拐点是由落后走向先进经济的重要里程碑之一，从发展中经济到发达经济，都要经历刘易斯拐点。比如，战后日本经济的刘易斯拐点出现在1960年前后，韩国则出现在1975年前后。民工荒现象的不断出现，标志着我国经济发展的刘易斯拐点已越来越近。

（二）局部领域竞争激烈

局部领域由于盈利前景广阔，无论其是否形成了清晰的盈利模型，都已经吸引了互联网企业和传统金融企业加入，入海口处已经泥沙翻滚，是竞争激烈的红海。

（1）记账：大量互联网企业蜂拥而至，但竞争集中在应用开发层面，缺乏对金融业务链的整合，门槛较低，技术水平低，盈利模型不清晰，竞争激烈，风险较大。

（2）移动支付：由于盈利模型清晰，无论是传统金融企业如银行，还是移动运营商、科技企业，都纷纷加入。所需资金、人才等门槛较高，竞争激烈。

（3）信贷平台：受宏观经济环境影响大，在流动性紧张的环境中需求旺盛。由于正规金融机构牌照门槛高，技术要求高，P2P 信贷平台等边缘企业大量涌现，其存在较大监管风险。如果流动性逐渐好转，资金需求下降，利率环境变化，尤其是如果利率市场化改革取得突破，将对 P2P 信贷平台产生较大的影响。

（三）市场中依然存在大量机会

在红海和蓝海之间，还存在大量商业机会。

例如，由于金融业自身具有的专业性特点，在咨询、渠道、服务等领域还存在着大量机遇。

尽管上面列出了互联网金融目前竞争激烈的一些领域，但这些领域中绝大多数竞争者仍是低水平的竞争，人员专业素质不高，对金融业务的理解不深，掌控市场机会的能力不足，对资源的整合力量不强。对于新进入企业，仍有后来居上的可能。

此外，大量影子银行业务正在积极利用互联网手段开展，这既是风险，也是机遇。

（四）做正确的事永远比迅速做事重要

任何一个市场，都有人起个大早，赶个晚集，为他人作嫁衣裳。尽管互联网领域存在以快制慢的规则，但做正确的事永远比迅速做事重要。如果方向不正确，即便有先发优势，也可能被后来者居上。

商业发展史反复证明，成功者并非第一个吃螃蟹的人。成功的关键在于，进入者是否拥有丰富的商业经验和金融业经验，是否有持续作战的雄心壮志，是否拥有充足的资源，是否拥有本质性的创新，是否预见到可能面临的风险。

表面上，某些领域现在看来竞争者较少，但其实并非传统金融企业或互联网巨头没有野心或没有重视，而是对何时进入有自己的认识，或者暂时受制于牌照的限制。任何计划进入或已经在此市场上竞争的企业，都需要反复分析和不断强化自身的核心竞争优势。

第二节　挤满了游泳者的沙滩

因为互联网金融这个领域既拥有巨大的市场，又拥有具有想像空间的暴利，近年来已经引起各路豪强的重视，在这个沙滩上已经挤满了游泳者。

下面以记账软件这个微小的领域，来观察一下互联网金融的创新[5]。

一、记账软件面临的问题

近 10 年以来，国内开展网络记账的软件或网站可谓数不胜数，不完全统计达数百家之多。尤其是 2008 年金融危机以来，记账网站得到蓬勃发展。然而，这一行业普遍存在一些问题。

（一）集中度低，网站用户分散

尽管记账网站众多，但用户分散，缺乏规模较大并且具有核心竞争优势的网站。

中文记账网站有长达 10 多年的历史。许多记账网站创业者的动机，都是因为使用过他人的记账软件，但却感到不方便。但是灵机一动有个主意只是很小一步，如果缺乏整合行业资源的能力，缺乏金融专业基础，就无法在发展过程中持续构建和强化核心竞争优势。许多记账网站都是因为这个原因，最终只是昙花一现，用户增长进入瓶颈，不断被新出现的类似网站替代。

（二）缺乏核心竞争力，缺乏用户黏性

为什么缺乏核心竞争力，缺乏用户黏性呢？关键还是这些记账网站缺乏吸引客户不流失的核心因素。要知道，在模仿成本低廉的互联网世界，低水平重复建设的大路货没有出路。

从表面上看，记账网站一旦吸引客户持续记账，就具有了一定黏性——网站不提供数据本地保存功能，客户如要记账，必须持续登陆该网站。

部分网站还开发了一些功能，意图加强客户黏性。如引入 Web2.0 概念，建立社区，晒账单，交流购物心得，举办竞赛活动，鼓励客户自发推广以积聚人气。然而这些功能并不能真正建立起网站的核心竞争力。简单地从新的互联网业态如社交网站中生搬硬套某些元素（如微博），对记账网站的可持续发展作用不大。

之所以出现这种情况，是因为以下几方面的因素。

（1）财务管理具有私密性。与社交网站不同，个人财务管理具有私密性，社区式交流只是一种小众模式。

（2）缺乏产业平台的支撑。目前的记账网站普遍缺乏产业平台支撑，尽管个别记账网站与淘宝等开展合作，但总体而言，绝大部分记账网站都孤立存在，缺乏与金融业务的紧密融合，尤其是与支付的融合。银行卡、POS 机、网络交易等的发展和专业金融企业的 B2B 业务，将让独立的记账网站、记账移动应用失去意义。诸如平安一账通、金蝶随手记、淘宝年度账单等，通过整合与支付的 B2B 接口，极大地方便了用户记账，迅速占领了个人记账这一市场。

（3）社交需求匮乏。在消费交流等方面，记账网站并不具备超越专业垂直网站的优势。如育儿教育消费，消费者可以上摇篮网；3C 消费，消费者可以上京东和苏宁（其中还有更细化的垂直门户可以访问，如购置数码相机可以上无忌、蜂鸟、迪派）；其他 B2C 消费，消费者可以去淘宝社区；线下消费，可以去团购网、51BBS、地方门户网站等。更何况还有美丽说、蘑菇街、堆糖、花瓣、逛淘宝这样的专业社交电子商务网站。

（三）缺乏有效的盈利模型

目前，大多数记账软件都采取免费使用的方式吸引用户，或将大部分功能免费开放，以至于普遍处于亏损状态。由于缺乏盈利模型和规范管理，在网络安全等方面投入较低，使用起来并不尽如人意。比如某家具有一定影响力的记账网站，一度出现了宕机数天的情况。

如果记账网站不能向用户提供核心价值（这些价值是无法通过其他免费软件获得的），就难以收费。2009 年元旦过后，财客在线推出了向会员收费的 VIP 制，平均 5 天才有一个付费会员加入的现实，不仅粉碎了现阶段记账网站收费的可能性，而且引发了会员大量流失[6]。

销售理财产品尽管能获得收入，但同时也意味着在后台支持、业务拓展等方面要更大地投入，这些成本甚至大于网站主要功能的开发成本，且面临着专业销售网站的竞争。

（四）缺乏持续性网络推广

如果无法找到清晰的盈利模型，网络推广将难以持续。尽管某些记账网站获得风险投资融资，但这些资金烧光以后怎么办？

（五）整合能力不足，便捷性差

发达国家的个人金融网站，通常都能通过整合银行（信用卡）等支付渠道实现自动账单功能。今天国内几乎所有记账应用软件或网站，都需要用户自己输入（尽管有各种输入方式）。

用户为什么不能获得自动账单？因为独立开发网站的成本低、门槛低，而整合支付渠道的成本高、门槛高。只有随手记这样具有一定实力和传统资源的软件企业，能够投入足够的资金和开发力量，实现部分自动记账功能。

事实上，整合不同个人账务数据，本身也需要一定的技术能力。如 Mint 开发的自动检索分类技术，能够通过人工智能技术，实现对各类支付渠道账单进行科目自动归集。

二、脱颖而出的黑马

我们常常讲，互联网时代只有最快、最强、最大才能生存，第二名是没有生存机会的。但同时我们也讲，互联网领域是一个变化迅速的领域，老大是经常轮换的，黑马是经常出现的。

挖财是一家新公司——财米科技开发的。该公司成立于 2009 年，在国内记账软件领域，可谓是一个迟到的新手了。按常理来说，它本来是没有任何机会的，因为这个沙滩上已经人满为患了。但时势造英雄，挖财抓到的，是移动互联网的机遇，是苹果应用商店 iTunes 的机遇。它是国内最早进入移动互联网的中文个人记账软件。

尽管挖财号称是国内惟一一家全平台手机记账理财服务提供商，但它并不是第一家提出全平台概念的公司。事实上，早有一些记账网站试图开发全平台、多渠道访问的记账服务，即“网站 + 手机”概念的记账服务。在移动互联网勃兴之前，这类服务通常以 website+wap 方式出现。由于当时手机用户的消费习惯、使用习惯尚未养成，所以并未形成趋势。

成功需要环境和机遇，挖财有幸抓到了这个机遇。随着 iPhone 火热，挖财最先掘到金子，成为 iTunes 应用里记账软件的翘楚。之后该公司又攻城掠地，推出不同手机平台的应用和网站应用，实现手机端和 PC 端数据交互备份，再加上有力的网络推广，从而成为目前记账软件中的佼佼者。

挖财作为新兴创业企业，充分体现了其创新优势[7]，如语音记账等功能，为其不断创造新的关注度。挖财曾宣传“在2年多的实践中，挖财团队实现产品的数百项功能，其中50多项为业内首创”。不过，在互联网领域，关键不在于谁第一次开发某项功能（除非是专利，实际上应用软件的新功能门槛极低，极易被模仿），而在于谁能开发突破性的用户体验，并建立后入者壁垒。

小型创业企业通过功能创新，往往可以快速取胜，获得先发优势，但由于其拥有的资源有限，极易被大型企业迅速跟上并超越(如前述的微信案例)。正因为如此，挖财研发者才担心其率先实现的功能会被其他开发者模仿，尤其是令其恐惧的业内巨头。事实上，在挖财的宣传中，矛头也直指某“大公司”（这样的大公司，今天可能是金蝶、支付宝、财客，明天有可能是腾讯、搜狐或百度）的同类应用。

如上所述，当前记账理财网站或手机应用的核心的问题，仍然是没有形成清晰的盈利模型，这就意味着仍要持续烧钱。持续烧钱的结果，要么幸运地吸引到风险投资，不断发展，做大规模，并在做大规模的过程中逐渐找到盈利模型，要么在面对激烈竞争尤其是市场格局剧变时轰然倒塌，或者在遭遇资本市场寒冬时现金流枯竭，难以为继。

最早的往往不一定是最成功的。最早的创业者在春天到来前，很有可能会遭遇巨头们的挑战。今天互联网领域的创业者和创新者，都对后来进入所在领域的巨头充满了恐惧，谁都担心出现“巨头通吃”的局面。

尽管挖财号称已经拥有800万华人用户，谁又能保证它笑到最后？如果腾讯要推广一个记账应用，挖财怎么办？腾讯、搜狐、百度，这些占据网络入口的巨头，一旦对某个细分市场动了心思，就会掀起腥风血雨式的歼灭战。QQ钱包这类门户应用，将可能对现有的记账理财工具形成巨大挑战。

三、如何建立核心价值

互联网金融的特殊性，就在于其具有专业性的特征。现有的记账网站或软件(应用)，包括金蝶的随手记，其专业性如何？

消费者使用记账网站、记账软件的初衷是什么？是省钱。省钱的源头，是节省开支，创造财富。

随着社会经济的发展，我国居民恩格尔系数（食品支出总额占个人消费支出总额的比重）日益降低，必需品支出占总支出比重减少，财产性收入增加(2007年10月，十七大报告中提出“创造条件让更多群众拥有财产性收入。”[8])，工资性收入占比减少[9]。

以股市为代表的资本市场发展 20 多年来，我国城镇居民人均财产性收入增长超过 40 倍[10]。从中美两国居民财产性收入比较来看，我国居民财产性收入的增长还有巨大空间。1990 年到 2008 年，中国居民财产性收入在总收入中的比重不超过 2.5%，美国居民 1929 年到 2008 年的 80 年间，财产性收入在总收入占比最高达 24.5%（1932 年），最低 9.82%（1944 年），1980 年以来基本保持在 18% 左右[11]。

随着居民对财产性收入的追求，消费者单纯的记账需求将逐渐弱化，取而代之的是专业理财服务。消费者最大的需求并不是记账本身，而是财富管理。只有通过专业理财服务，更好地帮助客户实现财产性收入，才能真正留住客户、吸引客户，逐步实现稳健成熟的盈利。

四、第三方与专业金融机构的竞争

在个人记账方面，专业金融机构具有不可替代的优势，金蝶等传统财务软件企业在整合专业资源方面的能力也不容小视，平安一账通（金融管家服务）这类模式也不容小觑。

对于一款记账软件，其基本功能已经从最初的单笔记账和统计报表这些最简单最基本的功能，发展到包括周期记账、定时提醒、数据备份导入、收支预算、社区交流等多方位、全面性的功能。专业金融机构，其产品定位和设计与一般的记账网站有着极大区别。

作为金融机构开发的产品，平安一账通拥有清晰的经营目标。其服务对象不是广泛的互联网用户，而是金融消费者。平安一账通提供网银、保险、理财等网上金融服务，包括转账汇款、缴费、信用卡还款、保单查询、信息变更、股票 / 基金买卖等。通过平安一账通，可以管理所有平安账户，一次登录即可轻松实现保险、银行、投资等多种理财需求。

专业金融机构在这方面也存在一些劣势。

首先，其主业会限制第三方理财服务功能的发挥。专业金融机构的重点集中于服务主业，从而限制其经营范围、业务流程和专业能力的创新发展。

其次，由于其主要服务于金融主业，所以会丧失第三方中立立场，限制客户拓展。潜在消费者可能难以信任其提供的咨询服务。

第三，限制对外互通。由于其隶属于金融集团，会限制其对外的 B2B 和 B2C

服务。正如淘宝网推出一淘时遭遇京东、当当抵制（合纵连横之中，当当改变主意与天猫合作，则是后话），平安一账通也无法或难以实现与其他金融机构的互联互通。另外，其他银行、保险机构，也会天然地抵制与其互联互通。

互联网金融企业的竞争格局总是犬牙交错，经营者要审时度势，根据市场竞争格局和机会，不断调整自身的发展战略和竞争策略，既要考虑未来的发展趋势，又要适应当下的竞争态势和消费行为特征。

五、美国的先行者

在记账领域，挖财并非第一家做个人理财移动应用的企业。目前国内几乎所有的“创新”，都是对国外成熟市场成熟产品的模仿。

截至目前，美国获得投资的在线记账网站有 Mint、Expensr、Credit Sesame、Pageonce 等。

（一）Mint 的功能

美国的在线记账网站，最引人瞩目的无疑是 Mint。Mint 是一个在线理财网站，主要面对年轻用户。它的功能主要包括以下几个方面。

（1）账务功能。它把个人财务信息，包括银行账户、信用卡、房贷、共同基金、个人养老账户等纳入用户账户中，帮助用户全面了解自己的财务状况。用户可以用邮件地址、密码以及邮政编码完成注册。此后，Mint 就会将每个银行的收支信息自动下载保存，通过自动检索分类技术，将每笔开支归集到对应科目，准确率高达 85% 以上，而多数竞争对手都需要用户手动分类。

Mint 与超过 7500 家金融机构签订了合作协议，每当用户使用银行卡完成交易时，Mint 都会实时记录并通过手机短信通知用户。用户还可以订制个性化的每周提醒。每周五，Mint 会根据用户需求，将未来一周内将要到期的信用还款、预算超支预警，或是银行收取额外费用等信息，以电子邮件或手机短信的方式发送给用户。Mint 还发布了免费的 iPhone 应用软件，让用户监控自己的信用卡与银行账号信息。

（2）分析功能。Mint 提供每月收支、预算与现金流统计管理功能，能够帮助用户分析每个月在饮食、娱乐和购物等各方面的开支比重，以便用户制订出更有针对性的节约方案并与同性质用户横向对比。从基本功能上来说，Mint 与其他记账网站并没有太大的区别。

（3）比价功能。Mint 提出“每年为用户节省超过 50 美元”的目标，它可以根据用户的消费习惯，推荐还款利率更低的信用卡，或是存款利率更高的银行。

除了摩根大通、美国银行和美国运通这样的金融机构以外，电话公司、有线电视网络都是Mint的客户。一旦Mint在用户的支出项目中发现类似的条目，就会定向推出相关推荐，Mint也可以从相关交易中获得佣金。

上线一年半后，Mint的用户日常交易总额就超过500亿美元，为用户节省的开支规模也达1亿美元。

为了巩固这一盈利模型，2009年，Mint推出了名为“省钱方式”的推荐服务：任何用户，不管是否拥有Mint账户，都可以根据开户行、年利率、想要获得的优惠计划（如积分、免年费）等不同要求，筛选出更符合自己利益的信用卡、储蓄账户或者房贷机构。

借助此项免费服务，Mint扩大了自己的用户规模，并提升了因“推荐成功”而获得相应收入的可能性。一旦服务获得用户的认可，升级成收费服务，Mint又增加了一个重要的盈利来源。

（二）Mint的优势

Mint和Money、Quicken类似，但它具有以下优势。

（1）服务免费。Money和Quicken等理财软件，大多不是免费版本。Money有大幅广告，这降低了客户的体验，而且这类软件需要持续缴费，而Mint则是免费。

（2）使用方便。Mint作为Web应用，可以随时随地理财。同时，它还支持手机浏览器，开发了iPhone应用。

（3）合作广泛。Money和Quicken合作的银行和投资公司比较少，而Mint与很多小银行和投资公司都有合作[12]。

Mint于2007年9月正式上线运行，2009年被财务软件开发商Intuit以1.7亿美元收购[13]。财务软件企业Intuit虽然也尝试提供在线服务，但很难和Mint、Smarty Pig和Wesabe等简易的在线财务网站竞争。

据统计，2009年共有150万人在Mint网站管理约500亿美元的资产和2000亿美元的交易金额[14]。

（三）Mint的手机应用

除了网站之外，Mint还提供了强大的手机应用。

早在2008年，Mint就发表了一个免费的iPhone应用[15]。与Pageonce的移动服务类似，用户能够通过iPhone监控自己的信用卡与银行账号，同时具备每月收支、预算与现金流统计管理功能，可以搭配任何已在 Mint 设定同步的投资账号使用。

在安全方面，采用 Mint Pageonce 的页面模式，可以让使用者选择开启或关闭手机移动存取 Mint。如果手机遗失或被窃，可以上网关闭自己账号的手机存取功能，确保财务资料不会外泄。

Mint 还提供信用卡账单缴费日警告功能，当消费高出正常水平，或者是有大笔款项进出用户不同账号时，都会有警示通知。

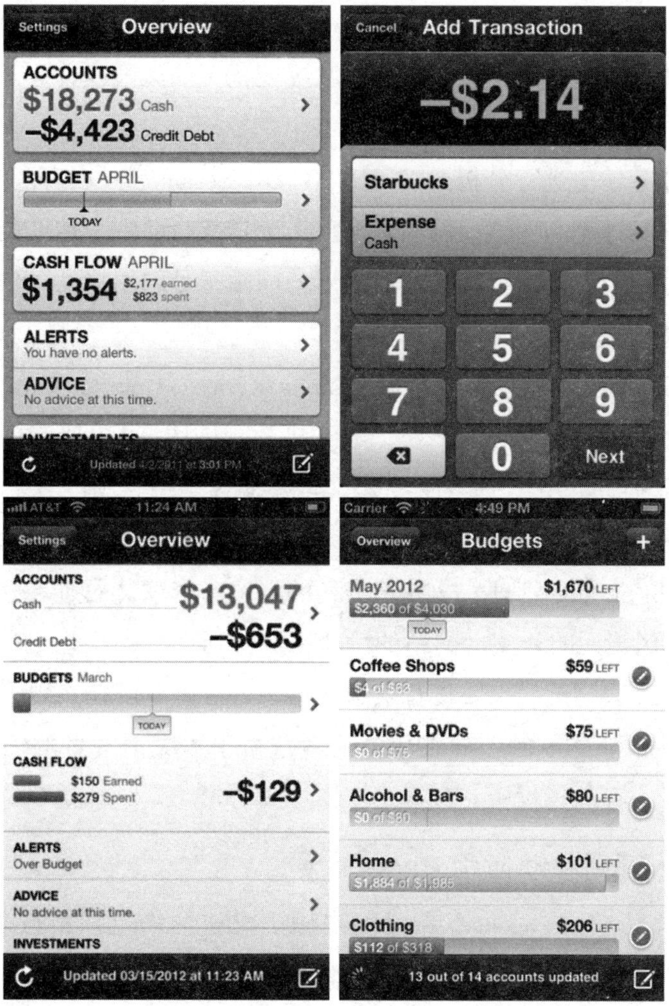

图3-2 Mint的移动应用界面[16]

六、抓住细分市场的机会

虽然有 Min 的成功在前，但并未阻碍专业理财服务其他细分市场创新者的脚步。

（一）个人理财工具 Credit Sesame

个人理财工具 Credit Sesame 成立于 2010 年 4 月。Credit Sesame 网站使用户能够方便地记录个人理财状况，以便管理按揭和贷款。Credit Sesame 使用一个内部贷款分析引擎，帮助用户直观地了解其贷款和债务情况。用户可以用它监控自己的信用评级、房屋价值以及负债收入比等理财信息。

用户注册之后，系统会自动收集用户相关数据，比如债务、信用、按揭等，无需用户手动更新。Credit Sesame 提供设定个人目标参数的工具，用户可以根据自己的需求管理贷款，甚至可以预测未来金融状况变化（如离婚或失业）之后存贷款的变化。

在对个人债务情况进行分析的基础上，Credit Sesame 提供各种贷款和信用选择服务。通过复杂的计算和测试，网站会从上千个贷款产品中，帮助用户找出最适合的三个，帮助他们节省支出。用户注册之后，网站每月向用户发送信用评级，并及时通知用户有关理财信息。

Credit Sesame 最主要的竞争对手有 Credit Karma、Quizzle 和 Mint[17]。2012 年，Credit Sesame 融资 1200 万美元[18]，发布了 iPhone 应用，可以让消费者更为方便地应用。在 Credit Sesame 用户中，有 15% 来自移动客户端。2012 年第三季度，该公司又推出了 Andorid 版本。

目前，Credit Sesame 管理着 200 亿美元的消费者贷款，通过推荐建议，每月为消费者节省 1.7 亿美元的开支。网站的活跃用户占到 48%，这些用户网站登录频率为每月两次以上。公司规模每季度都会成倍增长，有些季度还实现了 4 倍的增长。

Credit Sesame 和 Mint 的差异在于，前者致力于解决消费者的债务问题，后者则主要致力于个人存款、投资和预算上。

（二）个人理财移动应用 Pageonce

个人理财移动应用 Pageonce 帮助用户用手机或网络追踪银行账户、信用卡、投资理财和旅游计划，也可以监控账单，管理钱财。

Pageonce 之前是融合金融、购物和社交的个人助理网站，其后转型为个人理财网站。Pageonce 用户可以浏览最近的资金流动情况，查询信用卡或抵押借贷的到期时间，监控账户的可疑动向，以及查询透支费用等。

Pageonce 最强大的功能是，可以通过比较各种金融服务的价格，例如利率、信用卡费率、保险费率等，帮助用户省钱。它还可在日历中提醒用户支付账单时间。

Pageonce 的应用是免费的。该公司通过多轮融资，不断扩展其产品线，并改进其在 iPhone、iPad、黑莓、WindowsPhone7 和安卓设备甚至是桌面上的免费应用[19]。

第三节　未来有多美好

面对财富管理市场的机遇，第三方理财行业中有可能产生大型企业。相比美国 60%~70% 的市场份额，中国第三方理财市场目前仅占据 7% 的市场份额，发展空间十分可观。

与现有的银行、证券、基金、信托等行业不同，第三方理财公司有更大的压力和动力发展专业理财服务，也是互联网金融中一支强有力的竞争者。

一、社交网站的机会

巨大的财富蛋糕，被互联网行业的新兴企业所觊觎。

美国社交网站 Facebook 上市后，马蔚华曾经指出，Facebook 这样的网络媒体，将成为银行业最大的竞争对手。他指出，Facebook 有上亿实名制用户，完全可以借助云计算梳理出需要借贷的客户，搭建类似 P2P 信贷服务的中介融资平台，弱化银行融资媒介的功能。

事实上，美国已经出现了基于 Facebook 用户数据的相关网站。在中国，人人网也暗藏着这样的战略野心。

（一）P2P 信贷：社交网站的金融服务模式

社交网站如何开展社交金融服务呢？现有的 P2P 信贷模式，将是一个很好的借鉴。

P2P 即点对点信贷模式，实质上就是信贷中介。其模式为：建立信贷中介信息平台，供资金需求方发布需求信息，包括需求资金额度、时间要求、提供资金回报率（收益率），即所谓发标，平台进行资质、信用审核；供应方选择适当的项目进行投资，即所谓投标，平台协助进行招标管理，提供法律合同。

平台帮助多个贷款人共同投标以分散风险。发标金额不能全部筹集时，发标方可以选择是否接受部分投标。平台获利主要包括：以提供法律服务、呆坏账追款服务等理由收取中介费用，投标方向平台打入资金到成交后拨款给招标方的过程中，资金滞留在平台的利息收益。

部分中介平台打着乡村银行*的名义开展业务，但这种模式与乡村银行有着本质不同。乡村银行的实质是银行和金融机构，受到金融监管机构的严格监管。两者惟一相似之处，只是单笔贷款规模都偏小。

国内多数点对点信贷模式，是对美国 Prosper 模式的一个模仿。我们将在后面详细讨论 Prosper 模式。

（二）P2P 信贷是一种个人理财方式

点对点信贷迎合了目前中国金融市场加快发展直接融资、解决小微企业和创业者融资难的政策导向，因此暂时处于相对宽松的监管环境中，没有被明令禁止。

尽管 P2P 市场中部分规模较大的企业如宜信，已在呼吁实现行业的规范化、合法化，但这暂时只能是这些企业的一厢情愿。这些企业起步较早，目前已经发展到一定规模，日益受到后来竞争者的挑战，希望借助行政力量抬高行业门槛，减少新进入者的竞争。

问题是，监管是一把双刃剑。对于如宜信这样的机构，如果真的面临全面监管，面对包括资本金、呆坏账准备金拨备率等监管要求，其自身发展是否也会受到束缚？利润是否会大幅缩水？须知目前即便是国内规模最大的 P2P 信贷企业，也未做好这方面的准备。传统银行业，也面临着资本金规模的制约，如平安银行、民生银行这样的企业，并不是不想快速发展，而是受制于资本金制约，不得不放慢脚步，将资源集中在边际效益最高的领域。

点对点信贷模式作为一种个人理财方式，尽管近年来在国内快速发展，但目前由于无法合理保障个人收益，因此具有较高的风险。另外，由于其产品单一，难以满足消费者（投资者）复杂的理财需要，宜信近年来正在实施转型，将自身定位在第三方理财这个更大的市场上，以扩大自己的业务版图。

二、第三方理财空间广阔

当前，财富管理市场的主要渠道包括：商业银行的私人银行、财富管理部门，信托、券商、基金、PE 的财富管理部等，第三方理财机构则是一条新的独立渠道。

---

* 乡村银行最早起源于孟加拉国。1974 年，穆罕默德·尤努斯在孟加拉创立小额贷款，1983 年，正式成立孟加拉乡村银行——格莱珉银行。孟加拉乡村银行模式是一种利用社会压力和连带责任建立起来的组织形式。作为救济贫困的模式之一，孟加拉乡村银行在国际上被大多数发展中国家模仿或借鉴。

（一）第三方理财机构纷纷抢占市场份额

从事第三方理财的机构只需进行工商注册，以区区几十万的元注册资本，就可以开展理财业务。2012 年 2 月 28 日，中国证监会颁发首批“基金第三方销售”牌照。基金代销牌照开闸，意味着第三方理财正式迎来破茧生机。

获得基金代销牌照后，第三方理财机构纷纷采取措施，抢占市场份额。如好买基金线上线下两手抓，东方财富依靠网站推出“基金超市”概念，众禄推出“基金超市 + 专业顾问”模式，诺亚则更注重线下的投资者教育与客户体验。

东方财富网的优势是流量。根据艾瑞咨询的报告，作为中国访问量最大的财经门户网站，东方财富网每月独立访问用户超过 1 亿，下属的天天基金网数字也超过 2500 万。天天基金网在基金购买费率方面，较银行销售更具竞争力。个人通过银行购买基金，费率通常打八折，而天天基金网则是打四折。目前天天基金网正在开发移动终端平台，以便个人用户能够通过手机方便地买卖基金。

诺亚财富（诺亚控股）则为销售基金专门成立了新公司，目前其旗下已有 14 个分公司。诺亚财富销售的专户产品超过 2 亿份，货币市场基金超过 3 亿份，自称是第三方理财机构中规模做得最大的公司[20]。

（二）第三方理财市场空间巨大

从某种程度上说，第三方理财代表了中国财富管理未来发展的方向。所谓第三方理财，是指独立于银行、券商的理财机构，以客户利益为导向，为客户推荐金融产品，提供资产配置建议，使客户基于其风险偏好获得最高收益的机构。由于第三方理财不属于任何金融机构，因而在为客户选择金融产品的时候，能够从客户的利益出发，做到公正和客观[21]。

中国投资者投资需求旺盛，第三方理财市场有着巨大的空间。在美国，独立的第三方理财机构占据理财市场 60%~70% 的份额，在澳大利亚拥有超过 50% 份额，香港也有 30% 的份额，而在国内市场，第三方理财占据的份额只有 7%。

据统计，目前国内的第三方理财机构有几千家，并且大部分都是刚刚起步，未来发展空间巨大[22]。现今国内最大的第三方理财机构为诺亚财富。

2010 年 11 月 10 日，诺亚财富在纽交所成功上市。2010 年 2 月，与诺亚财富几乎同时成立的展恒理财，宣布接受来自优点资本的 460 万美元的注资。而早在 2009 年底，凯鹏华盈与纪源资本就投资了中天嘉华。2011 年，IDG 及摩根士丹利中国基金也向第三方理财机构宜信注入了数千万美元的资本。2010 年下半年到

2011年初，可以说是第三方理财机构成立的高潮，仅北京地区挂牌的机构，大概就有四五百家[23]。

（三）第三方理财机构销售的产品

目前第三方理财机构销售的产品，主要有PE、阳光私募、定向增发、另类投资等金融产品。而银行理财产品、公募基金、券商集合理财和信托产品等，由于现有渠道较为丰富，且各机构都拥有自身的发展战略重点，所以各自占领了一片领域。大多数第三方理财机构往往没有任何产品开发牌照和专属产品，缺乏固有领地，所以只能在理财市场的夹缝中生存。

许多第三方理财机构开发了针对某细分市场投资者（其实仍然集中在与银行理财管理重合的人群，包括30万~100万元和100万元以上的客户）的“产品方案”，提供个性化的一对一财富咨询、财富体检、资产状况评估、配置理财方案等全方位理财顾问服务，为客户量身定做包括保险、固定收益、股权投资、公益理财、信托、PE等在内的个性化财富管理方案[24]。

诺亚财富的产品结构大致为：阳光私募占10%左右，固定收益信托类大概为30%，PE占到60%以上，公司80%以上的收入来源于代销私募股权产品（含PE）。

公募基金和阳光私募基金，则一直是展恒为客户配置的主要产品。

恒天财富主要拓展信托业务，拥有近3000名高净值客户，在全国拥有近40家分公司，700人的队伍，其中80%为一线投资顾问。

好买基金目前主要收益来源为私募基金代销，但私募基金研究还相对薄弱。

融智投资，即私募排排网，是较为权威的私募基金研究机构，主要从事私募基金研究和销售，业务较为单一。

综合理财服务机构中，相对来说具有研发实力的公司，主要有北京的展恒理财和上海的金杉财富。这两家研究机构对私募、信托等理财产品都有深入的研究，同时亦注重宏观趋势策略的研究，是相对综合的第三方理财机构，与美国第三方理财机构的经营模式十分类似。二者的目标市场主要是高净值投资者，经营模式并非单一的代销产品，而是通过会员费等模式收取理财咨询和规划服务费用，费用成本略高于其他第三方机构。

金杉财富的产品线非常丰富，对于客户而言，提供的理财建议也比较客观中立，客户可以在这里实现一站式的资产高效合理配置。这样的模式能否适合中国投资者的理财观念，还有待观察[25]。

2012年，随着信托产品大受欢迎，业内很多数机构开始转向销售风险控制措施较为严格、客户接受度较高的信托产品。

在风险控制方面，第三方理财机构在金融机构风险控制基础上，通过建立研究团队，在择时（经济周期趋势、资产大类策略）、择市场风格（产品经理）、择产品（定性和定量方法，如诺亚财富从1500个公募基金中筛选出76个）的基础上，为客户制定资产配置策略，同时设计多级风险控制机制，能够为投资者精选出一些较好的金融理财产品。

数据显示，2012年上半年，信托行业资产管理规模已经超过基金规模总和。之前有报道称，信托产品发行渠道中，银行代销占60%~70%，剩下的30%~40%则由第三方理财机构与信托公司直销完成。目前多家第三方理财机构，都在发力建设信托代销渠道。

（四）第三方理财机构的特点和优势

当前，由于第三方理财机构本身不拥有相关的金融牌照，加上人才匮乏，难以涉入上游金融产品供应商的产品链，因此对产品开发的参与程度很低，主要扮演销售机构的角色。

第三方理财机构的角色应当是：站在公正的立场上，帮助客户分析自身财务状况和理财需求，通过科学的方法，为客户的个人理财方案配置各种金融工具，投资决策则由客户最终决定。

作为第三方理财机构，最突出的优势是，由于其本身并不代表任何一家或整个行业金融机构的利益，因此其咨询建议具有一定的客观性。未来，它更多地是作为客户的投资顾问，站在相对中立、客观的立场上，从客户需求出发，为其提供量身订制的理财方案。

第三方理财机构的优势主要有以下几个方面。

（1）同传统销售方式不同，从产品销售导向转向以客户为导向，以中立方式提供服务，更容易获得客户信任，建立长期稳定的合作关系。

（2）服务更贴近客户需求，更为全面和长期化，有助于帮助客户建立基于其整个生命财务周期的理财方案。

（3）不受单一金融产品约束，理财方案跨行业、跨资产、跨产品。

（4）具有独立性和公正性，与客户利益更趋一致。

（5）能够培养客户的理财意识，传播正确的理财理念，在培训、沟通、咨询等方面，同客户的沟通更为频繁和深入[26]。

三、第三方理财面对的困境

第三方理财机构的优势仅仅是理论上的，至少目前在中国还无法完全实现。这是因为以下几个方面的原因。

（1）发展的压力。第三方理财公司成立时间普遍不长，生存压力较大，需要尽快扩大客户规模和销售规模。激烈的竞争甚至导致不同理财机构之间以及第三方理财机构和传统金融机构之间“飞单”、“返佣”等情况出现[27]。

大部分第三方理财机构还是采用低底薪加提成的薪酬模式。有记者从市场中了解到，诺亚财富等机构给予初级理财师的底薪是1500~2000元，外加2‰~4‰的提成。有些第三方理财公司甚至不给底薪，销售员仅拿提成。这种机制逼迫销售员采取一切方法完成销售目标，容易导致基层销售行为扭曲和违规。

（2）盈利的压力。为了追求稳定盈利，第三方理财机构目前的盈利模型仍以收取销售手续费为主，这就决定了其仍然是以销售为中心。少数理财机构按照资产规模固定收费，按照收益提成，但这些方式不占主流，尤其是后者。由于资本市场波动，这种收费方式将对第三方理财经营稳定性造成影响。

目前，国内第三方理财机构的盈利模型与国外不同。成熟市场如美国，第三方理财机构的收费模式主要有两种，即向客户收费和向机构收费，其中向客户收费占主流。美国知名理财公司柯契斯－菲茨财富管理公司的利润来源，就只来自其客户，资产管理费一般是所管理客户资产的0.8%~1%左右，客户资产越多，管理费率越低。

（3）客户理财理念的影响。中国消费者的理财理念还不成熟，仍然重收益轻风险，并且受资本市场短期波动的影响较大。如2008年发生的金融危机，就导致投资者风险偏好发生转变。

国内客户目前不太能够接受支付固定年费或按资产付费的模式，更容易接受免费的理财规划服务（实际上迫使第三方理财机构收取销售佣金），这就决定了第三方理财机构作为销售机构，要根据市场热点向客户提供金融产品。

在客户缺乏专业理财知识和正确投资理念的情况下，第三方理财机构为了迎合客户口味，实现自身发展和盈利，在设计产品和理财方案时，很可能会违背金融规律，比如推出期限较短的PE产品。

（4）由于经营时间短，人才匮乏，难以获得客户的信任。美国理财机构的发展，也经历了一个漫长的过程，才从最初的向相关金融机构收取手续费和佣金，转变成向投资者收取咨询费[28]。此外，低底薪的激励机制，使得专业经验丰富的销售人员很难留下来，而素质不高的销售人员难以树立专业的形象。

（5）面临激烈的同质化竞争。私人银行、私募基金、信托等，也都致力于与客户建立长期委托理财的直销关系，这都会对独立的第三方理财机构形成挑战。

产品规模飞速跃进后，信托行业也开始转向真正的资产管理。许多信托公司认为，第三方理财只是过渡渠道，由于其销售行为、内部管理不完善，可能会影响信托公司的品牌形象。同时，信托公司经历了行业大起大落之后，十分关注经营的可持续性，因此一些着眼于长期发展的信托公司，越来越注重直销业务。

平安信托2012年三季度报告显示，高净值客户数已超过1.7万人，信托资产管理规模超过2000亿元，甚至超越了部分股份制银行私人银行服务的客户和资产规模。

2012年11月26日，中信信托发布了其财富管理品牌，并启动北京、广州、上海、杭州、天津5地的财富管理中心。作为一家受托资产规模已突破5000亿元，连续4年同业第一的行业老大来说，中信信托此举意义不同寻常。信托机构等金融产品供应商开展直销业务，将会导致第三方理财公司缺乏有竞争力的产品，迫使越来越多的第三方理财公司涉足产品设计领域，首先对接项目，然后通过信托进行产品包装。但这种做法很可能带来高风险[29]。

第三方理财机构成立门槛较低，因此竞争非常惨烈。如果股市行情惨淡，拖累基金销售，对其盈利能力会造成较大影响。诺亚财富继2012年一季度净利润同比下降52.6%后，二季度净利润又同比下降30.7%。从2012年7月开始，诺亚财富鄂尔多斯、广州花都与增城的分公司相继关闭。而从2007年到2011年，诺亚财富实现过118%的年复合增长率。基金销售系统2007年、2008年每天动辄几十万的新开户数，到2012年已经下降到3000户以下。

（6）金融产品受制于传统金融企业，不够丰富完善，选择空间有限，难以满足客户需求。第三方理财机构推荐产品往往随大流，与当期社会热点趋同，无法做到客观、中立，也无法做到长期收益，各家机构风格也趋向一致，不能体现出个性化和量身订制的优点。

近年来热销的理财产品，像走马灯一样变换不停。2004年，利率类理财产品热销；2005年，以利率类理财产品为主，其他理财产品开始发展；2006年，信用违约类理财受到关注，基金发行火爆；2007 年，基金销售走向顶峰，新股申购理财产品开始风靡，QDII 开始受到追捧（同年 5 月，银监会放宽银行机构代客境外理财投资范围）；2008 年，迎合通胀概念的商品类理财产品热销；2009 年，信贷类理财产品出现争议，PE 投资开始发展；2010 年，房地产信托受到热捧，黄金投资逐渐升温，PE 投资渐成主流；2011 年，房地产调控趋紧，房地产基金快速发展，PE 成为热点；2012 年，信托产品热销，PE 热开始冷却。此前比较热衷于 PE 基金的诺亚财富，其工作重点也由之前的 PE 基金产品，更多地转向 2012 年的 PE、FOF（私募股权投资母基金）和 TOP50 地产母基金的推广[30]。

受牌照、资质、专业能力等限制，第三方理财机构自身缺乏创新空间，热点产品趋同，是造成第三方理财机构之间产品和服务同质化的根本原因。

（7）缺乏第三方平台支持。发达国家通常有专门的公司为独立第三方理财公司提供平台，比如后台管理平台，以帮助第三方理财公司在交易过程中处理后台计算、客户资料和交易历史记录保存、资金托管等。在中国，目前独立的第三方理财公司还缺乏类似系统的支持。

（8）难以保持客观中立。如某些第三方理财机构的股东即为传统金融企业，其在产品销售上必然带有倾向性。

四、第三方理财发展方向

（一）提供综合性的资产配置及管理方案

在现有渠道格局下，第三方理财机构正在努力进行创新，如在服务上加强咨询建议服务；在产品上，以“有限合伙”方式降低信托产品的投资门槛。理财机构从客户角度出发，根据客户资产规模、投资需求及风险承受能力，筛选出具有不同流动性、收益率及风险的理财产品，为其提供综合性资产配置及管理方案。

具体而言，第三方理财的发展方向包括理财团队专业度、业务独立程度、业务规范程度、产品丰富度、产品筛选能力、企业盈利能力和风险控制能力七大方面。

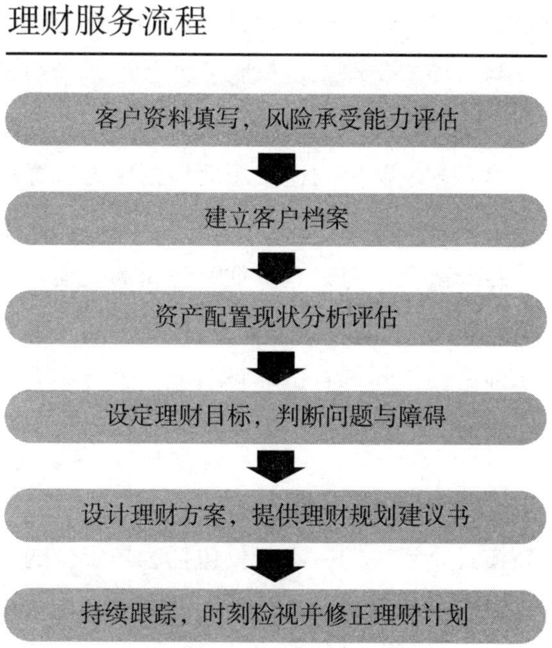

图3-3 第三方理财机构的服务流程

《投资有道》杂志与博瑞产业发展研究院认为，第三方理财机构应当努力从六个方面提高资产配置能力这一核心指标：建设专业团队、规范业务流程、寻找最契合产品、引入“第四方”保证独立性、加强内部风险控制、树立品牌形象。

当然，在第三方理财机构自身看来，实现这种愿景，仍需要根据形势和自身情况，尽快做大规模，提高收益，这样才能更好地生存下来，才有机会逐渐做强专业能力，才有能力在产品研究、产品筛选和风险控制上投入更多的资金。

（二）第三方理财机构的客户定位

在海外成熟的理财市场上，独立理财机构的运营模式已经多样化，许多理财机构专注于细分客户群，致力于为他们提供长期理财规划。例如，美国的 Park Hil 是一家专注于为客户提供理财规划建议的独立理财公司，为客户提供 PE、VC*、对冲

---

* VC，即风险资本 (Venture Capital)。风险资本是一种以私募方式募集资金，以公司等组织形式设立，投资于未上市的新兴中小型企业（尤其是新兴高科技企业）的一种承担高风险、谋求高回报的资本形态。它和共同基金、单位信托等证券投资基金截然不同，在投资、募集等运作方式上有其自身的特点。国内有些机构提出的产业投资基金，实际上就是风险资本。

基金、夹层资本*、房地产基金等领域的投资机会，其资产管理规模已达到1200亿美元，后被黑石基金收购。其主要理念是只服务大客户，平均客户规模为千万美元级别。

目前，国内大部分第三方理财机构迫于短期经营压力，客户主要集中于中等收入群体，单个客户资产规模在百万元级别。中等收入客户往往忠诚度不高，稳定性不强，喜好追随热点，并不适合作为第三方理财公司的长期客户。短期来看，其仅仅是因为目前银行存款利率太低，才转向第三方理财机构。随着利率市场化进程的推进，一旦存款利率实现市场化并具有足够吸引力，绝大多数百万元资产级别的投资者，会因为品牌认知而回到银行体系。

（三）第三方理财机构的自身定位

第三方理财探索新模式要解决的，不仅仅包括客户定位的问题，还包括其自身定位的问题。第三方理财公司都强调自己是独立的理财咨询机构，不仅仅是一个销售公司。但作为独立理财公司，国内机构的制度建设和研究能力并不能保证这一点。

许多第三方理财机构标榜对经济周期和资本市场的研究，但在目前来看难以实现。根本原因在于，第三方理财机构的核心优势和价值创造能力并不在这一环节，在择时、选产品两个方面，后者更为重要。而在产品收益、风险评估方面，相对于晨星这样的专业投研和评级机构，第三方理财机构不必也无法超越。

第三方理财机构的核心优势和价值创造能力，主要在于对接渠道和需求的价值。

五、第三方理财是互联网金融的生力军

第三方理财机构的发展方向，应当是充分利用互联网技术，建立一个信息丰富、产品丰富，能更好对接投资者需求的产品销售与理财服务平台，通过不断完善制度建设、收费机制、产品开发（这里主要指的是二次开发），真正成为投资者的财富管理顾问。

（一）要发展成真正的互联网金融企业

目前，在互联网应用方面，第三方理财机构主要是将其当做品牌宣传窗口和销

---

* 夹层资本（Mezzanine Capital）是在夹层融资这一融资过程中出现的一个专有名词，是针对融资过程中资金提供方也就是出资方而言的。夹层资本是收益和风险介于企业债务资本和股权资本之间的资本形态，本质是长期无担保的债权类风险资本。当企业进行破产清算时，优先债务提供者首先得到清偿，其次是夹层资本提供者，最后是公司的股东。因此对投资者来说，夹层资本的风险介于优先债务和股本之间。

售入口，但销售规模并不大，甚至远逊于P2P信贷平台。第三方理财之所以无法采用大规模互联网营销模式，根本原因在于其价值创造能力仍然偏低，无法吸引客户为之付费，而自身又无法承担营销成本。这种价值创造能力在于量身订制的专业化产品开发能力，创新客户认知的能力和真实的理财能力。

总之，第三方理财机构目前并未成为真正的互联网金融企业，或技术驱动的企业。以诺亚财富为例，其开发了在线风险测试、在线资产配置等，但核心仍然是吸引投资者，通过导入理财师（与客户建立电话联系）进行产品推介。这可能是目前绝大多数第三方理财机构开展互联网业务的基本模式。不同机构之间的差异在于，谁能在客户细分、客户需求分析、推介业务流程以客户需求为导向，在产品创新等方面做得更好，而这主要依赖于线下的业务能力。

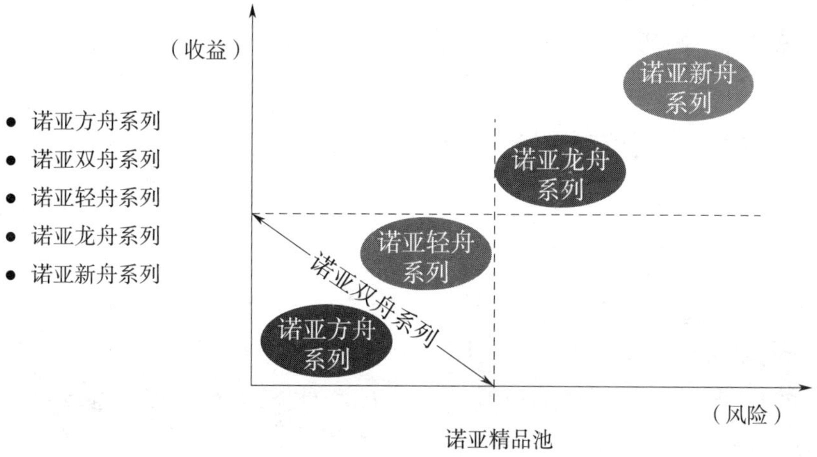

图3–4 诺亚财富网站提供的五大产品系列[32]

（二）淡化产品销售，突出方案销售

目前第三方理财仍然以产品销售为主，理财绩效取决于最终的产品绩效。前些年，许多第三方理财机构力推私募，曾经的私募明星罗伟广（2009年阳光私募冠军）的失败，证明了所谓价值投资、长期投资，其实只是噱头。业内许多成功人士之所以成功，并不能简单归结为能力，很可能只是侥幸（如罗伟广的选股能力饱受质疑）[33]。

更多的事实一再证明，股神只是传说。如2010年私募冠军常士杉，在2012年也遭遇清盘[34]。这也难怪巴菲特要与人打赌，认定被动指数投资从长期投资来说必然战胜绝大多数主动选股选基。如果巴菲特的理论成立，那么第三方理财机构所宣称的选择投资产品，就毫无营销噱头可言了。

第三方理财机构的失败案例，可能有人会归咎于投资者不成熟，总要看成绩排名，给投资机构太大的压力，导致业绩波动太大。但问题是，成熟的投资者太少，而且成熟的投资者往往具有较专业的金融知识和投资能力，因此对第三方咨询销售机构缺少需求，他们往往自己通过各类金融产品的直销渠道进行投资。

由此可见，第三方理财机构在成长初期依靠“忽悠”，依靠具有强烈激励性的营销策略，尤其是依靠销售产品获得盈利藉以发展，成为其现实的必然选择。

（三）第三方理财机构的发展途径

基于互联网的第三方理财机构，可能的发展途径包括以下几种。

（1）低成本模式，使之相对于直销渠道具有了一定的吸引力。

（2）提供创新型“产品”和全产品链、丰富的产品库、低廉的信息服务，以便捷性吸引客户。

（3）将互联网作为品牌宣传和销售的入口，并与线下流程统一整合，提升成交率。

（4）相对稳健的策略，使其可以提高客户黏性，避免客户流失。

（5）持续的投资者教育，依靠理念巩固客户。

（6）淡化产品销售，突出方案销售，提供专业化资产配置能力。

目前，对于部分第三方理财机构，在创新产品方案销售和完备的产品库方面，已经具备一定的基础，只要再加上低成本的方案创造、需求对接和互联网推广平台，就能够良性发展。

在产品方面，要针对投资者长期稳健的投资需求，根据其财产结构、生命周期、风险和收益需求，给出合适的、个性化的投资规划方案[35]并提供便利，如提供软件工具（网站、移动应用等），使其在可接受的风险水平下实现收益最大化。

在成本核算体系的支持下，建立自动化的互联网营销系统。当客户达到一定规模后，与上游机构深度整合，开展产品创新。其中最重要的是，能够让投资者认识到其接受固定或浮动的付费机制物有所值。

第四节　蓝海变色

在互联网领域，蓝海变色的速度非常快。对于一家互联网企业来说，常常上一财年还在这个利润丰厚的领域主导市场，下一财年就可能由盈利变为亏损。因为众多竞争者的涌入，会让这家企业的市场份额迅速下滑，利润大幅缩水。

一、什么会导致蓝海变色

导致蓝海变色，企业由盈转亏，市场份额大幅下滑的因素有很多。

（一）成本结构变化

首先，随着跟进者骤增，激烈的竞争导致供应链上游成本增加。

例如，网销推广成本（对几乎所有电子商务企业）、网销产品成本（如电子商务平台、网游代理等）、合作商家成本（如对团购、金融超市）、影视剧价格（如对视频网站）、人力资源成本、带宽等成本的增加，都将对企业盈利造成较大影响。京东曾分析，由于营销成本上升，其获取单个用户的成本早已高达46元。这种成本的增长，很多企业不堪重负，甚至是得不偿失的。

（二）盈利模型变化

竞争可能造成企业无利可图，丰厚的利润大幅下降，甚至化为乌有，曾经被普遍看好的盈利模型，也可能无法持续。

事实上，从传统行业中的家电及电子消费品制造业（如DVD、MP3、手机等），家电卖场（苏宁、国美等），到互联网行业的各个领域（门户网站、网游、图书音像制品电子商务、旅游电子商务等），都曾发生过这样的情形。金融行业中，银行卡业务也是如此。随着刷卡费率下调，商业银行也将面临利润大幅下滑的局面[36]。

盈利模型的变化可能由如下原因造成。

（1）商业模式创新提供了更好的、可替代的产品或服务，对原有盈利模型造成冲击。

（2）竞争加剧造成客户规模和业务规模减少，价格竞争导致收入下降，上游谈判能力增强导致经营成本升高，最终导致边际利润下降。

（3）政策环境变化，导致原有盈利模型被彻底改变等。

2012年，网银价格战已经开始打响，多家商业银行下调网银手续费，工商银行、建设银行、中国银行等多家商业银行，都推出了网银手续费优惠措施。2012年上半年，农业银行下调网银转账手续费，5000元以下按2元/笔收取，5000元至5万元、5万元至10万元、10万元以上每笔分别按3元、5元、8元收取。

股份制银行也采取了类似措施。光大银行从当年12月起，无论汇款金额多少，跨行汇款全部按 2 元 / 笔收费，使用手机银行办理跨行汇款则全部免费。

招商银行也下调了网银汇款手续费。此前该行个人专业版网银同城跨行普通汇款，手续费为每笔汇款金额的 1%，最低 3 元，最高 50 元；异地跨行普通、快速、实时三种模式则为最低 10 元，最高 50 元。手续费下调后，除异地跨行快速汇款按 0.5% 收取外，其他均按 0.25%，最低 2 元，最高 25 元收取。

三峡银行、南粤银行则免除了网银全部手续费[37]。

（三）强大竞争对手进入

银行、保险集团等传统金融企业及腾讯、阿里、百度等互联网巨头进入细分市场，将挤占甚至封杀创新型企业的生存空间。

来看一下团购网站曾经发生的悲剧。2010 年底，中国网络团购企业的数量约为 2612 家，截至 2011 年 6 月底，已经增加到 5300 家。之后不久，在外部资金趋冷，内部资金不足的双重压力下，团购网站进入严冬期，大量团购网站纷纷崩盘倒闭[38]。另一方面，团购网站融资也遇到了困难[39]。数据显示，在团购网站迅猛发展的两年多时间里，业界披露的团购融资案例仅有 20 多家[40]。

投资人吃惊地发现，团购网站的低门槛与中国企业的快速模仿能力，迅速使整个行业由最初的蓝海转变为红海。由于服务质量、产品质量等问题，客户投诉不断增多，团购网站与商家矛盾越来越大。

据中国电子商务研究中心监测显示，2011 年下半年，团购企业融资案例相比上半年大量减少，不少团购企业传出裁员、撤站的消息，其中不乏拉手网、团宝网、窝窝团、24 券、高朋网等知名团购网站。竞争加剧，利盈降低，使团购企业纷纷开始战略收缩，以抵御整个行业面临的“寒冬”。

团购行业在市场竞争形势、监管、资金链和用户体验的四重压力下，开始积极探索新的商业模式，部分团购企业开始转型升级。如化妆品团购网站聚美优品、米奇网转型为 B2C 商城；拉手网试图 IPO，但由于财务问题未能成功；满座网、24 券入住淘宝网，发力 O2O；千品网、拉手网、窝窝团、糯米网等纷纷上线了商城频道，开始转型 B2C[41]。

（四）产业链的变化

1. 携程网面临的挑战

携程网的发展过程，说明了曾经是利润丰厚，发展前景广阔的在线旅游市场，是如何受到冲击的[42]。

携程网是一家OTA(在线旅游代理)，该网站建立了庞大的酒店及机票产品供需方数据库，以向酒店和航空公司获取折扣来吸引消费者，并通过佣金方式获得收入。

携程网于2003年底在美国纳斯达克上市，股价曾随着业绩的上升呈现稳步上涨，但是2011年以来，公司股价接连下挫，2011年全年净利润仅增长3%。

分析人士认为，携程利润率下滑的原因，主要是受到在线旅游市场其他竞争者如淘宝旅游、艺龙等的挤压。由于携程主要靠佣金作为盈利来源，垂直搜索网站的介入，使其部分流量被分流，同时导致利润被大幅压缩，影响企业经营业绩。

如今，越来越多的中国人开始在网上搜索自己心仪的商品，并逐渐形成习惯，这推动了旅游类垂直搜索引擎“去哪儿”，主打预付费模式的“真旅网”商旅网站等竞争对手的快速发展。2011年1月到11月，酷讯旅游网以16.68%的用户月度访问率，超过携程网的15%，证明旅游类垂直搜索企业用户量的快速增长，已对原有传统OTA霸主的地位形成挑战。

作为中介网站，携程还面临上游企业创建网站发展直销业务的威胁，如南航、国航、海航等国内航空公司，都纷纷建立了自己的网上预订机票系统。

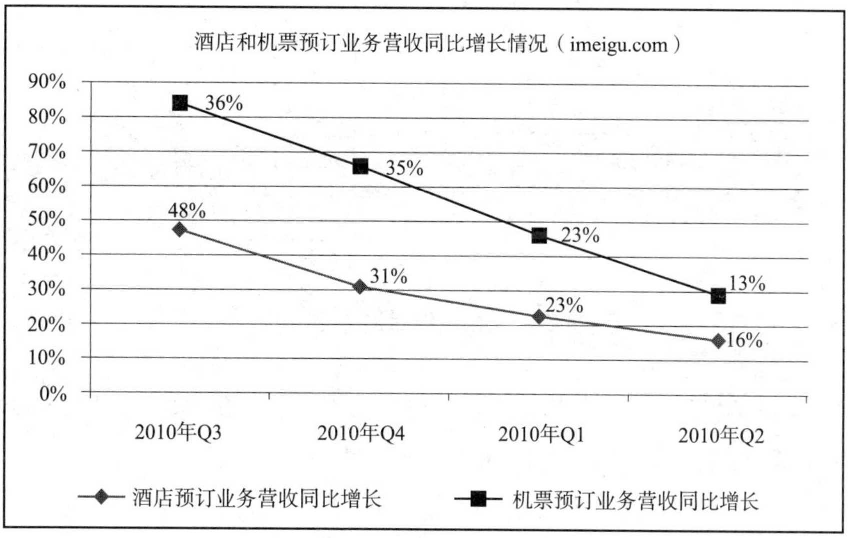

图3–5 携程酒店和机票预订业务营收同比增长速度下降（i美股）

事实上，携程正面临在线旅游市场产业链的变化：消费者从直接访问某家OTA网站转向垂直搜索。目前中国的在线旅游市场，传统OTA网站访问率正处于下降的态势，而酷讯旅游网等搜索类旅游网站的用户量，则呈现急速增长的态势，并且用户忠诚度、稳定性较高。

Hitwise 数据显示，目前中国和美国主要的 OTA 网站访问率均下降明显。以 Expedia 和 Priceline 为例，虽然两家网站位列美国旅游网站排名前两位，但 2011 年上半年以来，它们的访问率下降幅度较大。这种情况在中国也同时体现在携程、艺龙等网站上[43]。

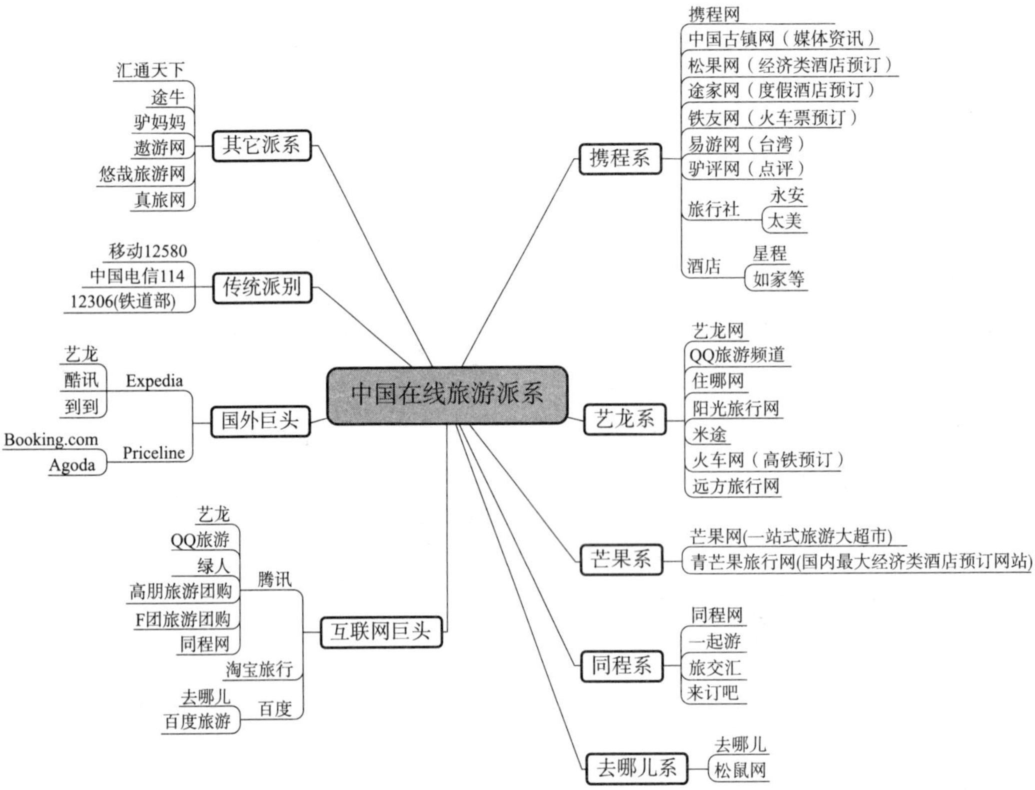

图3–6 中国在线旅游生态系统[44]

从图 3–7 可以看到，自 2011 年第一季度以来，携程的酒店、机票、度假旅游、商旅服务的营收增速，整体呈现逐渐放缓的态势。

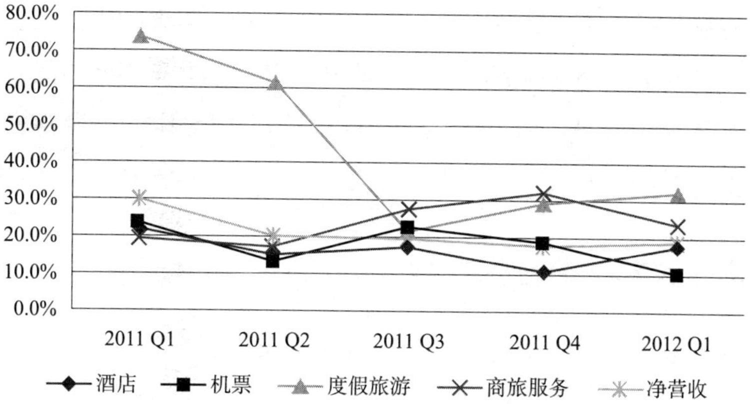

图3–7携程各产品线业务营收增速图。（i美股）

2. 携程网带给我们的启示

从携程的发展历程，互联网金融行业可以得到如下启示。

（1）单纯的模式创新如果离开了资源禀赋优势，就容易被模仿和超越。这一点尤其是互联网公司需要警惕的。为什么诸如京东这样的轻公司 *，要扩张物流这样的"重"资产？正是因为其意识到，必须利用融资这一资源禀赋优势，建立起阻挡竞争对手进入的门槛，依靠物流提升客户体验，强化竞争优势。

（2）随着创新行为的社会化和专业化，尤其是大量资本的进入，使得过去进入门槛较高的创新领域，越来越容易获得资源支持，这也意味着新兴企业越来越容易对传统企业构成挑战。

（3）在互联网领域，必须密切关注消费者生活方式和消费习惯的变化，及时转变战略。整个线上旅游市场的格局变化，主要是由消费行为变化推动的。

（4）尽管企业应当采用专注战略，但也必须始终密切关注供应链上下游新的商业模式并及时应对。在波特竞争力理论五力模型中（新进入者、替代品、买方、供应方、现有竞争者），传统行业要产生新的生态系统，改变现有供应链非常困难，且过程漫长，但互联网时代却更容易，更迅速。

* 轻公司曾经是商业精英们讨论的一个概念和话题。轻公司的定义，简单地说，就是以轻资本进入，首先获得市场，再反向获取资源的公司。轻公司大多依托独特的技术平台，通过互联网工具，在传统行业的价值链中找到崭新的商业模型。轻公司的成长往往是自生的而且成长速度极快，轻公司获得市场之后，可以组织生产商，组织供应链的上下游。如果轻公司的市场能力出现下滑，或者被别人夺去，那么供应链就会崩塌，使公司陷入生存危机。轻公司是一种随着网络技术发展而兴起的一种趋势和方法，而不是企业的一个常态。

（5）早期互联网领域依靠建立数据库和交易平台打天下的模式，已经面临越来越多的挑战。对于生产商（服务供应商）而言，自身建立直销网站的软硬件成本越来越低，技术越来越成熟，“垂直搜索＋直销网站”将对中介平台构成挑战，中介平台必须思考如何能够为用户提供核心价值。

二、第三方支付的惨痛教训

在互联网金融领域，第三方支付曾经是投资人眼中的香饽饽。但目前竞争者众多的第三方支付领域，许多企业由于缺少核心竞争力，业务规模较小，经营上只能苦苦挣扎[45]。

（一）同质化现象严重，盈利模型单一

目前，第三方支付领域处于“微利”时代，同质化现象较为严重。截至2013年1月，央行发放6批累计223张支付机构牌照，并赋予了第三方支付广泛的业务范围。第三方支付企业能通过银行卡收单等业务形式，由线上支付服务向线下市场渗透，开辟更加广阔的第三方支付市场发展空间。但从现实情况来看，第三方支付企业的竞争，主要集中在网络购物、航空客票、电信缴费、网络游戏等传统电子商务领域。

就盈利来源来看，第三方支付主要还在依靠手续费模式盈利。业内人士表示，在预付卡、银行卡收单和网络支付中，毛利率最高的是预付卡，其次是银行卡收单，最后是互联网、移动电话、固定电话、数字电视等网络支付，而移动支付又是网络支付中毛利率最低的一类。

第三方支付此前免费对消费者提供服务，只从银行或银联收取手续费。1999年时，每笔网上支付，支付公司从中收取的手续费是3%。2003年至2004年，手续费大幅下滑至1.3%~1.6%，随后银行网关手续费继续大幅下滑至5‰左右。2004年以后，如果还在单纯经营银行网关生意，把银行接入提供给商户的话，毛利率将趋近于零。

（二）各企业跑马圈地，竞争白热化

2011年，前两批第三方支付牌照发放后，取得牌照的一些支付企业不断加大市场拓展力度，加速在各细分市场“跑马圈地”。有关人士指出，很多获得牌照的支付企业放手大干，在设备、人员和市场上的投入是空前的，因此导致2011年全行业亏损。

在某些细分市场，第三方支付呈现出白热化的竞争态势[46]，譬如基金销售。2011年10月，证监会颁布新的《基金销售管理办法》，对第三方基金销售平台开闸。此后，易宝支付、汇付数据、通联支付、银联通、支付宝、财付通、快钱等，先后获得基金第三方支付资格。

汇付数据已和博时、易方达等45家基金公司合作，合作机构占全部基金公司数量的64.28%。2011年，其旗下基金支付一站式理财平台“天天盈”用户数号称突破100万。

与“银联通”合作的基金公司已达57家，占全国69家基金公司的83%，支持的基金产品近900种，占所有基金产品的85%。

与通联支付合作的基金公司也有35家。

然而，表面发展迅速难以掩盖亏损的不利局面，大多数第三方支付企业进入基金支付领域都是亏损的。尽管第三方支付企业以亏损为代价扩张业务，但其带来的基金客户交易量依然很小，短期内看不到盈利的希望。

（三）第三方支付市场带来的教训

第三方支付市场的教训是什么？同质化竞争比拼的是谁发展最快，谁能占据最大的市场份额，谁能拉到足够的融资（支持其烧钱占市场）。谁能坚持生存下来并制订市场规则，谁才能最终胜出。与此同时，大量资金、人力等宝贵资源成为殉葬品。

互联网金融企业失败的原因，归根到底是实质性创新不够，创新所获取的禀赋优势不够。

参考文献

[1] 中国网民总数5.38亿手机首成第一大上网终端．腾讯科技，[2012-7-19].

[2] 李峻岭．上市银行理财考察：“全球最赚钱”的工商银行销售41352亿高居榜首，招行拥有私人银行客户16493户．理财周报，[2012-4-9].

[3] 张海云，王聪．中美家庭金融资产选择行为的差异及其原因．浙江金融，2010(4).

[4] 黄淑慧．基金第三方销售拉开战幕日均交易达千万级别．中国证券报，[2012-7-17].

[5] 叶丹．拉卡拉手机刷卡器涉嫌暴利？．南方日报，[2012-6-7].

[6] 周莹．记账网站曲线创收．新财富，[2009-3-16].

[7]eNET硅谷动力．挖财50项首创过半被模仿．新浪科技，[2012-4-1].

[8] 财产性收入．百度百科 [G/OL].

[9] 任国省，冉红 . 家庭收入增长工资贡献近半投资盈利占比极低 . 燕赵都市报，[2012-4-12].

[10] 沈明 . 提高居民财产性收入资本市场大有可为 . 证券日报，[2012-3-16].

[11] 王志平 . 中美居民财产性收入比较及启示 . 上海市经济管理干部学院学报，2010(4).

[12] 文化部，商务部 . 关于加强网络游戏虚拟货币管理工作通知 [EB/OL]. 新浪科技，[2009-6-26].

[13] 李明 . 美财务软件开发商 1.7 亿美元现金收购 Mint.com. 新浪科技，[2009-9-15].

[14] 萧铮浩 . 挡不住网路趋势，会计软体业者 Intuit 购并线上财务网站 Mint.[2009-9-16].http://www.digitimes.com.tw/tw/dt/n/shwnws.asp?id=0000150245_2F815IFH5YOLAP4AGU2ES.

[15]square989.Mint 提供 iPhone 个人理财服务 . 威锋网 [G/OL].[2008-12-27].http://m.weiphone.com/publish/content.php?id=185560.

[16]Mint.com Personal Finance.iTunes AppStore[G/OL].[2012].http://itunes.apple.com/us/app/mint-com-personal-finance/id300238550?mt=8.

[17]SarahPerez.With $20 Billion In Consumer Debt Under Management,Credit Sesame Closes $12 Million Series C.[R/OL].[2012-6-11].http://techcrunch.com/2012/06/11/with-20-billion-in-consumer-debt-under-management-credit-sesame-closes-12-million-series-b/.

[18]qiuyan. 个人理财服务商 Credit Sesame，C 轮融资 1200 万美元 .[2012-6-12].http://tech2ipo.com/53992/.

[19]benimaruzhang. 个人理财移动应用 Pageonce 完成 B 轮融资 1500 万美金 . 雷锋网 [G/OL]，[2011-5-12].

[20] 舒眉 . 第三方理财“跑马圈钱”. 南方周末，[2012-9-12].

[21] 孟建 . 国内最大的第三方理财机构进入天津市场 . 北方网，[2008-9-21].

[22] 殷鹏 . 第三方理财市场发展空间大 . 中国证券报，[2011-8-20].

[23] 贺颖彦 . 第三方理财“江湖”. 环球企业家，[2012-1-13].

[24] 赵明超 . 财富管理机构瞄准大众富裕阶层 . 上海证券报，[2012-11-30].

[25] 林秀敏 . 第三方理财引领理财新趋势 . 中国经济网，[2011-12-17].

[26] 张文绩 . 第三方理财成财富新管家 . 上海金融报，[2007-11-2].

[27] 刘珊琳 . 第三方理财市场健康报告 . 投资有道，[2012-4-10].

[28] 金苹苹 . 中国独立第三方理财：在路上 . 上海证券报，[2011-7-14].

[29] 梁宵 . 第三方理财生死时速 . 中国经营报，[2012-12-1].

[30] 胡中彬 . 第三方理财“冷落”PE 募资 . 经济观察报，[2012-11-10].

[31] 诺亚财富官网在线风险测试 [G/OL].http://www.noahwm.com/NoahProduct/pro_risk.shtml.

[32] 诺亚财富官网理财产品 [G/OL].http://www.noahwm.com/NoahProduct/pro_procolumn.shtml? name=产品评价及筛选 &tab=2.

[33] 陈莳 . 复盘罗伟广：3 年 54 只股票股神只是幻觉 .21 世纪网 [G/OL]，[2012-11-27].

[34] 刘田 . 走下神坛的不止罗伟广 . 第一财经日报，[2012-11-24].

[35] 张志勇 . 未来财富新管家——第三方理财 . 百度文库 [G/OL]，[2008]

[36] 陈岚 . 银行卡业务面临盈利窘境银行大喊将无利可图 . 广州日报，[2011-12-21].

[37] 杨佼 . 银行网银价格战或成厮杀新战场竞相下调收费 . 第一财经日报，[2012–11–30].
[38] 曹敏洁 . 团购业毛利下降急速入冬融资变难将大裁员 . 东方早报，[2011–8–25].
[39] 张辉 . 团购网站融资之殇 . 中国经营报，[2011–10–16].
[40]2010–2012 年中国团购网站融资信息一览表 . 虎嗅网 [G/OL]，[2012–6–11].
[41] 团购网站陷融资困境 . 财经网，[2012–5–24].
[42] 携程：利润增速放缓面临三方面风险 . 第一财经日报，[2012–4–9].
[43]Hitwise 数据称酷讯月访问率超携程去哪儿居首 . 网易科技，[2011–12–13].
[44] 携程笨重之殇：增长神话破灭失团购无线良机 . 腾讯科技，[2012–6–18].
[45] 第三方支付陷同质化竞争窘地行业或将亏损 . 上海商报，[2011–12–28].
[46] 王晶晶 . 基金第三方支付冷场“蛋糕”远没预想的大 . 南方都市报，[2012–5–9].

第 4 章

需要根本改变的范式

互联网金融领域与传统金融领域及其他互联网领域有许多不同。

从传统金融的角度看来看，互联网金融领域更突出互联网在营销、产品、客户服务等方面的创新，投资风险更大，发展版图、核心要素禀赋也与传统金融企业截然不同；与互联网其他领域比较，互联网金融在专业性、监管政策、风险管控、业务流程、客户关系、人力资源等方面有极大的不同。

无论从哪个角度看，要想在互联网金融领域发展，必须从根本上改变原有的基本范式。

开展互联网金融创新，需要定义全新的盈利模型和商业模式。盈利模型和商业模式并不神秘，在本章中我们讨论六种创新途径和创新过程中需要注意的问题。

第一节　走下神坛的盈利模型和商业模式

无论是传统金融企业的互联网创新，还是新兴互联网公司的金融创新，都需要定义一个全新的盈利模型。

一、为什么没有盈利模型

没有盈利模型，对任何公司来说都是危险的。这看上去是一个极其简单的道理，实际上很多企业却并没有足够重视。

（一）以规模为主要目标

规模与效益矛盾吗？

保险业有一句话，没有亏损的业务，只有亏损的定价。客观上，对于任何金融业务，只要定价合理，确保收费（保费、利息、约定收益、担保费等）充足，加强风险控制，就不会发生亏损。

问题在于，许多金融业务是负债业务。销售金融产品时，往往尚未发生成本（保险公司的赔款、银行的呆坏账损失等），成本在收入后发生，因此需要提前进行预估和定价。正常情况下，金融企业不应当定价过低，否则会导致亏损。但是，互联网金融企业却往往采取低价策略，以实现规模目标。这样做的原因有以下几点。

（1）互联网行业的“习惯”与“模式”。互联网企业创业时大多不重视盈利性，而是盲目相信船到桥头自然直，只要有了流量，一些问题都可以解决。优酷兼并土豆后发现，土豆为了追求浏览量，使用了低效率的网销广告而可能导致亏损。

（2）监管压力。监管压力可能导致金融机构采取短期行为，尤其是监管政策比较粗放的情况下，更容易导致金融企业经营行为发生扭曲。例如存贷比考核，会迫使银行在考核期末以较高利息（以及许诺额外利益等）拉存款。

（3）现金流压力。金融企业是负债经营，其销售金融产品（如保险展业、拉存款）时，往往并没有现金流压力（相较而言，传统制造业必须先投入成本，将产品生产出来），为了实现销售收入，往往会采用低价策略，依靠滚动经营维持现金流。然而产品销售出去后，成本逐渐发生，如果不继续维持低价策略，营业收入下降，将可能导致现金流急剧恶化，造成企业经营困难。财险业曾发生个别财险公司以极低的费率和极高的手续费拉业务，以维持现金流，但最后导致企业经营难以维系。为了防止这种情况，金融企业不得不“饮鸩止渴”，继续压低价格销售金融产品（或许诺更高的利率，提高渠道费用，抬高融资成本等），造成恶性循环。

（4）内部核算不完善。金融业务盈利性分析极为复杂，如果企业内部核算制度不健全，信息系统落后，企业无从判断效益如何。在这种情况下，企业往往事后才发现所获取的业务属于亏损业务。譬如银行曾经发生大面积的呆坏账，财险企业曾经发生车贷险的系统风险，寿险产品的利差损*窟窿等。

（5）定价能力不足。如果企业缺乏清晰的核算体系、精算体系，在此基础上建立定价系统和营销系统，则极有可能产生亏损的业务。

（6）产权制度和考核机制不健全。企业财务软约束，对企业规模和效益的考核机制不完善，未能充分体现效益第一的经营理念，导致公司经营导向和销售行为发生扭曲，与盈利目标背道而驰。

（二）盲目跟随

1. 盲目跟随不可能持久

当竞争对手开拓了一个全新的渠道，或者采用了新的营销手段，制订了有竞争力的价格，推动市场份额上升，侵蚀了自身份额后，企业出于保住市场份额的考虑，会采用跟随战略。2012 年 6 月开始实行的利率市场化，部分商业银行就采取

---

* 利差损是指保险资金投资运用收益率低于有效保险合同的平均预定利率而造成的亏损，主要产生于寿险公司经营中的资金运用领域，特别是在我国寿险业投资渠道狭窄，寿险预定利率单一与银行存款利率挂钩的情况下更是如此。利差损的产生给保险业的发展带来了严重的潜在危机，如果不能采取有效措施解决利差损，不但直接威胁到保险业的稳定发展，而且有可能对国家的金融体系造成巨大影响。

了这个策略。

由于已经有了比较成熟的模式，而且某些模式刚开始还获得了极为丰厚的利润，如果企业采取对已有模式进行模仿的策略，可以减少试错成本，避免走弯路，节省时间成本，因此跟随策略有时候会有很好的效果。

在中国互联网行业发展早期，只需要简单照搬美国的成功模式，便可在国内立足，网易、搜狐、开心网、人人网等在早期发展中都是如此。但事实已经证明，这种盲目跟随不可能持久，经过初期阶段的模仿之后，企业应当重新审视其盈利模型，并对其进行创新改造。

2. 快速反应需要考虑的问题

对于市场化程度不足的传统金融业来说，当面临市场开放或互联网竞争时，绝大多数情况下，简单地跟随，譬如价格战，只是一个临时的市场策略，反映出传统金融企业对市场竞争缺乏准备。诚然，快速反应非常必要，但企业仍然需要考虑以下问题。

（1）消费者价格弹性。对于不同的金融企业，价格战带来的效果不同。存量市场份额较小的企业，价格战能够带来营业收入和客户的快速增长，但对大企业来说则未必，相反很可能得不偿失。类似地，对于存量客户定位不同的企业，结果也大相径庭。

（2）差异化价格策略。在许多情形下，价格战不可避免，但其策略值得研究。总体上看，价格战主要是一种低价策略，但在具体操作中，由于风险和客户价值的差异，如果简单采取一刀切的低价策略，将对企业带来灾难性的后果，导致利润急剧下滑，优质客户大量流失。即便采取价格战，大多数时候，企业也往往采用差异化定价，或者配合其他营销策略和风险控制策略同时实施。当竞争对手发起价格战时，如何理智地响应至关重要。因此，跟随策略不是简单地模仿，而是要在模仿中超越。

（3）资源禀赋优势。任何一家企业，都有自己的资源禀赋结构，这种结构客观上决定了每个企业的成本结构、盈利模型和竞争策略。简单模仿竞争对手的陷阱在于，竞争对手可以盈利或者获得其他好处，你可以吗？

3. 互联网金融企业要尽早建立盈利模型

随着国内市场机制、资本市场的逐渐成熟，互联网金融企业越来越需要尽早建立盈利模型，而且这种盈利模型应当基于：本质性创新；完善的内部核算制度；信息系统；业务创新。这种盈利模型应能够发挥企业禀赋优势，具有核心竞争力。

盈利模型复杂吗？不一定。许多盈利模型本身并不复杂，复杂的只是其转化为业务流程、规则、成本控制等各个细节。一个好的盈利模型，应当是概念简单清晰，能够通过杰出的“商业直觉”判断好坏。同时，企业通过管理精益求精，强化该模型在实施中的优势。

由于互联网领域具有快速复制特点，许多领域早期依赖创新、效率，后期则更依赖于管理。如京东早期做3C电子商务，是当时的渠道创新者，通过做大规模在市场上立足，确定了与各大制造商合作的优势地位。做大以后，则着力于发展物流，降低成本，完善其内部流程，强化其竞争优势。

盈利模型创新重要吗？某财险公司较早发展电销业务的时候，监管环境较为宽松，单个客户信息的获取成本不超过0.1元，签单率也较高。随着整个行业迅速普及电销业务，不仅客户信息获取成本增长超过10倍，而且呼出业务也受到监管政策、消费环境等各方面的限制，甚至出现因群发短信违规被监管部门约谈的情况。电销增长面临掣肘，对于后进入的中小企业尤为困难。

模仿不足以让企业获得竞争优势，创新是至关重要的。如果说行业中的巨头可以发挥其自身资源优势，利用简单模仿后发制人，那么对于中小企业来说，创新就是其核心生命力，没有创新就无法生存。

盈利模型创新不仅仅只是一个想法，必须得以实施，以使其更为清晰，结果更为明确，并得到市场验证。随着这类盈利模型被竞争对手了解和复制，企业一方面必须持续创新，另一方面还应当通过资本运营、完善管理、占领市场、做大规模、降低边际成本等方式强化创新绩效。

二、盈利模型是什么

盈利模型是什么？盈利模型就是能够获得利润的商业模式。

（一）有些盈利模型只是稍纵即逝的商机

人人都知道的商业模型，很难说是一个成功的盈利模型。整个社会的资源都会流向拥有超额利润率的部门（行业或领域），直到该部门的超额利润率变为零（该部门的利润率等于社会平均利润率）。电销已经如此，网销更是如此。

观察互联网企业不同领域的变迁，就会发现，盈利模型往往只是一些稍纵即逝的商业机会。

早期网络游戏企业通过网页游戏曾经大获其利，盛大仅仅拿到了韩国网游传奇的代理权便获得成功；九城依靠单一游戏代理权就实现上市；最早网吧给网游做推广都是免费的，2005 年《魔兽世界》发行，网吧网管们甚至还用黑市价购买公测号。2005 年之前，ISP(因特网服务提供商)曾经通过被广为诟病的收费短信模式，实现了爆发式增长。早期网络营销企业利用低廉的用户信息，低廉的垃圾邮件发送成本和较高的收件率、点击率，赚得钵满盘满。但这一美好时代已经成为过去。

此后网游竞争愈演愈烈，开始与网吧进行利润分成、销售点卡提成，再后来，网游运营商需要帮网吧做融资，一些网络游戏商不得不花大力气开发具有自主知识产权的产品。收费短信模式及其相关产业几乎完全湮灭，电子商务的网络营销成本已经一涨再涨，搜索引擎竞价排名的价格更是涨幅惊人。某些互联网领域（如电子商务）的单一客户获取成本高达近 50 元。一个淘宝店起步成本（包括建立供应商系统、网店建设、推广等）动辄 10 万元。

在纳斯达克上市的中国网络概念股，由于没有新的增长点，增长已经越来越慢，甚至开始倒退。携程曾被纳入纳斯达克 100 指数，风光无限，但现在已经不再被看好，其股价 2010 年到 2012 年两年走势呈现连续下跌趋势。其实携程仍然是一个优秀的互联网公司，只不过难以继续实现高速增长，这是因为它已经成熟，缺乏新的增长空间。与之类似，百度股价 2011 年到 2012 年也呈现下跌趋势。

（二）成熟的模型一定面临同质化竞争

一个过于成熟的模式，一个缺乏成长性的模式，一个人人都可以讲出故事的模式，甚至是被媒体报道过的模式，一定面临着巨大的挑战。

是什么造成这种情形呢？同质化竞争！

一个好的模式，必然被大家竞相模仿。不幸的是，有的模仿者比被模仿者具有更多的资源优势，如成为众矢之的的腾讯。那么最后竞争的不是盈利模型，而是同一模型下不同企业拥有的资源。为了防止树大招风被模仿，许多创业者开始奉行“闷声发大财”的理念，不到万不得已尽量低调做事。

互联网只有第一，没有第二，这更多的是指速度，指创新性、先进性，而非规模。在互联网时代，规模第一但无创新，也逃不脱衰败的命运，如 AOL（美国在线服务公司）、雅虎。反之，同为新闻门户的新浪，之所以能持续保持增长并被投资者认可，是因为其微博创新产生了新的价值。

（三）创新的价值在于预期的盈利

创新的终点是盈利，为创新而创新是没有生命力的，创新的价值在于预期的盈利。任何互联网金融领域的创新者，都必须回答这个问题：你靠什么盈利？无论是创业家，还是一个传统金融企业的互联网事业部，都需要向投资者、股东回答这个问题。你不能仅靠在商业计划书上天马行空一番，就能忽悠一大笔投资，混过董事会的年度考核。或者在公司的战略规划中，将互联网事业单元提升到鹤立鸡群的位置，大手笔投入资源就可以了。

没有盈利模型可以吗？不行！

很多人都觉得 Facebook 一开始好像并没有盈利模型。不，它其实有的，即便 Facebook 创办人扎克伯格自己并不如此称呼它。

那个时候，对于以广告收入为主的门户类网站，浏览量、访问量就是一种盈利模型。Facebook 是社交门户，创造的是社交访问量，风险投资家们就是这么认识的，否则扎克伯格不大可能赢得第一笔、第二笔风险投资。

2008 年底，Facebook 用户每月在网页上平均停留的时间仅仅接近谷歌[1]，半年之后，也就是 2009 年 6 月，就已经达到谷歌的两倍，为 4 小时 39 分钟[2]。注意，这里说的是网页。今天呢？ Facebook 手机用户每月接入时间长达 441 分钟，这相当于 7 个多小时，比其网页停留时间 391 分钟还长[3]。投资者相信，有着巨大浏览量和强大用户粘性的社交门户，盈利模型将水到渠成。

新浪微博作为亚社交门户和电商入口，具有类似的特点。门户网站（新闻、社交）浏览量、访问量、点击率，就是盈利模型的核心要素。淘宝占新浪微博输出流量 2.8%，天猫商城占 0.9%，京东商城占 0.5%。而在淘宝网的输入流量中，来自新浪微博的流量约占 2.5%，高于美丽说和蘑菇街等垂直的社会化电商媒体。

和 Facebook 不同，互联网金融领域的绝大多数企业，除了和讯、雪球这样的门户外，很难成为金融供应链上游的门户。如果是非门户企业，它必须依靠金融行业的核心资源融入金融业核心业务，创造金融行业的核心价值。

三、建立盈利模型的方法

如何创新互联网金融的盈利模型呢？

是不是也和 Facebook 一样，由一帮宅在宿舍里的天才小子创造出来的呢？很难！

我们相信，伟大的创新难以在创新工场这样的地方产生，因为伟大的创新绝非程式化、工厂化批量运作所能产生的；我们同时又认为，由于金融业自身的专业性特点，在绝大多数领域，需要更具有专业经验的人士才能承担实施创新的工作。

（一）互联网金融的创新模型

我们审视一下金融业。

今天的金融行业，按照传统的分类方法，可以分为银行、证券、保险、信托、基金、理财投资等。或者再细一些，证券业，有券商、基金公司、理财公司；保险业，有寿险、财产险；银行业，有国有银行、股份制银行、城市商业银行、农村信用社、小额贷款公司等，这是按照经营领域划分。

还有一种划分方法，是按照供应链、产业链划分。以保险业为例，包括渠道、直接保险公司和再保险公司。其中渠道包括经纪公司、代理公司等专业中介、其他兼业中介、保险业务员、个人代理等。这里面哪些领域能够从互联网应用中获得最大的增长，有最大的盈利潜力呢？可以产生哪些盈利模型呢？

按照 IBM 商业研究所和哈佛商学院克利斯坦森教授 (Christensen) 的观点，商业模式创新可以包含四种方法[4]。他认为，商业模式就是一个企业的基本经营方法，它包含四个部分：用户价值定义，利润公式，产业定位，核心资源和流程。

用户价值的定义是为目标用户群提供的价值，其具体表现是给用户提供的产品、服务及销售渠道等价值要素的某种组合。利润公式包括收入来源，成本结构，利润额度等。产业定位是企业在产业链中的位置和角色。核心流程包括企业的生产和管理流程，核心资源则是企业所需的各类有形和无形资源。

商业模式创新就是对企业以上的基本经营方法进行变革。一般而言，有四种方法：改变收入模式，改变企业模式，改变产业模式，改变技术模式。

（二）传统企业创新和创业家创新

从互联网金融的创新主体看，主要分为传统企业创新和创业家创新。

首先是传统企业创新。传统企业本身已经拥有一定的资源禀赋，因此在创新中往往利用原有的资源。其创新包括以下几种。

（1）产业链扩展。利用互联网实现与上下游更密切的联系，如通过 B2B 方式与渠道和合作伙伴整合。

（2）新渠道变革。将互联网当做营销渠道，补充和替代原有渠道，或者直接开发适合网络销售的直销产品，如人保财险的车险网销产品、意外险网销产品等。

（3）专业保险代理或经纪公司建立网销平台，如大童网。

目前，传统金融企业的互联网创新主要集中于网络营销，不过在现有蛋糕无法迅速做大的情况下，这种方式必然是对原有渠道的全方位竞争，具有极强的替代性。这种情形在电销渠道兴起时也曾发生过，比如车险电销产品以“多省 15%”作为营销亮点。

传统企业发展网销渠道并开展价格战，将可能导致原有渠道中价格敏感型客户转换渠道。在全行业转向渠道成本更为低廉（在其上升之前）的网络营销时，发展网销渠道实际上可能只是一种被动策略，因为如果自身不做，价格敏感型客户可能会转移到竞争对手那里去。作为行业的后进入者，通常会采取进取型竞争策略。

其次是创业家创业。2005 年微软上海的林振没有保险从业经验，只是从朋友和自身体会中触发灵感，创建了车盟这一互联网中介模式，专门开展电话中介营销。业内较为知名的方案商易保，曾大力探索保险 C2C 平台，后来转型为方案提供商。

来自行业外的力量往往能独辟蹊径，找到行业内人士不易发现或没有意愿拓展的空间。事实上，支付宝最开始就完全是淘宝为了满足其自身发展需要创建起来的，却对传统网银造成了挑战。

四、创新盈利模型和商业模式的方法

盈利模型和商业模式二者不尽相同，前者解决如何赚钱的问题，后者解决做什么和怎么做的问题。创新盈利模型和商业模式，可以考虑如下 6 种途径。

（一）供应链创新

当企业在行业内具有较强的市场地位时，可以利用原有渠道、客户和其他资源，向上下游拓展业务范围。比较典型的供应链创新有电子商务平台做物流，物流做电子商务，生产商做电子商务。

1. 快递企业进军电子商务

首先是快递企业进军电子商务[5]。中国连锁经营协会发布的《2010–2011 年度中国连锁零售企业经营状况分析报告》显示：2010 年，便利店样本店铺的房租成本占总成本的 32.8%，人员工资占 47.9%，水电占 9.2%，设备折旧占 0.8%，其他 9.4%。样本店铺的平均营业面积为 131 平米，店铺的商品毛利率平均为 19.5%。

申通电子商务平台爱买网超于 2012 年正式上线，第一步先做浙江省市场，首先以区域优势取胜。爱买网超以食品和日化为主，百货和小家电为辅，定位和模式类似 1 号店。食品和日化毛利比较低，流转速度快，电子商务物流配送费用占比较大，因此快递企业拓展电子商务业务具有核心优势。申通通过整合降低物流成本，提高服务质量，如配送速度，逐步向电商进军。为了降低配送成本，爱买网超计划在大型社区建立自提点，自提点支持货到付款，由自提点代收货款。

顺丰电子商务平台“顺丰优选”于2012年上线，其定位于中高端食品B2C，拥有母婴食品、营养保健品、粮油副食、酒水饮料、冲调茶饮、休闲零食、饼干点心、生鲜日配及美食用品等九大品类，SKU总数超过5000个，目前只针对北京市场[6]。

顺丰速运还有一个尝试，就是进军便利店。其于2011年底在深圳开设了20家便利店，最终目标是在全国开设1000家。便利店连锁业务较为专业，与快递业务有本质的区别。从事商品零售，不仅仅是简单的配送便利以及周边客群统计，便利店更大程度上要依靠商家精通商品经营、商品采购以及规模经营等更多零售行业的专业知识，而这正是快递企业的短板。

顺丰曾与7–11深圳直营店等第三方便利店展开合作，提供代办服务，其开店的目的在于支持主营寄送业务，零售并不是重点。从另一个角度看，由于其便利店大多由存取快件的中转站演化而来，因此可以视为发展终端收件点，增加销售功能，以增加利润来源，平摊经营成本[7]。

致力于全产业链、供应链创新的中粮集团开发了我买网。其最终效果如何，业内颇有疑问。这里的关键是，供应链创新获得的优势，如成本减少、体验提升、质量控制、效率提高、产品与服务创新、嫁接优势（如京东作为互联网企业的信息技术优势）等，能否充分弥补在另一个领域原本不够专业的劣势[8]？

2. 金融企业开展供应链创新

在金融业中，保险业拥有广泛的供应商体系，因此部分保险企业通过进军相关供应商所在领域，如养老产业、诊所以及电子商务等，企图进入上游行业。据称，平安收购1号店是出于“三网合一”(医网、药网、信息网)的考虑，以整合电子化的健康管理解决方案，构建健康产业链。同时，平安积极筹建平安药网和平安医网，进军药物供应链和健康管理业务链。由于互联网提供了整合上游行业的机遇，金融企业完全可能通过对供应商所在行业进行分析，拓展自身具备较强优势的领域[9]。

不过总体而言，金融企业开展供应链创新的案例还不多。比较合理的解释是，金融企业存在严格的管制，因此要获取另一个领域的牌照，是件非常困难的事情。此外，在金融业市场化进程中，传统金融企业自身正面着临前所未有的市场竞争，难以腾出精力拓展上下游领域。

3. 互联网金融企业的供应链创新

在互联网金融领域，基于供应链的创新，主要体现在以下三个方面。

（1）互联网营销行业向上游的拓展。例如，从事金融产品销售或资产委托业务的互联网企业，通过积聚客户资源，掌握客户需求，进入产品设计开发环节，组织协调上游金融机构为客户量身定制产品。

（2）第三方支付和移动支付公司本身是技术公司，但在积累了大量金融消费数据后，向金融产品销售领域拓展。

（3）个人财务管理软件公司（如类似 Mint 的在线理财网站），提供金融产品比价功能，进军金融产品代理销售等。

（二）创新满足需求的形式及产品创新

1. 颠覆式创新和增量创新

典型的产品创新在高科技企业常常见到，如苹果的 iPhone、iPad 系列，谷歌的智能穿戴设备——谷歌眼镜（Google Glass）。安卓 4.1 操作系统的核心功能 Google Now，是一款能主动为用户推送有价值信息的创新服务[10]。如果说 Google Now 只是将信息推送到手持设备的话，谷歌眼镜则更具有颠覆性，可以做到直接将信息推送到用户眼前！

革命性的产品创新是一种颠覆式创新。苹果的创新产品 iPhone，就是一种颠覆式创新。iPhone 最初采用的硬件是第一次大规模应用，存在巨大的市场风险，甚至在业内颇多争议。正因为如此，苹果公司能够控制上游供应商，形成后入者门槛。产品取得巨大成功后，在相当长的一段时间内，苹果公司保持了超额利润，也引发了手机行业的重大革命。

传统企业往往进行的是增量创新而非颠覆式创新，当然这样能保证传统企业在产业发生巨大变革时保持竞争优势，但同时也可能产生克利斯坦森教授提出的“成功是失败之母”的问题：成功的企业往往难以有效开展颠覆性创新[11]，新兴企业则必然会努力开展颠覆性创新，以改变竞争规则，突破禀赋限制，获得竞争优势。

我们来看互联网企业选择网销产品的原则。酒类电子商务、时尚品电子商务等垂直电子商务网站，选择产品品类的原则是高单价、高毛利、高重复购买的产品，品牌性不强，渠道依赖程度大[12]。尽管这一原则不可能放之四海而皆准（此类电子商务均为实物类，物流费用较高），但对金融产品创新仍有借鉴意义。

在克利斯坦森教授的理论中，改变收入模式的方式之一也是产品创新。《21 世纪经济报道》的盈利模型创新非常有意思[13]，通过开展市场活动和俱乐部会员活动获得收入，成为该报的主要收入和利润来源。这家报纸通过创新盈利模型，摆脱了传统报业对发行、广告的过分依赖，拓宽了盈利渠道。

2. 金融产品创新应考虑的因素

综合而论，金融产品创新应考虑如下因素：易标准化、渠道成本较高、购买率较高、利润较为丰厚、可发挥商业智能优势、存在规模经济（产品经济）、重组要素及流程能够创造价值、消费者缺乏选择、现有产品存在缺失。例如小额贷款产品或 P2P 小贷平台。

以创造缺失产品为例，将现有金融机构提供的免费服务（譬如投资咨询），转变为一种有价值的收费服务，就是一个创新的思路。对于消费者而言，一个事实是，免费的产品或服务，其实是低价值甚至是负价值的，因为它需要其他方式来买单，免费的很可能是最昂贵的。如果消费者需要，且这些产品或服务能够真正为消费者创造价值，消费者就会愿意为之付费。

当然，另一个相反的思路，是将收费服务免费化，转移价值创造环节。这一手段互联网企业已经广泛使用，如 360 免费杀毒软件，就是对消费者免费，但对流量导入方收费。不计其数的移动应用软件使用免费，但里面会插播广告。以前玩网游收费，现在则改为玩游戏免费，但获得装备要付费。

事实上，金融机构免费提供投资咨询，就是为了带动产品销售。为了弥补咨询成本，这种咨询活动带有强烈的产品导向性，失去了客观性，因而容易丧失客户的信任。客户愿意为了更加客观中立和专业化的咨询服务付费吗？还是宁愿贪小便宜，听从免费咨询购买了某个并不适合自己的理财产品？

无论对于信贷产品还是保险产品，线下产品在提供贷款和保险的时效性上，可能无法满足客户需求，这些都可以考虑通过互联网产品取代。如为了满足客户基于地理位置和事件的风险管理需求，可以通过获得用户位置信息，在用户出国登机或从事危险活动前，如进入某自然景区、登上缆车之前，向客户提供基于移动互联网的超短期意外险、健康险产品。

面对客户需求，原有产品和服务之所以无法满足，很多时候也许是因为原有产品的形式不符合需要，在形式上进行创新，就可以推出新的满足客户需求的产品。譬如越来越多的理财服务商，都将过去复杂的投资行为（如 P2P 信贷）包装为所谓的“产品”。由于这些产品便于客户理解，从而促进了销售（其风险可能同时被淡化了)。

对产品和服务进行重新定位，也是一种创新。重新定位有两种方式：一种是进入现有价值链，依靠成为现有价值链中的一个专业环节而分一杯羹；另一种是重新定义和创新价值链，成为现有价值链的竞争者。商务便捷酒店就是后者的典型代表。进行投资产品的创新，可以参照这种模式，比如研究金融消费者对收益、风险、期限结构等的偏好，设计符合需求的产品。

3. 创新的更高境界是创造需求

相对于面向需求供应产品的创新模式，更高的创新境界是创造需求。在金融领域，这种可能性非常之高，原因在于消费者缺乏金融专业知识，难以提出有效的需求。

对于许多产品开发人员来说，往往对消费者提出的一些缺乏可行性而无法实现的需求置之不理，如要求提供风险小而收益高的投资产品。但实际情况并非如此。消费者并非不明白收益和风险的矛盾，需求分析人员应当细分目标客户群，区分消费者合理的、可行的具体诉求（如风险厌恶程度、风险容忍程度和对收益率的最低期望等），了解市面上已有的产品，结合资本市场形势，开发出既能满足客户需求，同时又具有市场竞争力的产品。

产品开发、营销的过程，往往需要与消费者教育紧密结合起来，这也是金融产品销售的一大特色。

（三）渠道创新

1. 金融机构开发手机或其他移动终端

未来金融机构有没有可能开发手机或其他移动终端？会不会有人觉得这样做有些匪夷所思？回顾中国资本市场发展初期，市面上曾经大量出现股票接收卡、股价BB机，这就不令人奇怪了。下面我们详细进行讨论。

对于财产保险业数十万理赔查勘定损人员来说，手机已经越来越成为其必需的业务工具。以人保财险为代表的多家财险企业，都开发了基于手机的查勘定损系统，以实现与平台、客户、修理店、业务员等多个环节之间的信息互通。

随着手机功能日益强大，保险公司后台流程系统日益完善，查勘人员可以用手机取代传统的数码相机进行查勘拍照，可以远程登陆获取定损信息，查询理赔进度，进行查勘调度，联系修理厂家，实现售后服务评价等。这类手机对功能有特殊要求，如：为方便夜间拍照，需要辅助灯光；为支持大量操作，需要续航能力较强；需要实用的操作界面、便利的应用软件、较快的网络速度，等等。

这类经验可以在营销渠道上借鉴。众所周知，诸多互联网企业如百度、腾讯，它们之所开发手机，是因为希望控制终端，控制移动互联网的入口。对于金融机构来说，同样需要进一步加强对终端的控制。

一些寿险（健康险）公司曾经开发定制手机赠送给客户，这类手机定制了个人健康管理功能，包括脉搏测试等。将脉搏、血压、计步器等集成在手机上，可以帮助客户进行健康管理。此类手机开发规模约在 10 万台以上，成本并不高。

那么财富管理呢？专业能力比较强、客均价值较高的中高端客户，或许拥有通用性较高的品牌终端硬件（如苹果手机、三星智能手机、HTC 智能手机）。在这种情况下，如何提高客户关系管理水平呢？

2. 金融机构应立足于提供好的应用

对于金融机构来说，首先应立足于提供好的应用。2012 年，移动电子商务的交易量，已经达到了支付宝整体交易量的 10% 以上。基于对移动支付的理解，招商银行深刻理解到移动支付对于零售业务的重要性，已经在下大功夫开发移动支付应用。从某种角度来看，移动支付就是金融消费的最前端——通过移动支付应用，金融机构可以进一步获得客户的消费信息，进一步加深理解客户的金融消费需求，从而拓展业务空间。

移动支付有哪些形式呢？首先要考虑如何消除消费者顾虑，指纹支付加密码可能是一个很好的办法，或者至少可以是一个过渡性安排。完善的法律体系 + 信用体系 + 安全技术（密码、指纹、硬件如插在耳机孔的外设）+ 失窃保险，或许能对移动支付起到促进作用。

移动支付是起点，下一站是什么？

消费者是否经常去医院，是否需要大病紧急贷款？消费者是否经常去学校，是否需要教育贷款？消费者大额消费的特征是什么，是否需要大额消费贷款？消费者是否经常去建材市场，是否正在装修，是否需要装修贷款？

在互联网金融领域中，除了移动支付外，几乎所有金融服务都与移动终端密切关联。什么时候消费者能够随时从手机上看到自己的财富价值及其结构呢？

还有一个重要的领域是风险管理。如果能够及时捕捉客户生活中每一个角落和时点的风险，并提供合理的解决方案，将能够满足人们急迫的风险管理需求。如果这些售前服务能够有效吸引客户，保险销售将水到渠成。

（四）流程再造

互联网技术将推动金融行业的流程再造。这种流程再造会产生无数的衍生结果：成本降低，效率提升，效益增长，客服满意度增加，从而帮助企业获得竞争优势。

以金融营销为例。通过基于互联网技术的销售系统，在销售环节，可以帮助客户节省时间，更有效地寻找到符合需要的产品，提高决策效率。达成交易意愿后，能够帮助客户迅速完成交易。交易完成后，可以协助客户经理进行持续营销，提升客户满意度，深入挖掘客户价值，进一步减少业务的边际成本，提高边际效率。所有这些提升，将帮助一家传统企业或一家新兴企业迅速战胜竞争对手。

我们不妨比较一下，看客户如何选择。

模式A。

客户走进营业厅，提出投资意愿。客户经理针对客户要求，为其推荐金融产品。如果没有满足其需要的产品，客户将择日再访。达成意愿后，按照监管要求填写风险测试问卷，履行产品购买手续。产品到期后，客户经理将对客户进行持续性营销，向其推荐新发行的金融产品。

模式B。

作为企业网站用户或移动应用的用户，客户在第一时间收到提醒短信，触发点包括工资或其他收入入账时间，已有产品到期时间等。面向该类客户群开发的金融产品推出时间由于企业拥有客户以往交易记录、投资意愿或风险测评记录，对客户的金融消费行为有一定了解，此时可以主动为客户提供量身定制的投资方案，同时企业的座席将电话跟踪进行销售。

一旦达成意愿，除非必需，客户可以在电话、网站或软件指引下，自助完成购买过程。在这个过程中，信息技术将帮助完善人机交互界面，提高组合购买的便捷性。如整合不同金融机构、不同产品所需客户信息的输入；尽量在一个界面下完成多步操作等。

购买结束后，客户将持续收到产品情况通报、客户关怀短信。在产品到期之前，将提前收到持续性营销信息。

通过对网站和软件进行改进，将可能提高营销效率20%以上。这是个什么概念呢？目前许多投资产品的营销费用，都大于投资金额的1%。而许多主动型股票基金的投资管理人，收取的管理费不过1.2%~1.5%，货币型基金管理费率均为0.33%。从数字对比中可以看出，营销效率的高低，很可能直接决定开展理财的金融机构的盈亏。

（五）综合再造

金融领域的一个特殊性，就是有比较强的管制。金融集团因为拥有全业务牌照，能够整合内部资源，提供其他企业无法提供的产品与服务；金融集团还可以优化营销、管理、服务流程，提升营销效率、客户价值挖掘能力、成本控制能力和风险控制能力。

以某金融集团为例，通过整合旗下保险公司、银行及网络投融资平台，推出信用贷款保证保险产品和基于P2P的借贷投资产品，为希望获得超过管制利率收益的客户以及难以满足传统银行贷款条件的客户提供机会，从而拓展出一片蓝海。该业务从房屋装修、学习进修、旅游、购买设备、购房买车、现金周转等小额贷款需求（不超过50万元）入手，风险小而利润高。其他缺乏金融集团全牌照支持的中小银行要想拓展该领域，往往只能通过收取“费用”而非利息的形式打擦边球，一旦被监管机构发现，就会被叫停。

某金融集团通过成本核算，计算出单个个人客户的寿险价值、非寿险（包括车险、责任险、意外险等）价值、银行客户价值、证券客户价值等，通过综合营销（包括交叉销售、服务共享、资源共享等），就可以降低边际成本。面对某位客户，金融集团如果要向他推销车险，可以通过综合营销摊薄成本。而缺乏全业务牌照的竞争对手，由于缺乏全业务链支持，只能推销单类产品，难以摊薄边际成本，在竞争中就可能失去这位客户，或者冒着亏损的危险低价拉客。对于同样一位客户，金融集团可以开展业务并盈利，而其竞争对手却可能亏本，因此金融集团能够获得竞争优势，市场份额持续上升。

当然，产品、流程和渠道再造，绝非一个简单的决策这么简单，极其依赖企业内部的管理和信息系统，背后需要巨大的战略性投入和长期努力，另外还需要很强的内部协调能力。

（六）新技术应用

许多关键性的新技术突破，与前述商业创新相结合，就能通过互联网改变传统业务，或者创造新的商业模式。例如，指纹认证的生物识别技术的突破，尤其是相关硬件成本的降低，将极大地促进指纹支付的推广。

不过，以技术为导向的创新，必须结合用户需求和体验来进行，也必须服从商业规律。技术背景的管理者，往往受到技术倾向的影响，可能做出商业上并不正确的抉择。例如拥有太阳能博士头衔的无锡尚德董事长兼CEO施正荣，由于自身技术背景为薄膜电池，因此未能及时调整战略，转向多晶硅电池，导致诸多重大战略失误，最终导致无锡尚德破产[14]。

Fitbit是一款包含三维动态的感应器，可以记录人体运动睡眠数据。如果Fitbit能够追踪你的运动和睡眠规律，那么基于其信息可以改进健康险业务。同样，未来基因技术的发展，也将极大改变人身险对风险的定义和计量方法。

盈利模型和商业模式的创新，在短期内是难以被模仿和超越的。

尽管创新的盈利模型担心被模仿，但为了发展业务，往往不得不对外宣传业务。因此宣传什么、保密什么，成为精心选择的结果。某些企业一面对外大谈特谈占其业务比例微乎其微的门面业务，一面对其疯狂增长的核心业务三缄其口，就是一种精明的策略。尽管如此，无论隐藏得多么巧妙，也无法瞒过内行犀利的观察。业务规模扩大必然会使客户数目增长，如果竞争对手以客户的身份来刺探情报，则商业模式将无从遁形。因此商业模式被模仿是难以避免的。关键是，即使对手获得了整个盈利模型或商业模式，却无法模仿或难以模仿，这才是创新的可贵之处。

大如支付宝，小如随手记，尽管我们无法获知其细节，但大体的模式是公开的，谁能模仿？对于支付宝，模仿者众多，却模仿不了它所依托的核心平台——淘宝；对于随手记，模仿者难以模仿其长期积累的实力，如开发能力、财务经验、与银行的合作关系等。国内个人记账软件有数百家，有的很有特色，如挖财、财族、财客（后并入淘宝）等，但在人机界面上做一些改进，那只是小技巧而已，难以获得核心竞争优势。

在商业模式的创新中，要防止走入误区。主要误区包括以下几个方面。

（1）将单纯的技术创新等同于商业模式创新。

（2）将商业模式创新等同于企业战略。

（3）忽视产品创新，或高估产品创新的价值。

（4）忽视综合竞争能力，迷信局部创新的威力。

（5）忽略构建可持续竞争优势，无法提高竞争门槛。

（6）为创新而创新，无法为用户和自身真正创造价值[15]。

需要指出的是，尽管创新需要方法论，尽管早期的互联网和金融创新都是从简单的模仿开始，但是创新并没有现成的模板，没有灵丹妙药。尤其是随着资本的涌入，随着传统金融业巨头的加入，创新的成本在提高，对创新的要求也在提高。特别需要提醒的是，创新除了重视重大突破之外，也需要重视隐藏在细节中的魔鬼。

第二节　看不见浪花的投资

传统金融企业如果想投资互联网企业，停当借鉴其他传统产业如家电连锁行业、服装行业投资互联网的案例。在传统金融企业专注于自主实施互联网战略，建设互联网网站，拓展互联网业务的过程中，充满了陷阱。

一、不能承受之重

（一）营销成本高

传统金融业尤其是银行财大气粗，广告、营销、推广及宣传费用开支很大。互联网企业的资金实力远远逊于传统金融企业，互联网企业的营销主要集中在网络。随着互联网金融领域的价值被认识，资金大量涌入，为营销竞争提供了弹药，也抬高了营销成本。

缺乏精准核算能力的传统企业，或刚获得大笔风险投资的创业企业，很可能会不计成本地打广告战、营销战、价格战，这增加了盈利的困难。

目前互联网广告的价格高到什么程度呢？2011年新浪首页要闻区左侧三轮播按钮，价格为15万元/轮·天。也就是说，如果想保证广告始终出现在新浪首页要闻区左侧的那个小方块里，一个月的成本是1350万元，一年的成本则是1.6亿元[16]！随着进入互联网的企业越来越多，网络广告价格仍在高速上涨。

营销成本升高还体现在营销绩效下滑。同样的广告投入，带来的有效客户数量在下降，这是由于互联网媒体增多，广告效果下降造成的。

大家电的电子商务价格战，在很长的一段时期越演越烈。2012年8月14日，京东CEO刘强东两条微博掀起电商争霸导火索，其后包括苏宁、国美等多家电商高层在微博中回应刘强东，一时间电商行业硝烟弥漫，新一轮电商大战拉开序幕。随着当当、易迅等企业的加入，演变为整个电商行业的混战。

从京东和苏宁的竞争形势来看，根据媒体测算[17]，2012年8月，京东有约87亿元流动资金，苏宁有117亿元，但大家电仅占京东商品的不到15%，却占苏宁电器的60%。如果双方在大家电领域打价格战，苏宁在未获得额外融资的情况下，很可能挺不过2012年。

按照京东2012年完成70亿元，2013年完成300亿元大家电的销售目标，且

1/3 的成本由京东出资、零毛利的计划，以及 10% 的返点，京东 2012 年大家电的销售成本为 16 亿元，2013 年大家电的销售成本为 70 亿元。

以苏宁一年 1000 亿元的销售规模，其中 60% 为大家电计算，苏宁 2012 年在大家电的销售成本为 140 亿元，不够支撑到年底。

因为信奉电子商务领域只有第一，没有第二，赢家通吃，输家血本无归，VC（风险投资）/PE(私募股权投资）只能硬着头皮支撑下去。

（二）人力成本高

互联网行业一直是招聘需求最旺盛的行业，薪酬也处于较高的水平。一些发展较快，人才需求强烈，工作标准要求较高的企业，薪酬水平更高。目前，互联网行业普通产品经理的薪酬，普遍达到 15 万元以上。阿里集团曾以 50 万元年薪招聘软件开发人员。除了薪酬，企业还通过期权等方法，加大对员工的吸引力。如果再加上其他相关成本，人力资源成本是非常惊人的。

谷歌为了吸引员工，向员工家属提供各种名目的保障，甚至当员工去世后，家属仍能领取工资；腾讯“安居计划”为员工提供总额为 10 亿元，单笔可达 30 万元的无息贷款；阿里巴巴更推出 30 亿元的“iHome”置业贷款计划，并投入 5 亿元成立教育基金，解决员工子女学前和小学教育问题；为应对竞争，搜狐、腾讯、新浪、网易等公司更是频繁加薪[18]。移动互联网更是一人难求，20 万元年薪加期权都难以招到有三四年工作经验的工程师[19]。为了吸引高端人才，企业不得不变着花样激励员工。百度曾拿出 300 万美元重赏 3 支基层技术团队，每位获奖员工平均获得奖励 68 万元。

在传统行业经营者看来，人力资本投入和固定资产投资不同，如果企业最终经营失败，或者员工跳槽，则所有的人力投资都如泥牛入海，不见踪影了。作为金融业，“虚拟经济”具有很大的不确定性，利润波动大。表面上看，金融企业营业收入动不动就是数十亿百亿（大银行更是上千上万亿），另一方面，企业利润率却极低。

长期从事实业投资的投资者，既垂涎互联网领域和金融领域的高增长和高利润，又对此心存忌惮。这一领域的投资与实业投资确实有很大的不同，实业投资的资产会体现在固定资产如厂房、设备等方面，价值容易估计。互联网投资主要投向无形资产，例如开发人员开发的网站程序。无形资产价值难以评估，流动性较差，一旦企业经营失败，所有投资都血本无归。

（二）其他方面的大量投入

作为金融业务，在开发上，需要以自主开发为主，以获得核心竞争优势。金融业与制造业有着极大的差别，其经营管理活动本身具有系统复杂性。对于制造业而言，零部件、产品的种类、规格等数量可能是惊人的，但企业经营管理本身呈现出较强的规律性，金融活动却充满了不确定性。

国内金融行业正处于改革之中，外部环境的变化及企业自身的改革进程，决定了其经营管理远较制造业复杂，组织架构、岗位职责、业务流程、数据流程、业务规则面临着经常性的重构。如果依赖外部开发力量，反应速度将会远远滞后于需求变化。正因为如此，金融业信息系统水平较高的企业，都拥有一支庞大的信息技术队伍，以便自主开发核心业务系统。

除了大量的硬件、软件投入外，越是信息技术尤其是互联网应用水平较高的企业，对带宽的要求就越高。对于特殊行业的企业来说，带宽支出是一笔极为高昂的数字[20]。以视频网站为例，土豆网 2011 年第四季度互联网带宽成本高达人民币 7040 万元，在净营收中所占比例为 42.3%[21]。带宽成本过高，对金融培训网站的发展将形成极大制约。对于金融企业，如果要支持远程影像传输（如单证扫描、视频验证）和业务数据实时传输，对带宽要求也很高。

此外，金融企业还需要在信息安全方面进行大量投入，包括防火墙、防病毒、入侵检测、漏洞扫描、主机加固、事件审计、备份恢复、公钥体系 (PKI)、SSL 以及身份认证等。

对于从其他行业进入金融行业的企业来说，要建立成熟的业务模式，需要投入很高的成本。例如，要建立一个移动支付平台，至少需要 1 千万元以上的投资。

金融业的严格监管，决定了金融企业付出的监管成本比其他行业要高。如监管机构推行非现场监管和监管集成化信息系统，都要求金融企业投入资源，配备相应的硬件和软件。

由于金融业利润率较低，税负的变化直接影响企业的盈亏，税负过重将制约企业的发展。以财产险为例，长期以来，财产险业的利润率一直维持在个位数，然而企业却要承担约 5.5% 的营业税及附加。2007–2009 年，财产保险业全行业亏损。即使到了 2012 年上半年，仍有 22 家公司亏损，占所有 62 家财险公司的 35%[22]。

二、成本管控的重要性

互联网金融企业高昂的成本，决定了成本管控的重要性。成本管控已经成为互联网金融企业的核心竞争力之一。

成本管控的核心是成本核算。与传统产业不同，金融企业对于风险成本的核算异常复杂。因为当风险真正发生时，就已经无法控制了。因此金融企业必须预先估算出期望损失，做好其他成本费用的科学分摊。同时，金融企业还必须做好现金流管理，避免造成账面盈利企业却破产的局面。

财险业推行“见费出单”以前，不少财产险公司现金流为负，企业资金只能支撑几个月时间，形成了极大的风险隐患。

对于金融企业，建立自己的成本模型非常重要。一个精准、科学的模型，能够说明企业目前的运营状态，更重要的是能够指出成本管控、业务调整的方向。许多企业明明知道自身成本高昂，却不知道如何应对，关键在于缺乏成本模型，无法支撑高层决策。

对于互联网金融企业来说，要实现高效迅速的市场反应和决策机制，需要决策层拥有丰富的财务和业务管理经验，会计系统能充分体现管理会计的理念，不能仅仅局限为核算会计。会计系统应当与业务系统无缝连接，深入互通，支持动态的、精确的财务和业务决策分析。

第三节　小即美，快即胜

一、强者恒强?

在互联网领域，马太效应不守恒。

马太效应，指强者愈强、弱者愈弱的现象。这一概念出自《新约 · 马太福音》中的一则寓言：“凡有的，还要加给他，叫他多余；没有的，连他所有的也要夺过来[23]。”

在商业活动中，也常常存在这样的情形：某个行业中越具有竞争优势的企业，越能强化这种竞争优势。例如可以吸引更多的风险投资（如电子商务领域的阿里、京东），能以更低的成本融资（如房地产行业中的大鳄），能以更低的人力资源成本吸引人才，营销的边际成本也更低。如果与这样的企业去做同质化竞争，无疑是自寻死路。如果这个领域的竞争主要是同质化竞争，那么中小型竞争者将越来越处于劣势，边际成本越来越高，客户不断流失，亏损越来越严重。

那么，在金融业和互联网领域，是否存在这样的情况呢？从金融业包括银行业、保险业近年的发展来看，随着市场自由化进程的加速，原有大型金融机构的市场份额呈逐步下降趋势。

二、互联网别有洞天

由于市场自由竞争程度较高，互联网行业的实践似乎更具有说服力。互联网行业的发展历史显示出，竞争的结果往往是只留一个，即只有一到两家最强的市场主体能够生存下来。不过，如果用更长的时间尺度去衡量，就会发现马太效应并不始终成立，因此在互联网领域，“只有第一、没有第二”的认识并非始终正确。

首先，在某个领域的初期发展阶段，群雄混战，其中的强者尚未建立起核心竞争力，竞争优势并不明显，也难以凭借其更多的市场份额，在获取资源方面占据显著优势。但是随着其竞争优势逐渐强化，之后会获得更多资源，如投资、并购机会；可以采取更激进的市场策略，如打广告战、价格战、人才战；可以快速扩大产能，进一步提高市场份额。市场份额不断上升，又可以获得更多资源，形成良性循环。

在这个过程中，从整个行业看，马太效应体现得最为明显。企业通过上市，可以强化这种资源优势，使其竞争优势固定化。

随着企业不断成熟，市场份额逐渐稳定，马太效应就消失了，因为企业获得的资源优势，会被规模所抵消，规模效应减少乃至消失。边际成本递减，边际效益递增，只在一定范围内有效。企业长大之后，会面临持续创新的巨大压力。

随着技术进步和商业模式的创新，企业在各个细分市场、供应链的不同环节，会遭遇越来越多的挑战。一旦企业无法维持在各个细分市场的竞争优势，或无法应对消费者行为、外部商业环境的巨大变化，企业很有可能陷入衰退。

因此互联网领域有另外一种现象：小即美，快即胜。

三、更小的企业成功概率更大

什么是“小即美，快即胜”呢？

许多创业者，对行业、商业理解并不全面，看到一个市场，有了一个想法，就兴冲冲地建立一个平台，推行一种模式。这可能是所有理想主义者的思路，事实上很难成行。为什么呢？因为缺乏相应的资源禀赋。譬如，再好的东西，最后都面临着网络推广成本、开发成本等；同时，对相关专业知识背景的要求，将阻碍其实施。

还有另外一种情况，就是对于一家大型企业，看到别人（某家小公司）在搞一个商业模式，很有前景，商业模式似乎也并不复杂，于是希望自己也来做。这类企业往往在自身领域拥有较好的市场地位，因此自我感觉很好，觉得凭借自身实力，完全可以搞垮那家先行者。

这两种情况，结果似乎都不会太好。

对于任何一种刚出现的业务，都不能不注意到互联网模式下的成本特征。前面已经提到，互联网模式下，成本主要集中在几大块：网络营销、人力资源、带宽和上游供应商等。

（1）网络营销：垃圾邮件营销方式的点击率，到现在下降了数千倍，意味着现在采用同样的模式，单位用户的营销成本增长了数千倍。

（2）人力资源：互联网人才的成本已经非常高昂，优秀的产品经理，其人力资源成本已达到“总监”级。

（3）带宽：对于消耗网络资源的模式，如视频、图片等，带宽成本非常高。

（4）上游供应商：互联网模式不断蚕食传统产业，将能够标准化的内容都标准化上网了。任何新模式一哄而起，都会导致上游供应商抬高价格或合作门槛。

以团购网站为例，最初团购网站与线下商家谈合作，由于团购还是新鲜事物，合作的成本极低；当上千家团购网站兴起后，每个线下商家都遇到多家团购网站提供合作需求，便开始提高合作条件，并且对团购网站进行审查，合作成本就会急剧上升。

正如前面分析的那样，财富管理市场的空间是非常巨大的，但竞争也是非常激烈的。今天第三方支付再与银行和基金公司谈合作，成本就要比当初高昂许多。

要增加在互联网金融领域竞争的胜算，最好是遵循“小即美，快即胜”的模式：尽可能选择一个小的领域，在此领域容易获得较强的竞争优势，趁着竞争对手尚未重视，集中资源迅速占领市场，并形成核心竞争优势，只有这样才能立于不败之地。

四、中小客户的价值

许多金融机构在财富管理中看重短期资源配置的效率和效益，从而更多地强调利润较高的客户。以银行为例，当柜台资源紧张时，银行通常倾向于分配给账户余额均值较高的客户，如理财金客户。

客户价值管理本身并没有什么问题，但僵化的、静态的客户价值管理模式，会引发诸多问题。

（一）损害企业获取价值的专业能力

资源过度向高价值客户倾斜，将会忽略中低价值客户，从根本上损害企业获取价值的专业能力。

高价值客户与中低价值客户相比，在品牌、渠道、销售策略、专业化能力、业务流程等方面都具有较大差别。如在营销上，高价值客户往往更强调关系营销，而中低价值客户往往更强调专业型营销。在业务流程上，高价值客户往往需要个性化、一对一服务，中低价值客户往往需要标准化服务。尽管当前中低价值客户的标准化服务，也在走向差异化、个性化和智能化，中高价值的部分服务也在标准化，但二者的方式、手段、流程仍然有较大差别。对数量庞大的中低价值客户提供服务，将有助于不断提升金融企业的专业能力。反之，长期忽视中低价值客户，将损害金融企业的专业化能力建设。

中低价值客户，即客均价值（效益）绝对值较小的客户，绝大多数是规模较小的客户，同时也包括规模虽大但效益不佳的客户。这类客户的利润率和利润贡献并不必然就低，其发展潜力不容小觑。对于金融企业而言，之所以不愿意发展中低价值客户，很大原因是在依赖人力资源的传统发展模式下，其边际成本较高。如果企业能够创新经营模式，实现规模效应，降低边际成本，将能够创造出一片蓝海，实现较高的效益。

据《证券日报》2012年初的调查，工农中建等大行的小企业贷款利率，基本上是在基准利率的基础上上浮20%~30%，其中民生银行“商贷通”上浮45%左右，光大银行上浮30%，华夏银行上浮40%，浦发、兴业和招商银行也要在基准利率的基础上上浮30%[24]。

民生银行通过“商贷通”模式创新，实现了高于同业的零售贷款收益，用最有说服力的数据证明，小金融也有大利润。

商贷通是民生银行专为小微企业“量身定做”的贷款产品，从业务受理情况看，单户贷款平均金额为150万元左右。截至2009年10月底，民生银行商贷通余额已近400亿元，并且实现了基准利率上浮8.41%的平均贷款利率水平。在对上海的钢贸流通现状、市场集中度、利润率等情况做了3个月的深入调研后，民生银行上海分行与宁德和周宁商会签署项目授信协议，发展商户40余个，投放商贷通近2亿元，综合年收益率达到11.5%。民生银行为什么能做到这一点呢？主要还是其开展经营创新，实现了流程化、标准化、批量作业，降低了边际成本[25]。

（二）缺少战略管理，短期目标损害长期目标

尽管效益第一的理念本身并没有什么问题，但在实际操作中，许多金融机构过于强调当期考核指标，急功近利，从而忽略客户终身价值、客户满意度、服务能力等长期竞争力建设。

从客户生命价值来看，中低价值客户大多数是中小客户，他们往往拥有一条单调增函数的成长曲线，其中部分客户还拥有一条凸函数成长曲线[26]。今天的中小客户，很可能就是未来的大客户。

如果金融机构与客户实现长期稳定的互信合作关系，将客户的终身价值贴现，将获得一个截然不同的盈利模型，完全不同于仅仅考虑当期价值的盈利模型。在这个模型中，今天的中小客户在整个市场中的价值贡献占比将逐步增加，随着中国非公有经济的发展和私人财富的增长，最终还会占据绝对优势地位。因此，中小客户理应成为金融企业的战略目标客户群。

（三）高价值客户的价值逐渐减少

随着对高价值客户的竞争，导致高价值客户的价值逐渐减少。

客户价值是相对的，动态变化的。当金融机构加大对高价值客户的竞争，经营成本就会随之提高，效益逐渐降低（如价格战导致收入减少），最终高价值客户变为低价值客户，甚至由于客户的逆选择行为而变为亏损客户。当金融机构探索出降低低价值客户成本，提高其创利能力的措施，低价值客户就会转变为高价值客户。

比较典型的是，在银行竞争中，由于因公业务规模大，投入比例小，容易实现规模快速增长，早期中小银行在开拓新的区域市场时，首先将精力放在因公业务。随着竞争加剧，大型企业客户具有较强的谈判能力，对外招标程序日益规范，这类业务往往面临激烈的价格竞争，如较低的贷款利率和较高的协议存款利率等，导致成本升高，收入减少，最终损害其盈利性，变得无利可图。这种情况迫使部分中小银行转变自身定位，提出建设“为中小企业服务的银行”等目标。

财产保险业近年来大型企业财产保险业务盈利水平下降，也是一个例证。

（四）单一化客户结构不利于经营稳定

高价值客户往往拥有较大的资产规模，过多依赖高价值客户，造成业务集中度

高。一旦人脉关系、市场因素发生变化，就会影响金融机构的经营稳定，导致现金流、存贷比等指标恶化。

举例来说，随着中国高净值客户移民潮兴起，高净值客户的资产向境外发生大规模转移，将对内资银行相关业务造成影响。

在客户价值管理方面，保险业曾经有过丰富的经验教训。譬如，针对赔付率高的客户，保险公司曾试图将之拒之门外。如在广东地区，因桑塔纳被盗抢频率高、赔付率高拒保营运性货车三者险，财险业曾经集体拒保盗抢险[27]。

当然，拒保背后深层次的原因，还是保险费率没有市场化，保险公司难以通过市场化费率保证保费充足率，只能用拒保、搭配销售险种、限制承保条件等措施控制风险。

事实上，只要能确保风险定价适当，没有不能经营的可保性风险，包括中小客户。中小客户的风险高，边际成本高，随着费率、利率市场化，可以通过提高相应费率利率水平来解决。今天，保险行业都已经不再提“效益客户”、“亏损客户”的说法，因为只有亏损的经营，没有亏损的客户。

金融机构之所以在拓展中小客户市场上乏力，最重要的原因还是缺乏相应的专业能力，如成本管控、风险管控、营销模式、定价能力等。

金融机构为中小客户提供服务，可以将其经济目标与社会责任更好地结合起来。耶鲁大学金融学教授罗伯特·希勒对金融毕业生指出[28]：

“金融业年轻才俊需要熟悉银行史，明白银行业只有在为不断扩张的社会服务时才能繁荣。在这方面，19世纪英国和欧洲的储蓄银行运动，以及20世纪以孟加拉国格莱珉银行为先驱的微金融运动树立了榜样。如今，金融机构正确的前进方向是升级金融和通信技术，为中低等收入人群提供全面、新颖的银行服务。选择投身银行业的毕业生将面临不同的挑战：设计新的、更有弹性的贷款，以更好地帮助业主抵御将千百万人拖入债务深渊的经济波动；投资银行的年轻才俊将面临千载难逢的良机，设计出更具参与性的风险资本形式，以刺激创新型小企业的成长；进入保险业的同学也不会错过机会，你们可以设计为芸芸众生规避风险的新方法。”

五、技术创新的“小”而“快”

（一）民生银行的“商贷通”

在金融业里，民生银行为小微企业提供金融服务的“商贷通”，就是这样的典范[29]。

2009年，民生银行提出做民营企业的银行、小微企业的银行、零售高端客户的银行，大力发展小微企业贷款。“商贷通”是民生银行向小微企业提供快速融通资金、安全管理资金、提高资金效率等全方位服务的金融产品。其贷款条件灵活，手续便捷，佐证资料简单，限时审批，高效办理，快速放款，还款灵活。该产品特设审批快捷通道，最快可当日答复授信方案，资料齐全后3日左右获批，最快7天内即可完成放款（含抵押登记）。

截至2012年3月末，民生银行小微企业贷款余额已经达到2500亿元，小微客户接近50万户，民生银行已成为全球最大的小微企业金融服务机构之一。

由于民生银行专注小而精的小微贷款，从而获得了业内最高的净息差水平。2012年上半年，净息差仍维持在3.14%的高位。

与民生银行类似，专注微型客户的包商银行、泰隆银行“三品三表”（人品、产品、抵押品；水表、电表、报关单表）的小额信贷管理模式[30]，也同样获得了成功。

（二）菲律宾电信运营商的GCash手机银行

如果说民生银行的商贷通主要是传统银行业务模式的话，那么GCash则是技术创新与商业模式创新结合的一个典型[31]。

GCash是由菲律宾电信运营商Globe Telecom的全资子公司G-Xchange,Inc.（GXI）2004年推出的一种手机银行业务。消费者只要通过手机发送短信，就可注册成为GCash用户，可以向GCash账户存款、转账汇款、取款、支付账单、接收汇款、购物、话费充值、领取工资以及补助、偿还小额贷款等。目前，GCash在菲律宾已经有120万活跃用户。2009年，GCash的资金流通量为600亿比索（约合87.6亿元人民币）。

GCash产生的背景是，在偏远的农村地区，传统银行需要承担网点铺设成本和频繁的小额交易成本（这一点中国同样如此，只不过被其他地区的盈利分摊，或由国家财政承担了），因此金融覆盖率低，仅为26%，但菲律宾手机使用率超过87%。这意味着超过50%的菲律宾人拥有手机，但却无法得到基本的金融服务。调研显示，这些人有着强烈的储蓄需求。

手机银行通过引入6000家第三方代理商，包括药店、银行网点、邮局、便利店、加油站，或者Globe Telecom的营业厅、充值卡经销商，以及村里的彩票点、杂货店等（成本是设立银行网点成本的1/30），几乎覆盖全部农村地区。

手机银行通过与当地运营商或电信企业合作，还推出了跨国汇款业务，不仅费用低廉，而且到账迅速，迎合了菲律宾金融消费者的需求。2008 年，海外劳工共往国内汇入 180 亿美元，相当于该国 GDP 的 11%。

手机银行手续费远低于传统银行，平均成本是 0.5 美元，远低于 2.5 美元的菲律宾银行渠道平均转账成本。用户可以通过在代理商处购买手机充值卡存款，最小话费充值面值仅 10 比索。取款同样可以在代理商处完成，代理商存取款的手续费为 1%~3%（7-11 商店的手续费为 5%），并且用户无需支付这笔费用，手续费由 GXI 公司支付。

除 GCash 之外，菲律宾还有另一种形式的手机银行，由电信运营商 SMART 公司在 2000 年联合 5 家商业银行搭建，名为 SMART 手机支付平台。

两种模式的不同，在于与客户建立业务关系的对象不同。SMART 由银行主导，主要为传统银行针对客户的增值服务，客户与银行建立直接的合同业务关系，资金的存取款、转账等都是发生在银行账户内，各种交易信息由银行掌管和负责，银行只是将账户开设、市场营销和业务记录等部分业务外包给 SMART 公司。而在 GCash 模式中，客户是与电信运营商即 GXI 公司建立直接的合同业务关系，资金的流动都是在 GCash 账户中进行，资金和各种交易信息由电信运营商掌管和负责，银行等金融机构只是作为运营商的代理商。

（三）金融业应放松管制，支持创新

GCash 模式为监管带来了新的风险和挑战，而菲律宾监管当局采取了灵活审慎监管的态度。在 GCash 模式下，手机充值卡具备充值存款功能，GCash 实际上成为某种形式的货币发行机构，如果不加以监管，货币政策可能受到冲击。

同时，手机银行可能被用于洗钱等犯罪活动，犯罪分子可能利用大量手机交易掩饰巨额资金流动。手机银行可以实时到账，无法像传统银行那样利用资金在途时间处理，只能事后核查。此外，运营商掌握大量用户信息，又不像银行受到审慎监管，用户隐私可能遭到威胁，而且一旦发生破产倒闭事件，存款人利益可能受到损害。菲律宾政府制定了一系列法规，预防上述风险。

菲律宾对手机银行的监管体系包括三方面：对经营者、对代理商和对用户。菲律宾央行的战略是："在灵活的同时保持审慎，在良好、安全和可持续的方式下允许创新。"

我们不妨思索一下，今天中国偏远地区的银行服务，主要依靠效率较低、成本较高的邮政储蓄、邮政汇款提供。未来类似于 GCash 的模式，是否有可能取代或者

挑战这一现有格局呢？目前，银监会要求村镇银行主发起人必须是银行业金融机构[32]，希望监管层能以开放的态度推动改革，放松管制，对创新不轻言禁止，通过提高监管能力防范风险。

同样专注小业务，针对特定需求开发产品的典范，还有孟加拉国银行家穆罕默德·尤纳斯创建的乡村银行——格莱珉银行。该银行在1976年开始针对穷人推行小额贷款[33]。

六、什么是真正的快

快，不是指模仿得快，而是创新快，探索快，有质量有效率有效益的快。

互联网市场强调竞争要以快取胜。很多企业在开展互联网竞争时，将其视为金科玉律，恨不得尽快推出产品。于是我们看到，移动互联网时代应用飞速增长，应接不暇，但很多应用推出后石沉大海，杳杳无闻。

事实上，移动互联网虽然降低了创业门槛，但是开发高质量产品的难度却比过去更高。在手机屏幕有限的空间内，做出一款具有创新性且拥有更好体验的功能、界面、UI设计的产品，需要花很多心思和时间去钻研。大多数创业者并不愿意消耗时间成本去做这件事，这也让国内的互联网创业者离创新越来越远。

Talkbox的创始人郭秉鑫说："Talkbox花了1年多的时间去研究产品，了解用户反馈，终于从IM的红海中创造了一片蓝海。真正的创新是不可能快的。"[34]

快往往是指市场行为而非指技术创新。具有实质性内容的创新，具有突破性和颠覆性的创新，往往需要技术、人才、生产供应链等全面、长期的积累，无法一蹴而就。但厚积薄发之后，就需要快速的商业策略去推动：快速响应客户需求，开发适应市场需要的产品；快速推广以尽快占领市场，赢得用户，理解客户体验，获取消费者反馈，验证商业模式和盈利模型；快速融资以获得资金、管理等资源，建立相对于后入者的禀赋优势，强化在技术、市场方面的竞争优势，形成核心竞争力，尽快上市以形成在持续性融资机制方面的压倒性优势。

要在中国财富管理市场中早日占据一席之地，就必须快，因为越来越多的竞争者进入，客户已经快被瓜分殆尽。另一方面，只要抢先发展客户，占有客户资源，就能够通过持续营销带来持续收益。

如财富管理的第三方销售公司，尽管面临各类门户和直销渠道的严峻挑战，但却拼命加快发展。原来做信贷产品的宜信，也垂涎于这块市场，迅速转型为理财产品的第三方销售公司[35]。

七、实现小即美的方式

（一）细分客户群或细分产业链

从前面的例子，可以看到实现小即美的一种方式，即：细分客户群或细分产业链。

实际上，可以通过不同维度对金融产业进行划分，包括：客户、销售决策（客户资产管理）、销售信息中介（如好买基金）、渠道、资产管理（如个人记账）、产品（细分产品，如土流网关注土地交易）、交易达成（如支付、交易撮合）等。

许多传统金融企业也开发了个人财富管理及风险测试软件，通过测定个人及家庭财富、生活状态、收入支出情况、风险偏好等各种指标，给出量身订制的智能化、个性化财富管理方案，推荐各类金融产品。如金蝶在记账软件随手记基础上推出家财通，该软件拥有家庭资产负债管理、开支分析、投资决策、目标计划管理等功能[36]。但值得注意的是，该软件更新升级周期逐渐延长，显示出技术型企业在与金融产业融合中遇到了困难。

（二）第三方基金销售机构的两种运营模式

已经上线的第三方基金销售机构，主要分为两种运营模式：基金超市模式和专户形式。前者以数米、好买、众禄等为代表，基本采用基金代理模式。这些机构大都签约几十家基金公司，代理基金公司的产品，根据自己开发的系统，把各种基金产品分门别类的展示出来，形成“基金超市”。目前，好买基金代销的基金有300多只，数米代销的基金有200多只。由于基金超市模式和淘宝用户重合度较高，所以将面临淘宝这种拥有大量客户资源的平台的冲击，一旦淘宝在这方面发力，理财产品超市类型的机构就会受到较大的冲击。

对于第三方基金销售公司来说，拿到牌照后，基金交易功能上线还没多久，有的甚至还没有开张，淘宝理财频道就上线了。市场分析人士表示，如果淘宝吸引更多的银行到网上开设旗舰店，通过旗舰店的模式“预约”销售基金产品，乃至更进一步，直接到淘宝网上开设基金公司旗舰店，把自己的产品放到淘宝店中自产自销，将给基金投资者带来极大便利，而基金公司第三方销售市场格局或将由此改变。

（三）淘宝销售理财产品的优势

与第三方基金销售机构相比，淘宝依托支付宝销售理财产品，有以下几方面的优势。

（1）淘宝拥有海量的注册用户。目前，淘宝注册账号超过4亿，而部分第三方销售机构由过去的理财机构转型而来，既有客户群体最多只有几百万。两者相比，根本不是一个等级。和讯网、东方财富网等销售机构，尽管有很多受众，但是客户登陆此类网站多为获取信息，并非消费账户，而淘宝网账户几乎全部是消费账户。

（2）淘宝网有巨大的数据分析功能，可以根据以往的消费记录，判断出消费者的偏好，然后进行有针对性的推送，做到有的放矢，命中率较高。这是第三方销售机构所不具备的。

（3）淘宝网销售平台可以给基金销售共享，降低运行成本。淘宝网涉足基金产品销售，可以共用已有的平台，包括网络搭建平台、技术维护平台、人员服务平台等，可以有效降低运营成本，实现运营中的规模经济效应。第三方销售机构除了东方财富网以外，几乎全部要自己搭建全新的交易平台，不能和其他业务共享以降低成本，所以运行成本较高。

（4）淘宝网背靠阿里集团，有强大的资金实力、技术实力，前期可以大手笔投入，还可以有效应付营销中的价格战。

（四）第三方销售机构的优势

不过，第三方销售机构并非毫无招架之力。尽管淘宝拥有海量的用户群体，但是基金属于理财产品，不同于日常商品，在消费习惯、支付习惯等方面都有自己的特点。第三方销售机构可以发挥自己的专业特长，突出基金销售的特点，提供多样化的增值服务。

第三方销售机构更需要警惕的是类似腾讯这样的企业，腾讯有可能成为潜在的直接竞争者。由于腾讯拥有QQ和微信这样的平台，但缺乏交易数据，因此与第三方销售机构的竞争更容易趋于同质化。

第三方销售机构的优势在于专业的投资顾问能力，可以通过专业、全面、精细的服务策略，为投资者提供资产配置以及产品优选等专业性的服务，建立自己的竞争优势，争取在市场份额中占有一席之地。

第三方销售机构另一个优势是拥有一定量的客户以及专业的投研团队。不过，在证券公司多年实践中，投资顾问业务尚未得到个人投资者的广泛认可，也缺乏稳定的盈利模型。因此，第三方销售机构应当做的仍是深度耕耘细分市场。

（五）一个可以借鉴的渠道开发案例

在渠道方面，个人财富管理可以借鉴的是具有类似之处的个人健康管理。中华中医药学会曾颁布《中医体质分类与判定》标准，通过约60道跟日常生活相关的测试题，来判断人的体质。个人软件开发商章坚根据这一标准开发的健康管理软件“活法儿”，吸引了300万淘宝买家试用，每天有超过20万人通过它管理自己的健康。

网民在活法儿输入自己的健康状况、年龄等数据，这个软件就能根据这些数据，推荐网民应该选择的食品或保健品，同时推荐提供这些食品或保健品的淘宝店铺[37]。在淘宝网的卖家平台，有不少网店做保健品售卖，但有的买家并不知道自己适合买哪一类保健品，因此这些网店通过接入活法儿的测试软件，让用户在经过测试的前提下，了解自己更适合购买哪类保健品。

据章坚介绍，这个方式曾让淘宝的活动转化率从2.5%提高到8.5%。此外，淘宝的买家应用平台也接入了活法儿。买家登录活法儿应用，可以得到个性化的健康生活指导，以此作为购买生活品的相关入口，买到需要的产品[38]。

针对细分市场的个人金融消费者服务企业，需要通过上游的金融门户、社交网络和类似“活法儿”的应用开展精准营销，导入细分市场的金融消费者资源。

（六）门户网站和垂直网站的竞争

根据细分市场战略，小即美的重要体现就是互联网站（或移动应用）垂直化。

互联网从门户到垂直网站的发展，也反映了在细分专业领域进行价值创造的“小而美”新思路。从支付宝到汇通（通用第三方支付到行业应用），从猪八戒到智城，从百度到21财经聚合搜索，从新浪到和讯，无不反映出大而全与专而精的不同发展思路。

根据IBM的研究，保险产品的互联网消费行为模式中，消费者往往将搜索产品信息与实际购买相分离，消费者可能在互联网上搜索信息，再到线下通过传统渠道完成交易。

不过我们还可以观察到另一种现象，即消费者在搜索引擎或门户网站中完成金融产品（如车险）的搜索及比较（事实上，相对于一淘这样的电子商务搜索门户网站，是否会出现金融电子商务的垂直搜索门户网站？诸如晨星这样的网站，是否可能进一步发展为基金搜索门户网站？），然后通过金融企业（财险公司）的直销网站完成交易。

无论如何，这种消费行为都意味着，只要垂直网站拥有核心价值，门户网站不会对其形成致命性威胁。小规模就意味着积聚、关注、局部优势。

门户网站和垂直网站的竞争，关键还在于消费行为以及网站自身是否具有创造能力和竞争优势。2012 年，在平台电子商务挤压下，垂直电子商务的日子并不好过。国内男装电子商务品牌玛萨玛索、初刻，国内茶叶垂直电子商务买买茶等，纷纷传来欲寻求出售的消息。百丽旗下电子商务优购，腾讯投资的鞋类电子商务好乐买等，均进行战略调整，转而采取较为保守的市场主张，将人员效率和货品效率放在考核的重要位置[39]。

垂直品牌电子商务面临的困境包括：门户电子商务对用户的分流；严重依赖外部流量购买；电子商务之间的竞争，导致供应链成本增加；产品同质化竞争局面下，用户忠诚度较低，价格竞争使得毛利难以负担成本开支。

未来，金融业垂直电子商务是否也会面临小而美的垂直网站面对的这些问题，核心在于细分客户市场的忠诚度，对细分市场需求响应的专业性，以及自身所拥有的核心优势。如果仅仅是做一个形式上的细分市场划分，但缺乏专业的产品和服务，同质竞争当然没有出路，也不可能美得起来。

相对于大来说，小的劣势在于规模效益较差，所以小的机构一定是提供有特色、差异化的产品和服务，而平台电子商务难以提供这些产品和服务。

第四节　危险的空中楼阁

传统的互联网创新，往往倚重市场营销，其竞争优势体现在对互联网用户的发掘和互联网市场的拓展。作为金融业的核心——风险控制，发展初期往往不被重视，这源于中国当前的国情（包括创业者、投资者、监管环境等）。

许多案例都表明，创业企业要做大，首先要造成既成事实，进而影响甚至倒逼监管政策改革，同时能够吸引风险投资，在市场上抢占先机，获得政策机会。

一、从实际案例说起

第一个典型案例是支付宝。在没有任何政策支持的情况下，支付宝一步步做大，最终获得了社会的一致认可。

第二个典型案例是中国金融业的一个特例。

20 世纪 90 年代初期，平安大胆尝试从产险为中心转向以寿险为重心，后来被广泛赞誉为一项英明的战略决策。然而当时的政策背景却是禁止同时开展产险和寿险业务的。

1993 年，国务院颁布了《关于金融体制改革的决定》，明确对银行业、证券业、信托业和保险业实行“分业经营、分业管理”的原则，以扭转 1992 年下半年开始出现的金融秩序混乱、金融市场失控的局面。

此时，平安创始人马明哲意识到，国际金融业的流行趋势是由分业走向混业，各国金融保险业都在降低成本、提高效率和提高国际竞争力的压力下，通过集团控股的组织模式，实行分业经营和专业化管理，于是平安提出了走金融集团化发展的设想。

在当时的监管形势下，平安不敢直接提出“综合金融服务集团”的设想。平安副总裁孙建一称：“如果提得这样明确，和主调唱反腔，你根本就不能够存在，更别说达到你的目的”。

平安向监管部门申报的方案是集团控股模式，即由一个集团公司（或控股公司）全资拥有（或控股）产险、寿险子公司和投资子公司，由集团控股公司对业务、财务、投资、人事、计划和风险内控等重大决策进行统一管理。

即使在金融整顿风声最紧的时期，平安也仍然坚持发展全业务金融集团模式，除了产寿险两项主营业务，还力争其他金融牌照。平安于 1996 年完成对工行珠江三角洲金融信托的收购，更名为平安信托。从 1991 年 8 月起，平安以证券业务部名义开始经营证券，1996 年在信托公司名下正式成立平安证券。

平安对付监管部门的策略是“拖”。孙建一说：“如果监管部门不按照我们的想法来批的话，我们就一直拖。”“拖”的成本很高，马明哲求见监管部门的领导，提出“只谈五分钟”都遭拒。监管部门明确规定，在平安分业经营没有完成之前，不审批平安新的分支机构。

当其他竞争者不断发展新的分支机构，平安却受到扩张的制约。许多人犹豫退缩时，马明哲声称：“为了公司的长远发展，我情愿给人家下跪！”[40]

从平安的发展可以看出，在特殊的国情下，中国的创新模式往往是通过走灰色地带的钢丝绳，获得制度红利和市场先机。这与发达国家以技术创新为主线的创新模式有极大差别。

二、中国互联网金融创新面临的风险

在国内社会经济环境和特殊的创新模式下，互联网金融领域的创新至少面临如下风险：政策风险、市场风险、竞争风险、产权制度风险、偿付能力风险和危机事件引发的风险。

（一）政策风险

在某些高度管制的领域，受到利益诱惑，一些创新者不惜铤而走险，一种是走上违法的道路，一种是利用狭缝求生存。这种模式难以持续，容易给投资者和客户造成极大损失。还有一种情况，就是随着社会经济形势的变化，监管政策发生重大变更，造成企业无法继续经营。

日本金融消费巨头武富士 (Takefuji) 由武井保雄创办于 1966 年，靠发放小额消费贷款起家，30 多年后成为消费金融领域的头号巨头。1999 年美国《福布斯》杂志全球富豪排行榜上，武井保雄以 78 亿美元资产成为“日本首富”。

2006 年，日本开始改革消费信贷。年初，日本最高法院规定，所有超过《利息限制法》上限的利息均为无效，且贷款额不得超过借贷者年收入的 1/3。《利息限制法》规定，贷款额 10 万日元以下，年利率上限为 20%；100 万日元以下，年利率上限为 18%；超过 100 万日元的，年利率上限是 15%。也就是说，整个贷款利率上限是 20%。

原有法规规定，只要借贷人同意，年利率上限为 29.2%。因此，日本几乎所有的消费信贷公司都选择了 29.2% 的年利率。根据日本最高法院的新规，消费贷款公司的年利率以后不得超过 20%，之前超出的利息部分，要全部退还给借贷者，这一法令从 2010 年 6 月 18 日起全面实施。

这对日本金融界造成重大冲击，截至生效日，日本近 4000 个注册的消费信贷公司中，超过六成仍未登记，因此被禁止发放新的贷款。武富士持续 40 年的神话就此终结。

2008 年开始的金融危机，更让其雪上加霜。2009 年，国际评级机构穆迪和标准普尔都将其信用调低为垃圾等级。截至 2010 年 3 月，其未偿还放贷金额为 70 亿美元，是 8 年前的 1/3，而其负债额则超过 50 亿美元。

2010 年 9 月底，武富士 (此时在日本消费金融业排名第四) 决定向东京申请破产保护，涉及到的借贷人约有 200 万人，需要退还的贷款利息总额超过 2 万亿日元 (约 240 亿美元)。10 月武富士在东京证券交易所的股票摘牌退市，11 月在伦敦证交所摘牌退市[41]。

（二）市场风险

过分依赖营销做大规模，却忽视金融形势变化和产品风险管控，一旦市场发生变化，企业只能破产倒闭。

中国人寿早期“倒挂”产品的惨痛教训，至今仍被金融业引以为鉴。

1999 年 6 月以前，中国人寿签发的大量保单预定利率为 8%~10%，热销到业务人员欣喜若狂，客户背着装满钞票的行李箱甚至麻袋前来抢购。据说有的业务人员因为从来没有见到如此喜人的销售形势因而泪流满面。

其后金融形势急转直下，人民银行连续 7 次降息，保险业主要投资回报率从 1996 年的 8.05%降到 2000 年的 3.59%。在这样的背景下，国内寿险公司因资金回报率达不到保单预定利率，发生的利差损累计高达 600 亿元，其中中国人寿占据了比较大的份额。这一利差损黑洞，最后在中国人寿上市时剥离给集团公司，事实上由财政部承担了最后买单者的角色[42]。

市场风险还体现在金融环境的变化上。例如，2012 年逐渐宽松的流动性，对小额贷款公司、点对点信贷平台造成重大冲击。

市场风险还表现在客户的变化。这种变化既包括定位的客户群变化、消失和变小，也包括客户消费习惯的变化。

互联网企业一个非常大的风险是脱离客户需求，未能注意到客户需求的巨大变化。扎克伯格为什么要为 Facebook 的移动战略迟缓而道歉？因为 Facebook 未能意识到大量客户需求已经从 PC 移到移动终端。互联网企业特定的盈利模型以及注重科学管理、智能管理会带来许多问题，比如可能会忽略客户（而非一个机器化的终端）的真正需求。

（三）竞争风险

由于知识产权保护制度欠缺，企业之间侵权、抄袭严重，企业缺乏动力进行实质性创新，陷入简单模仿的低水平竞争。

由于缺乏核心竞争力，壁垒低，后继者众，市场资源很快就会瓜分殆尽，导致成本费用急剧上升。如视频网站对视频资源的争夺，造成影视剧价格成本飙升，整个视频网站行业严重亏损。

团购网站多达上千家，仅获得风险投资的团购网站就达数十家。互联网金融领域，个人记账理财网站多达数百家。这些网站绝大多数都是低水平的重复建设，不可能都生存下去。

（四）产权制度风险

知名的有支付宝 VIE(可变利益实体)案例。2011 年 6 月，马云单方解除支付宝与阿里巴巴集团的协议控制关系，理由是支付宝必须拿下央行首批第三方支付牌照，但央行不允许境外投资人通过持股、协议控制牌照支付企业[43]。

初期创业者风险大，融资难，但需要撑过去，以度过盈利过渡期。尤其对金融企业，更是需要度过漫长的盈利平衡期。在初创阶段，企业需要融资，哪怕是用不着，放在那里预备过冬。

创业初期总是烧钱最快的时候，需要试错，需要营销，需要推广。如今支付宝已经做大了，实际控制人对投资者的谈判地位也发生了变化，对雅虎强势就在所难免。

从商业的角度说，经营者当然应当遵守契约精神。在符合契约精神的情况下，谈判地位、交易条件会随着形势的变化而变化。但产权制度发生变化，会对企业自身经营带来不可预测的风险，如创业团队失去控制权，业务方向受到投资者的影响而发生变化等。

（五）偿付能力风险

天安保险由于出现偿付能力危机，2011 年不得不进行平价增资，按时价衡量，相当于大股东上年受让价格的一半左右。之所以如此，是因为天安面临着急迫的增资压力。

2009 年，天安保险偿付能力充足率为 –144.7%，迫切需要增加注册资本金。即使引入西水股份增资扩股后，公司的偿付能力充足率也仅有 108.47%，濒临监管警戒线[44]。

（六）危机事件

互联网时代，消费者口碑效应会对企业产生巨大影响，个别危机事件甚至可能导致企业衰亡。

从正面来看，消费者口碑营销是最低廉、最有效的营销模式。反之，消费者的抱怨也将在互联网环境中得到迅速、广泛的传播，甚至毁掉一家企业。

金融企业较强的监管力度，可能会导致各类违规处罚频繁发生，需要认真防范可能引发的风险。

2008年9月，AIG陷入金融危机后，其下属香港友邦保险在两天内收到1570份退保申请。2012年4月下旬，由于平安人寿在北京、厦门等多个地区的营销员向社会公众发送误导和违法违规内容的产品宣传短信，引发集中误导，保监会就召集平安人寿高管进行约谈，要求中国平安积极整改，认真开展销售误导治理工作[45]。

（七）作假风险

许多互联网企业创业初期缺乏盈利模型，必须依靠融资输血才能生存下去。一部分企业为了尽早融到资金，就会拼命做大规模。

对于急切需要在资本市场上融得资金的互联网新兴企业来说，操纵经营数据、利润的情形曾经十分普遍。大量互联网企业在营收数据、营销活动成果、浏览量等方面进行造假，早期有视频网站全行业涉嫌Alexa作弊[46]，近年有UC炮轰易观手机浏览器报告作假[47]等，甚至出现了Alexa对中国互联网公司流量数据清零的风波[48],[49]。曾被指Alexa作弊的嫁我网，目前已经找不到浏览量信息。

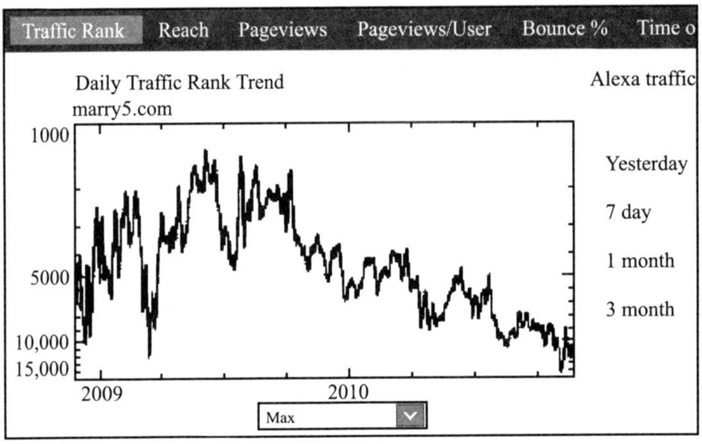

图4-1　2009-2010年嫁我网的Alexa流量变化图[50]

互联网企业粉饰企业经营数据的做法也非常普遍，这是一种更隐晦的作弊。许多互联网企业通过开展返利活动，吸引并没有太多价值的用户加入，美化用户数字，如天天盈曾在猪八戒发布任务，吸引用户加入。

无论对于企业自身而言，还是对于风险投资而言，这种形式吸引的用户，其价值要大打折扣，其中有多少是有效用户，很值得推敲[51]。

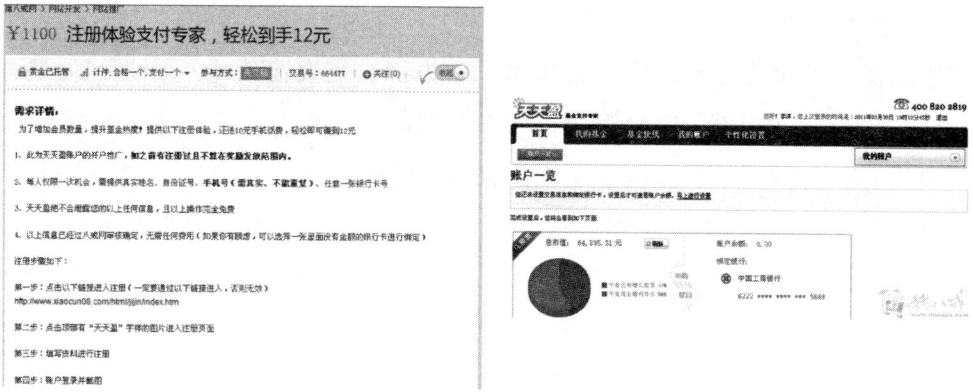

图4-2　天天盈通过猪八戒发布推广任务

三、要高度重视业务风险

下面集中关注业务风险，这对于理解金融业的互联网革命尤其重要。金融业务的本质，决定了业务风险管理是互联网金融的核心。

（一）业务扩张带来的风险

相较于传统业务，金融企业的互联网创新对发展速度的要求更高，这给企业带来了巨大风险。无论是作为独立的创业企业，还是传统企业内部的二次创业，都面临着很大的发展压力，必须尽快达到一定规模。

金融业是门槛很高的行业，前期投入巨大，烧钱非常快，固定成本必须通过扩大规模，摊薄成本，才能实现盈利。只有拥有占优势地位的市场份额，才能吸引到投资。许多创新的模式是好的，但做不大，就无法实现盈利，甚至无法生存下去。只有尽快扩大规模，吸引投资，才能通过一轮一轮的“融资—做大—融资—做大”，并依靠资金优势打价格战、营销战，逐渐建立市场优势地位。通过上市建立资本补充机制，逐步实现盈利。在这种快速扩张的过程中，金融业蕴含的风险尤其突出。

（二）管理风险的能力不足

与其他行业不同，对金融企业来说，风险不仅仅是经营的约束条件，更是经营的核心内容，管理风险的能力是金融企业盈利能力的核心。金融企业就是依靠经营风险获得盈利的，所有的经营都围绕着风险，风险是收益的重要属性（金融业常用与风险相关的收益指标，而非简单的绝对收益衡量盈利能力）。对于金融企业而言，衡量其经营绩效，重要的不仅仅是账面上的利润，还要关注其风险特征和其他财务指标，如风险准备金等。

金融企业风险管理的内容非常丰富。一方面，需要高度重视内控风险管理，COSO* 在 1992 年《内部控制－整合框架》的基础上，结合《萨班斯－奥克斯利法案》相关要求，2004 年 9 月发布了《企业风险管理－整合框架》（ERM），这是金融机构全面风险管理的理论框架 [52]。不过这一体系针对性不强，落实到某一行业或企业，需要根据实际情况形成具体的机制、措施、模型或软件等。如商业银行内部控制的三道防线，是指由内控体系的设计监督、操作执行和防范评价三类保证活动、三类保证人员组成的全行内控体系。

（三）金融企业与生俱来的运营风险

金融企业蕴含着巨大的运营风险（如经营性亏损），而这种风险的评估和管理本身就非常困难。这既取决于企业的经营战略和市场竞争，也取决于企业的核心竞争优势，如可以确保企业获得盈利的业务模型或商业模式。

以银行为例，商业银行需要提取贷款损失准备金 (loan loss reserves)，预留应付坏账的款项（客户违约、需要重新磋商贷款条款等）。准备金与银行的业务风险高度相关，如果银行获取的净息差收入不能弥补贷款损失准备金，就可能面临亏损的风险（银行还可用其他非利息收入来弥补）。

随着经济形势趋于严峻，截至 2011 年底，我国商业银行贷款损失准备金余额为 1.19 万亿元，比年初增加 2461 亿元，拨备覆盖率（贷款损失准备对不良贷款的比率）278.1%，同比提高 60.4 个百分点，风险抵御能力进一步提高（见图 4–3）。大型商业银行拨备覆盖率达到 261.4%，同比提高 54.6 个百分点；股份制商业银行拨备覆盖率达到 350.3%，同比提高 72.7 个百分点。

* COSO 是（美国）全国虚假财务报告委员会下属的发起人委员会（The Committee of Sponsoring Organizations of The National Commission of Fraudulent Financial Reporting）的英文缩写。

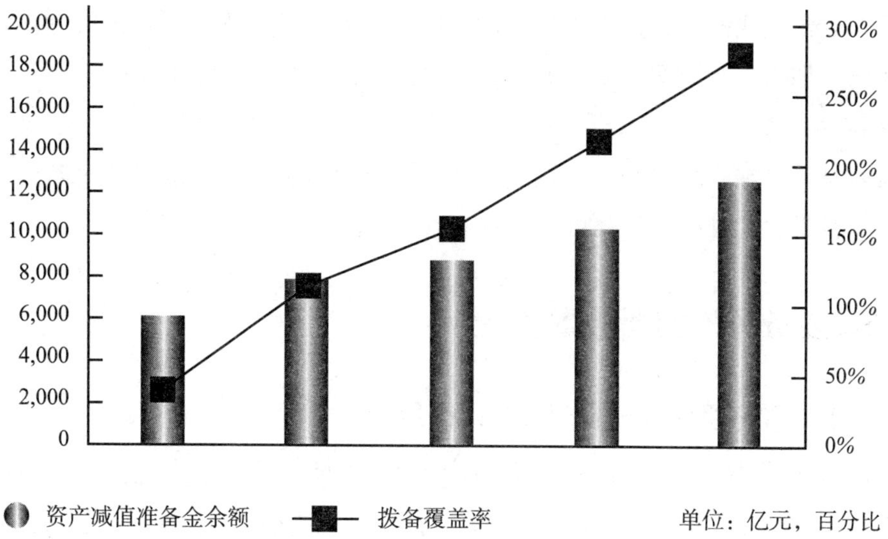

图4-3 商业银行资产减值准备及拨备覆盖率（2007-2011年）

以直接保险公司为例，在回顾准备金评估时有一个说法，叫“准备金不利发展”。通俗地说，准备金不利发展，就是指往年业务所提的准备金提少了，现在需要多提准备金，这种情况说明企业的前期利润被高估了。

研究表明，不同的保险公司，准备金提取比例存在显著的差别，这种差别难以用业务质量、业务结构来解释。当然，准备金提取比例有所差别，并不直接意味着偏少还是偏多，因为不同企业的业务结构，包括险类结构、期限结构、业务质量水平等，都可能存在显著差别。但其至少表明，衡量保险企业经营成果，是一个比较复杂的事情，绝非简单的利润指标那么简单。

在中国保险业快速发展时期，大量非保险业乃至非金融业机构发起成立保险公司。其中有较为成功的，如宝钢作为大股东的太平洋保险；也有历经波折的，如德隆系投资的东方人寿，2004年曾成为第一个被保监会勒令停业的保险公司。

按照国际经验，寿险公司盈利周期约为7~8年[53]。但诸如中德安联人寿、金盛人寿等，均已超过10年未盈利。比照这些管理相对规范的外资企业，新成立的中资保险公司，在股东或资本市场急切的盈利要求下，管理层迫于考核压力，极有可能通过不规范的手段调整利润结果，如财险公司通过调整准备金，寿险公司通过调整投资收益核算方法等[54]。

为什么许多金融企业发展虽快，盈利却非常困难呢？这是因为金融业经营具有极高的专业性。如何管理金融企业实际经营中的业务风险，具有极大挑战性，这往往涉及到金融企业的业务模型（包括投资模型、风险模型等，风险模型的内容是非常广泛的，如直接保险公司的承保风险管理模型），而这些模型往往需要多年的经验积累和数据基础。

即便对于老牌金融机构，经营风险往往也难以控制。引发的经营风险，往往是由于金融企业某一具体的业务模型不够完善。

四、业务风险模型的重要性

（一）风险模型错误导致摩根大通巨亏

2012 年 5 月 10 日，摩根大通召开内部紧急电话会议，会上通报了其在合成债券仓位上出现 20 亿美元巨亏。这件事引发广泛关注，使华尔街再次遭受沉重打击[55]。

此前，摩根大通停止使用 2011 年一季度引入的新 VaR 测算模型，并重新使用旧模型。模型替换的结果是 VaR 值从每天平均 6700 万美元大幅上升至 1.29 亿美元，2012 年一季度末又调高至 1.86 亿美元 / 天。

启用旧模型的原因，可能是摩根大通 CIO 发现在 IG9 指数等 CDS 市场（信用违约互换产品 Credit Default Swap, 简称 CDS）持有的投资规模庞大，仅靠新 VaR 模型无法揭示潜在亏损风险，只能改用旧模型调高 VaR 值，这促使摩根大通管理层尽快采取措施，降低风险敞口。

VaR 值出乎意料地大幅上升，令摩根大通管理层决定暂停管理 IG9 指数相关合约的对冲比例，令上千亿美元 Flattener 策略建立的对冲头寸“瞬间”失去对冲保护伞，转成单边看空或看多头寸。不幸的是，恰逢 4 月、5 月欧债危机升级与美国一系列不佳经济数据，引发 Markit CDX.NA.IG 市场各交易品种不同期限 CDS 合约价格均出现上涨，使摩根大通在 IG9 指数方面的“沽空策略”出现 20 亿美元巨亏。

也许上述描述比较费解。这里引用《伦敦鲸的覆灭：摩根大通巨亏全解析》[56]一文中关于这次巨亏原因的一个通俗解释：

此次巨亏的主要原因，在于对冲敞口过大（其原因争议很多，其中包括摩根大通的风险模型计算错误），造成了本就流动性不算很好的 CDX（信用衍生品指数）市场扭曲、对冲基金的针锋相对以及随后的媒体曝光。

摩根大通发现风险敞口计算错误后，停止管理对冲交易比例。但是停止管理对冲比例，意味着摩根大通的敞口变为单向的看空或看多，这违背了对冲的初衷，同时也使自己的敞口暴露在市场风险之下。

不巧的是，4月份的市场大幅动荡，给了摩根大通暴露的敞口致命一击。随着伦敦鲸补救性的“再对冲”策略失败，铸成20亿美元的巨亏并可能进一步扩大。就是说，这次巨亏的根本原因，是摩根大通的风险模型出现了错误。这直接导致了其投资策略出现问题，且未受到监控，从而无法及时控制风险敞口。

在这个事件过程中可以看到，发挥决定性影响的，是摩根大通的VaR测算模型。

（二）金融风险管理的重要模型——VaR模型

所谓VaR，即“处于风险状态的价值”，表示一款金融工具或其投资组合在一定时期或信用评级下，面对未知资产价格波动所产生的最大损失额。SEC（美国证券交易委员会）等美国金融监管机构，一直要求美国金融公司采用VaR模型作为三种可行的披露其衍生交易活动信息的方法之一。在摩根大通内部，VaR值则被解释为已有投资头寸被冲销或重新估值前所产生的潜在最大损失值。

在国内，风险价值(VaR)测量模型作为一种风险管理方法，也广泛应用在投资型的金融机构[57]，金融机构把这种方法当作衡量风险的一种标准。VaR把金融机构的全部资产组合风险概括为一个数字，用以度量风险管理的核心指标——潜在亏损，实际上是描述了在概率给定情况下，金融机构的投资组合价值在下一阶段最多可能损失多少。目前，主要采用三种方法计算VaR值：历史模拟法、方差—协方差法和蒙特卡罗模拟法。

巴塞尔委员会要求有条件的银行都要将VaR值结合银行内部模型，计算适应市场风险要求的资本数额；20国集团建议用VaR来衡量衍生工具的市场风险，并且认为是市场风险测量和控制的最佳方法；美国证券交易委员会也要求美国公司采用VaR模型，作为三种可行的披露其衍生交易活动信息的方法之一。这表明，不但金融机构内部越来越多地采用VaR作为评判金融机构本身的金融风险控制模型，同时，越来越多的监管机构也以VaR作为评判金融机构风险大小的方法。

VaR主要用于风险控制和业绩评估。目前，已有超过1000家银行、保险公司、投资基金、养老金基金及非金融公司采用VaR方法，以此作为金融衍生工具风险管理的手段，描述和限制风险头寸，防止过度投机行为。金融企业出于稳健经营的需要，需要引入考虑风险因素的业绩评价指标，以对交易员可能的过度投机行为进行限制，防止交易员冒巨大的风险去追逐巨额利润。

但VaR方法衡量的主要是市场风险，难以衡量其他种类风险，如信用风险。VaR值表明的是一定置信度内的最大损失，要想得知高于VaR值的损失发生的可能性，仍需综合使用其他定性、定量分析方法。它并不能预测投资组合的确切损失程度，也无法反映市场风险与信用风险间的相互关系。

VaR 模型在金融风险管理中的应用越来越广泛，特别是随着 VaR 模型的不断改进，不但应用于金融机构市场风险的定量研究，而且 VaR 模型正与线性规划模型（LPM）和非线性规划模型（ULPM）等有机地结合起来，成为确定金融机构市场风险的最佳定量分析法，由金融机构对潜在风险控制进行最优决策。

五、信用风险模型

金融机构经营的业务风险中，还有一个重要的内容是信用风险。

世界银行对全球银行业危机的研究表明，导致银行破产的主要原因是信用风险。因此，对于银行业或其他贷款机构而言，风险管理水平及经营绩效中的决定性因素，包括信用风险模型[58]。

（一）传统信用管理方式不适应现代市场需要

传统的依赖经验及定性度量的信用管理方式，已经难以适应现代金融市场的需要。

一是对决策准确性有了新的要求。正确地作出信贷决策，需要遵循标准化、可度量的标准，以确保分支机构众多、客户群庞大、业务复杂的金融机构，在全系统范围内遵从一致的风险控制标准，并将总体目标分解到每一个风险点。

二是对决策效率有了新的要求。金融全球化和金融深化使得资金流动速度加快，客户对决策效率提出了更高的要求。

另一方面，随着计算机技术、网络技术以及信用风险理论自身的发展，数量管理方法日趋完善，在实践中应用的可行性大大增强，其效益也显著增加，使信用风险模型已经成为包括《巴塞尔协议》在内的基础文件的重要要求。

（二）金融界最重要的两种信用风险模型

信用风险模型主要是通过数学手段对历史数据进行统计分析，从而对有关群体或个体的信用水平进行定性或者定量评估，并对其未来行为的信用风险进行预测，提供信用风险防范的有效依据和手段。

目前，金融界最重要的信用风险模型包括：Credit Metrics（信用计量）模型和 kmv 模型（麦肯锡模型、CSFP 信用风险附加计量模型等）。kmv 模型主要针对上市公司的股票价格[59]，使用并不太多，而 Credit Metrics 模型在国内金融企业应用更为普遍。

Credit Metrics 模型以信用评级为基础，计算某项贷款或某组贷款违约的概率，然后计算上述贷款同时转变为坏账的概率。该模型通过计算 VaR 数值，获得银行某个或整个信贷组合一旦面临信用级别变化或拖欠风险时，银行所应准备的资本金数值。

该模型覆盖了几乎所有的信贷产品，包括传统的商业贷款、信用证和承付书、固定收入证券、商业合同如贸易信贷和应收账款以及由市场驱动的信贷产品，如掉期合同、期货合同和其他衍生产品等。

具体计算步骤是，首先对信贷组合中的每个产品确定敞口分布，其次计算出每项产品的价值变动率（由信用等级上升、下降或拖欠引起），再将单项信贷产品的变动率汇总，得出一个信贷组合的变动率值（加总时应考虑各产品之间的相互关系）。

由此可见，在假定各类资产相互独立的情况下，每类资产信用风险组合的风险值，等于该类资产的敞口分布与其信用等级变动或拖欠的变动率，即：

风险值 = 信用等级变动或拖欠变动率 × 贷款额。

（三）国内应用信用风险模型存在的难题

信用风险模型在国内应用时还存在一些难题，包括：

（1）参数选择。

（2）风险遗漏。

（3）信用风险的复杂性。

（4）数据虚假、缺失、错漏及非标准化。

（5）外部信用环境约束缺失。

（6）信用信息成本。

现有的信用风险模型仍存在诸多不足，如 Credit Metrics 模型是一种序数模型，难以反映风险差异的程度。此外，基于信用风险的复杂性，如风险因素众多，外部环境复杂，内部机制复杂等，数量模型并非万能。信用环境的完善程度及管理机制和手段的有效性，对信用风险影响巨大。

Credit Metrics 模型面临如下问题：依赖历史数据，不能反映未来趋势，无法及时反映企业信用风险的变化[60]。

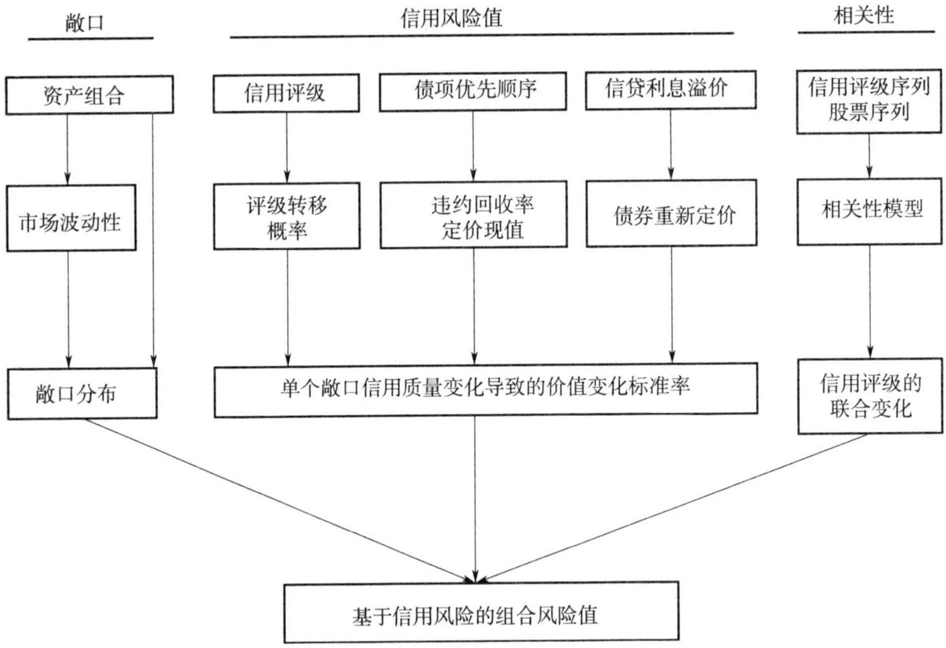

图4-4 Credit Metrics模型

贷款机构的 Credit Metrics 模型[61]，是通过掌握借款企业的资料，如借款人的信用等级资料，下一年度该信用级别水平转换为其他信用级别的概率[62]，违约贷款的收复率，计算出非交易性贷款和债券的市值 P 和市值变动率 σ，从而利用受险价值方法，对单笔贷款或贷款组合的受险价值量进行度量。

对于业务运营风险，如信用风险、承保风险的管理，有以下三个层次。

第一个层次是能够对风险变化快速评估、反应快速并调整。以直接保险公司为例，通过精算系统和核心业务系统，能够及时察觉业务质量的变化并调整承保、营销、激励政策。

第二个层次是预期管理，提前对可预期的未来风险变化采取对策。如保险公司基于实时气象数据，动态调整家庭财产险的费率。

第三个层次是刚性约束。将以上这些风险管理上升到建立基于风险的全面制度建设（如经营指标、绩效考核体系、准备金等），并通过信息系统形成刚性制约。

六、互联网时代的金融业务风险模型

从上面的描述，读者可以了解到，相较于其他行业而言，金融企业的内部业务模型是非常复杂的。

（一）阿里小贷的业务风险控制模式

由于互联网用户拥有一些特殊信息，通过互联网创新，可以创新信用风险模型和控制手段。如通过阿里巴巴、淘宝、天猫、支付宝等平台，阿里金融搜集包括平台认证和注册信息、历史交易记录、客户交互行为、海关进出口信息，加上卖家自己提供的销售数据、银行流水、水电缴纳甚至结婚证等信息，可以对卖家进行定量分析。

同时，阿里金融还引入心理测试系统，判断企业主的性格特征，通过模型测评小企业主对假设情景的掩饰程度和撒谎程度。将各类数据输入网络行为评分模型，就可以对小企业主进行信用评级。

此外，阿里金融还委托第三方机构在线下进行实地勘察。贷款发放后，通过支付宝等渠道监控其现金流，如果出现与贷款目的不符的资金运用，将立即询问情况并采取措施。经测算，阿里小贷发放的贷款，平均每笔 7600 元，贷款周期不超过半年，额度在 100 万元内，不良率控制在 1% 以内。

阿里金融批量放贷的核心，就是交易数据能否支撑标准化的金融模型，以及金融模型是否能把违约率降低到一定概率 [63]。

（二）小额贷款平台潜在的风险

如果一个企业的风险模型不够合理，不够健全，就会使企业成为危险的空中楼阁。

之前已经提到过，互联网金融业一个典型的创新是小额贷款平台（P2P 模式）。目前，这个产业仍在高速发展，并演变为多种形式。如平台不再提供资金借出人和借入人一对一的互动，而是由企业暗箱操作。甚至网络平台并不是获取借出人或借入人的主要途径，而是通过设立分支机构线下营销、电话营销或各类代理渠道获得客户资源。最重要的是，这类机构未纳入银行监管体系，因此其风险是不透明的，也缺乏相应的管理制度，如准备金制度。

为了取信客户，许多小额贷款平台提出了本金保证金制度。但许多 P2P 网站提出所谓的本金保证金制度（如固定提取 1%~2%），往往只是作为一个营销噱头，并不足以覆盖风险。如深圳银监局在《深圳市银行业金融机构小微企业金融服务工作指引》中，已经提出将银行的小微企业贷款业务不良贷款坏账率容忍度提高到 5%[64]，远高于目前 P2P 平台的保证金水平所能承受的范围（P2P 平台的业务风险极可能比银行高）。

P2P 信贷理财高收益中存在陷阱，高速发展中蕴含极大的系统性风险。据报道，某信贷理财机构目前在全国大量开设分支机构，向消费者诱称年收益率可达18%[65]。

某自称信贷理财公司的宣传单上甚至声称："投资额度100万元以下的，年收益率为15%；投资额100万~300万元的为18%；如果超过1000万元，年化利率能达到22%。"

某信贷理财公司要求投资者每次至少提供10万元本金，并自行到银行开设账户，然后出资人就可以从公司提供的借贷客户资料库里筛选适合的对象放贷，出借人可以自主选择是否出借资金给该公司推荐的借款人。一旦交易达成，投资者每月的固定收益率可达到1.5%，中介公司每月向借贷方收取1%的佣金。

坏账催收也存在风险。尽管P2P收益诱人，但如果出现风险，投资者的收益如何保障？信贷理财中介公司一般会要求借贷方以房产作为抵押，投资者可以到相关部门核实房产手续，之后再签订理财合同。公司有一套贯穿于前期咨询及信用教育、贷前审核、贷后跟进、回款管理的流程。针对坏账贷款无法回收的情况，某些信贷理财中介公司设立了一个风险管理账户，提取借贷额的2%作为风险资金池（类似坏账准备金的概念）。一旦发生借款人违约的情况，将会用这些资金先行补偿给出借人。但也有的企业表示，如果借款方不能按时归还借款，他们不负责催收和垫支赔付，双方只能通过诉讼途径，按照合同约定来解决。

第五节　企业边界的重新切割

创新价值创造模式有两种思路，一种是基于对客户需求的重新理解，再定义价值链，如商务酒店就是基于对客户需求和价值链的分析创造出来的；另一种是对实现价值链的供应链重新切割，定义企业边界。

一、基于交易成本理论的企业边界

让我们回到科斯和威廉姆森的交易成本理论[66]。

科斯认为，企业的本质特征是对价格机制的替代。价格机制的运行是有成本的，市场运行也存在费用。企业之所以出现，正是通过管理协调来代替市场协调并降低成本的必然结果。也就是说，企业组织的交易费用低于市场组织的交易费用，企业才得以产生。

市场和企业是配置资源的两种可相互替代的手段，它们之间的不同表现为：在市场上，资源的配置由价格机制来调节，而在企业内部，则通过管理协调来完成。企业的边界由交易费用来决定，在规模扩大时期，企业内部的交易费用低于市场交易费用时，企业的边界则得以扩展，直至两者的交易费用相等时为止。

威廉姆森认为交易成本包括以下几种（1975 年）[67]。

（1）搜寻成本：商品信息与交易对象信息的搜集。

（2）信息成本：取得交易对象信息和同交易对象进行信息交换所需的成本。

（3）议价成本：针对契约、价格、品质讨价还价的成本。

（4）决策成本：进行相关决策与签订契约所需的内部成本。

（5）监督交易进行的成本：监督交易对象是否依照契约内容进行交易的成本，例如追踪产品、监督、验货等。

（6）违约成本：违约时所需付出的事后成本。

或分为事前和事后两大类（1985 年）。

（1）事前的交易成本：签约、谈判、保障契约等成本。

（2）事后的交易成本：契约不能适应所导致的成本。

达尔曼则将交易活动的内容加以类别化处理，认为交易成本包含：搜寻信息的成本，协商与决策成本，契约成本，监督成本，执行成本与转换成本。简单说来，交易成本就是指当交易行为发生时，随同产生的信息搜寻、条件谈判与交易实施等的各项成本。

因此，当决定企业边界的各类成本及成本结构发生变化时，对企业边界重新切割，就可能建立新的商业模式。

对互联网社会中金融交易的成本进行分析，对业务链、供应链再造，重新划分企业边界，剥离其中的环节，都将创造新的盈利机会。

二、网络安全市场案例

关于企业边界重新切割，我们不妨剖析一下网络安全市场的创新[68]。

奇虎 360 凭借“免费模式”，彻底改写了桌面杀毒软件市场的格局。金山、瑞星、江民在 360 免费软件的竞争下，一溃千里，颓势尽显。

免费使用对金山的影响极大。2010年，金山集团包括WPSoffice、金山毒霸在内的应用软件业务，收入约8100万元，较2009年下跌16%，而网络安全产品线上订购用户仅为370万人，与2009年相比减少58%。除了复制360免费模式，金山别无选择。但复制免费模式两年，金山网络仍经营艰难。要超越老大，就得发现新的市场机会，推出新的产品以及新的模式。

互联网安全的核心问题，过去是丢信息，丢虚拟装备，现在已变成丢现金，因为黑客的目的已从“好玩”升级为“偷钱”。互联网的影响已经从online覆盖至online+offline，随着B2C、团购、LBS(位置服务)的发展，O2O给安全厂商提出了新课题。

安全威胁从“丢信息”到“丢现金”，金山认为“这产生了新的用户需求”，谁能解决好这个需求，就可能掀起行业革命。

金山网络2011年8月率先推出“网购敢赔”，又于2012年7月联合中国人保将其升级成为“网购敢赔险”。“网购敢赔”的含义是：用户因钓鱼网站、网购木马造成的财产损失，金山毒霸承诺给予每年1000元的赔付基金。为了增加可信性，金山网络向中国人保购买了保险。

这似乎只是金山网络的一次营销活动，其效果如何尚存疑；但是这次活动标志着互联网安全行业，已经从“免费”模式进一步向“倒贴”模式转变。

金山的这一举措，引起了杀毒软件行业的连锁反应。7月11日晚上，金山网络最大的竞争者奇虎360，宣布推出与之类似的“网购先赔”服务，且每年最高赔额为8000元。此次360仅宣布提高“网购先赔”赔付金额，但没有推出“网购敢赔险”。江民科技也计划推出网购敢赔。

网购先赔的模式是有前提条件的：部分互联网安全企业，已经通过免费软件获得了充足的用户资源，这些用户带来了流量，使企业获得了盈利来源，因此对软件收费依赖性不大。事实上，如果每个互联网用户的获取成本达到50元，那么通过免费方式可以节省50元，而收费除非高于客单价50元才有意义。

三、金融业价值链和供应链的重新定义

上述案例中的创新方法，就是价值链重新定义（竖切割）。传统的价值链上，用户愿意接受的每个增值指标都必须是正值，但免费安全软件的广告、流量等，对用户而言都是负值体验，而用户愿意牺牲这些体验以换取免费的软件。

与此同时还发生了供应链创新（横切割）。传统上，各干各的事情，网络安全企业销售安全软件，浏览器企业销售浏览器，网络营销企业整合流量交易，搜索引擎企业只做搜索引擎。然而对于360这样的企业，互联网安全企业不再是传统的边界，而且包括网络营销（360早期将流量导出给合作网站），甚至搜索引擎、浏览器、即时通讯工具等产品。今天谁还认为360只是互联网安全企业呢？它与金山已经不在一个领域竞争了。

如果剖析一个行业的供应链或业务链，就不难发现，横竖切割，会产生许多新的业态。其出发点是价值管理（金融企业也包括风险管理）。

下面来看金融业供应链的切割。

（1）销售是独立于产品与服务供应商（如直接保险公司之外的保险经纪、保险代理），还是在其内部（直销模式，包括电销、网销）？

中国将大力发展直接融资市场，间接融资市场比重随之会降低，银行必然要加快改革步伐。未来银行可能像国外一样主要是零售机构（支付业务、消费贷款业务、卡类业务、代理业务）、服务机构、咨询机构，大量产品与服务来自于专业化程度更高的外部供应商（保险、基金、证券、信托等）。

（2）产品与服务供应在内部还是外部？

金融机构的（潜在）供应商极多：哪些供应商可能会内生化？哪些应当外包？如：

①信息系统开发。许多金融企业拥有自己的信息技术开发队伍。

②核心服务模块。如保险公司的查勘、理赔、救援、鉴定、汽车维修、医疗、法律、公共关系、投资者关系等，银行的风险评估、收单业务、结构化产品开发、另类理财、高端咨询服务（移民、教育、不动产、出国、收藏）等。许多业务模式不能持久盈利的关键，在于没有正确切割边界，企业做了许多不该自己做的事，或者没有将价值创造的核心环节留在企业里，缺乏盈利空间。

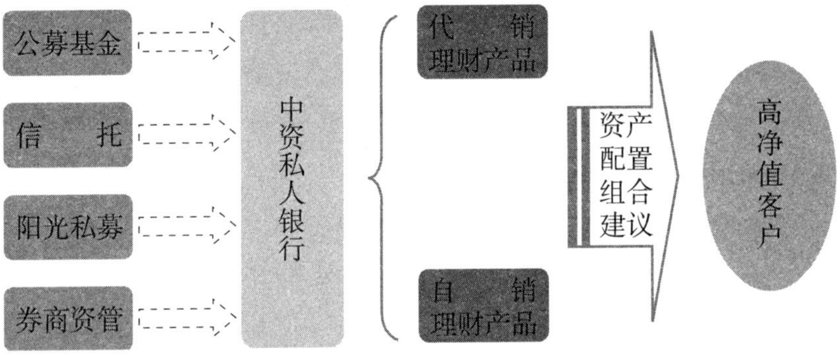

图4–5　中资私人银行“一站式”产品选择平台[69]

四、保险业的切割

未来保险渠道的切割，是作为保险公司自身的核心环节，还是剥离出去，抑或依靠第三方销售（经纪、代理）？

目前，保险业提出要改革保险营销员管理体制。中国保监会下发《关于坚定不移推进保险营销员管理体制改革的意见》，提出要解决目前关系不顺、管理粗放、队伍不稳、素质不高等问题，向着“体制更顺、管控更严、队伍更稳、素质更高”的方向发展，并推出六项主要任务和政策措施。

（1）鼓励探索保险营销新模式、新渠道。

（2）强化保险公司对营销员的管控责任。

（3）提升保险营销队伍素质。

（4）改善保险营销员的待遇和保障。

（5）建立规范的保险营销激励制度。

（6）持续深入开展总结和研究工作。

从描述看，这里提到的改革，主要是指“管理体制”改革，而非营销员机制本身。也就是说，在未来愿景中，仍然要拥有一支属于保险业的营销队伍，而且这只队伍的规模并不小。

我们看银行、基金、证券，为什么这些行业都和保险业不同，没有营销员这种销售队伍？营销员队伍的许多问题并不在营销员本身。如果大家都搞平安的金控模式、交叉销售模式，保险营销未来或许并不在保险业内部。

事实上，平安财险的业务渠道来源包括电销、交叉销售、代理或经纪三个方面，并且呈现三足鼎立的局面，来自财险专属营销队伍的业务正逐步减少。随着平安将经营重心放在平安银行上，更多保险业务，包括寿险业务将来自银行。

人力资源成本等的上涨，使得专属营销员队伍的经济性越来越差。中国人寿2010年营销队伍员工数量降幅达9%，2011年营销员再度下滑2.97%至68.5万人[70]。2012年上半年，整个寿险市场营销员增员困难，增员费用上升。

那么，为什么现在还需要这支队伍？一是原有队伍的产能及效率在某些地区、某些产品上，相较于其他渠道仍具有相对价值；二是存量业务维护等的需要；三是人力资源的刚性。由于新的工作机会需要寻找，新的工作技能需要培养，员工流失呈现渐进性。

此外还有一个重要的原因，这个原因并不在营销员机制本身，而在于产品。目前，保险市场尤其是寿险市场尚未形成充分的自由竞争（预期收益率管制），在这种情况下，寿险产品本身的竞争力有限。

长期以来，寿险产品管制使得其市场竞争力远低于其他理财产品。

从理财的角度，有多少人会购买寿险产品？寿险预定利率2.5%的限制如果始终不能突破，寿险产品的吸引力匮乏，只能使其依靠过度营销来销售。保监会《关于人身保险预定利率有关事项的通知》征求意见[71]后，一直未能正式下发，再次证明了市场化改革的难度。

如果寿险能够进一步体现其投资、保障、避税功能，预定利率市场化获得突破，那么其产品的吸引力将大大增加，产品不再依赖过度销售。这是否会对营销体制产生根本性影响？未来是否不再主要依靠营销员，而是主要通过保险产品垂直搜索引擎、第三方评估公司和互联网销售渠道购买保险产品？在交易渠道方面，是否会集中在保险公司直销网站和阿里（淘宝）、腾讯（微信、易讯）平台？

五、企业边界重新切割的制约因素

重新划分企业边界，是一个非常重大的决策，受制于企业已有资源禀赋。我们常常看到，从理论上证明有效的模式，实践中却很难实施。这里有一个重要的原因，就是企业本身拥有的禀赋会影响企业决策。

例如，对于传统企业来说，电销和网销模式对原有展业人员产生威胁，信息化对原有操作人员产生威胁，互联网应用将对各内部管理岗位人员产生威胁。

10多年前，我们在一家快消企业里开发信息系统，就财会系统和销售系统进行需求分析和流程再造设计，遭遇到部分员工强烈的敌意。再后来，保险公司推行电销模式改革，在基层遭遇到绝大多数支公司经理的强烈反对。在推行集中承保、集中理赔的过程中，在基层遇到了来自一线业务人员重重阻力。

这些改革方向并没有错，但任何一家企业都无法忽视现有的资源禀赋。改变这些资源禀赋的使用方式，会有极高的成本，尤其是人力资源改革。

一家企业使用互联网进行内部集中管理，可以实现防范风险、降低成本、提高效率、提升技能等目标，但这个降低成本的前提，是原有的部分人力资源在新的组织架构下变成冗余，并可以通过裁员缩减。

实际运营中，企业的人力资源存在刚性，难以裁员（裁员成本高得难以承受）。因此，对于一家成熟企业，重新划分边界的成本要远远高于一家新兴企业。

第六节　勇于割舍的大跨越

管理复杂的技术型企业，在面临创新时总是力不从心，企业无法正确处理战略与战术之间的关系。诚然，许多战略的实施需要关键性细节的突破，这就是战略性细节。这些牵一发而动全身的细节，往往决定战略的成败。

对金融企业而言，内部管控的复杂性，往往使决策层最终放弃对细节的管理。尤其是大型企业，可能忽略某些重要细节的战略价值，固守窠臼，在涉及战略性细节的重大决策前畏缩。传统金融企业的内部创新，面临严格监管、公司政治和相对保守的企业文化，要真正实现创新，尤为困难。

一、战略和战术配合案例

道与术、战略与战术的概念，可以从淘宝的发展史观察到。

对于淘宝而言，能够在易趣（ebay）开始收费时坚持免费政策，成功吸引了消费者，最后战胜易趣。随后，又在正确的时间继续做出正确的战略性决策，如：在买方市场中，以买家拉动卖家，买家利益优先；正确认识商家的合理诉求，通过技术保护其合理利益，坚决遏制不良商家；顶住商家压力，建立信用体系。

这里可以简单描画出淘宝发展的三部曲。

（1）免费政策——吸引商家入驻——在适当的时间从资本市场融资，弥补亏损，度过冬天，阿里盈利补贴。

2004年初，易趣的市值为290亿美元，易趣中国在国内占据老大地位，而淘宝才刚刚诞生，2004年以前毫无名气。但本土化因素使淘宝的业务快速上升，成为仅次于易趣的电商网站，一年后更是超过了易趣。

作为外来企业，易趣中国的傲慢、迟钝、漏洞都广受诟病。最重要的是，其不能适应国内环境（如诚信机制不健全、钻漏洞者众多等），未能及时完善业务规则，改善买家体验。此外，还有一个更重要的原因，就是由于资本市场的压力，易趣中国开始推行收费制度。

许多易趣商家受到免费诱惑，采用了“易趣展示、淘宝成交”的模式，在淘宝积累了足够人气后，完全移植过来。与此同时，淘宝大打广告营销战，在此期间，依靠阿里注资和外部融资，实现了淘宝的快速发展。

（2）商家达到一定数量——保护消费者利益——吸引买方——吸引更多商家入驻。

对于一个平台，买和卖是相辅相成的。首先必须有东西卖，才能有买家，然后需要足够的人气，吸引更多商家入驻，这是一个循环。平台最初的主要矛盾是卖家不足，所以淘宝最开始的竞争武器就是免费。通过免费策略和广告，淘宝吸引了许多易趣的商家入驻，也开发了许多新商家。

当商家达到一定数量之后，买家逐渐增多，主要矛盾就是留住买家，提高成交率和重复购买率，利用已有买家的口碑效应，吸引更多的买家。留住买家就必须不断改进平台，向买家提供购买决策工具和诚信保障。如对卖家进行排名和信誉管理，提供延期支付，打击不良行为等。成交率和重复购买率增长，也吸引更多商家进驻，扩大了产品品种和规模。

淘宝推出支付宝，很大程度上解决了淘宝交易的安全性问题，解除了买家的后顾之忧，同时也克服了发展的瓶颈。加上“免费”这一有力武器，淘宝发展迅猛。

（3）消费者数量庞大、交易量巨大——逐步向商家收费——建立盈利模型。

当淘宝已经成为无可争议的老大，占据了电子商务平台的绝对领先地位，成为商家生存的依靠后，收费就水到渠成。此时不收费，更待何时？更何况淘宝的规模做大后，完全免费也不足以维持其继续发展壮大。因此淘宝开始分阶段、有步骤、分类别地逐步建立其收费模式，包括支付宝、消费者保障服务（如实描述、7天无理由退换货、假一赔三等）、钻石展位、超级麦霸（活动专题展示位）、淘宝旺铺（个性化店铺）、淘宝旺店（独立网店系统）、网络广告、阿里妈妈（广告交易）、淘宝直通车（关键词竞价）、淘宝客推广等。

在整个发展过程中，我们看到淘宝不断地根据阶段性特点调整战略和战术，在不同利益中取舍。例如，在早期互联网掀起收费潮，竞争对手开始收费之时，淘宝毅然选择免费道路；当卖家已经足以吸引人气，但信用环境恶劣时，淘宝毅然选择通过支付宝和信用评价机制筛选商家，为买家提供决策支持；当假货盛行，影响和威胁到淘宝的品牌声誉时，淘宝毅然选择打击假货。

在这个过程中，淘宝面对的矛盾不可谓不激烈，如关于“恶评”、打击“假货”的指责和抗议。事实上，许多反对意见披着合理的外衣，如果不加甄别，就可能导致重大的战略失误。

在企业发展合适的时期采用合适的战略，并以精巧的战术支持，这是淘宝得以成功的关键所在。在这个过程中，淘宝如何形成自己的核心优势呢？今天有了同样的投资，有了正确的战略决策，是否就能再造一个新淘宝呢？

二、没有脱离战术的成功战略

魔鬼隐藏在细节中。淘宝的强大之处不仅在于战略，还在于战术细节。不仅在于它在历次战略抉择的关键时刻作出了正确决策，还在于它在长期商业实践中，探索出了一整套行之有效的策略和技能，即卖场式、平台式电子商务业务规则。这些业务规则，既包括应对大流量并发访问的信息技术（决定消费者体验），也包括对商家的审核、激励、辅助销售、排名、监控等和对销售环节的控制。

表面上，百度、腾讯参与电子商务平台竞争失利，在于消费者的习惯和淘宝巨大的客户群优势。实质上，这些企业缺乏一个类似淘宝与易趣竞争过程中逐渐摸索出的行之有效的竞争策略，以及淘宝长期积累下的业务规则与经验。这里所说的规则，绝不是完成一个中介交易这么简单，而是如何在这个交易过程的各个环节为客户创造价值。如果做不到，实行跟随战略就很难取得成功。当然，如果腾讯能够克服这些障碍，发挥自身优势，同样可以在电子商务平台领域另辟蹊径，正如京东从3C垂直电子商务门户开始所做的那样。

这场竞争也使我们更加深刻地认识到，不同行业、企业的客户群具有如此明显的差异，同样一群客户在不同的网站也具有截然不同的用户特征。即使转换成本非常低的互联网，也存在着强烈的使用习惯和忠诚度，即便拥有强大的用户群，百度、腾讯仍然面临着巨大的门槛。

互联网时代，商场如战场，一日千里，不进则退，企业要敢于大跨越。京东做大3C电子商务之后，大胆向百货挺进，进而向物流挺进，事实上，这是京东对供应链条中的关键环节的突破。即便这样做会让一家电子商务公司变得不再像纯粹的电子商务企业，就如顺丰试水便利店的跨界尝试一样。

京东这样做正确吗？这个问题恐怕没有人能回答。事实是，企业经营决策的风险相当高，很难用正确、错误来简单评判。我们只能说，就京东自身的发展而言，这样做可能是其在决策时点的最优选择。而关键时点的关键战术问题，往往可能决定战略的成败。

当然，在许多企业家看来，问题并不在于是否愿意尝试，就如平安投资1号店，即便不能创造一个新模式，也能成就一笔绝佳的财务投资，这只是一个无关痛痒的试错。问题是，某些领域所需的决策是一次大的冒险，可能需要投入企业全部资源，而这样的冒险关乎企业生死。这类决策，就属于战略决策。

三、超越琐碎细节的战略转型决策

对企业家来说，重要的是基于商业直觉做出正确的战略决策。

毋庸讳言，成功的企业家较其他人不同，就是拥有高超的商业直觉，能抓住商业本质，做出英明的战略决策并果断部署实施。经济学中，假设市场经济中的经济人风险偏好均为风险厌恶型。通常已经度过成长期的成熟企业，尤其是以风险厌恶著称的传统金融企业，往往会趋向于做出保守决策。

对于许多企业来说，在面临互联网战略转型的关键时刻，问题往往并没有出在企业是否有过研究和讨论的程序，而是在于是否敢做，是否愿意做。金融业转型如同一场革命，革命不是请客吃饭，不拿自己开刀，没有壮士断腕的决心，能转过去吗？转型能成功吗？市场中时刻都有成千上万消费者在用脚投票，如果在决策时优柔寡断，瞻前顾后，必然会被市场、客户无情地抛弃。

目前，互联网金融如火如荼，新兴企业多如牛毛。宜信大范围拓展业务，冒着巨大的舆论风险，甚至不乏违规质疑。从传统金融业视角来看，这确实充满了监管风险，但是如果宜信不做大规模，必死无疑。话说回来，当年平安做寿险，就当时的监管环境而言，难道不是违规吗？基于中国特色的国情，我们去看民营企业的发展，新兴行业的发展，都是在一条灰色的地带上蹒跚前行。

对于监管严格的金融企业来说，决非鼓励你不顾一切地去违规。这个行业的风险特征有许多特殊性，许多风险并非能够简单地量化为成本大小，而是涉及到企业生死存亡的定性问题。但是要在互联网领域竞争，就要深知这个领域与传统业务有着本质不同，市场机会稍纵即逝，如果不能迅速占领市场，失败的风险更大。

在决策中，面对如此纠结的问题，该怎么办？答案就是必须区分原则和非原则性事务、战略和非战略性决策。

对于监管风险，一方面要领会监管意图，不要触碰红线。另一方面，如果能够正确认识到监管的空白，创新力度够大，能够满足市场的客观需求，且能防范真正意义上的金融风险，对于政策的灰色地带，就应当勇于尝试。

随着政府监管日渐规范，法律环境日渐成熟，转型升级阶级鼓励创新，在灰色地带进行创新，被扼杀的风险已经大大减少了。

在越来越市场化、自由化的金融市场上，互联网金融企业可持续性发展的关键，就是面临生死攸关、不进则退的局面，能够正确认识市场机会，进行可能是孤注一掷（当然也要尽力避免这种情形）的试错。

四、大型金融机构要时常审视互联网业务

创业型中小企业和传统大型金融企业面临同样的抉择，但决策背景、态度、方法会有很大的不同。创业型中小企业由于生存所迫，必须在摸索受阻时果断转型。典型的如盛大，在创业过程中，探索了许多业务，最终才在网络游戏领域获得突破。京东则成功实现了从 3C 到家电百货等全产品线的转型。

对于大型金融企业而言，在开展互联网业务过程中，即使发现方向性问题，受到企业内部激励考核机制、企业文化的制约，转型仍然面临许多困难。不过发现得越早，转型的成本就越低。

大型金融机构有必要时常仔细审视自身的互联网业务。

（1）现有互联网业务的战略方向和定位正确吗？这通常是一个非常难于回答的问题！许多产权制度不完善的企业，除非发生决策层更替，否则受制于公司政治，企业绝对不愿意承认自己走在错误的道路上。完善的产权结构，有效的委托代理机制，有利于防止这种情形发生。此外，企业文化，思维惯性，也可能阻碍企业正确收集最新的市场信息和客户信息，妨碍企业做出正确的判断。

（2）对现有业务是否进行过科学的核算和审计，这依赖于企业整体管理水平。比如企业能否核算出各个产品、客户群的边际成本和边际收益？这一问题未必每家

金融企业都能够准确回答。审视许多企业内部貌似完整的分析体系，我们发现，大多数企业对内部产品线的核算不一定准确，或者进一步说，不够精确。

（3）决策是以拍脑门，还是以核算、分析为客观依据？作为管理者，最终需要依靠商业直觉作出判断，但有客观依据的决策与没有客观依据的决策，相差甚远。我们看到，许多企业及其互联网部门，由于经验所限，数据匮乏，往往在决策的规范化、科学化、程序化等方面存在缺失，甚至缺乏长远制度安排。

（4）互联网业务的考核机制、考核指标是否科学？能否适应互联网业务的特点？还是简单地统一在整体框架下？考核有没有刚性？是否客观，以定量考核为基础？受制于企业体制、机制的局限，这往往是传统大型金融企业普遍面临的挑战。

（5）是否过分受已有投资的桎梏？是否经常做零点决策（初始决策）？金融投资有一个术语叫"止损"，但罹患大企业病的企业，可能存在"大而不倒"的部门和业务。对于目前无法创造价值的环节，应当毅然决然地进行割舍。大型企业的困难是，这些环节往往已经沉淀了较多投入，尽管整体亏损，但仍然能够在弥补变动成本之外消化部分固定成本，如果停止该业务，亏损可能会更多。在这种情形下，除非通过资本市场出售，否则即使通过裁员等方式裁撤，仍然会产生新的成本。但是从长远来看就会发现问题，企业某些决策已经是非理性的非零点决策（跟踪决策），受到过多来自主观感情、公司政治等因素干扰，这些非盈利业务将成为公司内部的毒瘤，最终消耗掉公司再生能力，导致彻底失败。诺基亚在移动终端上的失败案例，就缘于其放弃自身操作系统的时机太晚了！

最后需要指出的是，这里探讨的大跨越，绝不是胡干蛮干，一意孤行。任何一家企业在进行大幅度跨越时，其变革前后的状态，常常具备一定的逻辑联系或类似的资源禀赋，除非该企业是轻资产、轻禀赋的。

1993 年郭士纳接掌 IBM 后，因不懂高科技而被讥讽为"饼干销售员"。这反而反映出他在思维定势上是"轻资产"的，不会陷入具有行业背景的高管常常陷入的陷阱。他抓住商业逻辑的核心，一接手即大刀阔斧削减成本，裁减数万名员工，将 IBM 从全球最大的电脑制造商，转型为最具竞争力的大型服务公司。尽管这一转变震惊了整个业界，但这一切都围绕着客户、服务、价值这些最基本的商业理念，以及 IBM 自身拥有的禀赋——企业蕴含的强大服务能力[72]。

第七节　不讲道理的变革

一、互联网创新带来变革压力

传统金融企业要开展互联网业务创新，显然面临许多困难和挑战。

首先，如何建立一个适应互联网业务发展需要的环境（譬如决策环境）。其次，如何建立与之相适应的组织架构和人事制度。第三，如何为其开辟一条绿色的业务通道。第四，如何重新进行资源配置。

他山之玉，可以攻玉。我们看一下国美和苏宁这些传统产业大佬的互联网竞争。

老大掉头殊不易，推动力往往来自外部。如果不是京东咄咄逼人，恐怕国美和苏宁也不会下决心大力推行电子商务战略。然而即便如此，其转型之路仍然曲折。国美收购外部企业（库巴）几近失败，苏宁易购任务完成不足一半，而金光集团投资的大货栈网站，仅仅运营一年即停止运营[73]。

再来看互联网对传统金融企业可能带来的冲击。

（1）带来大量裁员。在裁员的同时，留存员工必然要面临转型，提升自身技能。随着互联网技术在金融业的普遍应用，网络客服的应答机器人、智能审核等，将大大提高劳动生产率，减少对人力资源数量的需求。这与传统信息技术曾经给企业带来的影响非常类似。

大型保险企业在建立集中化管理平台的过程中，利用互联网实现集中销售（电销和网销）、集中出单、集中核保、集中理赔，原先拥有这些职能的分支机构就产生了人员冗余，这些机构要么转型，要么裁员，许多企业不得不强制员工离职。

平安银行在整合深圳发展银行后，也开始大刀阔斧地改革，尤其是在集团内部重新整合各类职能，以及销售、客户、产品等资源，导致高管团队、中层大变动，许多高管和员工不得不离职。

（2）组织与流程变革。优酷和土豆合并后，通过减少版权成本，改革内部绩效，迅速取得了成果。这类纯互联网企业的改革或许相对简单，而大型金融机构则极为复杂，总部和分支机构、分支机构互相之间的组织架构、权责、职能、员工、业务流程、规则、操作都会发生巨大变化。

当年福建福州实达电脑采用麦肯锡方案改革销售体系，导致整个企业失败。在这次变革中，由于事先没有精心设计的科学方案，企业在变革中必然陷入混乱。平安银行业务系统整合经历了紧急叫停事件后，延期一个月完成，共涉及109个项目、313份系统需求和3200多条作业指令[74]。

互联网对传统金融企业的这些冲击，将迫使金融企业不得不进行“不讲道理”的变革。

二、变革“不讲道理”

这里提及的“不讲道理”，其含义主要体现在以下几个方面。

（一）只在决策层小范围内讲道理

传统金融企业往往机构多、层级多、人员多，且大多数缺乏完善的产权制度和法人治理结构。这类企业往往缺乏刚性考核，执行力不强，存在“内部谈判文化”。对于高层推动但会影响部分员工利益的变革，某些员工所谓的“讲道理”，往往并非是真的道理，而是寻找借口来阻碍变革，以业务问题名义维护既有利益。

如果发现企业为变革进行的思想动员和民主讨论，变成以私利对抗企业大局利益的口舌之争，道理之争变为利益之争，就必须坚决制止这类所谓的“讲道理”。

事实上，我们看到，绝大多数成功的大变革，都是自上而下坚决贯彻实施的。变革之坚决，不意味着具体措施不调整，但必须服从变革大局，服从变革的根本目的。随着变革方案的日臻完善，基层员工需要的只是认真执行。

（二）互联网金融创新常常不遵循传统商业逻辑

在传统逻辑之下，企业经营管理已经陷入定势。然而原有的模式只适用于过去，互联网时代，许多商业逻辑已经完全不同于以往。为了避免束缚变革者的思维，在组织再造和业务流程再造理论中，变革者不需要熟悉原有的业务流程。

譬如，未来的财险公司还能拥有30%的费用空间吗？居民和家庭消费者还能容忍财险公司低至60%的赔付率吗？反过来说，如果与销售有关的费用达到20%，这些费用是否会通过消费者主动参与销售过程而让利给消费者？类似于P2P的小额贷款平台，是否会发展为P2P2P（Point–Platform–Point）的互助保险模式？

未来的商业社交网络，是否会进一步发展壮大？今天的P2P小额贷款平台，是否会进一步发展为B2P2B（Business–Platform–Business）互助信贷模式（即企业通过互助平台建立信贷关系）？在这种情况下，借出人和借入人是否都能获得更多的收益？

未来的互联网企业加上商业智能，是否能够提供成熟的平台产品？也就是说，今天银行信贷经理、信贷审核员的知识和技能，能否实现标准化、电子化，或出现专门的金融产品设计企业，从而取代今天的金融机构，直接成为金融产品的开发部门？金融机构（包括银行）网点未来是否会是一种全新的形态？

未来的金融机构，是否会退化为产品开发部门，不再拥有销售组织？因为有专业的互联网营销企业及其背后的门户网站、垂直网站、搜索引擎，甚至网络安全软件、浏览器、手机等渠道，对金融市场来说，这已经足够了。

（三）变革往往依赖于领导人的商业直觉

重大变革往往发生在技术、市场等质变的临界点。在这些时点，企业的经营成果尚未充分体现其变化趋势，也就是说经营数据是滞后的。变革的提出者未必能提出科学依据，或者依据是不充分的。在这样的时刻，变革往往是处于卓越领导人的商业直觉，而不是传统的商业模型。

换言之，多数传统的商业模型和量化分析工具，能够有效支持企业在平稳经营环境中的常规决策，但无法正确描述、反映在重大变革时期的决策。这时候感性决策就非常重要，尤其对于技术驱动的互联网公司、互联网金融业务，创新往往是产品创新，而产品创新更依赖商业直觉。

比如，使苹果公司起死回生的革命性产品 iPod、Pad、iPhone，其创意决策主要依赖于乔布斯的商业直觉。

注意，这里讨论的是变革决策。至于变革方案的具体实施，显然仍需要成熟的管理工具。

（四）变革的发生往往是紧迫的

变革的发生有不同情形，有的是由于企业家高瞻远瞩，进行战略性布局，有的是由于市场所迫，形势所迫。

对于传统企业的变革，往往后者居多。例如，国美和苏宁最初对于电子商务的态度是轻视的，采用的策略也是被动防御，如强势胁迫供应商停止供应商品。直到京东、淘宝这样的企业对其真正构成威胁时，才不得不仓促应战。

互联网对传统企业的冲击是呈加速状态的。例如支付宝的崛起，其发展速度远远高于传统银行的发展速度。一旦其在市场份额中占据绝对优势，银行在支付领域就已经大势去矣。

在传统金融企业内部，面对变革往往存在着许多不同的意见，于是变革就容易在不断争论的拉锯战中错失良机。

参考文献

[1] 编译 / 中涛 .Facebook 用户停留时间接近谷歌仍远低于雅虎 . 腾讯科技 [G/OL]，[2008-12-19].

[2] 令狐达 .Facebook 六月用户平均停留时间接近 Google 两倍 . 搜狐 IT[G/OL].[2009-7-14].

[3] 晁晖 .comScore：Facebook 移动端用户访问时长超 PC. 腾讯科技，[2012-5-8].

[4] 尹一丁 . 商业模式创新的四种方法 .21 世纪经济报道，[2012-6-29].

[5] 申通电商平台 28 日上线主攻二三线城市 . 亿邦动力网，[2012-7-26].

[6] 扬扬 . 顺丰速运旗下食品 B2C"顺丰优选"正式上线 .DoNews.[2012-5-31].http://www.admin5.com/article/20120531/434918.shtml.

[7] 朱琼华 . 顺丰跨界便利店：模式创新还是利润赌局？.21 世纪经济报道，[2011-12-7].

[8] 我买网 1 号店遭遇瓶颈"高富帅"不敌平民企业. 牛华网 [G/OL].[2012-7-24].http://b2b.toocle.com/detail--6049187.html.

[9] 欧阳晓红 . 涉入消费领域中国平安收购 1 号店的秘密 . 经济观察报，[2010-8-24].

[10] 朱旭冬 .Google Now：从主动搜索到实时推送 . 腾讯科技，[2012-7-1].

[11]Clayton M. Christensen(克莱顿 · 克里斯坦森) 著 . 胡建桥，译 . 创新者的窘境 . 中信出版社，2010.

[12] 张楠 . 焦虑的中小垂直电商：在大平台夹缝中生存 . 新浪科技，[2012-8-30].

[13] 邵丽平 . 丘克军：《21 世纪经济报道》盈利模型创新 . 人民网，[2011-8-1].

[14] 刘夏 . 尚德施正荣与无锡政府矛盾公开化公司或国有化 . 中国经营报，[2012-10-20].

[15] 尹一丁 . 商业模式创新的四大误区 .21 世纪经济报道，[2012-6-22].

[16]Diana. 新浪网络广告 2011 年 Q4-2012 年 Q1 报价单 .[2011-11-24].http://blog.sina.com.cn/s/blog_708220e30100w7by.html.

[17] 赵楠 . 电商闹剧：京东自娱自乐苏宁国美将计就计 . 第一财经日报，[2012-8-20].

[18] 为留人才互联网巨头频频出招 . 飞象网 .[2011-8-19].http://tech.hexun.com/2011-08-19/132616846.html.

[19] 薛松 . 移动互联网闹"人才荒"年薪 20 万招不到人 . 广州日报 .[2011-11-18].http://tech.163.com/11/1118/06/7J4EGCET000915BF.html.

[20] 阳淼 . 优酷称中国带宽价格是美国 4 倍三季度带宽成本 9240 万 . 新京报，[2011-11-18].

[21] 唐风 . 土豆网第四季度净亏损 2370 万美元同比收窄 . 新浪科技 [G/OL].[2012-3-1].http://tech.sina.com.cn/i/2012-03-01/05546787536.shtml.

[22] 杨晶晶 . 三季度保费出炉财险保费利润增速双下降 . 中国经营报，[2012-10-20].

[23] 马太效应 . 百度百科 [G/OL].

[24] 曹蓓 . 部分银行贷款利率上浮 4 成小微企业融资之路仍难 . 证券日报，[2012-2-21].

[25] 姚玉洁 . 小金融也有大利润——民生银行服务小微企业启示 . 新华网 [G/OL]，[2009-11-18].

[26] 凸函数 . 百度百科 [G/OL].

[27] 王春利 . "大龄" 营运车遭遇 "拒保". 大河报，[2004-5-28].

[28] 罗伯特・希勒 . 金融业的最高追求 . 财经，[2012-6-4].

[29] 范京蓉，黄小玲，李蕾 . 民生银行：全球最大的小微企业金融服务机构之一 . 深圳特区报，[2012-5-22].

[30] 浙江中小银行如何成为业界隐形冠军? . 央视《经济半小时》，[2010-9-16].

[31] 范璟 .GCash：手机里的银行 .21 世纪经济报道，[2011-12-15].

[32] 杨井鑫，徐超 . 银监会坚持银行为主发起人温州村镇银行布局临考 . 每日经济新闻，[2012-10-23].

[33] 小额贷款 . 互动百科 [G/OL].

[34] 郑江波 . 创业邦：山寨原罪在哪里 (2). 创业邦，[2012-6-5].

[35] 赵明超 . 淘宝借道掘金基金第三方销售市场陡生变数 . 上海证券报，[2012-7-31].

[36] 家财通官网 .http://www.feidee.com/jct/.

[37] 侯继勇 . 电商开放运动：大佬的游戏 .21 世纪经济报道，[2011-10-9].

[38] 王鑫 . 活法儿章坚：健康管理应用将实现精准个性化 . 腾讯科技 [2011-11-25].http://tech.qq.com/a/20111125/000173.htm.

[39] 赵楠 . 垂直电商现集体出售潮：融资难不被看好 . 第一财经日报，[2012-12-21].

[40] 马明哲：从司机到平安保险集团董事长 [R/OL].http://money.163.com/09/0421/09/57DOST3Q002524TU.html.

[41] 王宙洁 . 日本信贷巨头或破产无力返还借款人超征利息 . 上海证券报，[2010-9-28].

[42] 邱冉 . 中国人寿上市与利差损忧虑：财政部同意设立共管基金 .21 世纪经济报道，[2003-11-11].

[43] 丁玉萍 . 支付宝光鲜掩映第三方支付盈利模型忧患 .21 世纪经济报道，[2011-6-25].

[44] 赵晓菲 . 险企增资扩股频现高溢价独天安平价引入新股东 . 证券日报，[2011-5-26].

[45] 毛宇舟 . 平安三线失火考验马明哲保险理财违规投行震荡 . 中国经济网，[2012-5-24].

[46] 李国训 . 中国互联网流量作假视频全行业涉嫌 Alexa 作弊 . 财经时报，[2007-9-2].

[47] 恰克 .UC 炮轰易观手机浏览器报告作假：不收回不罢休 .TechWeb[G/OL]，[2012-4-16].

[48] 段郴群，潘彧 . 网络公司频赴美 IPO：营收数据造假花钱买流量 . 广州日报，[2012-3-22].

[49] 李国训 .Alexa 全球排名，八成中国网站弄虚作假 . 财经时报，[2006-9-4].

[50] 胡祥宝 . 嫁我网红娘网凋谢背后：婚恋网站陷入 3 种衰亡 . 腾讯科技，[2010-12-6].

[51] 注册体验支付专家，轻松到手 12 元 . 猪八戒网 [R/OL]，[2011-3-30].

[52] 欧晖 . 中国银行风险内控与"三道防线". 当代金融家，[2009-11-16].

[53] 纪晨璐 . 中德安联人寿 CEO：外资在华盈利周期拉长 . 广州日报，[2010-7-29].

[54] 侯旭华 . 保险公司利润操纵的十大手段识别 . 财会月刊，2005(12)

[55] 陈植 . 小摩中魔：摩根大通衍生品交易巨亏 20 亿美元调查 .21 世纪经济报道，[2012-5-15].

[56] xiaopi. 伦敦鲸的覆灭 – 摩根大通巨亏全解析 . 华尔街见闻网，[2012-5-13].

[57]VAR 模型 . 百度百科 [G/OL].

[58] 吴绍强 . 信用风险模型，[2006-7-9].

[59] 赵跃琼，严广乐 .KMV 模型在银行贷款定价中的应用 . 上海理工大学学报，2006(1)

[60]Credit Metrics 模型 .MBA 智库百科 [G/OL].

[61]Credit Metrics 模型 . 百度百科 [G/OL].

[62]J.P.Morgan.Credit Metrics–Technical Document.NewYork，[1997-4-2].

[63] 战瑞琬 . 阿里金融日息百万：大数据的力量 .21 世纪网 [R/OL]，[2013-1-21].

[64] 深圳银监局发布小微企业金融服务工作指引 . 深圳特区报，[2012-4-13].

[65] 梁龄，万婧 . 民间信贷理财暗藏坏账风险 . 重庆商报，[2012-7-12].

[66] 企业的性质 .MBA 智库百科 [G/OL].

[67] 交易成本 .MBA 智库百科 [G/OL]

[68] 侯继勇 . 从免费变“倒贴”：安全厂商血拼再升级 .21 世纪经济报道，[2012-8-10].

[69] 中信银行私人银行中心，中央财经大学中国银行业研究中心 . 中国私人银行客户特征与发展趋势研究报告 . 凤凰网财经 [R/OL].[2011-10-24].http://finance.ifeng.com/bank/yhpl/20111024/4911074.shtml.

[70] 中国人寿 2011 年年度报告 .

[71] 关于征求对《关于人身保险预定利率有关事项的通知（征求意见稿）》意见的函 . 保监厅函〔2010〕308 号 .

[72] 郭士纳：带领蓝色巨人 IBM 成功转型的功臣 . 新浪科技，[2002-2-1].

[73] 庄春晖 . 网购平台大货栈清算在即：管理冲突钱路被断 . 每日经济新闻，[2011-9-28].

[74] 新平安银行业务系统整合上线 综合金融提速发展 . 中国新闻网 [R/OL]，[2013-1-14].

第5章 明天你的钱放在哪里

中国的个人金融消费者，未来会将自己的资产放在哪里？换言之，他们将通过什么渠道购买哪些金融产品，使用哪些金融服务，如何保障自己的财务稳定与安全？

现代金融业已经提供了许多可能：银行储蓄及理财产品、股市、债市及基金、黄金、房地产、保险……同时提供了丰富的渠道：从高端的私人银行到低端的大堂理财经理到银行客户经理、证券公司、保险公司、信托公司、第三方理财……

互联网能成为一个重要的理财渠道，甚至进一步融入现有金融业的业务链，无缝链接客户需求与产品服务供给，并贯穿金融企业的内部管理吗？本章将讨论基于互联网的合作金融、移动金融、面向低净值客户的专业服务等多种创新模式。

第一节　谁能帮我赚更多的钱

今天的金融消费者，比以往任何时候都更渴望获得财产性收入。然而现有的金融产品供给极不充分，也难以满足消费者需求。正因为如此，中国居民家庭 5.3% 的金融资产比重，远小于美国家庭的 37.9%（2010 年），人们不得不将资产主要配置到房地产（占比 70.9%）。在长期负利率时代，银行存款始终是最主要的家庭金融资产形式，这足以说明理财市场存在的问题。

一、当前金融产品服务存在的问题

一方面，金融产品和服务的种类与数量已经非常惊人，消费者往往无法全面了解；另一方面，金融产品和服务的同质化现象却非常严重，无法满足消费者“真正”的需要；风险不可控或与消费者风险偏好不匹配，收益难以满足消费者的合理要求。

未来，互联网金融的竞争力必然体现在如何帮消费者实现资产增值，实现更多、更稳定的财产性收入。

从消费者角度看，当前的金融产品、服务及其销售存在着如下不足。

（一）重推销轻服务

如果在银行柜台购买了一款理财产品，你会享受到什么服务？没有。只是一个简单的交易而已，产品到期了也不会有短信通知你。如果你一时忘记，银行还乐见获得一笔短期存款。

如果在信托公司购买了信托产品，会享受什么服务吗？恐怕也没有，不过可能会遇到持续营销，到期后会接到推销电话。

如果购买了寿险产品，你从该产品赚钱了，而寿险公司卖亏了（1999年6月前，中国人寿签发的大量保单预定利率为8%~10%，由此形成利差损），寿险营销员会劝你退保；如果你后悔了，寿险营销员会千方百计阻拦你退保。

如果你购买的是股票，那更是不问生死，绝不会有人同情你的亏损，因为人家已经告诉过你："股市有风险，入市需谨慎！"除了你要转移账户到其他证券公司时，开户的营业部会拼命制造麻烦之外，你还想奢求什么服务？投资顾问吗？即使有，你会相信他吗？当然，如果你购买了基金，会收到纸质或电子对账单，收到新发行基金的广告。

几乎所有的证券培训都带有直接的推销目的，或是推介产品，或是促进交易量，真正的服务很少。原因很简单，因为推销能直接产生绩效，而服务的成本过于高昂，且不能产生立竿见影的绩效。

研究过服务价值链的人都知道，服务也可以是一种高效推销，而且往往绩效更好，只不过获得绩效的时间更长，不像简单推销那么立竿见影。不幸的是，今天的金融业仍然停留在产品销售的初级阶段，许多销售人员的专业素质甚至比不上客户本人。

或许在有些企业看来，强调服务的人说起来轻松，却是站着说话不腰疼。在企业实践中，服务需要核算成本，需要考虑投入产出比。所幸的是，今天互联网服务和营销能够让企业迅速构建准确的模型。可惜的是，许多人将互联网仅仅看作纯粹的技术和形式，以为通过电子邮件、电子杂志就能解决服务问题。这种想法过于简单了！

互联网改变的不仅仅是服务形式，还可以改变产品和服务的内容，提高服务的内涵，增加服务的价值。对企业来说，最重要的一点是，服务为客户创造的价值，将能够转化为企业价值。

（二）缺乏全业务链产品渠道

在分业监管的情况下，国内的金融控股集团仍然非常少，消费者无法从类似金融超市的单一渠道获得所有金融产品信息，完成复杂的交易，获得综合性服务。

譬如，尽管银行代理销售许多产品，但当消费者走进一家银行，能一目了然获得所有类别的金融产品信息吗？很难。银行销售是以产品为导向的，每一段时期都会重点销售新发行的产品，并不能真正从消费者的需求出发。

一位消费者在理财时可能有如下需求。

（1）帮助自己照看管理闲置房产，获得租金收益，甚至根据房地产走势提出租售建议。

（2）帮助自己规划家庭短期支出（年度及月度开支、购买耐用品、旅游支出、资产购置等）和长期支出（子女教育、父母养老、自己养老）。

（3）帮助自己规划长期投资，评估资产收益、风险和期限结构，充分利用现有金融产品以及新兴理财产品（包括个人信贷产品），合理配置权益类资产和固定收益类资产，防范利率和汇率风险（人民币贬值或升值）。

（4）帮助自己管理应急现金（如通过货币基金、通知存款、国债回购等不同方式），保持流动性的同时，实现收益最大化。

（5）帮助自己制订消费贷款、教育贷款、房屋贷款等贷款方案。

（6）帮助自己规划合理的支付手段，推荐合适的信用卡或其他支付工具，减少支付成本，或获得最大收益（甚至包括比较信用卡积分制度，根据自己的现金流特点，计算不同信用卡的滞纳金成本、取现成本等）。

（7）帮助自己制订风险管理方案，购买充分而适当的保险组合。

……

这些需求，很难有一家金融机构能够同时全部满足。

互联网则提供了这样的工具。首先，不同的金融产品很容易在一家网站（或移动应用）上整合；其次，通过海量互联网数据与商业智能的结合，使得服务于普通金融消费者的理财模型大规模应用成为可能；第三，与网上金融机构的互联互通，能够满足信息实时传输、资产快速配置的需要。

（三）交易成本过高，信息不透明不对称

以前消费者缺乏金融产品的比较平台，这种比较不仅包括价格（收益率等），还包括风险、费用、服务水平等。但是今天比较银行费用可以去银率网，买基金可以去看晨星、天天基金、好买基金，看新浪、搜狐、网易或和讯的垂直频道，去门户网站垂直频道下的超市或垂直网站购买。

上面说到互联网金融服务能够增加服务的价值，其中一个重要的体现，就是能够降低交易成本。直销可以减少手续费或佣金；知识平台可以为消费者提供便利，降低价格发现成本；远程开户和B2B，可以减少客户的交通成本与时间成本。

几乎所有基金公司都抱怨销售成本过高，简直是在为银行打工，为渠道打工。其实，基金公司可以通过对网络营销渠道进行规划和管理并不断优化，降低基金公司的营销成本，并可以让利客户。

对于门户网站而言，集成平台固然为消费者提供了便利，但并不占优势的价格策略（或手续费策略），让消费者仅仅将其作为一个信息平台而非购买平台。正如今天的消费者到实体店选中商品，然后回家网购一样，消费者常常是在各类信息平台上查询，然后选择最便宜的渠道进行购买，显然门户只是为他人作嫁衣裳。久而久之，门户网站就会成为鸡肋：免费策略不可行，收费策略限制了规模和成长。不得不承认，早期支付或交易平台通过赚点利息提供免费服务真是聪明之举！

破解鸡肋格局之道，就是深入剖析交易成本结构，提供具有核心竞争力及核心价值的模式，使消费者（或另一端的供应商）从中获益。在分析时需要思考：作为互联网服务的提供者，无论是创业企业，还是传统金融企业中的一个部门，一个业务单元，一个流程环节，其核心价值是什么？到底为谁创造价值？真正的买方是谁？谁愿意为之买单付费？愿意买单付费的形式是什么（除了真金白银，还可能是资金的时间成本、个人的时间成本、口碑销售、终身客户价值等）？

（四）费用高昂

竞争不充分导致费用高昂，如银行的销售费用，基金的管理费。比较直销、银行、证券公司、天天盈等渠道不难发现，不同渠道的销售费用差异较大。

这种情形是否合理，是否存在机会，则需要具体分析。譬如，发达国家如美国，理财产品销售同样也存在渠道费用高昂的问题，如果这样的渠道能够存在，就说明存在这样的需求。

不过，在互联网时代，如果有这样的金融产品销售平台提供技术平台，帮助金融企业管理网络营销，实现专业化管理，通过代码接口进行核算，为基金、信托、理财产品、债券等提供接口，管理营销成本，对接各类网络营销平台，那么一定会广受欢迎。

（五）格式条款欺诈

金融产品具有专业性，通常需要使用格式条款，因此容易受到霸王条款的指控。事实上，这种权利的不对等，主要是由产品的特殊性造成的，并非企业的故意，因此在传统上难以很好地解决。不过从企业角度来说，应当充分利用互联网等工具，帮助客户正确选择。

在绩效目标的推动下，毋庸讳言，金融企业确实存在销售误导。例如，某股份制银行向部分客户推销所谓的无息贷款，实则却收取高额费用，该费用甚至高于平均的消费贷款利息，这便是典型的欺诈行为。

不尊重客户，不公正对待客户的行为，最终会断送企业未来的生存根基。如果大型银行自持网点多、便利性强就怠慢客户，一旦客户有了更好的选择，就会立即转投其他服务商。利用客户的非专业软肋进行欺诈，更是贪小失大。互联网商业模式的重要特点是规模经济，口碑传播对企业品牌形象影响巨大。如果大型银行不善待客户，将会付出惨重的代价。

渣打银行理财亏损门中，客户亏损5300万元，花1200万元历时三年打官司[1]。这起案件对渣打名誉的打击可谓重大。从百度搜索获得的大量网页链接不难看出，渣打银行输了官司，输了名誉，教训不可谓不深刻。类似理财投诉案例众多，以至于专家和媒体发出购买理财产品要带录音笔的提醒[2]。

（六）智能化程度不高，便利不足

何谓智能化程度不高？譬如，2012年当北京遭遇7.21特大暴雨的时候，保险公司能否向所有承保车损险的车主，发送涉水后正确处置车辆的善意提醒。这不仅仅是客户服务，也是理赔前置，防止发动机进水后客户发动汽车，造成损失后无法索赔，形成理赔纠纷。

又如，在销售理财产品的时候，能否在到期后自动安排（消费者也可以人工撤销这些安排）？

客户忘记理财产品到期，资金留在银行，只能拿到活期存款利息。人们不禁要问，难道我们的银行非要沾那点儿小便宜？

（七）专业能力不足

销售一款理财产品，需要让消费者相信理财产品具有保值增值能力。消费者通过互联网搜索、学习理财知识，信息不对称的程度已经下降。在这种情况下，销售人员还能否提供令人满意的咨询服务？尤其是在竞争力缺乏，产品体系不够丰富完善的情况下，销售人员即便拥有专业技能，也难以发挥作用。

举例而言，对于同一个客户，不同金融机构在销售产品时，一般都会做风险测试，但最后销售给该客户的产品，可能与消费者风险偏好并不一致。机构A可能销售给客户一个风险偏低的产品，而机构B则销售了一个风险偏高的产品。类似地，在期限结构设计上，不同金融机构销售的产品也可能存在许多矛盾。

今天的金融机构，绝大多数仍然是产品导向的。以客户为导向的服务，仅仅存在于极少数高净值客户身上。

那么，未来谁来帮助金融消费者全面规划资产配置，使他们更好地实现财富保值增值呢？

二、满足平民消费者的全面理财服务

消费者对理财的渴望，可以从2009年以来阳光私募、券商资管、集合信托的资产规模迅速发展中体现出来。中资私人银行销售了90%的集合信托产品，而阳光私募和券商资管，无论是发行产品数量和资产规模都在高速增长。

券商资管2006年、2007年、2008年三年间共发行35只产品，2009年一年就新发行50只产品，2010年发行规模进一步达到99只。在阳光私募市场，2007年至2010年，每年新成立的产品分别为：165只、219只、460只和647只，增长态势明显。阳光私募和券商资管最新的资产规模均已突破千亿元。

不幸的是，这些产品具有很高的门槛。如私募基金销售起点，通常在200万元以上，普通平民消费者望尘莫及。

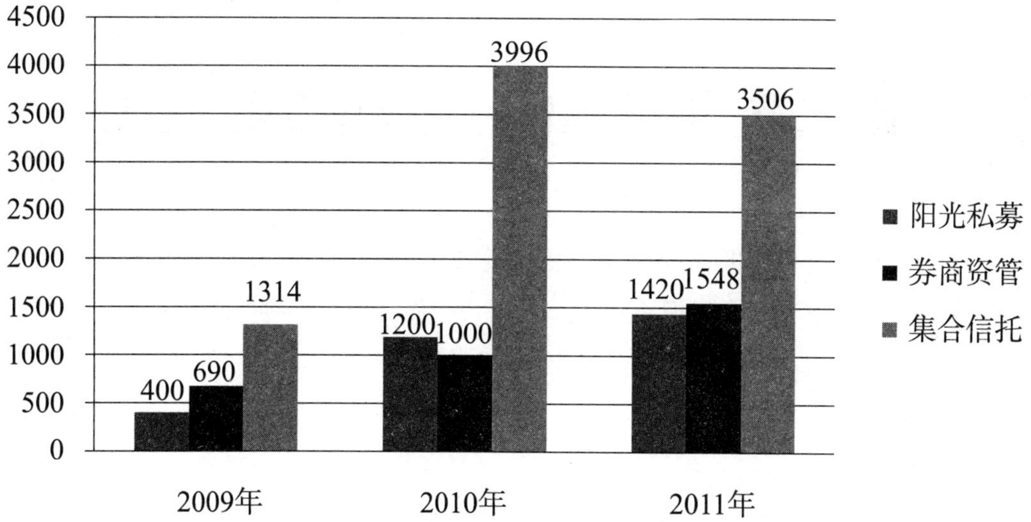

图5-2 三类资产发展规模情况

未来，随着互联网技术和信息技术的应用，客户导向的全面理财服务及配套产品，必然要走平民化路线。

首先，从更好满足消费者需求来说，未来的金融服务商，尤其是直接面对消费者的服务商，必然走向综合化，实现一站式理财。同时，由于互联网造成传统金融企业之间交易成本变化，金融企业的边界重新切割之后，服务将更加专业。

其次，向消费者提供一站式理财，并非是简单的金融产品超市，而是能够帮助消费者实现基于消费者风险偏好和其他要求的最好收益。这意味着理财机构需要深刻理解消费者的需求，整合各种资源，向消费者提供最便捷的服务。此外，理财机构自身要有能力降低成本，构建更合理的盈利模型，以及更强大的信息系统，帮助消费者管理各类资产。

举例来说，当消费者将自己的资产情况告诉理财机构，并进行了风险偏好和主客观需求方面的详细测试，理财机构不但可以帮助消费者制订整体理财方案，而且可以帮助消费者进行资金管理。最为重要的是，这种以往通过信托等方式为极少数高净值客户提供的服务，通过信息技术、互联网技术完全实现平民化，普通消费者就可以享受到。

到这里，就可以回答上面提出的问题了：谁来帮助消费者赚更多的钱？一定是这样的金融机构：交易成本低（费用低），拥有便利综合的业务和专业优质的服务，树立起了值得信赖的品牌。

第二节　网上借钱——合作金融之信贷

中国社会保障基金理事会理事长戴相龙 2012 年 5 月表示，新的格局下，中国的金融改革步伐应当加大，但不是依靠大银行，而是要有多种金融机构，发展小型银行和合作金融，同时政府要有财政支持[3]。

基于互联网技术的合作金融模式，将是合作金融的新兴形态。

一、传统借贷市场

首先来看借贷市场。目前，我国拥有庞大的借贷市场，2000 年以来更是呈现高速增长态势。

根据中国银行业 2011 年年报，截至 2011 年底，银行业金融机构本外币各项存款余额 82.7 万亿元，同比增长 13.5%。其中，居民储蓄存款余额 34.7 万亿元，单位存款余额 42.3 万亿元；本外币各项贷款余额 58.2 万亿元，同比增长 15.7%；短期贷款余额21.7万亿元，同比增长21.8%；中长期贷款余额33.4万亿元，同比增长11.8%；个人消费贷款余额8.9万亿元，同比增长18.2%；票据融资余额1.5万亿元，同比增长2.1%。

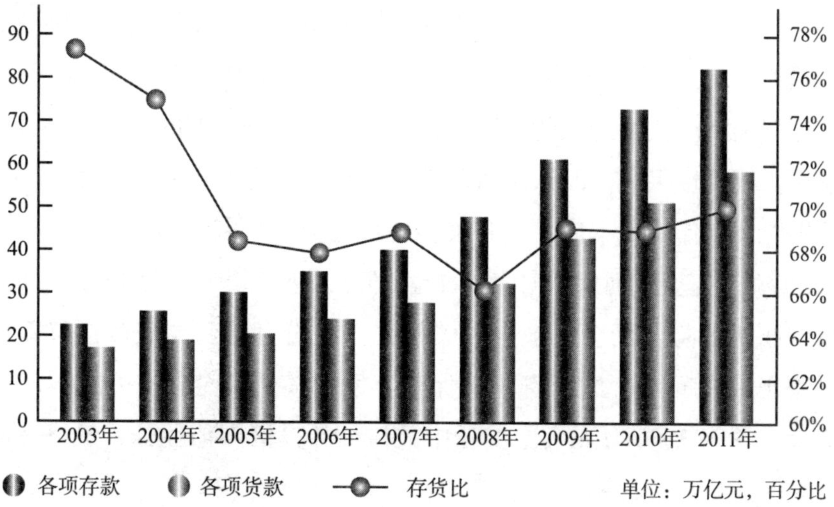

图5-3　银行业存贷款余额及存贷比（银监会2011年报）

如此庞大的借贷市场，长期以来却主要依赖银行，借贷市场面临着巨大的供需矛盾。正因为如此，小贷公司近年来才蓬勃发展，并出现了如“永济模式*这样的农村小贷公司[4]。

二、传统的合作金融模式

随着社交网站的兴起，人们开始将目光转向合作金融领域。

（一）计划经济时代下的合作金融模式

合作金融在我国并不是新鲜事物，例如早先的互助信用社和职工互助会，是以企业为单位，由工会组织，每位员工从每个月工资里拿出几块钱，集合起来的资金在员工间互通有无，用以解决个别员工的不时之需。

曾经出现的职工互助互济储金会，其操作方法是职工自愿入会，每月交纳工

---

* 永济模式：20世纪90年代，经济学家茅于轼、汤敏在山西永济富平投资设立了一个小贷公司，开始进行小额贷款实验。2008年5月国家放开小额贷款市场，之后全国成立了1500家小额贷款公司，但永济富平是其中唯一一个由私人创办的小贷公司，没有政府也没有国际组织的支持，该公司也是惟一一家总部设在村里，单笔贷款额不超过2万元，完全面向普通农户的小贷公司。

资的1%构成互助基金，用这笔基金开展互助互济。如遇入会工友有困难，可申请借款，还款日期为一个月、三个月、六个月。借款三个月以上应做还款计划，或委托工资代扣。这一制度主要是为了加强工人团结，发扬工人阶级互助友爱、互助互济的传统，用以解决个别工人的生活困难[5]。哈尔滨的互助会1954年参加职工达54284人，储金22亿元（旧人民币），当年有15548人得到了互助[6]。

但是计划经济时代下产生的这种模式，远非现代意义上的金融交易社交化。它主要是采用行政管理手段，既缺乏风险控制，也缺乏定价机制，更无激励手段。谁能借？谁先借？以什么成本借（当时很多还是免费）？借了不还怎么办？会员缴纳会费有什么好处？基金如何保值增值？收益如何？这些都没有规范和有效的解决办法。

江西省职工保险互助会与被告中关村证券股份有限公司破产债权确认纠纷一案，就暴露出许多问题。江西省职工保险互助会注册资金仅3万元，却管理着数千万元资金，并将3000万元资金委托中关村证券投资国债业务，最终造成资金无法收回的困局。

从这个事件可以看出，职工互助会这种模式，缺乏成熟的业务规则、流程和明确的法律关系，并非有效的商业模式。由于其管理成本高，无法满足需要，尤其是风险难以控制，随着市场经济改革的逐渐发展，其慢慢消亡也就不足为奇了。

（二）农村资金互助社

近年来，为了解决农村贷款难等金融问题，又出现了农村资金互助合作社的形式。农村资金互助社，是指经银行业监督管理机构批准，由乡镇、行政村农民和农村小企业自愿入股组成，为社员提供存款、贷款、结算等业务的社区互助性银行业金融业务[7]。

江苏省金融办在东海县建立首个县级层面的农民资金互助合作社，工商正式登记，纳入省金融办监管。

农民资金互助合作社可存可贷，存贷款利率一般执行商业银行标准，社内资金仅限于“内部循环”，唯有社员才有存贷资格。农民资金互助合作社自担风险，自负盈亏，社员除可获得存款利息外，还能享受分红。

江苏现有的农民资金互助合作社，大多是同村村民或同类型农民专业合作社组建，系民间自发成立且大多未获银监部门核准。江苏省金融办鼓励东海全县840家农民专业合作社自主申请入股资金，成立县级互助合作社，初步拟定入股股息为每月5厘，投放月息为8厘，暂定注册资本金上限为2000万元。2012年5月，东海县已有19家专业合作社和3家农业龙头企业响应政府号召，作为发起人成立县级农民资金互助合作社，发起资本金总额达2500余万元。

这些纳入现有金融监管体系的互助金融组织，也引来一些质疑。

一是盈利能力。如入股5厘，投放8厘，较小的利差是否会削弱专业合作社的入股积极性，影响其进一步增资壮大?

二是监管成本。以国内较早成立的由浙江温岭箬横西瓜合作社社员出资组建的玉麟农民资金互助社为例，从2010年2月成立迄今，该社营业税、所得税及安保体系与正规银行别无二致，这无疑增加了农民资金互助合作社的运营成本[8]。正因为如此，民间融资屡禁不绝。

与上面两条质疑相对应的是：民间融资通常具有较高的利差收入和较低的门槛，不需承担监管带来的成本。

（三）民间融资

民间融资是指出资人与受资人之间，在国家法定金融机构之外，以取得高额利息与取得资金使用权并支付约定利息为目的，采用民间借贷、民间票据融资、民间有价证券融资和社会集资等形式，暂时改变资金使用权的金融行为[9]。其中以民间借贷最为典型和普遍。

传统的民间借贷具有如下特点。

（1）立足现实社交关系。如亲朋好友或本县、本乡、本村的居民。

（2）利率高，弹性大。经济发达地区利率较高，多为高利贷；经济欠发达地区，以亲属熟人互助为主。

（3）手续简单，便捷高效。

（4）风险大。如浙江温州、内蒙古鄂尔多斯[10]、山西等地，大量民间借贷爆发资金链危机，导致许多借出资金受损。

后金融危机时期大量民间借贷风险爆发，使得民间借贷市场受到严重影响。

首先是总体规模萎缩。根据人民银行太原中心支行2012年3月对山西省民间融资状况的专项调查，截至2012年3月，山西省企业参与民间融资余额约为180.39亿元，较2011年9月下降了约60亿元。这些民间资金主要活跃于吕梁、忻州和临汾，约占民间融资总量的60%。借贷期限多数在1年以内，其中，期限为1~6个月、6~12个月的，占比分别为37.08%和41.57%。

其次是专业程度提升，融资门槛提高，如对抵押物、还款来源提出明确的要求。

目前民间借贷呈现出三种规范方式：一是采用正式合同和借据的占比达到86.96%；二是采用财产担保和第三方保证的占比接近50%；三是民间借贷双方对借款期限、金额、利率、还款方式和违约责任等均做出明确的约定[11]。

民间借贷与银行借贷的另一个重要的区别在于，前者往往是直接融资，借款人与贷款人之间直接发生借贷关系；后者是间接融资。

包括银行借贷在内的绝大多数传统金融产品与服务，都是“产—企业—销”模式，这是一种单线、串行联系模式，借出和借入资金的人之间并不发生联系。

三、互联网合作金融的优势

随着互联网社交网站的兴起，基于社交网络的合作金融（互助金融）成为一种新的金融形态，越来越引起金融业和互联网人士的关注。

相对于传统金融形态，基于社交网络的合作金融具有以下优势。

（1）实名制社交网站有助于低成本建立个人信用环境。

（2）减少交易成本，省去线下营业场所的费用开支，方便进行价格比较。

（3）利用网络技术快速实现远程风险核查，极大地降低业务管理和操作成本。

（4）提高达成效率，实现快速成交，资金快速到账。

（5）更完善的信息系统，能够更好地控制风险，降低借贷成本，实现借贷两方双赢。

（6）创新产权结构、合作模式可以让用户成为股东和直接债权人，共享收益，便于客户拓展市场。

互联网金融的未来形态是什么样的？很有可能人们借助于第三方交易平台，交换融通资金、风险并获取收益，C2C、B2B2C、C2B等模式都有可能取得成功。

四、合作信贷的四种模式

随着互联网的发展，C2C模式兴起，将个人与个人、企业与企业之间的融资和投资需求直接联系起来，形成一个全新的“三角”模式：小额贷款平台。在这种模式形成的过程中，互联网发挥了至关重要的作用。

下面分别剖析合作信贷的四种主要模式。

（一）Prosper模式

克里斯蒂娜是个普通的美国女孩，想购买一台中意很久的二手索尼笔记本电脑，但却囊中羞涩。不过她是Prosper的注册用户。像克里斯蒂娜这样的借款人，可以在Prosper平台上发布借款项目，Prosper出借人则在借贷项目列表中选择借款项目，根据自己的意愿设定最低利息率，并可以以50美元到2.5万美元不等的贷款增量进行竞价。

2006年，Prosper网站在美国成立并开始运营。Prosper是个人对个人(P2P)的在线贷款网站，利用在线拍卖平台对贷款进行竞价拍卖。

Prosper模式是比较单纯的信贷中介模式[12]，公司出售平台服务并收取服务费。借款人要说明借钱理由和还钱的时间，贷款额最低50美元。网站帮助借贷双方达成资金供需交易，靠收取手续费盈利。

与普通机构贷款根据借款人以往借款历史审查标准不同，Prosper出借人根据借款人的个人经历、朋友评价和社会机构从属关系来判断风险。借款人可以创建最高2.5万美元的借款项目，并设定一个愿意支付给出借人的最高利息率。出借人通过降低利息率进行竞拍。拍卖结束后，Prosper将最低利率出借人的中标资金组合为贷款交给借款人。Prosper负责管理交易过程，包括贷款支付和撮合借款人与出借人之间的交易。

Prosper的收入来自借贷双方，从借款人处提取每笔借贷款1%~3%的费用，从出借人处按年总出借款的1%收取服务费。从2006年1月发布至2008年1月为止，Prosper已促成了1.17亿美元的贷款交易，2007年贷款额比2006年增加了8100万美元，增长速度达到了115%。美国国内总的注册会员达到58万人，2007年增加用户40.5万人，达到了230%的增长速度。

然而这个网站最终引起了美国证监会的注意，他们认为网站实际是在卖投资，卖金融产品，这种P2P的借贷模式不合法。2008年初，美国证监会勒令该网站关闭。不过到2009年，加州政府又允许该公司重新开业，继续从事P2P信贷业务。

（二）Zopa模式

Zopa起源于英国，之后推广到美国、日本和意大利，该模式提供的是P2P社区贷款服务。

Zopa提供1000~25000美元之间的小额贷款，将借款人按信用等级分为A*、A、B和C四个等级。出借人根据借款人的信用等级、借款金额和借款期限提供贷款，借款人则可以选择能够接受的贷款利率。Zopa在交易中代替银行成为中间人，负责包括借贷双方交易中有关借款的所有事务，完成法律文件，执行借款人的信用认证，雇佣代理机构为出借人追讨欠账等。

Zopa采取各种保护措施以降低出借人的风险，比如强制要求借款人按月分期偿还贷款，借款人必须签署法律合同，允许出借人将一笔钱贷给几位个人借款人。Zopa收取借款人每笔0.5%以及出借人年借款额0.5%的服务费。

Zopa模式的特点在于分散贷款，划分信用等级，强制按月还款，网站担负了更多的工作，较好地控制了风险。

（三）Lending Club模式

如果对类似于Prosper、拍拍贷这些独立的P2P借贷平台上的借款人不信任的话，可以在实名社交网站上借款给别人。

加州的森尼维尔市贷款俱乐部Lending Club成立于2006年，并于2007年5月上线，其特点是使用Facebook社交网络和在线社区，利用社交网站的高传播特性及朋友之间的互相信任，聚合出借人和借款人。

Lending Club采用固定贷款利率及平均3年的贷款年限，借款人在进行贷款交易前，必须经过严格的信用认证和A~G分级。出借人可以浏览借款人的资料，并根据自己能够承受的风险等级，或是否是自己的朋友，自主进行借款交易。Lending Club不采取竞标方式，而是根据不同借款人的信用等级，采取不同的固定利率。

借款人可以在Lending Club的Facebook应用中发出借款请求，因为Facebook中多为熟识的朋友或同学，所以大多数借款人都觉得将借款请求在此公布，会增加成功的可能性，同时也不必将自己的信用历史公布，增强了私密性。Lending Club的平均贷款额为5500美元，最低1000美元，最高2.5万美元。

Lending Club模式的特点是划分信用等级，规定固定利率，并且利用社交网络。Lending Club到2011年已贷款5.9亿美元，利息收入5100万美元，2010年贷款额度占据了P2P借贷市场79%的份额。

2012年，Lending Club已经实现盈利，营收达3500万美元，业务覆盖美国43个州。2013年5月，谷歌注资1.25亿美元，收购Lending Club不到7%的股份，对其估值达15亿美元。

前面曾经提到人人网投资创新型金融服务公司Sofi（Social Finance）[13]。这家公司是做什么的呢？实际上就复制Lending Club模式，搭建网络贷款平台，帮助学生以低于美国联邦政府贷款的利息获得教育贷款。目前Sofi已经布局美国70多所高校，借款人主要为高校学生，放款人主要是高校校友，期望回报率为5%，成功撮合的贷款总额约为6500万美元。需要注意的是，截至2012年6月，全美学生贷款余额为9140亿美元[14]。

我们不会怀疑，一旦条件成熟，人人网会在中国建立类似基于实名社交网站的P2P借贷平台。

这一模式最引人注目的，是基于互联网信息建立自己的评级系统，并制定风险利率。投资者认为，它将凭借低成本取代银行的部分分支机构和相关业务。

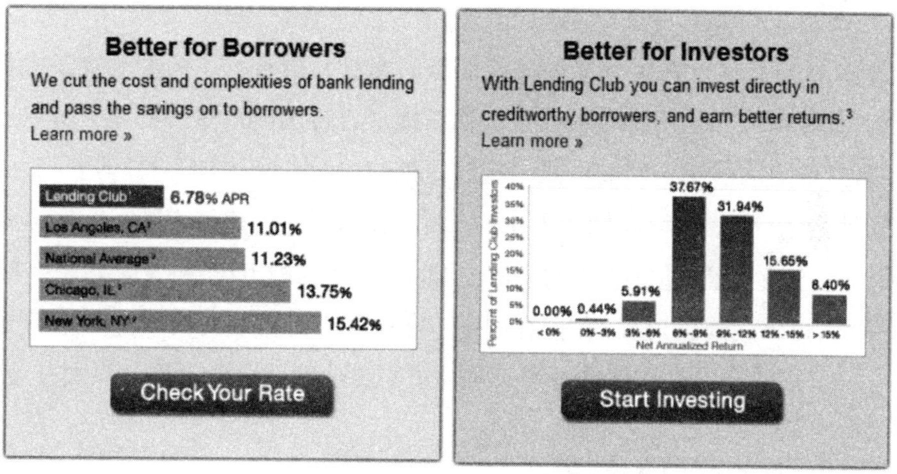

图5-4 LendingClub网页截图[15]

（四）Kiva模式

2005年成立的Kiva，是一个非营利的P2P贷款网站，主要面对的借款人是发展中国家的小微企业。出借人可以根据地域、商业类型、风险水平等选择企业或企业家。每一个公布的贷款请求，都会详细提供企业家的简历、贷款理由和用途，以及从其他出借人借贷的总金额、贷款时限(一般为6~12个月)以及贷款潜在风险。

Kiva采取的是“批量出借人+小额借贷”模式，一般每位出借人只要支付25美元。一旦一笔贷款总金额募集完成，Kiva就会使用PayPal将贷款转账给Kiva的当地合伙人。当地合伙人一般是发展中国家当地的小额金融服务机构(MFI)，他们负责寻找、跟踪和管理借贷企业，同时负责支付和收集小额贷款，将到期的贷款收集完成后返还给Kiva，Kiva再通过PayPal返还给出借人。

通过以上四种国外典型的P2P模式分析，可以看出：Kiva是非盈利的公益借款平台；Prosper是典型的借贷中介平台，出借人和借款人在这里完全是自主交易；Zopa最主要的特点是强制借款人每月还款，降低了出借人的风险；Lending Club则承担了更多职能，具有更强的专业性，能够根据借款人信用评级规定不同的固定利率，并利用现成的社交网站为自己服务。但它们的盈利模型是一致的，盈利都来自于中介服务费。

在以上四种模式中，Lending Club 模式对于银行业务更具有替代性。

据此，可以把国外的 P2P 企业归纳为：非盈利公益型（Kiva），单纯中介型（Prosper），以及除了是平台中介，还是担保人、联合追款人、利率制定人的复合中介型（Zopa、Lending Club）三类。

P2P 在线贷款模式在国外发展迅速，是因为符合西方发达国家消费者特有的消费习惯。英美等国家长期以来形成了依赖信用卡进行超前消费的习惯，所以当一种比向银行借款更灵活更方便的形式出现时，他们接受起来更加容易。同时，国外信用消费的历史很长，具有完善的信用评级制度，每个人的信用程度都有据可查。

那么在没有完善信用制度的中国，能否复制这种 P2P 网络贷款模式呢？在国内，诸如腾讯、阿里这样拥有大量用户数据的社交和电商门户，如果希望参照 Lending Club 模式介入合作信贷市场，进而进军更广阔的金融市场，将大有可为。

五、国内的互联网信贷平台

根据调查，中国注册登记为担保、金融咨询等业务的公司，从事民间借贷中介业务的有上万家。由于出色的模仿能力，低廉的人工成本，迫切庞大的需求和暂时的监管空白，中国的点对点信贷更为活跃。

对于金融消费者来说，P2P 借贷平台尚未纳入金融监管体系，成本较低（这里所说的成本，是指政策成本，如规避营业税，不必按照高标准提取准备金），收益则突破了对银行贷款利率的限制，相对较高 (15%~20%)，因此具有较强的吸引力。

2011 年，在货币政策收紧，中小企业普遍贷款难的情况下，中国的信贷交易平台市场发展迅速，其中比较典型的 P2P 信贷平台包括拍拍贷和宜信两种模式。

（一）拍拍贷模式

拍拍贷是较为典型的 P2P 在线信贷平台，成立于 2007 年。拍拍贷主要借鉴的是 Prosper 的模式，采用竞标方式来实现在线借贷。

其操作流程是：借款人发布借款信息，一一列出自己的借款原因、借款金额、预期年利率、借款期限，并给出最高利率。出借人选择借款项目参与竞标，利率低者中标。一般多个出借人分别出借很小的资金给同一个借款人，以分散风险，规定借款人按月还本付息。这样借款人每月还款金额较小，还款压力不大，风险也小。平台收入来自服务手续费。

其风险控制方式是：提交信用信息进行信用审核，要求借款人提供身份证、户口本、结婚证、学历证明、工作证明、银行工资账单、通话记录等，以评定个人信用等级。网络社区、用户网上的朋友圈，也是信用等级系统的重要部分之一。网站内圈中好友、会员好友越多，个人借入贷出次数越高，信用等级也越高。

拍拍贷对借款人只有信用要求而无抵押，对出借人也不承担担保责任，出借人和借款人完全是自行交易，拍拍贷只是作为交易平台存在。与拍拍贷相类似的还有人人贷、红岭创投等。为了增加对出借人的吸引力，目前这类模式普遍推出保证金制度。

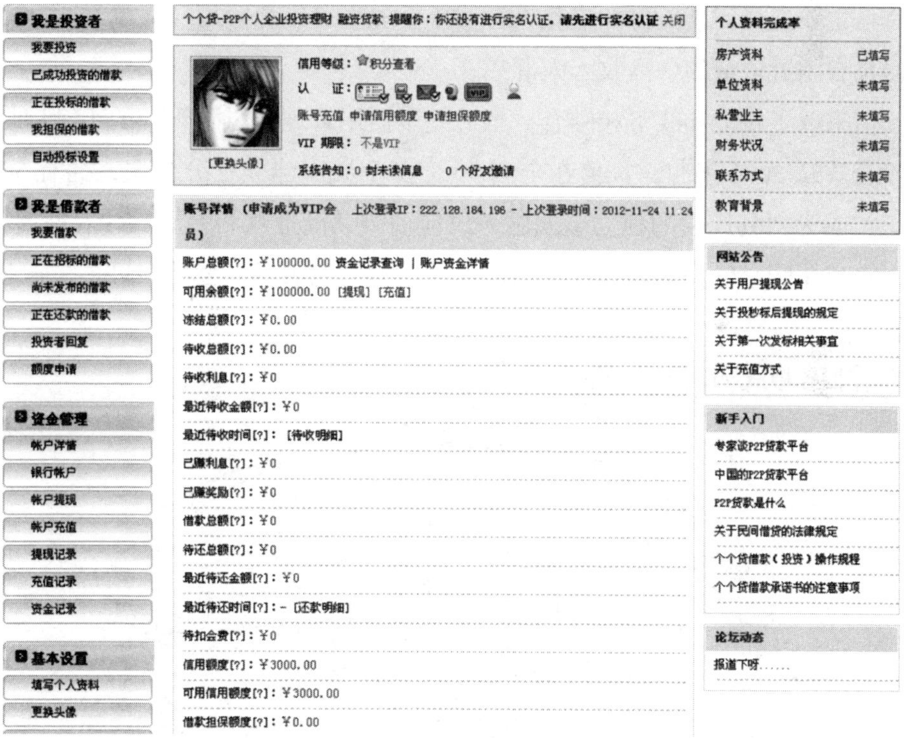

图5-5 基于拍拍贷模式的gegedai.com网站个人账户管理界面

（二）宜信模式

宜信不采用竞标方式，而是先获取出借人资源，为其在借款申请人中挑选借款人，借款人的利率由宜信根据其信用审核决定，收入来自于服务费。

其操作流程是：出借人款项转到第三方账户，第三方账户户主成为宜信的出借人，等到宜信挑选好借款人后，第三方账户户主把债权转到真正的出借人手中。对于 P2P 信贷服务平台推荐的每个借款人，出借人有权利决定是否借给宜信组合的借款人。借款人须每月还款。

宜信模式采取的风险控制措施包括以下几个方面。

（1）保障金制度。为吸引出借人，宜信承诺，一旦出现借款不还的情况，宜信从公司提取的保险金里赔偿出借人全部本金和利息。

（2）审核与还款制度。宜信采取分散贷款和每月还款制度，对借款人审核时要求必须面见。宜信在各个城市设点，面见时由借款人本人出示各种证件原件并当面回答问题。

宜信模式较为特殊，注重线下拓展，发展速度较快。

宜信主要选择四类人群的借款人：微小企业主、工薪阶层、农民和学生。出借方主要是有闲置资金的中高收入人群[16]。

宜信采取了线上和线下相结合，打造基于信用管理和风险管理的小额信贷服务中介平台。从 2006 年起，宜信在全国 50 个多个城市建立了分公司，拥有 5000 多名员工，成为初具规模的独立金融服务供应商，其商业项目主要集中在东部地带。作为一家商业野心巨大的企业，宜信广为宣传的助农项目、公益项目，实际业务比重却较小。

宜信业务模式如图 5-1 所示[17]。

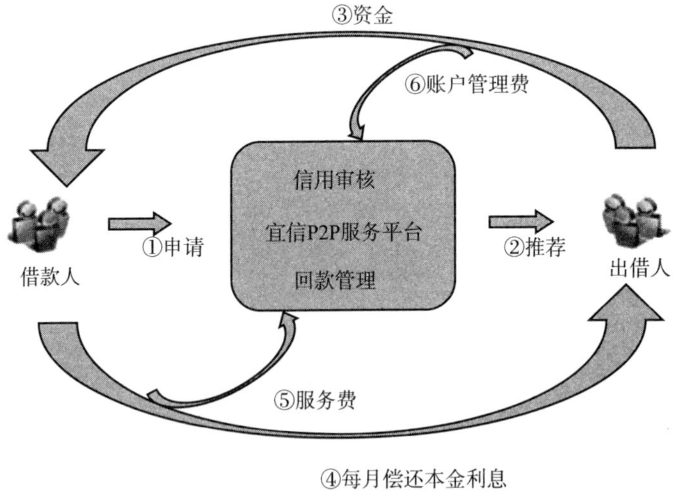

图5-6　宜信信贷模式

表5-1　宜信产品表

<table>
<tr><th>名称</th><th>期限</th><th>起投金额</th><th>年收益率</th><th>理财优势</th></tr>
<tr><td>非固定期限理财模式</td><td colspan="4">（投资封闭期 12 个月，封闭期后可随时赎回，或自动续投）</td></tr>
<tr><td>宜信宝</td><td>12</td><td>10 万</td><td>12%</td><td>本息循环，复利计息，累计收益</td></tr>
<tr><td>月益通</td><td>12</td><td>10 万</td><td>6%</td><td>按月回收一定本金和利息</td></tr>
<tr><td>月息通</td><td>12</td><td>10 万</td><td>11%</td><td>按月回收利息，本金滚投</td></tr>
<tr><td>月定投</td><td>12</td><td>3000/ 月</td><td>6%</td><td>起点低，本息循环出借，复利增值</td></tr>
<tr><td>固定期限理财模式</td><td colspan="4">（固定期限出借方式，无需账户管理费）</td></tr>
<tr><td>季度丰</td><td>3 个月</td><td>10 万</td><td>7%</td><td rowspan="4">锁定固定收益，期限灵活</td></tr>
<tr><td>双季丰</td><td>6 个月</td><td>10 万</td><td>8%</td></tr>
<tr><td>玖玖盈</td><td>9 个月</td><td>10 万</td><td>9%</td></tr>
<tr><td>年年鑫</td><td>12 个月</td><td>10 万</td><td>10%</td></tr>
<tr><td>公益理财模式</td><td colspan="4">（帮助农村、贫困地区脱贫致富，公益出借）</td></tr>
<tr><td>宜农贷</td><td>12 个月</td><td>100 元</td><td>2%</td><td>公益出借，帮助他人</td></tr>
</table>

为了方便业务拓展，宜信将以上操作模式产品化、模块化、标准化，形成“理财产品”。表 5–1 列出了宜信开发销售的“理财产品”（这些所谓的产品，并非通常意义上的纳入监管机构监管范围的由银行销售的理财产品）[18]。

宜信业务经理对外宣传的材料中，使用了所谓“德勤审计数据”报告，以证明宜信管理规范，风险可控。

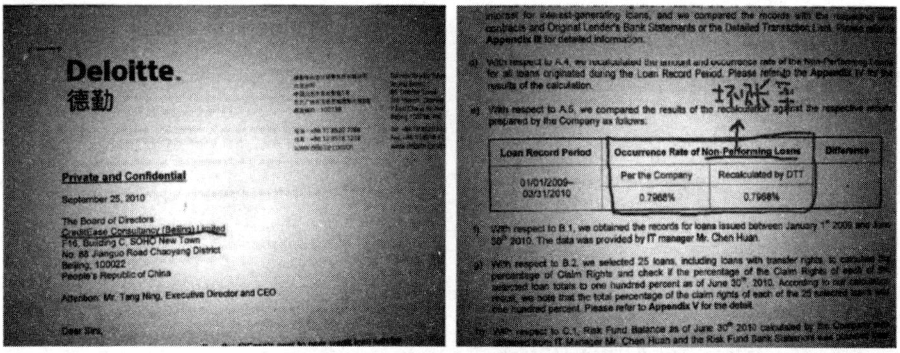

图5–7 宜信宣传材料截图

2012 年 4 月，宜信入驻温州市金融综合改革实验区。尽管其业务饱受争议，但宜信仍在积极争取将其业务显性合法化[19]。

六、国内互联网信贷平台存在的问题

宜信、拍拍贷及其他国内 P2P 信贷平台存在如下问题。

（一）难以洗清非法金融、非法集资的嫌疑

P2P 借贷平台目前在中国大行其道，且远离银行监管部门的管制。那么点对点信贷凭什么能够绕过银行监管部门的监管呢?

以人人贷为例，为避免监管，其始终强调不与双方签署合同，只是提供中介服务。因此目前国内的 P2P 平台将自身定义为信息技术或服务类公司，在经营中竭力防止与信贷机构沾边。

最高人民法院《关于审理非法集资刑事案件具体应用法律若干问题的解释》，明确了非法集资的定义：非法集资是“违反国家金融管理法律规定，向社会公众吸收资金的行为”。明确非法集资罪应同时具备四个条件，包括：

（1）未经有关部门依法批准或者借用合法经营的形式吸收资金。

（2）通过媒体、推介会、传单、手机短信等途径向社会公开宣传。

（3）承诺在一定期限内以货币、实物、股权等方式还本付息或者给付回报。

（4）向社会公众即社会不特定对象吸收资金[20]。

目前，主要从事线下债权转让业务的公司多达五六百家，其数量几乎超过了主要从事线上网络贷款的平台数量。2012 年 12 月，全国人大财经委员会副主任委员吴晓灵指出：“一些公司采用自然人给人贷款，再将贷款（形成的债权）卖给自然人以吸收资金，承诺在一定期限内还本付息，这种模式恰恰是最高法院对于非法集资的定义。”

相关媒体认为，这些话直指宜信的线下债权转让模式：将某一自然人作为第一出借人，由有闲置资金的第一出借人先放款给需要借款的用户，然后再把获得的债权打包成类固定收益的产品，将其销售给投资理财客户。

宜信辩称，其先以自有资金借出，再进行转让，并非先吸纳资金再放贷，因此不构成非法集资[21]。

（二）客户资金进入账户问题

几乎所有 P2P 都将自己类比为资金的淘宝，将自身描述为 C2C 机构。

淘宝在发展过程中也曾经面临经营范围的质疑，但其通过迅速发展壮大，最终被监管机构认可。然而，淘宝在发展过程中与支付宝独立经营，买家支付货款可以

选择直接支付。而许多 P2P 平台的投标方（资金投资方），都对资金成交前拨付给平台存有怀疑。

银监会 2011 年 9 月发出“人人贷中介机构有可能突破资金不进账户的底线，演变为吸收存款、发放贷款的非法金融机构，甚至变成非法集资”的风险提示。

P2P 网站宣传的第三方支付方式，实质上只是一个支付媒介，资金均会进入 P2P 平台自身的账户。宜信甚至采用了直接进入其 CEO 或相关个人账户的做法。

（三）风险控制问题

借贷平台本身缺乏监管，信息不透明，运作随意性较大，其风险审核不严格、不规范、不成熟。

对于金融机构而言，保证金制度并不陌生。然而，目前包括宜信在内的 P2P 中介机构的所谓保证金，远远不如金融机构的风险控制制度严格。事实上，无论作为银行的不良贷款拨备，还是作为保险公司的赔款准备金，包括监管机构建立的存款保证保险保障、保险保障金制度，对风险敞口的覆盖都远远好于 P2P 企业。如果银行或保险公司倒闭，监管机构有存款保险制度和保险保障制度，通常可以对个人小额的业务提供本金（保险金）保障。而借贷平台一旦倒闭，则会发生大面积违约风险，即便承诺继续提供基本管理功能，但那时显然已经无力帮助出借人向借款人追偿，从而失去了威慑力，借款人违约风险大大升高。

许多 P2P 企业标榜的所谓呆坏账率极低的概念，与金融机构的呆坏账率概念和统计口径截然不同，也难以反映真实风险。如在图 5-7 中，宜信宣传资料直接将发生率解释为不良还款率，且缺乏对该指标的详细解释。

事实上，目前 P2P 企业所有关于风险控制措施的描述，都要远远弱于正规金融机构的风险控制措施，大部分只是营销噱头而已。一旦发生违约，由于每笔贷款金额较小，无法承担较高的成本，很难像银行那样采取法律手段追讨资金，追偿能力较弱。

此外，几乎所有 P2P 企业的风险状况都缺乏透明度。如 P2P 平台“哈哈贷”2011 年 9 月关闭，其声称原因是目前中国市场的信用问题，另外还因为运营资金短缺。而这家机构此前号称已发展近 10 万会员，是“中国最严谨的网络借贷平台”。

据称，近两年来倒闭的点对点信贷小公司数量上百家，主要原因都是资金链出问题[22]。

七、互联网借款人的风险

通常来说，网络借贷平台上借款人的风险还包括以下几种。

（1）手续、证件不齐全。由于发展压力，P2P 审核较为宽松，已有不少平台用户反映，由于审核员把关不严，导致违约且追款困难的问题。

（2）存在资金链风险。由于网络的便捷，已经出现了职业炒客利用不同平台、不同客户之间利率差异，进行资金倒卖的问题。如在 A 平台以较低利率贷款，到 B 平台以较高利率借款。一旦某笔贷款出现问题，就会引发连锁反应。

（3）资金用途难以控制。无论是否合法或遵守贷款约定，平台都无法跟踪监控，也缺乏提前要求还贷的手段。

（4）难以防范系统性风险。由于目前保证金制度并没有任何严格的标准，因此是不可靠的，同时绝大多数 P2P 平台实力较弱，缺乏对系统性风险的研究和预警措施，难以防范大面积的系统性风险。

（5）无法审核个别风险。这类平台的贷款对象，基本属于其他正规金融机构（包括银行、小额贷款公司、信用社）甚至民间借贷等“筛选”下来的贷款条件较差的用户，相对风险较大。

对于传统金融体系覆盖不到的人群，淘宝可以利用商家的海量数据，分析商家的信用状况和还款能力，但网络借贷平台上借款的人，很多人的信用状况和还款能力更差，更缺乏成熟的模式。对于遍布全国、情况各异的小微贷款人，目前探索出来的小微贷款成功经验，都离不开实地考察和个性化的评估手段，因而互联网标准化的风险控制方式可能存在很大风险。

通常线下的小额贷款公司，经营成本都较高。互联网借贷平台之所以能降低成本，是因为尽量采用大规模工业化作业。如此一来，就难以做到对非标准化风险进行仔细审核。

（6）违规风险。在经营资质、是否非法集资、税收政策等方面，都存在违规风险。因此，从消费者角度来审视 P2P 借贷平台，既有成本低、收益高的好处，也有风险大、难控制的缺点。

需要指出，小额贷款平台表面上是借出人到借入人的点对点关系，其实并非如此简单。P2P 与点对点通信一模一样的简称容易让人误解，以为是一个双向市场，事实上它是单向的，而且方向恰好和传统业务相反。从银行存贷业务看，是先有资金供给，再找资金需求，先有存款才能贷款，所以有存贷比和惜贷的说法。而 P2P

却完全颠倒过来，先有需求，再有供给。

仔细想想，这有多大的不同!

也正是如此，如果P2P要扩大业务规模，必须持续开展营销活动，吸引更多的贷款需求。如何将营销和风险控制结合起来，对于新兴的互联网企业恐怕是一个巨大的考验，因为随着业务发展，他们会发现自己将面临与传统金融企业同样的问题。

如今，网络的便捷性使信用可以作为个人的一种资产进行“经营”。例如，可能会有消费者（投资者）在人民币处于升值通道时，在Lending Club上以6.78%的利率贷到美元，设法兑换为人民币，再在国内的拍拍贷上以15%的较高利率借出去。事实上，从各类信贷平台上可以看到，国内已经出现了大量这样的资金掮客，在不同的P2P平台上借入借出，尽管这种行为被各个平台名义上禁止。

网络信贷，仅仅是互联网融资的一种可能尝试，现在还出现了包括股权融资在内的网络融资形式。某些合作建房活动，便是一种以互联网为营销、组织、沟通、管理工具的股权融资，当然，由于业务难以标准化和管理的复杂性，其后续操作以线下活动为主。

八、股权融资

通过互联网进行股权融资正在兴起，也引起人们的广泛关注。

2012年一个被津津乐道的案例，是武汉80后女孩“米格”，在豆瓣网上提出“让我们一起用2000元开咖啡馆”的想法，最终83个陌生人通过互联网，以2000元一股的价格合伙集资25万元，在武汉开了一家“很多人咖啡馆”。这家咖啡馆已经正式运营[23]。

基于互联网的融资平台被称为“众筹平台”（crowd-funding），也有人称为众融平台，企业可以在平台上面向互联网用户进行直接融资。

Kick Starter是一个让小型创业项目获得资金支持的大众融资平台，在同类网站中规模最大。如果一个团队希望得到投资，却又不想引入风险投资，就可以把自己的项目放到Kick Starter上。如果网友对它感兴趣，就可以捐赠现金，从几美元到几万美元不等。Kick Starter的抽成是5%+3%亚马逊付款渠道佣金。这意味着一个小公司的“投资人”往往多达数万人。

截至2012年9月，该网站累计近300万人为约3万个项目提供了资助，投资总额达到 3 亿美元[24]。例如，一家名为 Ouya 的公司，计划推出基于安卓系统的同名游戏主机。该公司 2012 年 8 月 8 日完成启动宣传，从众筹平台 KickStarter 上的 6.3 万名支持者处，获得了近 860 万美元资金[25]。

众筹模式已经得到美国法律的支持。2012 年 4 月 5 日，奥巴马签署的 JOBS 法案（推动中小企业法案），其中最令人瞩目的一项举措是：允许创业公司在互联网上出售自己的股权，这使“众筹”融资模式合法化与规范化[26]。

制约众筹模式发展的一个重要因素，是平台网站能为融资者和投资者提供什么保障？许多项目的风险难以控制，许多项目创建人低估了时间、预算、难度。

曾有 4 名大学生提出一个 Diaspora 项目，目的是开发可替代 Facebook 的开放社交网络。Diaspora 项目最初的筹资目标是 1 万美元，但最终有 6500 人参与投资，投资额达到 20 万美元。然而 3 年之后，项目发起人仍未能发布 Diaspora 的公开版本，并将代码交给了愿意继续从事这一工作的人。显然，对于许多项目而言，仅仅有一个拍卖平台还不够。

Kickstarter 表示，网站不对项目能否按时完成甚至项目能否完成负责，发起人未实现承诺时，对资助者没有任何退款机制。如果出现大量项目无法实现甚至欺诈，众筹模式就难以持续。可是一旦仿效证券交易所 IPO 机制，又会增加大量的额外成本，因此现在只有靠网站平台有限的人工审核控制风险[27]。

图5–8 众筹平台OUYA上的游戏产品筹资界面

在中国，一个典型的众筹平台是“点名时间”（demohour.com）网站[28]。想要融资的项目人，在网站上张贴自己的想法，获得用户的投资后，项目人以产品或其他礼物的形式回馈给投资人。

与传统融资不同，任何项目所有权、现金和现金等价物等都不能作为回馈礼物，因为涉嫌非法集资。一旦在指定时间内募集到计划的款项，网站会从募款总额中抽成。

这个网站上的项目从六足机器人、智能飞行器到公益画展、艺术创作，范围之广，让人眼花缭乱。其中，相对成熟的产品较易获得支持（如一本已经完成并在天涯等网站上载的书稿，成功筹资 50 万元），但这容易演变成变相销售。这个网站收取 10% 的费用，过高的收费引起了强烈争议。

此外，由于国内尚未有相关立法，这种模式仍然面临着法律风险[29]。

第三节 风险交换——合作金融之保险

由于保险自身的特征，保险业务需要大量利益相关者参与。传统保险业对合作金融也并不陌生，互助风险管理拥有悠久的历史。随着互联网的发展，尤其是社交网络的快速成长，合作保险被赋予新的内容和形式。

一、传统的合作保险与互助风险管理

传统保险业有类似合作信贷的经营模式，即互助保险公司，企业股东为企业客户，享受服务的同时享受公司权益。典型的互助保险公司有美国的 FM Global。

事实上，保险本身就有互助性质，即利用大数法则分散风险。某些保险如船东保赔保险，就是以船东保赔协会（P&I Club）作为保险人，其会员为被保险人的互助模式。

一般性保险（包括商业保险和社会保险）与互助保险的区别如下。

（1）一般性保险的被保险人面向普通消费者，互助保险的被保险人只限于团体内部成员。

（2）一般性保险本身的目的并非互助。如商业保险是为了盈利，社会保险是为了社会稳定、再分配和促进经济发展。互助保险的直接目的就是实现成员互助，是非盈利的[30]。

互助保险由一些具有共同要求和面临同样风险的人自愿组织起来，预交风险损失补偿分摊金组成基金，当成员发生风险时，由基金进行补偿。互助保险是社会保险的先驱，最早发源于 17 世纪初工人们的互济运动。国内早期的合作保险即来源于此，主要基于行政手段。如中国职工互助保险，是由全国总工会创办的互助合作制保险组织，不以盈利为目的，其主要任务是：在职工自筹资金、自愿参加的基础上，在全国范围内开展与职工生、老、病、死、伤、残或意外灾害、伤害等有关的互助保险业务，同时管好用好保险金，使之保值增值，增强保障能力，提高保障水平[31]。

随着社会改革发展，尤其是社会保险保障制度逐步发展完善，原有的职工互助保障逐渐衰落。但在发达国家如美国、新加坡，互助保险仍然占有一席之地。从中国职工保险互助会分支机构的网站[32]上，可以看到基本的保险方案。然而将其与商业保险产品比较，发现并无太大的优势：费率高，管理粗放，赔付缺乏严格客观的标准。因此在其基础上，很难诞生新的互联网保险模式。

2006 年国务院颁布《国务院关于保险业改革的若干意见》后，中华全国总工会结合各地职工群众互助保障需求，开办了职工意外伤害、女职工特殊疾病、职工重大疾病、职工住院医疗、职工子女意外伤害等互助保障项目。如江西某县参加互助保障的职工人数有 7708 人，参加各种保险总额已达 41 万多元，大病保险实现兑付 12 人，理赔总额达 10 万元[33]。

还有一种已有的线下互助保险形式，是农业互助保险。但从实践看效果不佳。由于投保人风险意识不强，投保率低，道德风险较大，经营能力薄弱，造成互助保险难以为继。如吉林伊通县成立的农险互助会，赔付率高达 300%[34]。

互助风险管理可以借鉴的模式，是目前的汽车救援俱乐部、紧急救援服务公司的会员卡等非保险企业开办的风险服务业务。这类业务与保险类似，其成本基于期望概率，有可能向互联网拓展业务，但其本身不是互助模式。

同样地，传统的再保险市场是一个风险分担和风险转移市场。我们也可以设想一下，是否会产生一个基于互联网的风险交换市场？只要对风险进行标准化度量，那么无论个人还是团体（可能是保险公司，也可能是某些互助风险管理机构，包括互助保险团体），都可能在一个线上市场交换风险。对于再保险公司来说，基于互联网的风险交换市场的发展，将形成巨大冲击难（前提是，这样的市场具备今天再保险市场对巨灾风险等风险进行定价的能力)。社交网络+移动互联网技术(如卫星定位),将有助于对被保险人基于地理信息的自然灾害风险进行更精确的度量,并使其成本更加低廉。

二、互联网时代的合作保险

(一)能否产生互联网的 P2P 保险平台

中国人保财险副总裁王和,早在 2011 年初就提出“互助经济”的概念:“在互联网时代,我们需要对互助保险有一个再认识。我们知道,保险业存在一个很重要的前提,是数的集合和解决风险信息不对称的问题。但在互联网时代,这种数的集合已不再是难题,信息不对称问题也面临着挑战。”王和根据保险“互助共济”这一本源特征预见到,在互联网时代,可能会出现类似团购、汽车俱乐部这样的非正式组织,利用互联网技术实现一种新的互助保险的形式[35]。

互联网打破了时间与空间的界限,能够比较容易地实现数的集合,而互联网更是解决信息不对称的“利器”。传统保险与互助保险之间已经没有绝对的界限,这是一种“基于新技术应用的保险经营模式创新应用”。

互联网时代,是否会出现基于互联网的 P2P 保险平台?这样的网站提供合作保险平台,即由数量充足的消费者共同签署协议,缴纳保费,并按照协议在有关保险事故(或其他约定条件,如气象指数等)发生时,对相关被保险人支付保险金。

请注意,在这里,保险不再是传统意义上的商业保险业务。这个平台只是一个中介,起到联络组织足够的消费者,提供技术咨询、委托服务,本身并不参与保险合同的签署(类似于 P2P 贷款平台突破现有金融管制)。如果每个人的风险都可以量化,那么大量不同风险的人群,互相之间完全可以建立合作关系,通过 P2P 网站互相交换风险。当然,为了充分分散风险,通常需要足够多的参与人。

受到 Zopa 的启发,2006 年,国外开始有人提出 P2P insurance 的设想[36]。显然,合作金融在互联网领域总体上还处于探索阶段,即使确实有许多创业家或社交网站在研究如何开展合作保险,但目前来看,相较于 P2P 信贷网站的如火如荼,国内似乎确实还没有互助保险的尝试。

(二)为什么没有 P2P 保险网站

既然有 P2P 借贷网站,为什么没有 P2P 保险网站呢?分析起来,可能有如下几条原因。

（1）保险关系相对借贷关系更为复杂，技术门槛更高。保险业务在风险、种类、业务流程等方面相对比较复杂，难以标准化。除非收益率固定的储金类产品，可能相对比较好销售，其他寿险公司的投资型、分红型产品，就难以吸引互联网消费者，还需要靠展业人员三寸不烂之舌才能销售出去（这类产品还需要履行如实告知义务，尽管网站上也可以列明告知事项，但可能还不足以引起消费者的注意和重视，容易引发纠纷）。当然，随着消费者保险意识的增强和保险知识的增加，这种情形可能会有所改善。但除了营销之外，投保、承保、保单管理、理赔等业务流程也较为复杂，财险业务尤为突出。

个人与个人直接建立的民间借贷关系长期存在，只需要借贷双方达成一致意愿，明确期限、金额、利率、担保、抵押、还款方式等要素，签署协议即可，较为简单。从保险需要服从大数法则的特征看，必须有足够多的同质风险个体参加，不可能建立单个人与单个人的 P2P 关系。因此保险关系对保险公司或类似组织及其业务规模的依赖性大得多。

（2）保险涉及线下作业较多，投入要求较高，对“重资产”需要较多，也就是不符合“轻公司”范畴。例如个人车险业务，报案后可能需要进行现场查勘、定损等活动；健康险业务，需要医疗专业人员进行审核；涉及大量法律事务、追偿工作等，需要专业法律人士；还需要与 4S 店、维修厂、医院、司法鉴定所、法院、公安、交警等外部组织机构建立广泛联系。仅就查勘队伍建设和设备投入这一条，恐怕就会让互联网公司望而却步，信息系统也比较复杂，投入较高。相反，简易借贷业务基本上可以依靠信息技术实现。

（3）互联网保险的刚性需求有待开发。一是如同前面分析，目前的寿险产品对投资型需求吸引力有限，营销过程也难以完全电子化、网络化；二是相对刚性的需求，如财产险业务中，企财险、船舶险、货运险、责任险等，都以法人客户为主，不适合互联网模式；三是如家财险、意外险、旅游意外险等面向自然人且分散（零售）的业务，传统上都是“渠道为王”，严重依赖线下渠道；四是消费行为有待培养，目前网上销售的保险产品主要有车险、意外险、旅游险、意外健康险、家庭财产险等，以及与电子商务相关的退货运费保险、货到付款拒签险、假一赔三（手机）保险等。另外还有“三马”（马明哲、马云、马化腾）打算做的虚拟财产保险，这些都需要培养消费者的意识和行为。

（4）法律依据不足。即便在 P2P 借贷平台出现以前，从法律上看，合法的民间借贷关系受到法律保护。正如前面所指出的，由于不存在线下的脱离保险公司或类似组织的保险关系，也就谈不上法律保护。

此外，设计互助保险的商业模式时，还需要考虑：哪些产品适合这种模式？费率如何设计？承保规则如何规定？是否会有逆选择？亲友之间的商业利益关系是否有悖中国的传统文化和风俗习惯？社交网络中的朋友圈，能否提供大数法则适用的足够规模？是否满足风险独立分布的要求（如以意外险为例，亲友们乘坐同一交通工具的概率较高）？是否涉及风险单位划分、累积风险控制？破产概率能否控制在一定水平之下？能否构建小朋友圈和大朋友圈，以实现多层超赔、分层分担风险？能否实现不同朋友圈之间的风险互换、风险分担？能否利用传统保险公司或其他供应商，作为风险分担和理赔服务的合作伙伴？如何对合作伙伴进行管理？盈利如何分配或存续？当有人退出时如何处理？如何界定保险利益？保额如何设计？投保、核保、查勘、理赔如何操作？资金账户设在哪里，由谁管理，如何运作？是否会涉及税收问题？互助保险是通过第三方方案服务公司提供吗？如何建立第三方平台？能否与现有社交网络（如QQ、微信、微博、人人等）通过接口无缝对接？

如果不能解决这些复杂的问题，则机会只是机会，商业模式仍然难以实现。

这样一来，建立类似于P2P借贷平台的互联网合作保险模式，岂不是十分困难？传统保险企业，似乎可以大大松一口气了。

（三）合作保险平台的前景

不过，笔者对合作保险平台的前景持乐观态度。正是基于互联网，保险业才可能会产生一次革命。如果一种模式在线下无法做而互联网却可以，岂不有力地说明其带来的影响更加深刻？

（1）财富安全的需求，即风险管理的市场十分庞大。基于庞大的财富市场，对财富风险管理的有效工具——保险的需求客观存在，为合作保险模式提供业务驱动力。传统保险市场风险交换模式，将为基于互联网的风险交换提供技术基础。

（2）风险容易标准化、责任清晰、理赔简单的保险产品，将比较容易嫁接到互联网合作平台。如与电子商务相关的退货运费保险、货到付款拒签险、假一赔三（手机）保险，以及虚拟财产保险、网购敢赔险、网银（支付）保险等，这类保险可以实现合作保险平台与电子商务平台的B2B数据接口，完全可以通过互助模式来实现。其次是车险、意外险、津贴类健康险、家庭财产险等传统产品进行适当改造，对保险责任、责任免除、费率结构、赔付条件等进一步标准化，并提供更为灵活的选择，拓展互联网营销新模式（或O2O模式），建立完善的风险管控模式（防止道德风险），降低管理成本，提供更低廉的价格，将更具吸引力和竞争力。

合作保险平台在推出这些“保险产品”（实际上是提供产品模板，包括条款、费率、承保条件等，供愿意参加合作保险的消费者使用）时，需要对原有传统产品进行适当改造。例如，将健康险改造成津贴模式（由于健康险具有较大的道德风险，在条件不成熟时，难以使用合作保险模式）；将与自然灾害风险相关的保险条款，由期间责任和原因责任下对损失进行赔偿，改造为指数保险形式，避免道德风险；对赔付单证，尽量要求可鉴别、标准化等。

（3）建立更为广泛的外部合作伙伴模式。保险业的第三方供应商市场已经非常繁荣，例如在查勘方面，已经有大量的公估公司可以提供第三方查勘。事实上，目前在许多地区，由于业务规模较小，中小保险公司从经济性考虑，会聘请或者多家合作共同聘请同一家公估公司、同一名公估人员进行查勘定损工作。像泛华保险集团这样的企业，其业务除了直接保险公司的产品开发以外，已经涵盖保险代理、经纪及公估业务等领域。

（4）互联网将带来对保险供应链中保险企业的边界切割。发挥商业想像力，合作保险平台如果做大，甚至可以推动相应的供应商（即能够更好匹配的满足信息系统对接、模式对接）发展壮大。

目前，财产险行业赔付率约60%~70%（某财险公司2012年上半年年报披露赔付率为61.5%），费用率超过30%，还有5%左右的营业税及附加。如此高的费用（包含了保单获取成本和管理费用，其中保单获取成本主要是手续费等营销费用。但注意，这一费用并不包含直接理赔费用，如可以直接列支到具体赔案的公估费、检验费、诉讼费、代理费、律师费甚至交通费等，依保险企业不同可能存在差异。也就是说，实际赔付到被保险人或受益人手中的可能不到60%），完全可以将其中一部分让渡给专业供应商，无须自己搭建合作保险平台，使自身成为“轻公司”，降低其他成本。例如，通过与第三方（甚至可以包括出租车公司这样的机构）合作，开展车险代查勘。由于其并非保险公司，因此可以避开保险监管。

通过搭建合作平台，可以充分利用信息技术，减少中间交易成本和保险公司的管理成本，通过网络为被保险人创造价值。

（5）这样的平台需要大量使用商业智能技术（如数据挖掘）。这样可以发挥互联网技术和信息技术优势，加快反应速度，增加了产品服务标准化与风险管控的可行性。例如赔案档案审核（CFR）中采取数据挖掘技术，可以动态监控骗赔风险。

（6）以网络实名社交关系为纽带，将会帮助这样的平台减少风险审核成本，提供风险信息。也就是说，这样的平台存在与包括 Facebook、人人网乃至腾讯、阿里合作的可能性。

（7）传统保险市场的政策驱动。以寿险为例，寿险费率市场化如果实现突破，寿险业务竞争势必加剧，市场格局、市场行为将发生巨大变化。正如在车险费率市场化过程中，产生了类似“车盟”这样的创新，保险市场化改革，也将可能促成基于互联网的合作保险模式的创新和成长。

三、合作保险的实践与设想

事实上，国外已经出现了一个合作保险模式的实践，《经济学人》杂志网站 2012 年 6 月的一篇文章，介绍了这种合作保险模式[37]。

一名来自德国的创业家，建立了一个基于社交网站朋友圈的朋友保险（Friend Surance），它被称为 Peer-To-Peer Insurance, 或 Person-To-Person Insurance，即点对点保险。其提供的保险产品包括：家庭（财产）保险、个人责任保险、法律费用保险。

这个点子确实很精妙：与保险公司合作，让作为合作伙伴的传统保险公司承担再保险人角色（支付“分出保费”），承担大额索赔，小额索赔则在朋友圈中分担（通过“自留保费”）。

在德国，人均持有 5 张保单，其中个人责任保险是大多数德国人必买的保险产品。德国学生平均支付 55 欧元（71 美元），可以获得 1 千万欧元的损失额度保障（责任限额）。如果 5 位朋友绑定在一起，没有发生赔付，年底可以获得 24 欧元返还，剩余部分可视为巨灾损失长期准备金。这种模式可以减少诈骗风险，减少微小的索赔，因为朋友之间不好意思，而这些索赔会消耗传统保险公司不菲的费用。

总之，这种模式的优势包括：防止骗赔，防止不当行为，避免过度营销，减少销售费用，减少微小索赔，减少管理费用。该公司通过包括 Facebook，Twitter，Youtube，Blog，Google+，Xing，Linkedin 的访问入口进行推广。如果从合作保险进一步延伸开来，那么这个平台可以提供风险互换、风险管理服务互换。

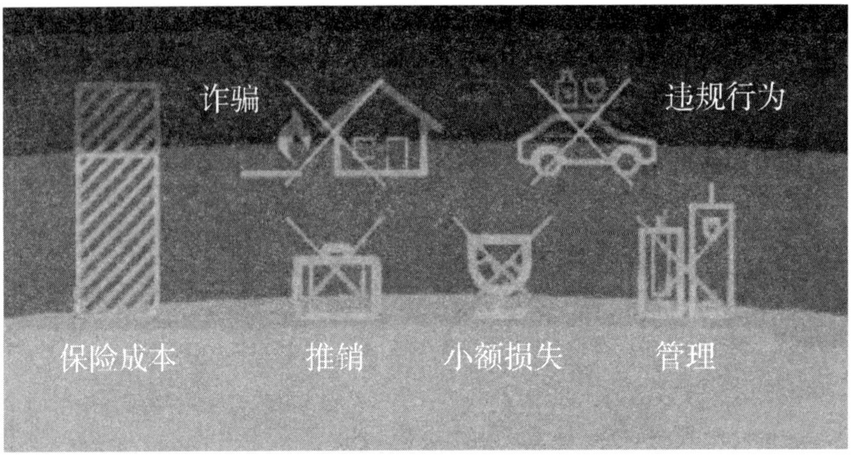

图5-9 Friend Surance宣传图[38]

我们注意到，在互助服务方面有许多值得借鉴的案例，如目前已经存在的C2C搭便车平台。顺风车发起人王永通过二维码车标，进一步推动顺风车绿色环保助人活动。王永已经计划建立网站和手机客户端应用，成立基金会及团队，对顺风车活动进行规范管理，推行免费搭车。顺风车活动有“公益里程”积分可以付给车主，积分可以兑换油卡、电话充值卡，也可以捐给公益机构[39]。这种以代币计价的互助服务，如果以偶然性事件为条件，也可以视为非金钱化的互助保险保障的雏形。

在帮助人们防御风险方面，比风险转移、风险分散更好的方式，是减少风险，防灾减灾。借鉴上述互助顺风车模式，从风险交换发展起来的模式，可以衍生为风险救助互换并成为一个成熟的商业模式。在这个模式中，由愿意参加的消费者共同建立互助救援联盟，并对风险发生时互助救援实行积分（也可购买）制度。

下面以汽车互助救援为例进行说明。

（1）加入联盟者，选择携带救援工具（或具备救生技能，能够提供相关帮助或服务）。

（2）按照市场化价值评估系统，评估该车辆及其驾驶员贡献的价值及对应积分。

（3）该车辆及其驾驶员选择其需要的服务，评估其价值。这一评估将加入到上述系统中，以形成每一类互助服务的积分“定价”。

（4）每位成员，使用智能手机共享自己的位置。

（5）当某一成员发生风险事故或需要帮助时，可以向平台提出需求，平台进行智能匹配。

（6）每位加入者，必须尽快响应对自己的服务需求。如果临时无法提供服务，也应尽快响应，以避免耽误救援。

（7）既不提供也不响应者，将按情况给予约定处罚，直至“踢出”平台。

（8）互助活动结束后，由被帮助者评价，并给与提供帮助者积分。

（9）确定该加入者支付或收益。

（10）统一结算。

这种互助风险管理，可以极大地减少社会成本。例如，为了防范自燃风险，每辆汽车都需要自备灭火器（实际上一只往往不够）。某些汽车为了防范风险，会携带大量防灾、救灾、逃生工具。如果加入这一模式的汽车足够多，就可以减少每位个体的支出成本，共享救灾物资或工具。

在这一模式下，当一辆汽车在路上发生自燃时，将可以动用联盟其他成员的灭火器帮其灭火；当汽车电池耗尽，无法点火启动时，可以借助其他汽车携带的跨接电缆搭线启动，必要时甚至可以获得汽油等其他帮助。事实上，某些互助服务可能不那么容易实现，但无需依赖实物的风险管理互助，可能更容易实现。

在基于互联网的合作保险模式中，保险公司可以与实名社交网站（腾讯微信、新浪微博、人人网等）合作，搭建 C2C 平台；可以成为合作风险管理方案提供商，为基于互联网的合作保险提供方案与服务支持；可以基于专业风险管理技术，提供防灾防损、减灾减损咨询服务；可以提供线下配套服务支持；可以提供产品设计开发和费率厘定支持；也可以提供资金结算支持。

第四节　移动支付与移动金融

一、发展迅速的移动支付市场

招商银行不仅只是高度重视社交网站的冲击，而且将注意力放在了移动通信工具上。招商银行行长马蔚华提出，未来信用卡或许可以不用。

2012 年 9 月，招商银行携手 HTC，宣布推出手机钱包业务。据介绍，该业务通过招商银行 TOUCH 卡 (大吉卡) 加载在内置安全模块的 NFC（ 近场通讯技术 ）的三款手机上，实现手机和银行卡“合二为一”，为客户带来快捷的支付体验。

手机钱包业务不刷卡，不输密码，不找零，免去了携带现金的不便，以及刷卡输密码签字的繁琐。目前账户额度不超过 1000 元人民币，客户可以绑定招商银行一卡通，随时充值 [40]。这意味着招商银行将移动金融战略作为下一阶段的聚焦竞争战略之一。

我们可以看到，移动支付作为金融入口或平台基础，已经吸引了大量创业家。支付不仅仅是一项业务，更重要的是，它指向更为庞大的金融业务市场，如电子商务平台以及相关的金融平台，包括消费信贷、产品保险等。

根据市场研究公司 Gartner 的报告 [41]，2012 年，全球移动支付额已超过 1715 亿美元，同比增长 61.9%，移动支付市场在 2016 年将增长到 6170 亿美元。在这个融合了金融、电信、软件公司等多方势力的产业中，未来局面当然不可能只有一个答案，至少从技术角度来划分，目前的移动支付可以分为运营商计费、刷卡支付、应用支付和以 NFC 代表的近场通讯支付等 4 个主要方向 [42]。

2011 年，中国移动支付市场发展迅速，全年交易规模达到 742 亿元，比 2010 年增长 67.8%。同时，我国手机用户数量已达 10 亿，手机更换基本保持在 2 年的频率。

中国银联执行副总裁柴洪峰指出，截至 2012 年 8 月底，能够实现 NFC 近场非接触式支付的 POS 机达到 97.2 万台，已覆盖部分公交和超市，预计 10 月末将突破 100 万台。他表示，下一步，银联将在 50 个城市的机场、铁路、学校周边等商圈加大布设力度，2012 年预计将达到 120 万台，辐射商圈达到 150 个。

目前，国内 LBS(位置服务) 用户群，对移动支付有非常庞大的需求。如国内最大的 LBS 用户群大众点评网，手机客户端用户已经超过 600 万部，并且都是活跃用户，频繁使用手机客户端查找周边信息。截至 2011 年中，赶集网的手机客户端用户也累计超过 2000 万部 [43]。

二、现有的移动支付模式

对于支付来说，完成支付的关键是支付信息的获取、传输和处理。其中支付信息包括商品信息（ 标识和价格 ）、支付者身份和支付手段（ 如信用卡 ）。

基于信息获取方式、传输方式和处理方式的不同，移动支付分为如下 10 类 [44]。

（一）在线远程支付

在国内，在线远程支付典型代表是支付宝、财付通等互联网企业。

对于支付宝而言，最核心的竞争力是其在电子商务中积累下来的整个信用体系。支付宝通过使用银行支付工具如汇兑、票据、银行卡、网银、收款等，构建起基于互联网的网上支付、交易担保、信用卡还款等。

（二）基于 NFC 的移动支付

NFC 是眼下最热门的移动支付技术。谷歌、三星、HTC、诺基亚、微软、苹果等巨头，先后或即将推出支持 NFC 的手机或解决方案，其中进展最快的是谷歌。

Google Wallet 可以将手机变成钱包，把信用卡存储为手机数据。谷歌甚至计划发行物理卡，通过 Wallet 应用集成多张信用卡，任意切换使用[45]。但其推出后发展速度并不快，主要原因是缺乏运营商的强力支持，能支持的手机不多，产品还不够成熟[46]。

在所有移动支付方案中，NFC 无论从技术、安全性和便捷性上，都是相对最合适的解决方案，但是由于它涉及制定支付标准、硬件设备的普遍支持以及运营商 SIM 卡层面的兼容，普及难度最大。其推广速度取决于智能手机和支持 NFC 终端的普及。

目前，在 iOS、Andriod 和 WP 三大智能手机平台上，除了苹果外，其他平台都早已引入 NFC 技术，并成为其产品的一个重要卖点。

市场研究公司 Forrester 分析报告显示，2011 年，支持 NFC 技术的手机出货量达到 4000 万 ~5000 万部，2012 年末，全球约有 3 亿部手机 / PDA(个人数字助理) 具备 NFC 功能，占据智能手机市场总量的 20%。每周全球有超过 100 万台支持 NFC 的安卓手机被激活，这都为 NFC 在移动支付领域的普及奠定坚实的硬件基础。

2012 月 6 月，中国移动拟与中国银联签约，将移动支付标准统一为银联主导的 13.56MHz，以结束双方之前的标准之争，这为 NFC 支付在国内大规模普及扫清了最大的障碍。中国移动还与中国银联商定，二者在近场支付技术标准、NFC 手机产品检测以及受理环境建设、市场推广等方面展开全面合作[47]。

（三）运营商计费

传统上，运营商的移动支付业务大体有三种实现方式。

（1）移动 WAP 网络登录网上银行，交易处理由银行进行，运营商仅作为信息传输通道。这种方式用户体验不好，随着智能终端的推广，运营商基本已经放弃。

（2）短信方式。用户通过 STK（用户识别应用工具）菜单发送短信，通过手机话费进行支付，适合远程交易，简单易用，有用户基础。例如，很多网游用户用神州行充值卡支付，在中低端手机用户中很流行。但由于费率太高，适用面并不广，且存在行业政策问题，只能做小额支付，同时因为滥用而产生过信誉危机，发展空间有限。

（3）RFID(无线射频识别)方式。手机终端与 POS 机终端间采用短程通信方式进行现场支付，可通过手机话费支付交易金额，也可以通过绑定银行账户的形式，由银行处理交易，这是一种近场交易方式。由于产业链太复杂，盈利模型尚不清晰，目前仅仅开展小规模的尝试[48]。

根据 Gartner 对全球移动支付市场的报告，目前运营商计费的移动支付模式，在全球范围内占据主流。在发展中国家，短信是主要的移动支付手段；在发达国家，运营商则通过入股等方式，整合商业银行和连锁商户，以进军移动支付领域。在日本，移动支付主要由运营商主导。

日本的移动互联网高度发达，手机支付非常普及。运营商对终端配置的控制力很强，大的运营商都有手机终端定制部门，能够统一硬件标准，预置手机支付模块，预装二维码识别软件。

为了强化在整个支付体系中的影响，日本的运营商还入股银行和便利店等上下游企业。例如，2005 年 4 月，日本最大的电信运营商之一 NTT DoCoMo，注资三井住友信用卡公司 1000 亿日元(9.45 亿美元)，获得该公司 34% 的股份，随后双方合作推出“ID”子品牌的移动支付业务。

2006 年 3 月，NTT DoCoMo 投入 7690 万美元购买日本第二大便利连锁商店罗森(Lawson)2% 的股份，使得 DoCoMo 的用户可以在 Lawson 的 100 个商店内使用手机支付货款。

真正能成气候的创新，往往是一个简单便捷，能够解决普通人支付需求的方案。2012 年 7 月，剑桥大学学者奥利维亚·奥沙利文（Olivia O’Sullivan）的一篇文章，介绍了风靡肯尼亚的移动银行服务 M–Pesa，引起了强烈反响。

肯尼亚的 M–Pesa 服务中，用户和企业无需现金和银行账户，甚至无需固定住址，就可以进行支付。只需要一部手机，到肯尼亚移动服务商 Safaricom 那里注册，按几个键，输入几个数字，交易就可以在几秒钟之内完成，无需现金，无需到银行排队。

M–Pesa 的移动金融网络由小型零售店组成，他们注册成为 M–Pesa 的代理商，顾客可以在这些零售商的店铺支付现金，为手机充值，作为电子货币。之后，用户只需发送文本消息，就可以在不同手机用户之间交换电子货币和转账，收款人只需要拿着手机到零售店，就可以用文本短信兑换现金。

（四）基于条形码和二维码的移动支付

用户可以将他们的信用卡和应用相关联，消费时，商家只需要扫描相应的二维码或条形码，即可完成交易。这种移动支付品牌包括 kuapay、支付宝无线支付等。

2012 年 7 月，支付宝推出手机条码支付产品，进军线下支付市场。如果支付宝能顺利将线上优势移植到线下，未来将可能导致银行卡市场重新洗牌，未来银行卡、信用卡都将边缘化。

（五）Square 模式

在 Square 模式下，无信用卡愿景已经实现。

这种支付模式，是在手机的耳机插孔或基座接口处插入一个读卡设备，就可以读取信用卡数据。国外有 Square、Veri Fone、Inner Fence 等，国内有拉卡拉、盒子支付、立方宝、钱方支付、快钱网等。

在这种模式下，当你走进一家商店或咖啡店时，你的名字和小头像会出现在收银员面前的屏幕上。结账时，收银员比较你本人和屏幕上的照片，然后点击“确定”，完成交易。不需要现金，不需要卡，不需要签名，甚至不需要掏出手机。

（六）基于 WiFi 的移动支付

基于 WiFi 的移动支付，典型企业有 FigCard、Bump。在这种模式中，商家只要将 FigCard 的简易 USB 设备插入收银机或 POS 机终端，就可以接受移动支付，并且消费者只需在自己的智能手机上安装 Fig 应用，就可以进行支付。

目前 FigCard 已被 Paypal 收购[49]。

（七）基于图像识别的移动支付

基于图像识别的移动支付，需要使用手机摄像头来读取信用卡信息，包括信用卡号码和到期日。典型企业包括 Card.io 和 Jumio(能在 POS 机上连接网络摄像头来识别信用卡)。这一技术与条形码和二维码支付类似。

目前，Card.io 已被 Paypal 收购。

（八）基于人脸识别的移动支付

FaceCash 通过人脸识别进行支付，可以与现有 POS 系统结合，也可以与收银机、热敏打印机、条码扫描终端等常用工具配合使用。FaceCash 支持条形码和 NFC 技术，支持各类转账和各种手机，可以追踪购买记录，分摊账单，每笔交易收取 1.5% 手续费和优惠券 30%~50% 的费用 [50]。

值得注意的是手机厂商的人脸识别技术。据报道，苹果公司 2012 年的一项新专利，就是低阈值面部识别。谷歌之前已经推出面部识别解锁，在 Google+ 上推出"Find My Face"功能，苹果的这项技术则允许 iPhone 或 iPad 利用前置摄像头识别用户，之后迅速载入用户的个人档案、壁纸、应用等信息 [51]。

在国内，很早就有面部识别技术研究，目前也出现了面部识别技术的商业应用开发团队 [52]。如果这些技术能与移动支付整合起来，将进一步提高支付的便捷性。

（九）基于超声波技术的移动支付

利用超声波，手机通过麦克风和扬声器就能完成一次近场通信，不必依赖专用的芯片，而且用户体验一致。目前使用这种支付技术的主要有 Naratte 公司的 Zoosh、即付通等。

（十）手机巨头的移动支付平台

2012 年 6 月，苹果公司 CEO 库克宣布，目前苹果拥有 4 亿个活跃的 iTunes 账户，每个账户关联的信用卡信息，都是激活并有效的。通过使用位置查询，iPhone 可以代替传统的信用卡，帮助用户购物买单。未来，iTunes 将可以购买所有东西。

苹果公司在 WWDC 大会（苹果电脑全球研发者大会）推出 Passbook 应用（银行账簿），用户用 Passbook 这款软件，可以收集到很多电子优惠券，包括电影票、积点卡信息等，并且能轻松查询。

苹果公司有 900 多亿美元的现金储备，它可以和银行合作，也可以绕开银行，实现"无信用卡支付"，即建立自己网上支付平台，然后用折扣和优惠来吸引人们使用 iTunes 支付。

三、移动技术再造金融业

移动金融的概念显然并不仅仅限于移动支付，但移动支付是一个绝佳的入口，它将在很大程度上决定未来消费，并拥有广泛的市场，因此受到广泛重视。正如本书所提到的，从业务上看，移动金融可以覆盖所有投融资业务，从企业的经营上看，可以覆盖营销、交易、产品与服务、客户关系管理等所有环节。

移动互联本身只是一种技术。正如阿里给自己的定位是“技术驱动的商业服务公司”那样，金融企业的核心仍然是金融服务，而移动互联只是其重要的技术基础。不过随着移动互联技术在企业战略位置的提升，或许有一天，会产生真正的“技术驱动的金融服务公司”，其概念和今天的金融企业将大为不同。例如，移动（如地理位置）可能成为金融产品的要素（如保险产品定价），消费者也可以通过移动互联，更深入地参与到金融产品与服务的开发中去，并从中获得价值。

按照金融产业分类，移动金融可以分为移动银行、移动保险、移动证券、移动理财等。未来的移动金融服务商，将可能整合所有适合纳入“移动”概念的金融产品和服务。例如LBS类电子商务（如与大众点评网整合餐饮消费、团购等）、移动支付、移动风险管理（基于地理信息的保险产品销售与服务，如汽车保险的移动定价、驾驶安全管理、人身安全管理、健康管理）等，将按照“移动”的要素来重新定义金融业。

第五节　找教授买茶叶蛋

改革开放初期，从事脑力劳动的知识分子收入低于体力劳动者，媒体描述这种现象时，有“搞原子弹的（教授）不如卖茶叶蛋的（小贩）”这样的说法。

在互联网技术的支持下，有没有让教授去卖茶叶蛋这种可能呢？

一、服务成本与客户和产品的匹配

从商业角度看，人们潜意识里认为教授不会去卖茶叶蛋，原因是高昂的人力资源成本，不应配置到低价值的劳动中去。在特殊情况下出现的这种情形，反映了要素资源配置扭曲。正因为如此，北京大学学生陆步轩毕业后卖猪肉，才成为轰动一时的新闻。

不过，另一位卖猪肉的北大学生陈生，却体现出他作为一名北大毕业生的价值。因为陈生卖猪肉，最后卖成了“猪肉大王”，在广州开设上百家连锁店，年营业额超过2亿元[53]。

后来陆步轩也出版了《屠夫看世界》一书。

从这些案例可以看出，问题的关键，在于通过何种方式以及如何配置专业性强的人力资源，而不在于配备到什么行业，面向什么样的客户。

那么，在财富管理领域，“教授”会不会卖“茶叶蛋”呢？长期以来，银行相互挖抢的高素质私人银行经理，可是专门为高净值客户服务的，他们的人力资源成本很高，有的甚至年薪数十万元。按道理说，他们的劳动很难匹配给低净值客户。

从中国当前的财富分布来看，由于贫富差距巨大，家庭财富的均值和中位线的差值同样是很大的。就是说，大多数家庭财富位于中位线以下。很遗憾，对于中国广大低净值资产的家庭来说，现在无论是银行还是第三方理财公司，都不屑于为他们提供高价值的服务。

值得幸庆的是，这种专属服务将可能发生改变，原因有两点。一方面，高净值客户的获取成本日渐升高，这块领域对专业性和服务能力的要求也不断提高，已经成为红海市场，这些专业能力强的人力资源需要重新配置；另一方面，更重要的是，信息技术、网络技术的发展，使得专业技术可以通过规模效应创造更多价值。面向低净值客户提供更加专业的服务，在这种情况下就成为可能。

显然，从成本收益角度来看，对于低净值客户，由于客均价值、单均价值比较低，成本较高的人力资源无法对其实现真正的一对一服务。然而，即便对于高净值客户，事实上也难以享受真正的一对一服务。由于服务的差异性，这种服务的核心价值也值得怀疑。

从中国国情来看，今天金融机构里提供一对一服务的客户经理，也只能提供一些标准化产品无法提供的服务而已。对于许多具有一定专业知识的客户，这些客户经理的素养，实在谈不上高，相反，其误导销售的倾向极为明显。譬如近年来出现的酒类信托、收藏信托等另类信托产品，其能否匹配客户的风险偏好，满足客户的需求，就非常令人怀疑。

目前银行业销售理财产品的方式，基本上仍是产品驱动，而非需求驱动。这样的服务，根本不是以客户利益为导向，对消费者带来的价值较低，将难有市场。对于金融机构自身的发展而言，这样的经营模式也不可持续，随着市场的波动，以销售业绩导向的另类理财产品亏损造成的后遗症将不断出现。不能基于客户利益，或者将客户利益与企业产品结合起来的金融机构，迟早会被客户抛弃。

二、面向低净值客户的专业服务

在互联网时代，随着互联网技术的发展，服务创新带来的边际效益增加，规模经济作用更加明显，财富管理领域的低净值客户，也将有机会享受到信息技术和网络技术带来的便利。

服务低净值客户，有助于提高高净值客户的服务能力。由于客户数量不断增长，金融企业能够通过为庞大的低净值客户群服务，学习到丰富的服务经验、经营经验，从而反过来提升其高净值客户的服务能力。

金融行业的“教授”们，可以利用互联网技术向低净值客户销售哪些专业化产品或服务呢？

（一）家庭财务管理

我一直在等待一家比金蝶随手记或者挖财更好的家庭财务管理企业出现，这家企业应该是技术驱动的，同时也是真正由家庭财务管理、财富管理需求导向的专业金融企业。这样的服务，首先应当能够像 Mint 一样，能够支持家庭资产负债管理，尤其是越来越普及的信用负债。即便是最普通的家庭，也存在着这样的需求。

要永远记住，为客户创造价值是最重要的，仅仅满足记账是没有多少意义的。随着银行卡、信用卡的普及，以及企业之间信息系统对接（B2B，当然是在消费者同意的情况下），未来真的还需要我们自己去记账吗？事实上，人们每月都会收到淘宝账单、基金对账单，当然也包括随时查询银行流水。

家庭财务管理，应当根据家庭财务目标和偏好，以其利益最大化为原则，帮助家庭制订理财方案。目前，许多金融企业仍然将自身利益最大化，不惜损害客户利益，这使得长期的客户关系难以维持。

今天，国内有哪家金融机构愿意为消费者提供基于被动指数基金平衡投资的服务（如固定比例投资法、策略可定制的平衡投资法）呢？

（二）无缝链接产品

今天，中国并不缺乏专业需求的客户，但缺乏专业产品。尽管国内有金融管制，但也有许多技术可以创造和开发处于灰色地带的产品来满足需求。大大小小的创业者们，已经证实了他们的创造性。当然，我们仍然期待监管能够创新，为风险可控的金融创新提供更大的空间。

正如上面提到的，今天，国内金融机构的销售过程仍然是产品驱动的。对于客户提出的需求，金融业很难提供相应的产品与服务。或许有人会反驳，客户永远要求风险最低、收益最高的产品和服务，但这是不实际的。笔者也只能以自己的经验来回答：其实我们远远低估了消费者的智力水平，并未真正了解客户的实际需求。

未来的产品超市，不是若干产品的堆积，而是能够提供无穷的选择方案。其实这里最关键的并不是方案的数量，而是能够匹配用户的需求。

交通银行面向季均金融资产在 1~5 万元的客户，推出“快捷理财”服务，是在探索为低净值客户提供专业化服务的良好实践。据称，该服务已经拥有 70 多万客户，这意味着交通银行在该产品上已经吸引了 70~350 亿元资金。

从介绍看，快捷理财服务包括财务健康诊断、基金定投、理财产品咨询等。在基金定投方面，主要是与晨星合作，智能定投基金。但这项产品和服务仍然是产品销售导向模式，理财产品品种较少，客户缺乏选择的余地[54]。

（三）智能定制

很多金融企业曾经尝试提供这样的服务，如基金智能投资。有人担心服务过于复杂，影响推广普及。其实这些功能并复杂，而是金融企业存在以下问题，导致这种服务并没有大面积推广。

（1）通过各类垄断（包括技术垄断）获取超额利润，导致消费者用脚投票。

（2）不够灵活，定制因素不够全面。

（3）不够开放，阻碍了金融业供应链的完善及发展。

智能定制并非要损害消费者体验。最好的智能往往是便捷易用的，譬如友好的界面，量身定制的模板，循序渐进的分层引导等。

举例来说，在证券交易行业，为什么自动交易软件能大行其道？严格来说，无论其安全性、稳定性、交易效率，都值得怀疑，但这些软件却能够销售良好。

绝大多数证券公司的交易软件，不能支持隔夜委托、自定义灵活下单，这实际上反映了现有金融企业服务的局限性。

金融业往往低估了消费者。更重要的原因是，市场的自由化程度不够，竞争不充分，同一领域、不同领域、供应链不同环节的不同金融机构，不愿意对外开放自己的领地，创新缺乏动力。

（四）长期财务规划（人生管理）

做好长期财务规划，可以为企业创造高度忠诚的客户。然而许多业内人士反驳说，这一点金融业早就考虑到了。

许多金融机构都向客户提供软件，用于测试家庭的财富管理需求，包括人生不同阶段的需求，并推出有针对性的财富管理产品。这诚然不错，但问题是，为什么这些产品销售并不好呢？

原因大致包括以下几点。

（1）这些测试本身是否准确。

（2）测试的设计目的，导致测试结果与客户本人的财富管理观念冲突。

（3）产品本身存在缺陷。

我们必须明白，我们是在帮助客户做出决策，不是取代客户做出决策。然而事实上，我们已经事先假定要将产品库中不同产品放在不同组合中卖给客户，不管对他是不是适用！

从来不会有一家金融机构说，我来帮你做测试，但其中有些产品我们提供不了，请找其他公司购买。在这方面，互联网行业的生态系统概念和免费策略，非常值得金融企业借鉴。

（五）消费者教育

消费者教育不是避免责任的一部分，而是销售的一部分。适当的消费者教育，是销售的开端。消费者教育的重点不是“教训”，而是“培育”。

大多数消费者并不像高端客户那样，需要私人银行的客户经理提供专门服务，更不需要一个专属团队为其定制特别的、最低销售额为1000万元的结构化产品。面向大众消费者的产品和服务，都可以在现有技术上实现，只要金融企业根据专家知识，制订业务规则，开发产品系统，打造平台，开放接口，吸引第三方参与。

参考文献

[1] 渣打银行亿元理财品亏5千万打官司3年费千多万．中国网[R/OL]，[2012-5-14].

[2] 王海燕，毕霄杰．别让签字成银行挡箭牌，买理财产品最好带录音笔．现代快报，[2012-4-17].

[3] 金融体制改革应发展小型银行和合作金融．

[4] 邓瑾．“农民银行家”给农民放贷：“永济模式”的乡村逻辑．南方周末，[2010-7-1].

[5] 王治良．职工互助储金会的历史贡献．张家口总工会，[2011-5-3].

[6] 哈尔滨市志群团．

[7] 农村资金互助社．百度百科[G/OL].

[8] 李晔．东海农民筹建“虾米银行”．解放日报，[2012-5-28].

[9] 民间融资 . 百度百科 [G/OL].

[10] 赵晖 . 鄂尔多斯 VS 温州：民间融资故事的异同 . 第一财经日报，[2011-12-9].

[11] 宁广靖，袁诚 . 信用受损资金离场民间借贷寒露已现 . 新金融观察报，[2012-10-7].

[12] 历史版本 1:LendingClub. 互联网博物馆 [G/OL].

[13] 薛岳 . 陈一舟海外探路 P2P 挑战人人网两大能力 .IT 商业新闻网，[2012-9-14].

[14] 书聿 . 读大学交不起学费？上 SoFi 找校友资助你 . 新浪科技，[2012-9-12].

[15]How Peer Lending Works.Lending Club[R/OL].http://www.lendingclub.com/public/how-peer-lending-works.action.

[16] 罗东 . 宜信：小额信贷“P2P”.21 世纪商业评论，[2011-12-16].

[17] 朱楠楠 . 宜信公司小额信贷业务模式研究 . 百度文库 [G/OL].

[18] 宜信 P2P 理财模式介绍 . 百度文库 [G/OL].

[19] 聂伟柱 . 金融互联网化的支付冲击波：“渠道革命”只是开始 . 第一财经日报，[2012-7-6].

[20] 陈景清 . 严惩非法集资最高法出台司法解释 . 中华工商时报，[2011-1-14].

[21] 肖莎 . 人人贷野蛮生长线下债权转让模式暗藏道德风险 . 法治周末 [N/OL].[2012-12-19]. http://bank.hexun.com/2012-12-19/149215140.html.

[22] 徐可奇 . 人人贷借“老鼠会”吸金：发展下线返佣千分之三 . 青年报，[2011-9-18].

[23] 章鸽 .83 个陌生人集资开咖啡馆营业 1 月后计划开分店 . 长江日报，[2012-12-21].

[24]The New York Times：众筹模式在商业上远未成熟 . 虎嗅网 [G/OL]，[2012-9-18].

[25] 众筹平台的奇迹：Ouya 游戏机获 860 万美元投资 . 新浪科技，[2012-8-10].

[26] 翟葆光 . 人人都是天使投资人 [R/OL].http://www.pingwest.com/everybodys-angel-investing/.

[27] 纽约时报：众筹平台弊端渐现，创业者背负道义负担 . 新浪科技，[2012-9-18].

[28] 点名时间网站 [G/OL].http://www.demohour.com/.

[29] 贩卖梦想的生意 . 虎嗅网，[2012-6-22].

[30] 互助保险 . 百度百科 [G/OL].

[31] 职工互助保险简介 . 龙港总工会官网 [G/OL].

[32] 成都市总工会 - 互助保险 .

[33] 杨玉荣 . 工会在民生工程工作中大有作为 . 广丰县总，[2011-5-18].

[34] 田文会 . 农业互助保险出师不利已赔付额超保费三倍 . 财经时报，[2005-1-30].

[35] 王和 . 人保财险王和：我国保险业未来的几点思考 . 当代金融家，[2011-2-16].

[36]fokoob.P2P Insurance：New finance ideas that by pass financial institutions[R/OL].[2006-7-23]. http://www.halfbakery.com/idea/P2p_20Insurance.

[37]http://www.economist.com/blogs/schumpeter/2012/06/peer-peer-insurance.

[38]Friend surance-First P2P Insurance Concept Launched[R/OL].http://www.wiseclerk.com/group-news/countries/germany-friendsurance-first-p2p-insurance-concept-launched/.

[39] 白杰戈 . 二维码认证身份搭车付积分“顺风车”计划 6 月在京运行 . 中国广播网，[2012-

2-15].

[40] 张玮 . 招商银行发布手机钱包马蔚华力推“消灭信用卡”战略 . 搜狐理财，[2012-9-19].

[41]Gartner.Gartner Says World wide Mobile Payment Transaction Value to Surpass $171.5 Billion. [2012-5-29].http://www.gartner.com/it/page.jsp?id=2028315.

[42] 王伟 . 移动支付潮起 . 商业价值，[2012-8-12].

[43] 运营商带领中国移动支付难题：流量成不了销量 .IT 经理世界，[2011-7-26].

[44] 南方 . 移动支付热门创业公司汇总 . 雷锋网 [R/OL]，[2011-9-22].

[45] 曾子嶒 .Google 将发布 GoogleWallet 物理卡，带来一卡集成多卡及更多新特性 .36 氪，[2012-11-2].

[46] 陈一斌 .GoogleWallet 一周年：不温不火、阻碍重重 .[2012-5-30].http://www.ifanr.com/93305.

[47] 温婷 . 中移动与银联合推移动支付示范城市将超 50 个移动支付标准有望统一 . 上海证券报，[2012-6-22].

[48] 运营商带领中国移动支付难题：流量成不了销量 .IT 经理世界，[2011-7-26].

[49]Paypal 收购移动支付公司 FigCard. 搜狐 IT，[2011-4-29].

[50]Andrewang.Facecash 的“面部识别”技术会成为未来的支付的主流吗 . 雷锋网 [R/OL]. [2011-7-28].http://www.leiphone.com/facecash-future-payment.html.

[51] 苹果未来 iPhone 或采用人脸识别技术 .CBSi 中国 ·PChome[R/OL].[2011-12-31].http://article.pchome.net/content-1449726.html.

[52]Kevin Chen. 面部识别的时代来了吗？ . 动点科技 [R/OL].[2011-12-27].http://cn.technode.com/archives/6222/.

[53] 陈昊旻 . 北大毕业生卖猪肉开连锁店成千万富翁 . 新快报，[2008-10-13].

[54] 交通银行官网 . 快捷理财 [R/OL].http://www.bankcomm.com/BankCommSite/cn/shortcutfortune/index.html.

第 6 章 看不见的手

市场经济中最神秘的东西，莫过于那只“看不见的手”。这只手，说白了就是市场自我调节供需的机制。对企业而言，归根到底就是需求！需求创造供给，需求创造市场。互联网金融业中看不见的手，也是客户需求。

互联网市场的客户需求，相比传统金融业有哪些改变？

对于开展互联网创新的传统金融企业来说，互联网市场的客户可能是原有企业目标客户群，也可能是初次购买某个金融产品的新客户，那么是什么力量推动他们选择互联网渠道？

在互联网市场，可以依靠大数据及时识别和深刻理解需求，可以通过事件推动需求，还要通过危机处理迎合需求变化。尽管互联网直销是最普遍的销售形式，但即便是无处不在的搜索网站，也在采用分销模式。互联网金融企业需要构建渠道生态系统，并利用不同的营销渠道，将产品和服务推送到客户面前。那么，互联网金融企业该如何推送（Push）？

第一节 似曾相识的老客户

从营销角度看，互联网客户群与线下客户群有一定程度的重叠。金融企业开展互联网业务，将与传统渠道形成竞争关系，争夺原有渠道的客户。这就意味着，这个渠道将面临传统客户的检视和比较。

大家都有过这样的经验，过去客户即使不满，现场投诉也很少见。但随着投诉渠道增多，投诉更加便捷，使得投诉案件逐渐增多，远大于以往，并且有增无减。企业自身的呼叫中心，行业监管部门的投诉电话，都成为客户投诉的重要渠道。

互联网企业更是如此。或许客户在营业场所敢怒不敢言，而一旦用网名登陆网站之后，积怨就会爆发出来。同一个客户，线上线下判若两人。互联网客户难道不是来源于原有客户市场吗？是的，似曾相识，却又截然不同。因为同一客户，在线上和线下的消费者行为，可能会有天壤之别。

一、客户行为的变化

客户还是那些客户，但客户的消费行为却发生了变化。

（1）货比三家。价格成本的变化影响客户的选择。一旦利率市场化继续推进，客户可以直接从网络获得各家商业银行存款利率的信息，无需往返各家银行做比较。银行自身产品是如此，其代理产品更是如此。

利用互联网，客户可以方便地查询到基金产品在不同渠道的费用，以便选择最低的认购费率。保险也一样，消费者会比较保险商城、保险公司直销网站各类产品的保障范围、费率等，最终购买费率更低、保障更充分的产品。

（2）如实告知。营业厅经理推销一个产品时，即便故意隐瞒和淡化部分信息，客户仍然可以方便地通过移动互联终端查询到。很多时候，客户会提前做功课，在网上下载一些产品购买指南或攻略进行研读，或者提前详细了解产品条款，之后再到银行金融机构的网站或者营业场所购买产品。

（3）资金转移。通过网络，客户可以随时随地便捷地实现资金转移，资金的流动速度大大加快了。未来，一旦金融企业发生危机，挤兑将会发生在网上，而非实体网点。传统金融企业可能会通过各种方式进行阻止、拖延，但将会变得越来越困难。如客户从银行取出大额存款，从保险公司退保，从证券公司取出资金等，都将更为便捷。尽管金融企业不愿意客户这样做，但由于竞争加剧，也不得不提供这些服务。

（4）自媒体。消费者从来没有像今天的自媒体时代这样拥有如此大的影响力。自媒体时代，每位消费者都拥有强大的力量。今天，几乎所有企业的客服都被告诫：客户，尤其是那些能够熟练使用互联网的客户，万万不能轻视！金融企业的客户，已经不再是那个需要坐着公交车来营业厅告状的老太太了，他极有可能是一个乳臭未干的毛头小子，坐在电脑前发发牢骚，而这点儿牢骚可能摧毁一家大公司。

加拿大歌手戴夫·卡罗尔乘坐美国联合航空公司的客机旅行时，随身携带的名贵吉他被行李搬运工摔坏，他提出赔偿维修要求，却被航空公司傲慢地拒绝。一怒之下，他创作了一首歌曲，做成视频上传到视频网站 YouTube。这首歌曲 10 天内获得了近 400 万次的点击，导致美联航股价大跌 10%，蒸发了 1.8 亿美元的市值[1]。

二、避开部分传统客户

如果金融企业对某类客户形成了事实上的垄断，那么当其开展互联网业务时，将这些传统客户从线下转到线上，往往并不能给企业带来好处，因为这些客户并没有为企业创造新的价值，甚至可能因为价格下降降低了企业盈利（甚至在互联网渠道中是亏损的）。因此，从企业的角度来说，需要识别这些客户，避免渠道“被选择”。

或许有读者会有疑惑，这不大可能啊？前面不是说，客户还是老客户吗？

让我们换个角度来理解，看一下大家电制造商对京东和苏宁的态度。从市场份额上看，制造商显然仍要依赖苏宁传统的销售渠道，但是类似京东这样的新兴互联网渠道也不能放弃，这就需要根据不同渠道的需求偏好，提供差异化的产品，避免对传统渠道带来伤害。如此一来，我们就会看到，在京东，大尺寸彩电的价位非常低，但许多彩电的分辨率只有 1078 线。就是说，这与传统意义上的高清大尺寸彩电完全不同。为什么要提供这样的产品呢？主要是针对互联网客户极高的价格敏感性。

从这里来说，避开部分传统客户，其意义就在于此。在传统金融企业拓展互联网市场的过程中，特别要注意针对渠道差异制订不同的产品和服务策略，否则企业将得不偿失。对于新兴企业来说，则往往没有这样的顾忌，因为其面对的所有市场都是增量市场。

另一方面，传统金融企业也不能因为顾忌客户的渠道转移而放弃对互联网业务的拓展，因为其渠道策略受到竞争制约。市场上并非只有一家主体，如果传统金融企业不向互联网渠道提供某种传统产品，而竞争对手将竞争产品搬到了网上，那么该企业将会丧失市场份额。除非结成联盟（如价格卡特尔），否则会通过价格战损失利润。但结盟又会违反《反垄断法》。另外，经济学理论已经证明，联盟难以形成稳定的市场均衡状态，很快就会被市场打破。

因此，传统金融企业在拓展互联网市场时，需要通过各种措施，将原有渠道中的忠实客户排除在互联网渠道之外，避免自身的不同渠道打架，降低盈利。同时，又要避免客户流失到竞争对手的互联网渠道中去。

例如，某家金融企业的某些客户，因为对该企业特有的产品、服务、品牌具有强烈的偏好，忠诚度很高，那么就应当尽量将其排除在该企业的互联网竞争目标客户群之外。策略主要是通过传统渠道的差异化服务、增值服务等方式，将其保留在传统渠道中。

不过，随着互联网渠道日益发展，企业也必须认识到需要对产品线进行规划。如果从成本结构、消费习惯、客户群体等方面比较，互联网渠道具有实质上的优势，那么某些业务必然要转型到这一新的渠道中。

三、争夺优势客户和细分客户

从前面的叙述可以看出，传统金融企业开展互联网业务时，可能只有部分客户资源对企业是有价值的。金融企业必须识别出真正有价值的客户，明确互联网业务的定位。

前面指出了互联网渠道应当避开哪些客户，下面分析一下应当争夺哪些客户。

金融企业需要对如下几个方面进行分析。

（1）分析互联网消费者与原有渠道消费者的偏好差异，针对差异开发专门产品及营销。

（2）分析原有渠道中竞争对手的客户群及本企业流失的客户，这样才能更好地开发产品并进行营销。

（3）分析企业在互联网渠道能够充分体现自身竞争优势的客户群。

早些时候，许多知名企业涉足电子商务时，无论是服装、3C还是其他轻工业产品，都面临着窜货问题。一方面，网销是大势所趋，不能不做；另一方面，网销对传统批发商、零售商等渠道形成极大冲击，造成价格混乱，影响品牌声誉，降低企业利润。经过探索，部分企业逐渐找到了解决的办法，这就是区分不同渠道（包括传统渠道和网络渠道）的客户特征，提供差异化产品与服务。金融业电子商务之所以从保险业开始，很大程度上是因为保险业从电销车险中获取了大量可以借鉴的经验。

互联网渠道的客户群往往是价格敏感型的。无论企业如何设计，线上和线下，自身与竞争对手的产品，都存在同质化的可能。在这种情形下，精准营销和优化定价策略，对竞争结果有至关重要的影响。

对金融企业而言，低效率营销不仅仅加大营销成本，而且可能加大风险成本。这两点都将对金融企业带来致命的伤害，甚至导致企业竞争失败。定价策略粗放和不准确，将可能导致被“逆选择”的风险，将盈利客户“赶”到竞争对手那里去，将亏损客户“吸引”到自己这里来。

在互联网业务中，由于市场反应速度与传播速度极快，因此，如果企业不能建立强大的信息系统，将可能因一个极小的差错导致企业倒闭。这绝不是危言耸听，国内电子商务行业多次出现的危机事件，诸如航空公司直销机票价格、电子商务网站（京东、当当等）商品价格出错，被消费者起诉或被迫认赔，就是一个警钟。

反过来看，电子商务网站或企业直销网站销售的金融产品，有多少在后台对产品销量进行了限制？假设寿险公司再次出现预期亏损的保单，并且这些保单在网上销售，恐怕造成的窟窿就远非几百亿元了。可以想像得到，“捡便宜”的消息一旦通过互联网传播，消费者一定会蜂拥抢购，给企业带来巨大灾难。

第二节 大数据中的客户需求

要做互联网金融，就必须摸到那只看不见的手——客户需求。靠什么摸到这只看不见的手？靠数据，也靠事件。

一、海量数据及互联网技术趋势

首先来看数据。传统意义上的数据，主要是指结构化、标准化信息。互联网创造了海量数据，这些数据反映了客户需求。依靠经验的时代已经过去，从某种角度讲，今天谈客户需求，没有客户数据寸步难行。没有数据便进行决策，就如同盲人摸象。

金融业本身拥有大量的客户数据，这些数据来自金融交易、金融服务等过程。

不过遗憾的是，目前传统金融业对数据的利用，远远比不上先进的互联网企业，背后的原因很多，诸如企业经营价值观（对数据价值的认识程度），信息化投入及水平，管理水平，获取数据的渠道和数据量，以及数据本身的质量（真实性、完整性、准确性）和价值等。

来看一下淘宝的海量数据情况。这些数据来自于 2011 年技术嘉年华[2]淘宝数据平台与产品部人员披露的每日数据[3]。

淘宝主站：30 亿店铺、宝贝浏览；10 亿计的在线宝贝数；千万量级交易笔数。

数据产品：50G 统计汇总结果；千万量级数据查询请求；平均 20.8ms 的响应时间（6 月 1 日）。

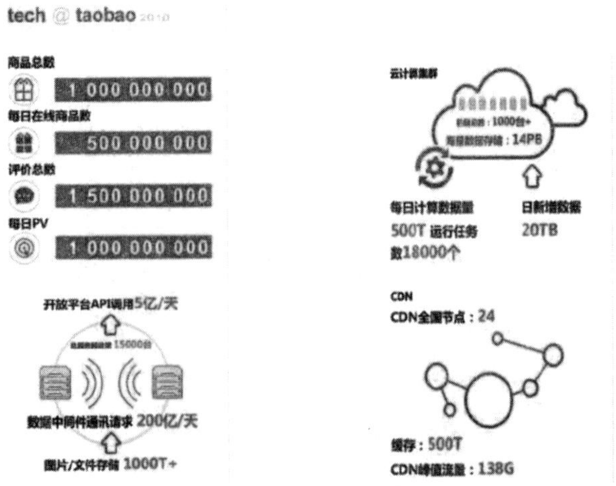

图6–1 淘宝海量数据

为了应对海量数据对计算、存储、查询带来的挑战，淘宝核心业务数据库采用了分布式 MySQL 集群的设计模式。淘宝海量数据库技术架构如图 6-2 所示。

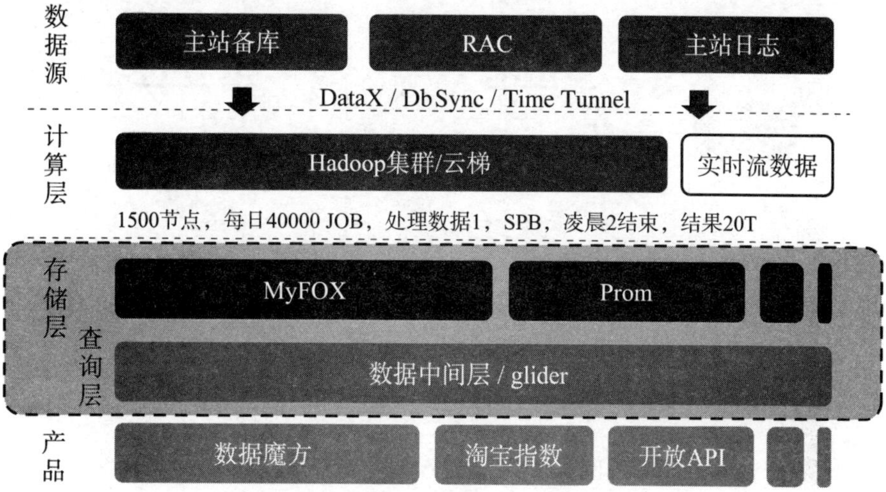

图6–2 淘宝海量数据库技术架构

事实上，淘宝数据库经过了三个阶段的发展。

第一阶段：采用 LAMP 架构（Linux+Apache+Mysql+Perl/PHP/Python），系统分为前台、后台。硬件采用 PC Server。这是目前创业型企业初期普遍采用的架构，其优点是开源、成熟、稳定、成本低廉、可扩展性强、功能强大[4]。

第二阶段：数据库从 Mysql 迁移到 Oracle，硬件采用 IBM 小型机。

第三阶段：数据库从 Oracle 迁移到分布式 MySQL 集群，并大量采用 PC Server 和本地硬盘。

淘宝数据库架构的变迁，一方面反映了淘宝自身业务需求的变化，尤其是 2010 年光棍节促销带来的巨大压力，当天 PV 访问量达到 17 亿人次。另一方面也反映了互联网企业数据库技术的普遍变化趋势。

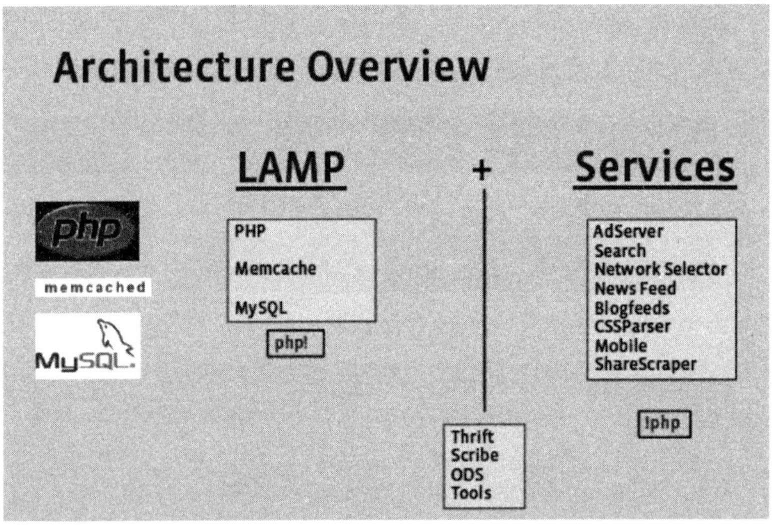

图6-3　Facebook技术平台

图 6–3 描述了 Facebook 的基本架构。Facebook 是用 LAMP 实现的最大动态站点。主要包括前台、后台两部分，由基础组件加应用服务层构成，中间使用 Facebook 自己开发的工具进行粘合[5]。

Facebook 的架构，可以从不同角度来划分层次。

其一：一边是 PHP 开发的经典的 LAMP stack；另外一个是非 PHP 语言开发的各种 Service。页面始终沿用网站创立时扎克伯格所写的 PHP 开发。后端有用 Python 等各种语言开发的 Service（如 Tornado Web Server）。它们之间用跨语言的 thrift RPC 通信。

其二：前面是物理层的负载均衡器，负责分配前端的 Web 服务器，Web 服务器用 PHP 来聚合数据。

其三：也就是最后面，是 Services，Memcached 和数据库。

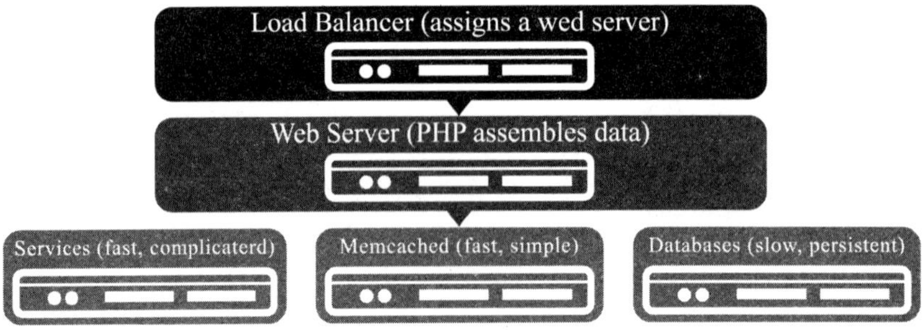

图6-4　Facebook三层架构

三个层次拥有不同的特性[6]。

Services：快速，复杂。自己开发的业务进程，用以实现复杂的业务逻辑，速度快。

Memcached：快速，简单。Memcached 做简单的 key-value 缓存，服务应用快速的读请求。

数据库：缓慢，持久。数据库做持久存储，磁盘IO自然较慢，通过 Memcached 做缓存来解决。

与淘宝、Facebook 这种典型的互联网企业相比，国内金融企业过去普遍使用 Oracle。从淘宝核心业务数据库发展历史可以看到，其经历了从 Mysql 迁移到 Oracle，又从 Oracle 迁移到分布式 MySQL 集群的过程。

淘宝网开放平台架构师指出，之所以“去 Oracle 化”，是因为它很难适应互联网大规模应用对扩展性的要求，与其说是“去 I（IBM）/O（Oracle）/E（EMC）”，不如说是分布式架构战胜了集中式架构，开源系统战胜了商业系统。

据称，这一转移有一个重要原因，那就是成本。经过转换，淘宝每年能节省千万元左右的支出，而系统性能却提高了 5 倍左右[7]。

至少从当前来看，由于金融企业与互联网企业在应用上存在差异，因此金融企业仍以使用 Oracle 为主。然而互联网企业的偏好，也促使 Oracle 管理层进行思考如何应对大数据的挑战。早在 2009 年 4 月 20 日，Oracle 并购了 Sun，意味着 MySQL 归属到 Oracle 旗下。

金融企业需要思考的是，随着企业向互联网转型，已有的数据库是否做好了准备？如何面对互联网？如何更快地响应访问、查询、存储海量数据并进行高效处理？

随着互联网战略的实施，金融企业是否也有必要立足未来，建立面向互联网的信息系统，为其互联网业务进行更好的数据库架构设计呢？

二、数据的价值

在数据分析方面，国内金融业有必要向淘宝这样的国内电商或外资金融机构学习，尤其是在消费者数据研究方面，传统金融企业对数据的重视程度仍然不够。譬如，本土企业包括银行业、保险业、证券业，应当反思自己，对金融消费数据，尤其是与业务关系密切的数据，究竟做了多少深度挖掘？

利用数据分析，淘宝为各类经营策略提供了有力的支持。淘宝对交易数据进行了非常深入的分析，从淘宝的产品可以看到其不断优化并与自身商业策略整合的痕迹。淘宝甚至将数据作为营销的有力武器，如向央视提供“舌尖上的中国”节目播出后的搜索数据，通过“再淘宝就剁手”、“淘宝帝”、“支付宝年度对账单”等话题进行传播推广等。

其次，淘宝将数据作为核心战略，开发了淘宝数据魔方、淘宝指数等多种数据产品，支持淘宝商家的经营活动（淘宝卖家服务的数据市场[8]）。淘宝建立了专业的消费者数据研究平台，提供包括搜索成交趋势（含排行榜）、消费人群特征（人口统计学特征，即“不同标签的人群”）方面的分析[9]。

第三，淘宝为了打造围绕着自身的生态链，通过“淘园”（TOP）项目，对外开放了 API 接口[10]。

也就是说，淘宝通过自身运用、开发产品、开发接口三个层次，由内至外，充分发掘了数据价值，建立了以数据为核心的价值生态体。这其实是向国际领先的互联网企业如微软、谷歌、Facebook 学习的结果。来自 IDC 的研究显示：2007 年，微软及其生态系统的活动带来的税收，包括增值或销售税、个人所得税、社会税、税费以及公司所得税等，预计达到 5140 亿美元。与微软相关的活动，创造了 IT 行业总共 3520 万个岗位中的 1470 万个，占 2007 年全球 IT 就业总人数的 42%[11]。

根据淘宝 2011 年 8 月 1 日到 2012 年 7 月 25 日的数据，搜索和购买包含“理财”关键词的消费者人口统计学特征如下。

搜索人群：男性 58%，女性 42%；年龄 25~30 岁，占 42.4%；中级消费层级占 58.1%，初级买家占 46.8%；白领占 31%；广东、浙江、江苏三省最多，占比均超过 10%，与山东、上海加在一起接近 50%；上海、北京、深圳三座城市最多；爱好收藏、数码、户外、零食、花卉者最多。

成交人群：男性 58%，女性 42%；年龄 25~30 岁，占 39.6%；中级消费层级占 58.9%，初级买家占 42.7%；白领占 33%；浙江、江苏、广东三省最多，占比均超过 10%，与上海、山东加在一起超过 50%；上海、杭州、温州三座城市最多；爱好花卉、收藏、数码、运动、零食者最多。

当然，以上这些数据只能提供一个粗浅概念，即初步了解淘宝为其他企业提供的数据支持。如果利用淘宝 API 接口，任何企业都可以开展量化营销及市场决策，当然这需要依赖付费数据产品进行深度分析。

淘宝的相关产品非常丰富，淘宝店铺数据指标体系如图 6–5 所示[12]。

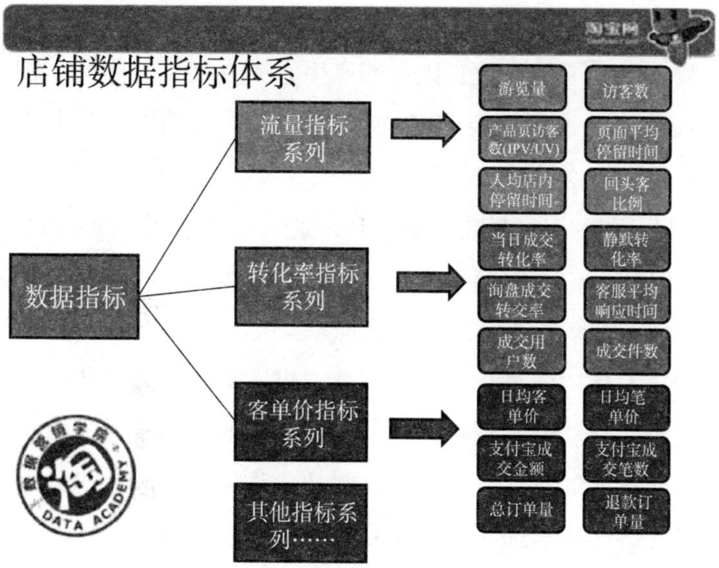

图6–5 淘宝店铺数据指标体系

数据分析决定企业的绩效，这在互联网企业中总有立竿见影的效果。其逻辑关系是：数据分析决定了广告绩效、产品路线和客户选择，也决定了企业能否实现较竞争对手更低的客户成本，更高的产品利润，更有竞争力的价格和更高的成交率。

几乎所有大型电子商务企业，对数据分析都极为重视。然而长期以来，金融机构尤其是银行业，因其市场化程度有限，市场和客户驱动力仍然不足，企业对数据价值的挖掘也不够充分。这是一个致命的缺陷，尤其对于零售业务来说，将直接导致传统金融企业对消费者行为变化趋势视而不见，在与互联网企业的竞争中失利。

三、狭义数据无法表现的事件

（一）随互联网出现的大数据处理技术

无论如何强调数据分析的作用，都不能忽视单个黑天鹅事件（案例）* 的影响。数据分析决定的是企业基本方向，但战略性细节往往既可能隐藏在海量数据中，也可能隐藏在个别事件中。这里的事件，是指企业经营中的非常规活动，体现为可能

* 黑天鹅事件（Black swan event）指非常难以预测，且不寻常的事件，通常会引起市场连锁负面反应甚至颠覆。在 17 世纪发现澳大利亚的黑天鹅之前，欧洲人认为天鹅都是白色的。但随着第一只黑天鹅的出现，这个不可动摇的信念崩溃了。黑天鹅的存在寓意着不可预测的重大稀有事件，它在意料之外，却又改变一切。黑天鹅事件的逻辑是：你不知道的事比你知道的事更有意义。在人类社会发展的进程中，对历史和社会产生重大影响的，通常都不是已知或可以预见的东西。

影响决策的非结构化、非标准化信息。

互联网给数据带来了巨大的变化，如产生了大量文本、图片、视频、文档等多结构数据，其增速极快，且需要实时处理。据估计，2012 年，非结构化数据占有比例达到互联网整个数据量的 75% 以上。

麦肯锡咨询公司提出了大数据 Big data 概念，目前大家普遍认为大数据具有 4V 特征：大量（Volume）、多样化（Variety）、快速化（Velocity）、价值（Value）。围绕大数据，出现了许多行业解决方案供应[13]。

大数据处理技术是一个非常广泛的概念，事实上，其大量借鉴了多年来数据挖掘、人工智能技术、自然语言理解（如分词技术）的发展成果，这里不再赘述。需要指出的是，开展技术创新，有必要对这些技术作深入了解。当前互联网领域的竞争，往往取决于战略性技术细节，方法和技术路线选择错误，可能会导致企业经营模型失真、决策失误。

（二）结构化和非结构化数据分析

对于企业来说，更重要的并非是技术手段本身，而是商业逻辑，即想分析什么？通过什么分析？想获得什么形式的结果？

非结构化、标准化信息，可以体现常规活动中无法体现的业务发展、消费者行为、市场竞争、风险变化趋势等。因此，企业除了常规的结构化数据统计分析之外，还需要对这类非结构化信息进行分析。

例如，保险企业为了对风险进行分析，往往需要进行赔案卷宗审查，即对理赔案件逐案评估分析，寻找风险因素的变化趋势、新的风险因素、赔案特点等，据此制订包括定价、产品条款及承保政策、风险查勘、防灾防损、客户服务等方面的策略。赔案卷宗审查是对理赔数据分析的一个必要的补充。在这些方面，完全可以利用大数据技术，提高赔案卷宗审查的效率和准确性。譬如对定损照片进行识别，发现重复报案、虚假报案等。

对于传统金融企业来说，数据分析要注意以下三点。

（1）数据的维度够宽，粒度够细。我们经常看到流于形式的企业经营数据分析报告，这些分析报告往往停留在大而化之的粗浅分析，无法支持企业相关职能部门进一步的决策。

（2）必须有可信的、充分的定性结论。缺乏结论，就分析而分析是没有价值的。分析的结果必须能够提供充分、必要的决策支持，仅仅依靠数据分析未必能做到这一点。

（3）分析的价值依赖对数据的解读，辅之以调研、座谈、文字资料审核等定性分析，甚至是以定性分析为主，定量分析为辅。例如，对客户需求进行数据分析时，即便是互联网企业，与客户会见都是非常必要的。互联网历史上有句名言，“在网络上，没有人知道你是一条狗”（《纽约客》漫画）。对于互联网企业来说，不知道客户是谁是非常危险的。客户绝不是枯燥数据所能准确描绘的。通常而言，决策的基础既包括通过统计数据获得的对全景的理解，也包括通过“点”上的非结构化数据获得其他信息。对客户的了解，永远需要面对面拜访，仅仅依靠数据是不行的。

与传统线下业务不同的是，由于业务的转移行为可能很快发生，许多互联网企业会在转瞬之间损失大量客户。发生这种情形，往往是重要定性因素在起作用，而非简单的量变。例如市场和竞争对手发生剧烈变化，或者监管政策的重要影响。

保监会 70 号文对市场竞争进行规范，对部分中小型财险企业的影响几乎是致命的。缺乏细分市场耕耘，缺乏核心竞争优势，长期依赖费率和手续费这种简单的价格竞争手段，使得中小型财险企业几乎没有能力参与竞争。这种政策环境变化引发的危机，往往并不是常规数据分析能够提前发现和防范的。

互联网企业也会出现经营形势恶化，但通过数据分析却无法找到原因，因为人们常常难以洞察数据背后的根源所在。一些管理人员习惯在计算机上看报表，但对于数据来源、质量变化却一无所知，对于数据背后的真实意义、统计口径不了解，仅凭感觉便武断决策。事实上，尽管强调优秀经理人的商业直觉有无可替代的作用，但同时也应当认识到，这种商业直觉必须来源于业内外大量的感性经验，而非毫无依据的空中楼阁。如果管理人员长期脱离一线岗位，对市场和竞争对手的变化可能会反应迟钝。直觉往往无法通过数据获得，必须依赖感性的经验。

了解客户过去通常需要身体力行，现在则可以通过非结构性大数据弥补——譬如客户来电录音抽样。

（三）互联网金融企业应对巨变的两个管理工具

互联网金融企业应对巨变有两个管理工具：一个是结构化数据分析，一个是非常态化的事件及非结构化数据分析。通过两种手段结合，既可以防范系统性风险，形成制度性屏障；又能防范星火燎原式的问题渐次发生。“千里之堤，溃于蚁穴”，企业必须做到防微杜渐。

要想防范非常态化事件冲击，避免温水煮青蛙*的情况发生，就需要在数据分析中，注意对非结构化数据进行分析。

仍以保险赔案分析为例，除了对标准化信息进行分析之外，还应当收集非标准化信息并进行分析。如，手机信息系统中对查勘经过、出险经过的描述等文字信息，以及设置专门的一线反馈渠道。这将能够避免疏漏那些重大信息，如反映业务风险状况变化，以及对风险进行评估的信息。通过自然语言理解的分词统计技术，可以很容易地发现一些新的频繁出现的出险原因和保险标的，从而采取有针对性的防灾防损、风险查勘和承保管控措施，必要时还可以完善或创新产品。

第三节　知名小公司与非著名大公司

2012 年 1 月 31 日，全球最大的广告客户——宝洁，宣布裁撤 1600 名广告营销人员，原因在于，宝洁相信相比传统的媒体投放渠道，Facebook 上的精准投递更加有效，且成本更低。宝洁旗下的一款男士香水 Old Spice 投放在 Facebook 上的广告，曾创下了 18 亿次展示纪录。

在宝洁营销转向的带动下，越来越多的大广告主开始投向 Facebook 的怀抱，这将推动 Facebook 广告收入的持续增长 [14]。

互联网营销越来越深刻地影响传统营销格局。互联网营销本身也在发生重点转移，从搜索引擎营销逐渐转向社交圈营销。2011 年，Facebook 总营收达到 37.11 亿美元，在全球拥有 8.45 亿活跃用户，正式超过雅虎和谷歌，成为美国最大的在线广告商。

随着 2012 年第一财季报告的陆续发布，我国在线媒体格局再次发生变化。2012 年一季度，腾讯的互联网广告业务收入达到 8580 万美元，首次超过新浪，后者同期营收为 7850 万美元。

---

* 温水煮青蛙这个说法来源于 19 世纪末美国康奈尔大学科学家做过的一个“水煮青蛙实验”。科学家将青蛙投入已经煮沸的开水中时，青蛙因受不了突如其来的高温刺激，立即奋力从开水中跳出来，成功逃生。当科研人员把青蛙先放入装着冷水的容器中，然后再加热，结果就不一样了。青蛙反倒因为开始时水温的舒适而在水中悠然自得。当青蛙发现无法忍受高温时，已经心有余而力不足，不知不觉被煮死在热水中。温水煮青蛙道出了从量变到质变的原理，说明由于对渐变的适应和习惯，失去戒备而招灾的道理。

一、不同的世界，不同的品牌影响力

互联网营销面对的客户群，与传统世界的客户群有一定区别，因此我们看不到面向老年人的产品（如脑黄金）做网络营销。在线下有名的企业，在互联网上可能就不那么有名。反过来说，在互联网上知名的企业，在线下不一定同样知名，尤其是对于非互联网用户或上网时间较少的用户来说。

小公司可以通过目前已经逐渐成为主流的社交网络营销模式，同时优化整合其他营销资源，极大地提升互联网上的知名度和美誉度。大企业如果疏于这方面的拓展，则可能逐渐丧失其在互联网市场的知名度优势。通常来说，实际业务规模与知名度并非成正比，互联网领域更是如此。

2011年，向日葵保险网开展了“我心目中最理想的寿险品牌调查”。在4月12日的统计中，中国人寿、平安人寿分别位居第一、第二，但此后接近半个月的时间里，人保寿险的得票数快速上升，从第四位一举夺得榜首。截至2011年10月，该调查活动收到超过2400多份有效问卷调查，人保寿险的有效票数占比74.89%，以1822票高居调查榜首。中国人寿为287票，占比11.79%，位居第二；平安人寿以103票，占比4.23%，位居第三[15]。我们姑且不去讨论该网站抽取样本的科学性和全面性，但仍然可以从这个网上调研得出一个被反复证明的结论，这就是：金融企业的网络知名度和美誉度，与该企业的规模和市场份额并不完全成正比。尽管在整个寿险市场份额中，中国人寿、平安人寿分别位居第一和第二，但在互联网领域的品牌知名度仍可能被后来者赶上。

在互联网许多领域，小公司比大中等规模的公司更为灵活，谈判空间更大，因此许多创新都始于小公司。例如，支付宝发展的最初阶段，首先在一些中小银行和大型银行的分支机构取得突破。支付宝做大后，对于合作伙伴的挑选则变得较为严格，停止了与小额贷款网络平台（P2P）在资金流转方面的合作（部分原因是出于竞争考量，避免帮助阿里金融潜在的竞争对手做大，部分出于安全性和合规性考虑），而只考虑贷后资金用途监测方面的合作（有助于借现有小贷机构探索风险模式，用于阿里金融实践）[16]。

除了支付宝，小额贷款网络平台（P2P）仍然可以便捷地寻找到非主流第三方支付公司合作，并获得更为优惠的手续费。由于其资金量较大，因此许多第三方支付公司愿意与其合作。如汇付天下甚至开发了一套专用接口，主动寻求与P2P合作。

这些所谓的小公司，都获得了细分市场的品牌优势。

相对于传统巨无霸型的金融企业，新兴金融企业（包括互联网金融企业）个头都非常小，但丝毫不妨碍它们成为细分领域的巨人。在这些领域，它们的知名度可能会高于传统金融企业。

在网络保险方面，也有类似的案例。阳光保险在保险业内规模并不大，但其针对网游损失推出了网游运营商责任损失险。该产品规定，如果因运营商的原因导致玩家账号数据被盗，保险公司将向运营商赔偿玩家数据丢失造成的损失。

在理赔上，阳光保险引入中国版权保护中心作为数据托管机构，以独立的第三方身份对游戏数据进行监督，出具独立的数据分析报告，作为网游玩家在事故发生时确定赔偿金额的依据。

对于这一首创的新兴保险产品，阳光保险的相关负责人表示，3 亿游戏玩家群体是网游保险的潜在受众，游戏玩家平均年龄相对比较年轻，对新事物的接受能力和自我维权意识都比较强，这将是保险产品发展的强大助力[17]。

二、为什么小公司更容易出名?

和大公司相比，小公司在互联网品牌宣传方面更容易获得较高的投入产出比，原因有以下几个方面。

（1）不会有灯下黑效应。譬如某家大银行推出“XX 银行白金龙卡”信用卡，恐怕大家不太会放在心上。如果一家小公司推出一个别出心裁的“宠物龙”信用卡，就会给消费者留下深刻印象。大企业往往求全责备，反而特色不鲜明，定位不清晰，营销效果较差。

（2）小公司重视目标管理。小公司注重短期目标，只问效果，不问过程，可以充分发挥员工的主观能动性。目标就是最大的责任，绩效考核机制通常直接有效。大公司过程管理到位，但责任不易落实。

（3）小公司执行效率高。许多营销模式具有很高的时效性，如事件营销。小公司往往反应迅速灵活，而冗长的决策链条使得大公司难以快速决策，难以利用公众事件、热点事件进行营销，抓住商机。

（4）小公司更愿试错。小公司在夹缝中求生存，不试错就没有机会。大公司则偏重于防止错误。更愿意试错，就更容易创新营销模式，反而会出奇制胜。当然，试错不成功的小公司，很可能之后就一蹶不振了。大公司则决策更为谨慎，宣传策略比较稳健，难以达到出乎意料的效果。

（5）小公司开展事件营销顾虑较少。相对于大公司，小公司没有包袱，不需要顾及庞大的产品体系和战略，往往只有较少的主打产品，开展事件营销不会产生副作用。其产品宣传策略往往比较激进，注重追求短期效果。

（6）小公司聚焦策略绩效较高。小公司的宣传策略往往集中于细分市场，针对性强，绩效较高。

第四节　互联网分销与直销

互联网山雨欲来。渠道！渠道！！这是传统金融业首先面临的挑战。

互联网渠道有哪些？如何建立自己的互联网渠道？如何避免渠道冲突？如何通过生态系统增强企业的竞争优势？

一、互联网渠道风雨乍来

根据易观智库的调查，2011年，中国网上银行市场全年交易额达到780.94万亿元；截至2011年底，网银注册用户数更是达到4.34亿户。4.34亿的注册用户，相当于日本总人口的3.4倍，美国总人口的1.4倍。780.94万亿元的规模，相当于中国2011年47万亿元GDP的16.5倍。然而网银仅仅是金融互联网化的一个开始，金融与互联网二者的深度融合，正在渐入佳境。

互联网渠道的竞争首先在传统金融企业间展开。利用互联网渠道进行销售的原因主要有以下几点。

（1）互联网已经成为生活方式的一部分，也是最重要的媒介之一。随着网民逐渐增多，在线时间（包括移动互联）也在延长。

（2）网销具有不同于传统销售渠道的特点。如消费行为不同，带来了新的需求（如理财更便捷）、新的市场（如传统渠道难以达到或成本过高、分布分散的个人市场）、新的商机（如新的模式及业务）。

（3）相较于传统渠道，网销更易细分客户群，开展精准营销。

（4）更快获得产品、绩效等反馈，减少开发和经营风险。

（5）更高的效率和更低的成本。

（6）面临的风险更大，同时也能更有效地管控风险。

中投公司副总经理谢平认为，20年后，可能形成一个既不同于商业银行间接融资，也不同于资本市场直接融资的第三种金融运行机制，可称之为“互联网直接融资市场”或“互联网金融模式”。

事实上，这样的观点颇为保守。当前这种模式已经形成，包括P2P借贷平台、KickStarte众筹平台，只不过尚未得到法律法规认可而已。

目前，互联网企业和金融机构分别从各自优势出发，切入互联网金融市场：互联网巨头、第三方支付企业、P2P贷款公司利用互联网平台介入金融服务业；以银行为代表的金融企业，则利用互联网技术推出网上银行、电子银行乃至电子商务平台，掀起渠道的互联网革命[18]。

在互联网营销中，传统金融业常常是生产商角色，而互联网企业则是渠道角色。不过这种角色定位并不绝对。例如，网上银行本身也是许多金融服务生产商（基金、保险）的渠道；而有实力的某些互联网企业，更是不满足于渠道角色，而是深入到传统金融业领域，如阿里旗下的小贷公司。

二、互联网分销模式

互联网分销与直销，主要是指利用互联网建立与销售商和客户的直接交易。尽管互联网有助于直销，但分销仍然是一种重要的销售方式。网络分销是指充分利用互联网的渠道特性，在网上建立产品分销体系，通过其他网络商家，把商品分销到全国各地。

网络分销可以分为“代理”、“代销”和“批发”三种模式[19]。

（一）网络代理模式

金融产品生产商建立批发网站并展示产品，“代理商”通过与生产商建立分销关系，在自己的网店展示生产商的产品，客户在代理商处下单并与之交易。代理商可以通过调用生产商接口，将交易数据传递给生产商，实质上，交易是在生产商自己的网站上完成的。代理商与生产商通过事后结算，获取代理手续费。线下的代理机构如银行、4S店、旅行社等代理销售保险产品时，保费交给银行及4S店，事后再由代理机构与保险公司结算。

在互联网上，考虑到资金安全，利用互联网技术，可以实现交易直接在客户和生产商之间完成，但呈现给客户的仍然可能是代理商网站界面。

代理通常需要建立规范、长期的合作模式。金融产品代理需要获得一定资质，如保险代理资格。代理商与生产商的关系一般较为密切，需要签订长期合作合同，代理商才可以以委托方名义销售产品。

从金融产品生产商选择代理商的数量来看，代理商有可能是独家代理或有限代理。而从代理商角度来看，可能只代理一家生产商，即专属代理。代理最主要的特点是，必须受产品生产商委托，代表其利益。在消费者等第三方看来，代理人行为代表授权人，对授权人有完全的约束力。

（二）网络代销模式

互联网将广告与交易紧密联系起来，金融企业可以通过广告商进行销售。

与代理的区别是，代销商（如金融产品超市）将生产商的产品放在自己网站上展示和销售，当顾客有需要时，负责介绍商品并促成交易。交易有可能在代销商网站上实现，在交易达成的同时，通知生产商发货（如寄发保单等实物凭证）。这种模式同样依靠销售业绩与生产商结算。

由于资金具有时间价值，因此生产商不会允许资金长期在代销商那里存放，甚至要求实时乃至提前支付。例如，车险行业已经完全实现见费出单，保费必须先支付，保险企业才会出具保单。

（三）网络批发模式

产品生产商在自己的网上分销平台展示产品，分销商直接在网上下规定数量的订单，以付款拿货或压款经销的形式进行。这种模式主要应用于有形商品。

对金融业来说，由于金融产品具有特殊性，基金产品、理财产品、保险产品、信托产品等无法转让，大多数实行的是代理、代销模式，最主要的是代理模式。

这种模式尽管呈现给客户的交易界面仍显示在代理商网站上，但交易实质上已经是在生产商和消费者之间完成。只不过传递给生产商的信息中包含代理商代码等信息，用于生产商和代理商之间的销售费用结算。

当银行是代理商时，情况比较特殊，因为银行往往同时是合作基金公司（或其他金融产品供应商）的资金托管银行，因此资金可能直接进入托管账户。

做网销（电商）的许多人都知道，快速增长的一个有效途径，就是从零售转为批发。尽管零售的单均毛利润高，但营销成本、管理成本、库存风险也高，总体利润反而可能很微薄。如转为批发，就可以发挥规模经济的优势，降低成本，总体利润相对来说反而更高。

但是批发却另有学问。传统产业的批发商需要面对库存、零售商管理、赊账、激励措施、广告支持等问题，而这些零售商则不需考虑。

金融企业稍有不同，没有实体制造商、库存、赊账（因为没有批发，只有代理、代销）之类的问题。金融企业开展分销业务，往往希望进一步扩大渠道，减少销售成本。如基金业原有渠道成本过高，与银行等渠道时谈判处于弱势地位，因此希望拓展网络直销、分销等模式。

从传统产业看，网络分销业务发展很快。2011 年 4 月，阿里巴巴中文网站公布了 2010 年 3 月 1 日到 2011 年 3 月 1 日这一年内的在线交易数据。其中有过在线交易的批发采购买家达到 76.5 万人，达成在线交易 400 多万次，买家人数较 2009 年同期增长 260%[20]。

图6–6　传统产业——服装业的分销渠道[21]

金融企业往往需要同步建设分销渠道和直销（零售）渠道，目前分销渠道以代理（代销）和营销员（以保险为典型）销售为主，而直销渠道则包括网点和电销、网销。

三、渠道关系的处理

当金融企业拥有多条渠道、多层渠道时，渠道之间往往存在利益冲突。如何处理不同渠道之间的关系呢？这需要考虑如下因素。

（一）客户

金融企业需要考虑消费者行为、渠道风险、目标客户与潜在客户、产品要求、客户服务及客户关系管理等。从消费者行为来看，许多客户对代理渠道的信任程度，远远比不上对传统金融机构的信任程度，因此更愿意在传统金融机构的直销渠道完成交易。

代理渠道为实现绩效目标，可能存在违规、欺诈、不如实告知等行为，或者在支付、销售回款（如应收保费）、单证管理、信息安全（需要API接口等）、客户信息管理（如2012年发生的江苏银行和宜信公司泄露客户信息事件）、客户关系管理、供应链控制、服务水平、品牌及美誉度管理等方面存在漏洞，存在一定风险。

企业还需要考虑避免直销渠道对代理渠道积极性的影响，实现对客户群的渠道区分，既要通过代理渠道加快占领市场，又要通过直销渠道提高客户忠诚度。理想的模式是，原有渠道已有客户不流失，不转移，新渠道尽可能争夺新增市场潜在客户，以及存量市场竞争对手的客户。

从产品角度看，某些产品需要专业性管理，分销渠道能否满足要求？是否会降低客户体验？

产品供应商与渠道之间也会存在利益冲突。比如，从基金公司角度看，当然希望加强客户接触，改善客户体验，提供更多的服务，开展持续营销。但从分销渠道角度看，却希望提高客户在本渠道（而非某个具体产品）的忠诚度。这两者之间存在一定的矛盾。

如果企业希望加强客户服务和客户关系管理，显然直销渠道是不二选择。而代销渠道显然不太愿意向金融企业分享客户的联系方式，甚至有意消弱金融企业的品牌影响力。

通常而言，产品供应商倾向于将短期目标和长期目标相结合，短期内为实现市场销售目标而加强对渠道的短期激励，长期内则开展客户关系管理，完善服务，加强品牌建设，逐步增强对客户资源的掌控能力。

（二）成本及代销条件

成本及相关代销条件，恐怕是渠道选择最具决定性的因素。

例如，银行代销基金时，除托管费、申购费外，基金公司还会付给银行销售服务费，并将管理费按照一定的比例作为尾随佣金分给银行渠道。2003年和2004年，银行渠道的佣金大概是基金管理费的10%~20%，2009年前则上升至30%~35%。如今，即便是有品牌知名度的大公司，佣金比例也在管理费40%~50%的水平，而小公司最高则可达70%。

当然，除了显性的渠道费用之外，还存在其他（机会）成本。例如，券商营业部存在视基金分仓力度决定基金营销力度的情况，其渠道占比已经从 2010 年的 13% 大幅下降至 2011 年的 7%[22]。

制订渠道策略，还要考虑渠道自身规模、实力、配套技术支持等具体情况。即便都是银行，大型银行和小型银行也存在较大的差别。新成立的规模较小的第三方金融网销平台，对金融产品供应商提出的条件（手续费率）往往比较低，但由于其专业能力、技术支持比较薄弱，可能会增加金融企业产品供应商的管理成本。另外，由于其管理和销售行为不规范，有可能会影响金融产品供应商的互联网品牌建设形象。

（三）渠道结构

以基金销售渠道为例，根据中国证券业协会统计，2011 年开放式基金销售总额中，银行渠道占比为 60%，直销渠道占比为 31%，券商渠道占比为 9%。可见，银行渠道对于许多金融产品供应商（基金、信托等）有着举足轻重的地位。

当某个基金产品在线下需要依靠银行销售一半以上的规模，那么在互联网营销中，一定也会高度重视网银渠道。为了实现销售目标，基金公司就要根据传统线下渠道和互联网渠道的结构现状，决定如何配置产品的互联网渠道。最后必然会达成一个平衡：从短期看，要实现销售目标，只能继续主要依靠银行这样的那些成本较高的分销渠道；从长期看，就要着力发展直销渠道，打造自身的核心竞争力，提升企业品牌和产品品牌，提升客户服务能力，提高客户忠诚度，并从战略上布局目前规模还不成气候的第三方渠道。

四、构建渠道生态系统

金融企业在互联网渠道创新方面，可以积极探索各类新型模式。既可以选择开办直销网站，加大直销力度，也可以入驻各类金融超市、电子商务平台，还可以与互联网企业开展资本运营合作，成立合资企业。此外，金融企业还可以充分利用互联网发展代理业务，或通过与其他行业网站深入合作，共享客户、品牌、信息技术和管理资源。

金融机构可以在管控代销商的前提下，开放平台，以构建互联网金融生态链。这里可以借鉴虚拟产品的互联网渠道销售模式：一是移动梦网，二是网络广告联盟，第三个是搜索门户的广告系统。它们有一个共同点，就是打造一个开放平台系统，实现渠道批发。

除了建立自己的生态系统之外，金融企业也可以利用已经成熟的网络分销渠道——网站联盟（网络联盟）。

（一）网站广告联盟

亿玛科技 2004 年建立的“亿起发”联盟，建立了 CPS 体系（按销售额分成的费用模式），目前已有超过 8 万家大小网站参与分账，其中有 110 多家企业投放 CPS 形式的广告，已成为国内最大的网络联盟网站联盟之一。

这是一个广告主和媒体资源对接的平台。利用该平台，企业可以进一步降低试错成本。譬如，凡客诚品在亿起发的分账佣金为 16% 左右，这意味着各个独立的网站，可以把凡客诚品提供的广告放在自己空闲的广告位上，一旦达成交易，就可以按订单额拿到提成。亿玛科技会在这 16% 的分成中抽取 10%~20% 的费用。这意味着，企业无需在创建初期就投入大量资本选择媒体和投放广告，成本与风险也降到了最低。

一个相对成熟的电子商务品牌，市场预算的 50% 基本投放在搜索引擎上，40% 则投资向像亿起发这样的网站联盟，只有 10% 是投向品牌广告。新兴企业可能正好相反，为了打品牌，60% 的资金预算投放在品牌广告上，30% 是投到搜索引擎上，只有 10% 投放在网络联盟网站联盟上。

互联网营销有个隐性的 1.5 倍法则，即门户、垂直网站、搜索引擎和网络联盟，它的投资回报率是以 1.5 倍递增的。也就是说，使用网站联盟可以获得较高的绩效。但即使这样，在品牌影响力和达成销售的绝对规模上，联盟平台的长尾网站和每日数亿次点击量的门户网站相比，也毫无可比性。

譬如，亿玛科技曾有一个新成立的电子商务客户，一上线便选择分成的模式，但因为知名度低，一个月达成的订单只能以个位数计。在亿起发平台上，二八法则依然存在，即 20% 的优质广告客户占了 80% 以上的广告订单和媒体资源[23]。

关于网站联盟的合作模式，以达闻广告联盟为例，其与广告主（金融机构）的合作方式如图 6–7 所示。

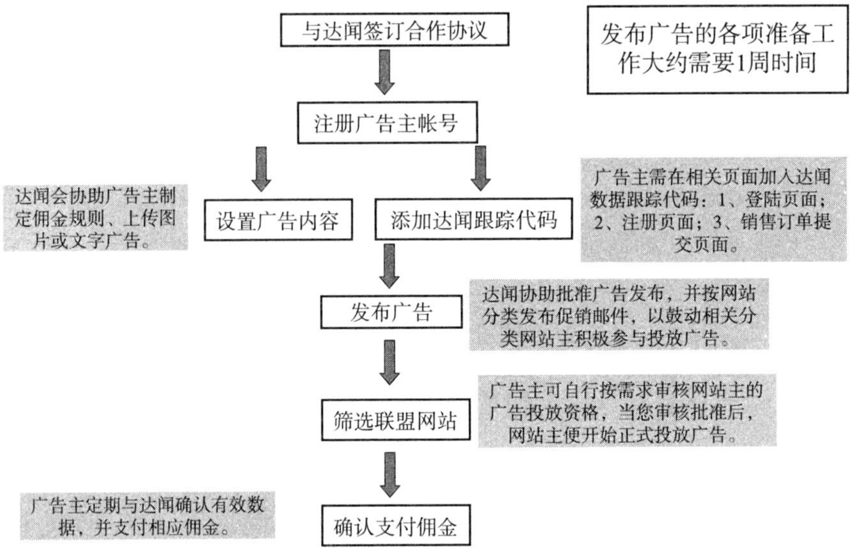

图6-7　达闻广告联盟的合作流程

（二）谷歌广告系统

如果简单描述谷歌广告系统，其包含两方面，一个是对搜索结果或广告商（做广告的合作网站）进行管理并为其提供服务；一个是对广告主（广告发布者）进行管理并为其提供服务。广告主指定关键词，谷歌将其匹配到搜索者的搜索结果网页上展示，或将其匹配到合作网站上展示，按照点击量计费并与广告主结算。

（三）百度搜索营销系统

百度 2009 年 12 月启用搜索营销专业版（即凤巢系统），此后进行多次升级。凤巢系统作为搜索推广管理平台，可以帮助企业捕获更多商业机会，赢得客户，提升推广效果[24]。

广告主可以在凤巢系统中制订推广计划，设置推广单元，设计多个创意，选择关键字，进行竞价。可以使用关键词推荐工具，指定广告显示位置、时段、IP、地域、预算设置、最低展现价格、创意轮显、匹配精度（广泛，短语，精确）等。另外还可以获得详尽的统计报告和相关数据[25]。

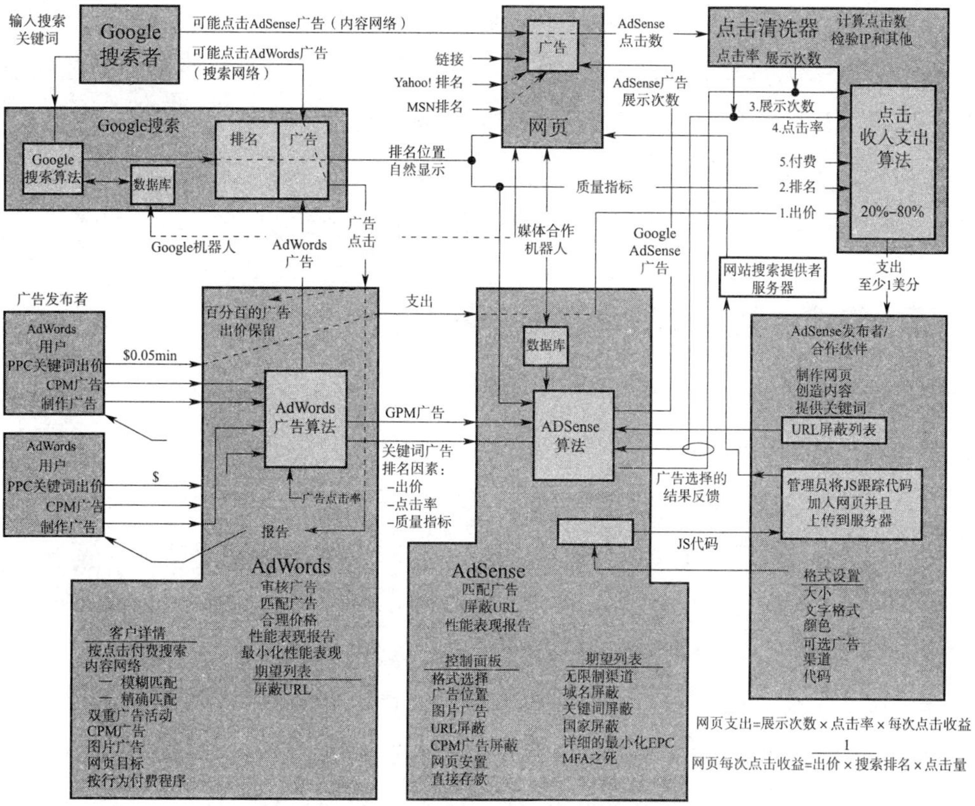

图6–8 百度广告系统“凤巢”[26]

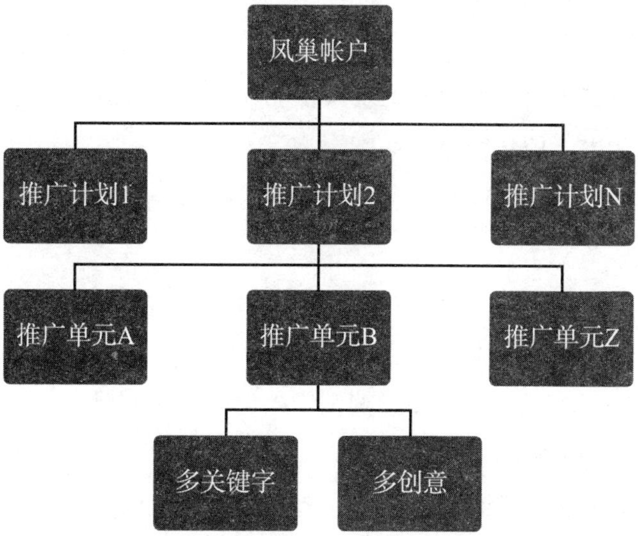

图6–9 百度新搜索营销系统的功能

无论淘宝、天猫、网盟、谷歌、百度还是苹果，都在致力于建立一个生态系统，使得整个生态系统的竞争力成为企业竞争力的一部分。基于安卓系统或微软系统的手机与苹果手机的竞争，已经远远不是硬件方面的竞争，而是与其生态系统（以应用商店为代表）的竞争。传统金融企业如果希望借力这些生态系统，可以挑选目标客户群重合程度较高、运营绩效较高的生态系统进行合作。

五、传统金融企业的自建生态系统

以银行为例，如果只是自己开办商城，与淘宝、京东之类的电子商务企业竞争，则必输无疑。如前描述，阿里系已经建立了一个庞大的生态系统。但银行也完全可以围绕自身核心业务，建立自己的生态系统，前提是拥有强大的信息系统和开放的平台。

例如，2007年，阿里巴巴与工行、建行联合推出面向中小企业的贷款业务，希望在银行系统下，结合阿里巴巴的用户资源，解决中小企业贷款难问题。合作历时三年，因双方信贷理念与业务模式难以调和，最后以失败告终。

为什么建行不愿意与淘宝开展合作呢？因为建行认识到，在合作过程中不能获得客户信息，只是起了提供经营资质的作用，无法培养自身的核心竞争力，还可能帮助了竞争对手成长[27]。这导致建行下决心走向交易前台，开办“善融商务”电子商务平台[28]。

建行这个商务平台的核心竞争力是什么呢？如果局限在支付合作商家，是否有必要大笔投入和单独运营？如果不上规模，能够成功建立盈利模型吗？

考虑到专业能力、信息技术、品牌影响等方面的不足，银行进军电子商务的前景并不乐观。事实上，银行应当深刻认识到自身的特长是什么，然后围绕主业建立自己的生态系统。

目前，银行都在做保险、基金等金融产品的代理，银行能否建立一个更为开放、更为高效的销售系统呢？或许银行会认为，如果代理产品不好，会影响自身信誉。其实银行大可不必多虑，因为产品影响销售渠道的信誉问题，与销售系统本身的开放程度和模式并无明显关联。

银行可以建立一个有管理、有标准、有门槛的开放模式。效率和开放程度与风险并不成正比，关键在于怎么做！如果银行能建立这样一个平台，并在这个平台上提供更专业化的理财服务，则可以强化其核心竞争优势，提升客户忠诚度。大型银行甚至可以向上下游拓展，并购诸如私募基金排排网这样的企业，这将对其发展私人财富管理事业帮助极大。

保险企业也是如此。至今，中国保险业代理人已经达到250万人之多，基金销售等也要逐渐向保险代理开放。那么保险企业是否也可以建立开放平台，将自身定位为金融产品平台呢？保险企业的供应链涉及各个行业，包罗万象，如果保险企业能够不断整合上下游资源，形成不可分割的生态系统，使合作伙伴（供应商或渠道）都成为自身实力的组成部分，必然会在市场竞争中立于不败之地。

从行业内部看，金融业的竞争已经进入了综合竞争阶段。牌照不全的金融企业，完全可以通过互联网建立同盟，建立基于市场化的价格体系，交换渠道资源，构建虚拟的全业务金融超市，为客户提供全面的金融服务，以加强同综合性金融集团的竞争力。

金融企业可以自行组织互助网站联盟，开展交叉销售。这对于那些没有拿到全牌照的金融企业尤其重要，因为许多消费者希望进行全面财富管理，一站式购买信贷、保险、基金、理财、信托、房屋、银行等产品。

从以上的讨论可以看出，互联网时代的分销系统，已经将整个产业上下游企业紧密联系在一起。尽管在法律关系、资产关系、税务关系上可以切割，但在业务上已经可以"无缝链接"。

当然，我们需要知道，尽管金融业的互联网渠道可以如此强大，但仍有很多业务并不适用这一渠道。例如新车车险，在目前的产业市场条件下，由于主导权取决于4S店，消费者不具有选择权（或事实上并没有争取这样的选择权），就难以使用互联网渠道。一方面，保险企业需要开展消费者教育，提供有价格竞争力的产品，使得消费者逐渐意识到分别购买保险与新车的意义及经济价值。另一方面，随着新车市场逐渐转向买方市场，消费者在选购中会更加强势，逐渐争取到选择权，这将有可能推动新车车险的互联网渠道形成。

第五节　从Pull到Push

人们获得信息的模式包括两种，一种是自己去搜索寻找信息的Pull模式，另一种是商业机构主动推送到用户面前的Push模式。传统上，人们主要依靠Pull模式，自己主动将信息拉到面前，信息搜索成本较高。如果用户本身不够专业，获取到的信息准确性也低。对于商业机构来说，在这种模式下，营销推广的成本较高，针对性不强，效果也不佳。

一、Push与Pull之间

（一）Push 与 Pull

Push（推送），又称信息推送服务。信息推送的兴起，是精准营销发展的必然，更是信息技术尤其是互联网技术和数据库技术发展的必然。随着互联网技术的发展，1996 年，美国一些企业根据用户需求，将其感兴趣的信息主动发送到用户的计算机中，用户不再需要自己去主动搜索[29]。

广义来讲，所有将信息主动推送到客户面前的方式（包括电话、广播等），都属于 Push。只是随着信息技术尤其是互联网技术的发展，其在用户针对性、精确性和内容的丰富性、实时性等方面更上一层楼，应用也更为普遍。

传统的 Pull 模式有点儿像坐商，商家都集中在一条商业大街上，等着用户上门。今天，即使在竞争程度相对较低，营销相对薄弱的某些传统金融业领域，坐商模式也已经比较罕见。在竞争较为激烈，市场化程度比较高的行业，如保险、私募基金等行业，企业都高度重视营销工作，营销水平也较高，金融产品的营销过程中已经广泛采用了 push 手段，如电销。

（二）Push 模式的新特征

互联网时代，金融业的信息推送（push）有以下新的特征。

1. 销售前置

移动互联技术使金融营销能够深入到客户的需求发生的时间和地点。过去，保险公司业务人员为了更好地销售境外旅游意外险产品，开车到大使馆门口为签证人员现场签单，取得了极佳的效果。银行对公业务经理也会频繁拜访客户，或根据其拜访计划定期拜访。现在这些活动借助移动互联技术更容易实现。

利用移动互联技术实现销售前置，还有许多工作要做。例如，客户在银行营业厅询问个人贷款事宜，可能由于该营业厅并不开展该项业务而吃闭门羹。金融企业要实现销售前置，有效 push 营销信息，需要同时完善绩效考核机制和业务流程，并协调整个企业版图中的所有营销资源，使客户在任意渠道都能够灵活地访问企业的资源。

2. 需求启发

Push的最终目的，显然不是将广告推到客户面前，而是成交签单。要在竞争中胜出，就要进一步前置促销行为，直接参与到消费者的消费决策中去，甚至能够抢在消费需求产生之前，也就是要启发消费者需求。

金融企业不应将金融消费者专业知识匮乏视为抬高营销成本的因素，而应当认识到，这种情况实际上为启发金融消费需求提供了绝佳的契机。对于成熟且拥有明确消费价值指标体系乃至消费目标的消费者而言，push的效果已经不佳了。相反，表面上，对于金融知识匮乏的用户，金融机构专业人员往往由于投入成本较大而难以顾及，但这些用户的潜在价值反而比较高。高明的企业不仅仅是推销商品，更会推销消费价值观。由于中国金融消费者专业水平普遍较低，这为金融企业提供了大量教育的机会。对于金融服务这一终身产品来说，帮助消费者建立与企业一致的价值观，将会极大提升客户的忠诚度。

金融企业应当关注互联网的新趋势。知名人工智能专家、谷歌工程部总监雷·库兹韦尔(Ray Kurzweil)正在打造新的智能搜索产品，通过理解用户邮件、博客和聊天内容，从全世界每一分钟产生的信息中，筛选出客户需要的信息，自动推送给客户。如果这一技术获得成功，那么对包括金融企业在内的商业机构，都将产生巨大的影响。

3. 避免作恶

Push手段应当因地因人制宜，适可而止，避免引发负面影响。许多客户从未在被动电销中买单，原因并非出于产品和服务本身的问题，而是由于这种销售模式对其利益的损害，使其拒绝接受这种销售形式。

如果在消费者信息获取、隐私保护、利益尊重等方面做得不好，企业又怎么能指望消费者购买自己的产品呢？即便有些消费者会买单，这类消费者也多是重视现实利益，具有极高的价格敏感性，一旦发现价格更低廉、收益更高的产品，很容易流失。

包括保险电销在内的电销业务，都应当通过数据分析对呼出名单精挑细选，细化产品服务包，安排适当的呼出时间，设计完善销售话术，加强线下服务，努力提高成交率和满意度。要知道，一次失败的Push推销，价值往往并非是零，而是负值。

4. 挖掘移动互联价值

移动互联发展的一个重要推动力就是 Push，它包含了目前 Push 到最前线、最成熟的技术——智能手机。

举个例子，在北京或上海，如果客户每天乘坐公共交通工具上下班，那么向客户发送短信的时间，选择在乘坐交通工具之前或乘车过程中比较好；如果客户是自驾车上下班，在开车时收到一条个人消费贷款的推销短信，因怕错过重要短信而被迫看到这条短信，看过之后却发现价值不大，客户是不是会心生厌恶呢？

移动互联技术能够提供基于客户生活方式、消费行为的大量数据。基于这些数据的分析，制订适当的、甚至是一对一的营销模式，这对于提高访问率、成交率极为重要。销售前置要考虑到技术终端的变化，这一点将在后面进行介绍。

二、Push推送之滥觞与发展

Push 媒介（非媒体）与 Push 方式自产生到兴起，经历了不断进化的过程。

（一）媒介形式的变化

现代社会，人们接触的媒介形式发生了巨大的变化。

刚开始，人们接触的媒介仅限于平面媒介（报刊）、户外媒体或邮寄广告。这类媒介根据受众不同，从而定位不同的客户群。例如，我们通常在财经杂志上看到金融产品、汽车、高端会所和保健品的广告。

随着广播通信技术的发展，人们频繁接触的媒介是广播、电视等。这类形式受众非常广泛，主要按照时段进行划分。如商务通在进行广告推广时，认为商务人士工作繁忙，半夜反而可能是其看电视的时间。过去半夜被归入垃圾时段，单位价格低廉，因而具备最高的营销绩效。

立体广告以其位置定位客户，但仍然难以精确区分受众。比如，路牌广告受众极广，但一些区域显然也与消费行为有关。机场广告受众定位为高端人群与商务人士，银行客户休息区、等待区摆放的杂志，定位为金融消费者，4S 店客户休息区放置的汽车类杂志，定位为有车一族。

分众传媒这类企业，使用的媒介主要是写字楼楼宇广告、出租车靠背显示屏甚至商场广告等，其受众定位为白领阶层。

（二）Push 终端的推荐

随着通信、网络、信息技术的发展，Push 终端进一步向前推进，其特征是接触受众时间更长，频率更频繁，更贴近“面前”。

首先，从硬件媒介看，会实现互联网 Push 到桌面，手机 Push 到身边；其次，从内容看，信息技术和商业智能使得 Push 针对性更强，质量更高，效果更好。

目前，互联网中的信息推送服务已经发展得比较成熟。互联网的信息推送技术，包括网格、Agent、协同过滤等，从根本上改变了原来从互联网海量信息中筛选信息的模式，极大地提高了用户获取信息的质量和效率。

网格计算技术，改变了互联网传统的 Client/Server 和 Client/Cluster 结构，形成新的 Pervasive/Grid（普适计算 / 网格计算）体系结构。在应用上，RSS（简易信息聚合）已经普遍提高了人们阅读（抓取信息）的效率[30]。

我们有理由相信，数据库、知识库及人工智能技术的发展，以及社交网络的兴起，将进一步丰富 Push 的内容。

新闻推送优化服务商 Booshaka，2012 年获得风险投资青睐，成功融资 100 万美元。这家新创公司主要帮助企业找到最活跃的粉丝，特别是参与度达 90% 的 10% 的粉丝，并鼓励他们发布更多涂鸦、Like（赞）和评论。这种活动会向 Facebook 的新闻推送过滤软件 EdgeRank 发出信号，指出哪个企业是高质量的，其发布的内容应显示给更高比例的粉丝。

传统上，企业的每次新闻推送，平均只能传递给 12%~6% 的粉丝，这是因为一些人可能在发布新闻推送时不在线，同时也取决于 EdgeRank，因为 EdgeRank 决定了哪一个新闻推送值得观看。如果企业想让新闻推送获得更大的影响，就需要让粉丝活跃起来，然后通过社交广告提高他们的品牌提及率。Booshaka 利用分析、识别支持者的识别应用和 Facebook Ads API 接口来实现这一目标。Facebook 有 12 万个页面使用了 Booshaka[31]。

Twitter 则发展了精准推送广告服务。Twitter 在 2012 年 7 月宣布，将让广告主能够根据用户所在地区和使用的设备平台投放广告，这将提高 Twitter 广告的精准度。全球品牌商可以针对不同国家市场，在不同的时间投放定制营销信息。移动应用提供商如果只想覆盖移动用户，其营销信息就只会投放给移动用户，不会发送给桌面用户。另外，品牌商还可以选择在桌面端或者移动端，以及在诸如黑莓、iOS 等特定设备平台投放广告。这在一定程度上会提高品牌商的关注度和满意度，因为他们不会再看到大量与其无关的广告。此外，广告主还可以依靠 Twitter 丰富的兴趣图谱，实现精准广告投放[32]。目前，Twitter 大多数广告营收来自移动市场。一些广告主称，Twitter 的移动广告效果令人惊叹[33]。

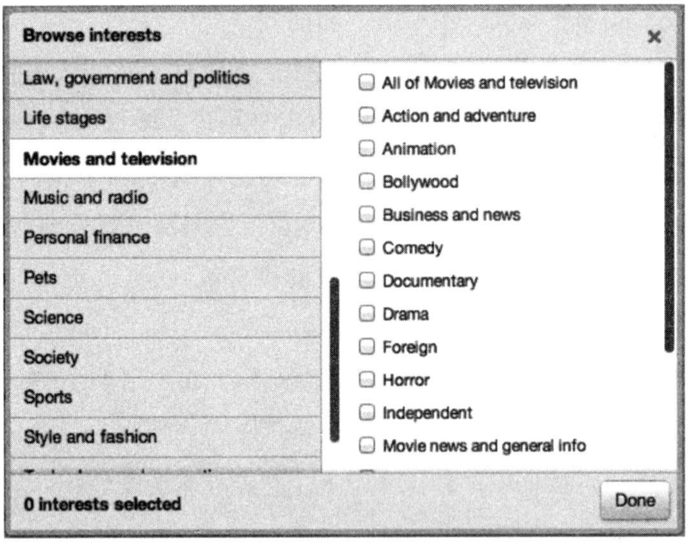

图6–10　Twitter的兴趣图谱

在国内的社交营销方面，Push 也呈现出蓬勃发展的态势。除了已经被广为使用的微博外，微信也备受关注。

在人们对微博和微信两者前途的争论中，一位具有 7 年电子商务经营经验的淘宝卖家，分享了其微信营销的成果与经验：目前其订单 10% 来自微信。他指出，微信营销的核心是：注重互动和粉丝活跃度，而非粉丝数量；互动内容为王，兼顾终端；选择合适的 QQ 号码；重视服务态度和质量；在用户分类基础上，做好个性化关怀；采用适当的信息 Push 频率和 Push 时间[34]。

随着 SoLoMo 的发展，Push 可以说无处不在，无时不在。未来，人们的生活会被广告（营销活动）占据，空白时间日益成为稀缺资源。

移动终端之所以受到极大重视，在于它更贴身。很多人不可能随身携带笔记本或上网本，却一定会随身携带手机。中国手机上网用户早已超过笔记本上网用户。如今，从黑莓到 iPhone 到三星乃至诺基亚、乐 Phone，没有哪个移动设备不支持信息推送。

未来，随着物联网技术的发展和普遍应用，Push 将随处可见。例如，冰箱上将出现在线菜谱、食品饮料甚至其他相关商品信息。我们可以大胆设想，今后用户在向冰箱内放置取出食品饮料时，可以扫描条码信息；烹饪时可以随时从面板上看到存储的食品情况，包括保质期提醒或库存告罄提醒。再进一步，商业智能甚至可以就食品饮料的购买，向用户提出更合理的现金流方案。

事实上，除了时间碎片外，人们的生活中还存在许多“资金碎片”，例如通讯费、交通费、生活费、房屋贷款等。这些“碎片”累积起来，数量是相当惊人的。出于对管理成本、时间成本等的考虑，人们往往以牺牲时间价值为代价提前缴纳。当物联网渗透到每一处时，金融机构将可以帮助客户管理“资金碎片”，从而发挥出巨大的价值。2013 年 6 月阿里推出的余额宝就是一次尝试。

三、Push推送的趋势

对于 Push 的发展趋势，互联网企业认识比较深刻，动作也比较早。移动互联兴起之后，对面向桌面的传统互联网企业形成了巨大挑战。

未来，谁占有了移动终端，就意味着谁赢得了市场，因此传统互联网企业也开始进军移动终端。百度急了，要做手机；阿里急了，要做手机。阿里由于受到谷歌的狙击，其与宏碁的合作最终夭折。而谷歌更进一步，大力发展 Push 终端，这就是著名的谷歌眼镜，该眼镜曾被美国《时代》杂志评为 2012 年最佳发明[35]。2012 年 6 月 28 日，谷歌在 2012 年 I/O 开发者大会上发布了其智能眼镜开发版，意味着其已进入商业销售阶段。

下面让我们来看看谷歌眼镜的 Push。

谷歌眼镜（Google Glass）是由谷歌公司于 2012 年 4 月发布的一款“拓展现实”眼镜，它具有和智能手机一样的功能，可以通过声音控制拍照、视频通话、辨别方向、上网冲浪、处理文字信息和电子邮件。这款头戴式设备在用户左眼前方的透明玻璃片上显示一个用户界面，头部和眼睛的活动，都能控制内置电脑的具体操作。

谷歌眼镜在耳朵处还有一个听筒和喇叭，用户可以通过语音指令拍摄照片、发送信息并使用其他功能。前置摄像头是整个用户体验的重要组成部分，既可阅读用户所处位置的一般信息，又能拍摄周围环境的照片和视频。用户可以戴着这副眼镜，通过眼睛附近的电脑界面查看信息，同时只要一点头就能拍摄照片。未来，人们不管近视与否，都可能会带着谷歌眼镜这样的头戴式设备。

在靠眼睛一侧的框架上，会显示所需要的信息：目前时间？我在哪儿？面向何方？离目的地还有多远？速度多少？还有多长时间到达目的地？我的脉搏、血压是否正常？我上个月会见的商业伙伴叫什么？他提供了什么商业信息？如果你是投资者，眼镜会实时播放股市、债市信息；如果你正在户外，会有天气预报……

谷歌眼镜的问世，预示着头戴式终端将战胜手持终端（手机）。谷歌为什么要花这么大的力气开发谷歌眼镜？因为谷歌眼镜将可能成为未来的战略性终端！那时候，人们还需要手机吗？消费者首先通过眼镜才能看到手机，更重要的是，它可以完全替代手机，搜索只是其中一个功能而已。那时搜索的概念已不是手持式终端搜索框的概念了，还会加上图像识别、数据挖掘等功能，或许远远超出今天人们的想像。

我们可以想像，未来某一天，客户走进一家餐馆就餐，进入商店购物，或在电影院买票时，谷歌眼镜上就会出现提示信息：这家店是某个支付企业的签约客户，可以打九折。当你观察商场柜台中的商品时，谷歌眼镜会通过图像识别判断你感兴趣的商品，迅速弹出对应的消费信贷提示信息。

当一位保险销售人员走进酒吧时，谷歌眼镜会自动识别酒吧里哪些人刚通过 Facebook 或 Twitter 发出了金融消费需求，他只需要径直走上前去搭讪。

四、金融企业的Push

（一）金融集团在 Push 平台方面的优势

相对于其他行业而言，金融业起步较晚。但金融集团在建设 Push 平台方面，具有得天独厚的先天性优势。

金融集团需要以客户为中心，以客户行为习惯为导向，通过协同采集集团不同金融行业、企业的客户信息，对消费者行为进行分析、比对、总结，不断提升和完善 UI/UE（用户界面 / 用户体验），建立客户统一信息库和电子服务窗口，快速、及时、全面地发布信息，简化客户操作，提升客户体验，向客户提供更多的服务形式和服务手段。同时，金融集团还需要对集团全局业务进行规划，有效协同客户资源和经营管理，特别是将 Push 平台与线下营销、经营管理活动密切结合起来，相互支持配合，实时同步数据，优化业务流程。充分发挥各类电子平台优势，分析客户需求，完善营销策略，开展营销活动，有效 Push 营销信息，提升营销效率[36]。

金融企业重视 Push，并不意味着其能够跨界参加 Push 终端的开发竞争。金融企业的特长在于其对金融信息、消费者行为、产品、服务理解更为深刻，对金融信息在 Push 过程中的触发机制和触发内容更加专业。

（二）金融业需强化 Push 上的专业能力

今天的金融业如何更有效地 Push？首先就是尽快建立移动金融战略，不断强化自身在 Push 上的专业能力。

Push 需要技巧。相比互联网兴起时的高点击率，今天互联网 Push 信息点击率极低，互联网消费者已经可以做到选择性盲视，推送甚至有可能造成负面影响[37]。因此，要提升营销效率，有必要深入研究Push机制和消费者心理学。

实现Push高效率的两个成功因素是定位与差异化。要在正确的时间、位置，向合适的客户推送适当的、需要的内容，这些决定了Push中最重要的要素——触发机制及触发内容。

Push主要涉及如下要素：Push时间；Push位置；Push触发事件；Push传播链；Push绩效评估与管理；Push内容、形式、频率设计；与非Push的后台数据、知识乃至流程的整合。

以Push时间为例：这里时间的定义是什么？绝对时间，相对时间，环节，频率。有些时间是固定的。例如，每天早上七点半和下午五点半，订制用户都能准时收到手机报，就像每天在楼下取送上门的瓶装牛奶一样。但有些Push时间是不确定的，譬如Push触发规则为事件驱动型信息[38]。过去，金融企业比较关注与金融消费相关的重要人生事件，如子女教育、医疗、结婚前购买房车等大件商品。个别产品会有相应的固定时间，如车险续保提醒，月度、年度公共事业缴费。

目前，实现Push的重要方式之一是移动应用软件。例如51信用卡管家，是一款信用卡管理应用软件，可以同时管理多张信用卡，功能包括：一键服务（直连银行，一键电话，一键短信查积分、查额度、查账单，一键邮箱绑定，用户无需录入任何信息）、账单漫游、账单分析、集合管理、推送服务。不过，由于这类创新企业实力相对薄弱，很难与银行合作直接获得信息，主要是通过解析邮件的方式获得交易明细，安全性相对较差。

商业机构可以通过Push，将金融信息推送到客户面前，消费者也确实需要这样的金融信息移动终端。

（三）消费者可以使用的Push功能

面对商业机构的Push，消费者可以使用如下功能。

（1）信息定制。包括银行利率调整、费用调整信息推送；最新理财产品信息；基金季报、年报；所持股票的上市公司信息；保险到期及续保提醒。

（2）个人账单管理。包括存款到期、转移提示；信用卡还款信息提醒；工资及其他收入到账提醒；个人贷款安排；月度账单（淘宝、拍拍、京东、当当等电子商务账单；信用卡、借记卡账单等）；信用卡积分管理；网上购物积分管理等。

（3）个人理财专家。随时进行风险测试、理财需求测试，提供客户导向型（区别于目前各金融机构的产品导向型、销售导向型）的专业理财方案。

（4）金融产品超市。包括产品促销、产品更新、账户余额信息等。

（5）客服信息。各银行客服信息，包括客服电话、在线客服、客服邮箱、客服短信号码、客服微博等，并可自动关联。如某移动应用，可以向消费者提供银行客服电话快速拨号，避开漫长的语音提示，便捷实用。

（四）Push 机制存在的不足

当然，Push 机制也存在一些不足，包括：无法确保发送成功；无法跟踪信息状态；针对性依赖客户信息（IE9 等浏览器默认禁止跟踪，将对精准推送形成严重打击[39]）；对软硬件平台要求较高；容易引发用户不满。

随着使用 Push 的企业越来越多，Push 的绩效日益减少，不当使用的副作用会越来越大。正确认识和使用 Push 就显得非常重要。

参考文献

[1] 小人物成名之《美联航摔坏我的吉他》.IT168 资讯，[2009-11-13].

[2] 淘宝技术嘉年华资料 [R/OL].[2011].http://adc.taobao.com/carnival/history/schedule.

[3] 朋春 . 淘宝海量数据产品的技术架构 . 淘宝技术嘉年华 [R/OL].[2011].http://ishare.iask.sina.com.cn/f/20773276.html?from=like.

[4]http://www.idata-forum.org/wp-content/uploads/2010/12/ 淘宝数据库架构演进历程 .pdf[G/OL].

[5]Facebook 架构学习 .QCon 2008（旧金山站）[R/OL].http://www.dbanotes.net/arch/facebook_arch_note.html.

[6] 数据时代浅谈 Facebook 的服务器架构 [R/OL].[2011-6-13].http://www.xunhuchina.com/news_info_1717.html.

[7] 争议：淘宝阿里巴巴上演去 Oracle 化 .it168.[2012-4-1].http://cio.itxinwen.com/informationize/2012/0401/403110.html.

[8] 淘宝数据市场首页 [G/OL].http://home.shuju.taobao.com/.

[9] 淘宝指数 - 淘宝消费者数据研究平台 [G/OL]，http://shu.taobao.com/.

[10] 淘宝开放平台 [G/OL].http://open.taobao.com/index.htm.

[11] 艾缇 . 淘宝开放 API 接口 打造网上购物生态链 . 江南时报，[2008-9-8].

[12] 数据营销学堂第 82 课：解读指标 -360° 全方位店铺诊断 . 淘宝大学数据营销学院 .[2012].http://bbs.taobao.com/catalog/thread/647133-256272221.htm.

[13] 李珈 . 从非结构化数据到大数据 (Big Data) 整体解决方案 .Oracle[R/OL].http://wenku.baidu.com/view/04de40c089eb172ded63b7f9.html.

[14] 大数据时代重构数字营销：从做广告到讲故事 . 腾讯智慧 [R/OL].[2012-5-28].http://www.

tencentmind.com/news/news1233.html.

[15] 我心目中最理想的寿险品牌调查 . 向日葵保险网 [R/OL].[2011-10-31].http://www.xiangrikui.com/shouxian/pinglun/20111031/155672.html.

[16] 刘艾琳 . 支付宝欲撇清关系，暂停与 P2P 公司资金流转合作 .21 世纪经济报道，[2012-12-19].

[17] 张轶骁 . 平安携手阿里腾讯试水互联网金融 . 新京报，[2012-8-25].

[18] 聂伟柱 . 金融互联网化的支付冲击波："渠道革命" 只是开始 . 第一财经日报，[2012-7-6].

[19] 网络分销 . 百度百科 [G/OL].

[20] 在线交易 400 多万次 阿里巴巴网络批发成大趋势 . 雅虎科技，[2011-4-14].

[21] 网络分销批发课程 . 广州市周本市场信息咨询有限公司 [G/OL].http://wenku.baidu.com/view/92291cc4d5bbfd0a795673f3.html.

[22] 基金销售渠道变局 . 财经国家新闻网 [G/OL]，[2012-10-26].

[23] 徐丹，张天阔 .21 世纪经济报道：广告商 "精准" 转身 .21 世纪经济报道，[2009-6-13]

[24] 凤巢 . 百度百科 [G/OL].

[25] 凤巢系统 . 移动互联领域创新数据库 [G/OL].http://labs.chinamobile.com/innobase/i-5356.html.

[26] 最新百度推广之百度 "凤巢" . 百度文库 [G/OL].

[27] 融善商务个人商城 . 中国建设银行官网 [G/OL].http://buy.ccb.com/index.jhtml.

[28] 由曦，宋玮，刘琦琳等 . 交战互联网金融 . 财经，[2012-10-21].

[29] 网络环境下信息推送、拉取和推拉结合的比较 . 百度文库 [G/OL].

[30] 张月天，邬伟，曾欣 . 当前互联网几种信息推送技术及其评析 . 云南农业大学学报 (社会科学版)，2009(2).

[31] 新闻推送优化服务商 Booshaka 融资 100 万美元 . 网易科技，[2012-7-26].

[32]Twitter 定位广告再进一步，推出基于用户兴趣的精准广告投放系统 .36 氪 [R/OL].[2012-9-1].http://roll.sohu.com/20120901/n352082907.shtml.

[33] 乐邦 .Twitter 推新精准广告服务：可按地区和设备投放 . 网易科技，[2012-7-20].

[34] 淘宝卖家亲身说法，如何利用微信营销 . 虎嗅网 [R/OL].[2013-1-17].http://www.nbd.com.cn/articles/2013-01-17/708111.html.

[35] 冷风 . 谷歌眼镜：现实世界充当应用平台不再是幻想 .IT 商业新闻网 [R/OL].[2012-11-3].http://tech.hexun.com/2012-11-03/147568720.html.

[36] 陈亮 . 用 "推送" 模式建设集团客户电子渠道 . 通信世界，2010(39).

[37] 孙超逸 . 频繁推送太烦人 微博奥运营销策略被指操之过急 . 北京日报，[2012-8-7].

[38] 彭国莉 . 信息推送技术与信息推送服务 . 中国信息导报，2011(8).

[39] 五大浏览器 "禁止追踪" 精准广告灭顶之灾 . 新浪科技 [G/OL]，[2012-11-27].

第7章 成长的烦恼

移动互联、社交网络的发展如火如荼，为金融业的创新提供了大好时机。无论是金融业供应链与价值链的变革，还是金融监管改革，抑或是新技术的广泛应用和消费者需求的变化，都为创新者指明了方向：创造需求，解决问题。

很多时候，机会的背后是陷阱，这就需要看清政策、技术、需求、经济以及消费者行为的发展趋势。创新往往是在信息不充分，条件不理想的状态下开展的，企业必须建立容错的创新机制。

在创新发展过程中，创业企业或传统企业的互联网事业部，往往会面临行业领先者的狙击。这种狙击，既可能来自传统金融企业，也可能来自于互联网巨头。一旦反应迟缓，未能建立清晰的定位和竞争优势，创新精神不足，就可能导致失败。对于传统企业和新兴企业来说，采取正确的阻击和反阻击策略至关重要。

成长中的问题，必须要通过成长来解决。

第一节　如何发现机会

一、从互联网保险说起

（一）未来保险业的愿景

让我们来描绘一下未来保险业的愿景。

（1）互助保险大行其道。社交网络将从最初的实名制，向通过复杂社会关系分析挖掘商业价值升级，从而转向数据公司和金融公司，正如阿里打算做的那样。得益于社交网络的发展，基于互联网的互助保险将大行其道。

（2）替代性服务产品大行其道。供应链的价值分析越深化，消费者的主权意识就越强，专业知识就越多，产品和服务的专业化和精细程度也会越高。

消费者将能够在第三方专业服务商的支持下，区分哪些风险可以自留，哪些风险需要通过保险分散。需要通过防灾解决的，将选择相关服务产品，如救援产品、医疗服务产品、灾害防御服务等。这些产品在未来将会更加规范化、标准化和电子化。

（3）基于 SoLoMo 和物联网的移动保险大行其道。SoLoMo（LBS+SNS+APP）和物联网技术能够采集地理信息、社交关系以及保险标的物理特征信息，这些信息都可以视为风险因素和营销要素。从保险商业模式上看，这些信息将对保险产品定价、营销、理赔、防灾防损服务产生深刻影响。

（二）未来移动保险的应用领域

从业务领域看，移动保险将在如下领域得到广泛应用。

（1）意外伤害保险。当游客在某风景区进入索道区域，在机场航站楼临近登机时，手机上都会收到一条短信，按照短信操作，即可现场购买意外伤害保险。一旦出险，保险公司将自动定位并进行救援、查勘等。

（2）健康保险。今天，许多消费者不仅仅使用电子心率表、电子体温计、血糖测试仪、血氧仪等，甚至已经开始建立家庭医疗诊断系统，如心电图机监护仪。某些城市社区开始推广护理呼叫终端，某些保险公司向客户赠送带有部分测试诊断功能的手机和便携测量仪等。医院的智能辅助诊断系统，也已经开始应用。健康保险可以利用带有传感器的测试设备、护理设备、诊断系统，在保险产品和服务模式上进行创新。

（3）移动保险标的类财产保险。包括车险、货运险等都可以广泛应用移动互联技术。如中国人保财险灾害研究基金项目，研究基于车联网的减量风险管理模式和保险经营模式创新，未来保险公司可以向消费者提供综合性的风险管理方案，帮助客户提升风险管理水平并降低保费。

（4）责任保险。这里以车险第三者责任险为例来说明，第三者责任险的赔付成本与出险率有关，也与赔付标准有关。赔付标准与所在区域有关，而出险率则与驾驶员的人口统计学特征、驾驶习惯、行驶路线、行驶时间等风险状况有关。通过移动互联技术进行精细化分析和定价，将使保险公司获取市场竞争优势。

（5）基于位置的服务（LBS）。类似的应用包括：①向用户提供大灾预警。当保险公司判断用户所处位置可能会遭受地震、洪水等大灾时，通过短信、移动应用等发出预警信息（如手机上安装地震预警软件）。②开发风险管理移动应用软件，包括风险知识普及、风险评估（基于地理位置）、风险预警等。

二、机会发现模式

上面关于保险业未来愿景的描述，分别对应发现机会的三种模式：经营模式创新、技术应用创新、满足特定需求。

下面讨论互联网金融领域发现商业机会的模式。

（一）创造需求

对于创新者而言，需求不能仅仅是发现，更重要的是创造。

发现需求当然可以抓住机会。随着金融形势、金融改革、金融市场、金融消费者行为的发展变化，将会产生一些新的需求。发现这些需求并满足它们，就是重要的机会。

不过还有一种情况：随着金融形势、金融改革、新技术的发展，消费者的潜在需求可以得到满足，但消费者自身尚未认识到。这就需要金融机构用创新活动启发消费者需求。

为什么这么说呢？以保险业为例，电销模式本身就是一种创造出来的需求。表面上，电销产品在保险责任和服务上并没有特别之处，只是一种营销的手段。其实不然，在电销模式下，渠道和流程都完全不同于传统模式，而且这种产品或服务也并非客户自己提出。

客户的需求永远是更便宜的价格，更好的产品和服务，以及更齐全的保障，但这种需求无法在现有的模式下满足。通过电销的规模经济降低成本，从而提供更有竞争力的费率，这其中的道理客户并不明白，必须依靠企业自身实施。

以电销保险为例。在保险公司创立成功的电销模式之前，客户自己提出对电销保险产品的具体需求了吗？没有！在一个真正的产品问世之前，客户更难以想像提前续保、上门出单等服务，而这一切都是随着电销业务的发展逐渐摸索出来的。

再以第三方支付为例。在支付宝之前，第三方支付已经被广泛讨论，但直到支付宝出现，才将其真正“发扬光大”。支付宝之所以能够做大，原因之一便是淘宝交易的需要，但这个需求也是阿里巴巴集团本身创造出来的。

已经存在并被满足的需求，很难成为创新的契机，因为它非常容易被看到、被发现，并且已经有成熟的模式去满足。如果不存在技术壁垒，这样的领域很快便会成为一片红海。

（二）解决问题

对于已经存在但未被满足的需求，也并非完全不存在机会。这些需求之所以没有被满足，并非是因为没有人意识到，而是因为存在诸多障碍。

如何解决问题呢？在数学上，我们知道，要让一个不可解的问题成为可解，需要放宽约束条件和可行解范围。因此，对于那些未能解决的问题，我们需要做的就是不断尝试从不同维度放宽约束条件和可行解范围。

为什么需要从不同维度放宽呢？因为只放宽一个条件，你可能得到一个解，但它未必是最优的。你放宽条件寻找到一种解决问题的模式，其他人可能会通过放宽其他条件得到一个更优解，并且从商业上看可能更为经济、便捷、有效。

1. 以淘宝为例

我们知道，淘宝之所以能迅速做大蛋糕，一个重要原因是创建了独特的信用体系。在淘宝之前，制约中国C2C发展的问题是诚信。淘宝通过创建“交易中介”并长期坚持，保障了交易的安全性；通过创建“评价制度”并不断完善（如完善评价机制等），赢得了用户信任，从而基本破除了障碍。

在淘宝创新之前，这些问题都存在，当时有海量的文献和报道，各地为解决这个问题一哄而上，建立电子商务认证中心，但效果不佳。只有淘宝结合电子商务实践，创造性地提出并实施解决方案，尽管在发展过程中遭遇到极大阻力，但最终被证明是有效的和成功的。

2. 以财务管理为例

现有的记账网站，均没有解决金融消费者最关心的问题，即自身的财富管理。这是什么概念呢？首先是帮助消费者了解自己的资产情况；其次是帮助消费者实现资产保值增值和风险管理。要实现后者，前者是必要的前提。

消费者需要查询全面的资产情况，包括：

（1）多个不同银行的银行卡及银行卡与第三方托管账户、普通账户与理财金账户、各类金融资产现值。

（2）证券账户（例如，普通资金账户与融资融券账户等）。

（3）房产、汽车等大额财产现值——房地产、汽车、珠宝价格评估系统。

（4）负债管理——消费信贷等。

（5）企业及个人账户统筹管理。

（6）风险评估及管理。

这种统一账户管理的需求一直存在着，而且非常迫切，市场也非常广阔。但现有的记账网站和金融企业的账户管理，都未能提供这一功能。

这个问题难道没有人知道吗？不是。没有人尝试解决吗？也不是。但是解决这个问题存在着各种所谓的“主客观”原因，导致不能很好地得以解决。客观上，银行之间、非银行金融机构之间、金融机构和非金融机构之间相互信息不通；主观上，几乎所有金融机构建立的类似平台，都是以产品销售导向，失去了客观性和中立性，从而也失去了客户的信任。

3. 以小额信贷需求为例

以小额信贷需求为例，电子商务信贷的需求迟迟无法得到满足。销售额近亿元的淘宝卖家“羚羊早安”，在每次举行大活动前，不得不四处跟朋友凑钱，甚至将房子和车子抵押给银行。

奥克斯空调官方旗舰店 2011 年做了一次万人团购，但由于抵押和利率问题，找遍四大商业银行，也没能贷到钱，最终只能依靠合作厂家解决 1000 万元的资金缺口。

阿里巴巴集团调研数据显示，目前中西部超过 40% 的小微企业因资金不足而无力接单，有 73% 的小微企业当前有融资需求，而有 69% 的中西部小微企业主要通过民间借款来融资。尽管不少企业曾经尝试过银行贷款，但除去利率问题外，大多数初创电子商务会因抵押、信用资质等问题无法得到银行授信。

阿里巴巴试图与银行合作解决用户贷款难问题，推荐了 100 家企业给银行，但最后被毙掉了 97 家。对风险和企业资质的不同认识，以及阿里巴巴不愿分享客户数据，导致阿里巴巴无法与银行继续合作。许多电子商务只能通过利率更高的第三方担保来凑钱。

工商银行表示，工行在给小微企业贷款时，主要看个人经营者的素质和信誉度。其中，网上交易额的记录是银行判定企业信用等级非常重要的依据。于是银行开始针对电子商务企业推出专门的贷款业务产品，如工商银行的“易融通”，就是一款针对网商微型企业的产品，最高贷款额度为 100 万元。不过这款产品目前仅覆盖浙江省内的几个城市，推行一年多后，电子商务用户数在 240 家左右[1]。

从以上背景材料中，我们可以得到如下信息。

（1）电子商务信贷需求非常旺盛。

（2）银行慢节奏的产品供应，无法满足电子商务的迫切需要。

（3）现有银行的信贷风险管理体系缺乏数据和经验，不能满足电子商务信贷管理的需要。

4. 以信贷风险管理体系为例

以信贷风险管理体系为例，传统银行是否真正在人力、财力、机制上为开发提供了充分支持？是否能突破传统思维模式，多渠道采集信息，分析互联网数据，或与贷款电子商务充分沟通？是否有优秀的信息开发人员和健全的开发响应机制，以满足数据分析和程序开发的需要（诸如开发各类 API 接口，与电子商务企业进行数据对接）？是否对电子商务企业完全不同于传统企业的经营特征、行为特征有深刻的认识？即便是电子商务，传统的财务表也是远远不够的，那么还需要哪些重要经营数据、信用数据？

要形成必要、充分的风险数据库和信用风险模型、营销模型，传统银行显然还需要更进一步的努力。

5. 以保险产品为例

保险企业与银行面临类似的问题，作为金融产品的供应方，在某种程度上与需求方存在矛盾关系。所有的投保人，都希望所购买保险的保费越少越好，责任越大越好，保额越高越好。而保险企业必须保证费率与风险相匹配，保证保费充足。但是面对同样的需求方，为什么有的保险企业能够胜出？因为最重要的是如何解决问题。取胜不仅仅依靠规模优势、成本管控这些因素，还需要通过准确度量风险，获得优质客户，淘汰或改造劣质客户。

对于业已成熟的金融行业，机会存在于问题之中。但我们经常看到，传统企业在经营中往往是“主题先行”，而非“问题导向”。与之相反，许多创新型企业，往往是从解决传统企业无法解决的消费问题入手，采取市场集聚战略，以小博大，集中优势兵力，围绕细分市场打歼灭战，获得机会后再逐步发展壮大。

从小额信贷的发展案例可以知道：

（1）电子商务平台如淘宝，不可能将核心竞争力——宝贵的数据资源共享给银行。利用这些数据发展自身金融业务，以获取最大的利润，才是其最佳的选择。

（2）传统银行必须加快适应步伐，否则将在互联网经济发展中失利。由于互联网经济比重越来越大，传统银行要避免由局部失利演变为全局失利。

（3）对传统银行而言，发挥自身的金融专业优势和传统信贷客户网络优势，开发新型信贷风险管理体系和中小微企业营销体系是当务之急，但关键还是要解放思想，摆脱传统银行的思维定势桎梏。

（4）就传统银行现有情况看，创新前景并不乐观，从而为诸如第三方信贷平台、阿里金融这些新型互联网金融企业提供了机会。

（5）银行需要认识到，互联网行业同样存在占据垄断地位的企业，银行自身在互联网信贷中处于劣势，需要扶持、联合电子商务行业的中小企业，共同开展对互联网巨头的反击。

（三）从别人的错误中发现机会

许多创业者都是对现有商业模式、产品不满意而另辟蹊径的。

史玉柱对当时的国内网游不满意，从进进入了网游领域，成为国内最大的网游企业；扎克伯格创立 Facebook 之前的 MySpace 使用匿名性用户策略，无法满足真实社交需要，而 LinkedIn 又局限于商务活动；阿里的供应商和淘宝商家需要解决资金流转，而传统银行无法提供，从而催生了阿里金融；360 发现大多数用户买不起收费杀毒软件，开辟了免费杀毒新模式；腾讯发现中国人不习惯用 msn，于是模仿 ICQ，开发出了符合国人习惯的聊天工具 QQ。

举例来说，P2P 小额贷款平台以及各类交易平台的资金沉淀问题（即必须提前存款才能应标，这段时间的资金存在巨大的时间成本）、不良贷款问题（为了营销宣传，故意使用较窄口径的违约率概念）、追偿问题（缺乏风险控制措施）等，都会促使这个新兴行业发生变革。未来的商业模式一定是双赢的，一定不会通过牺牲客户价值来实现企业价值。

传统银行业也会如此吗？由于银行异地转账手续费较为高昂，随着高校开学，消费者创造了一个新的学费转账模式：由学生申请淘宝商家，父母购买“生活费”商品，再由学生提现。因为支付宝（包括类似的规模较大的银行企业客户）能够从银行获得异地划账免手续费优惠，学生们则通过在淘宝交易享受了这一优惠。尽管淘宝表示将打击这类行为，但有需求就会有供给，谁说消费者不会想出其他更高明的方法。也许其他第三方支付为了吸引客户，会专门开发出类似模式，以满足学生和家长的需求。前面介绍的移动支付类型中，也不乏由于银行支付门槛高、手续费高而产生的创新。

在消费者用脚投票的年代，任何一家创业企业都可以对消费者说：如果他们压榨你，就到我这里来吧！

当然，尊重消费者利益与利润最大化肯定是存在矛盾的。关键在于，传统金融企业需要洞悉并预见消费者选择行为，提前做出应对，而非将市场机会拱手让人。

（四）新技术的应用型机会

1. 利用新机会

许多技术出身的创新者，善于从新技术中寻找机会。每一项新技术的产生，都会制造出许多应用领域的机会。伟大的创新最初往往是漫无边际的小创新，例如 Facebook 最初发端于比较哈佛大学女生的相片。

当然，鉴别什么是真正的机会非常重要，如何正确利用机会更为重要。

首先，什么是真正的机会？传统销售渠道费用高昂的金融业务，就一定充满机会吗？航空意外险曾经是所谓的暴利险种，但现在销售如何？对于创新型信贷机构，银行利率市场化之后，究竟哪些特定的客户群和渠道存在机遇？

其次，如何利用这些机会？很多最先吃螃蟹的人，并没有享受到冒险成果，原因在于其并没有正确利用机会。当然，其中也有时机问题。

多年前被评为最受喜爱的互联网软件如CTerm[2]，为什么今天消失得无影无踪？ 10多年前新浪就开设了网上商城，销售3C产品，但是为什么新浪没有成功建立自己的电子商务帝国？银行想做电子商务信贷，为什么电子商务还是抱怨贷款困难？银行为什么觉得电子商务风险难以识别？在小额贷款公司、点对点信贷平台大行其道时，究竟哪种模式更受欢迎？未来的信贷机构，还依靠息差盈利吗？或者换个提法，当大多数信贷机构依靠息差盈利时，哪家信贷机构能够不依靠息差盈利？

2. 电话车险案例

让我们分析一下电话车险，这是一个与网销十分近似的渠道，但它仅仅是一个渠道吗？当然不是。互联网保险也同样不仅仅是渠道。

电话车险首先在价格竞争上打开一个缺口。这些年来，车险用户从不同媒体上都能看到或听到铺天盖地的广告：“商业车险多省15%！”

看到这个广告，首先心动的是那些很少享受到保险公司理赔服务的低风险高价值客户。这些客户打电话一问，果然低于原来的费率。于是对原来的业务员宣传的“已经优惠到底”的说辞产生反感：别人还能更低，你为什么不能？

那些优质客户想想，反正自己一年下来几乎不出险，也享受不了多少服务，干脆换一家便宜的吧！再到后来，包括那些出过险，经历过理赔服务但并不满意的客户，也开始尝试新的投保渠道——反正情况不会更坏！

即使那些认可原有保单的客户，也面临着电销保险“价格更低，服务与原来完全一样”的诱惑。即便继续在原保险公司原渠道续保，也会提出更高的条件，比如返还佣金、赠送加油卡、代办验车服务等。实际上，这变相抬高了原保险公司原渠道的保单获取成本。

在这种形势下，电话车险以不可抵挡之势攻城掠地，行业保费收入快速增长。2008–2010年，人保、平安、太保三家保险公司，电销车险保费的复合增速达到194%[3]，其中平安2006–2010年5年的年均复合增长率为147%，2010年电话车险保费收入 127 亿元，增速达 180% [4]。

为什么电话车险便宜 15% 呢? 通常的解释是：营销成本降低了，不用业务员自己到处跑着上门；支付给传统渠道如 4S 店、直销业务员、代理人员、经纪公司的手续费没有了；工作效率提高了，座席人员每天可以打几十个、上百个电话；通过培训，话术水平和展业技能提高了，签单率上升了，因此能便宜 15%。

另一方面，由于市场竞争，保险公司不断提升理赔服务的标准化水平，推行便捷理赔和标准化流程，也给消费者形成了“标准化理赔服务与销售渠道无关”的印象，弱化其他非价格因素的竞争力，于是客户更乐意接受电销了。

电销业务之所以产生和发展，是与信息技术通讯技术等新技术的发展和广泛应用分不开的。这些新技术使呼叫中心这一集中作业形态得以产生。

3. 互联网销售

如果互联网能够提供更高的营销效率，更低的营销成本，标准化程度更高的服务，那么必然也能够获得电话车险当前的成功。

互联网能够实现更高的营销效率，主要基于以下几个因素：Web2.0、社交网站可以使营销传播速度更快，传播面更广；网络营销可以提高标准化程度，边际成本极低，覆盖面更小，管理成本更低；可以提供 7 天 ×24 小时服务及互动，可以将营销、投保、承保、保单管理、理赔、续保等全流程上线及无缝整合（电话营销显然无法做到理赔单证提交），并赋予消费者更多选择权和灵活性。

例如，英国某家致力于发展网销的车险公司，在开展网销业务时，非常仔细地设计每一个网页的每一个细节，不断雕琢改进，极大地提升了签单率，获得了巨大的成功。

车险的电销和互联网销售都是新技术应用的典范。其关键在于，通过新技术的应用，建立一个新的经营管理模式，降低成本，提升产品的价格竞争力。纯粹从技术出发去寻找应用，是没有意义的。

如果将新技术理解为广义的技术环境，那么借助于大平台开放，也将是一个重要的创新机会。今天，许多大平台都面向开发者开放，如苹果应用商店、安卓商店、Facebook、淘宝、新浪、腾讯、百度等。

由芬兰 Rovio 娱乐公司开发的风靡全球的“愤怒的小鸟”游戏，正是通过各类手机游戏平台、社交平台提供给用户。社交游戏厂商 Zynga 更是立足于 Facebook 平台，开发各类社交游戏，如“Farm Ville”和“Mafia Wars”等 [5]。该公司九成以上营收都来自于Facebook，其登陆纳斯达克后，按上市首日收盘价计算，市值达67亿美元[6]。在国内，美丽说这样的电子商务导购网站，也依赖于淘宝和腾讯社区这样的大平台。

在互联网金融领域，如果阿里金融开放平台设想得以实现，第三方金融产品设计机构可能会随之兴起。许多金融服务机构，都可以像淘宝商家一样，利用阿里的金融数据，为用户提供各类咨询、开发服务。

（五）金融监管改革

金融管制严格，市场却存在旺盛的需求，于是金融脱媒趋势愈演愈烈，提供了大量金融创新的机会。现有金融机构无法满足市场需求，加之金融管制又限制了合法合规的市场行为，导致灰色、黑色交易层出不穷。

浙江中小企业多，民间资本雄厚，民间借贷相对活跃。民间借贷具有成本低、效率高的优点，其特点包括以下几点。

（1）经营性借贷为主，中小微企业深度介入。

（2）高息现象普遍存在，且日益隐蔽化。

（3）出现职业化、中介化、组织化新特征。

（4）与非法集资等涉嫌违法犯罪的活动交织。

如今，随着P2P平台的发展，民间借贷已从“熟人间交易”，逐渐演变为陌生人之间的合同关系和经营性借贷的融资渠道。许多企业将借贷资金用于创业经商，扩大生产经营，投资矿山、水电等项目开发，或作为企业流动资金、过桥资金等。一些地方的企业和个人还专门从事“以钱炒钱、赚取利差”的资金生意，借贷资金呈现出典型的资本化、商业化特征。

据有关部门对温州市瓯海区105家中小微企业的抽样调查显示，在企业初始资金来源中，有90家企业通过民间借贷筹措资本，占85.7%。人民银行临安支行对辖区100家企业进行抽样调查，在返回的85份问卷中，有63家企业涉足民间借贷，涉及金额1.7亿元。

由于向银行融资非常困难，民间借贷市场的利率不断走高。一些民间融资活跃的地区，月利率普遍在2分、3分以上，有的甚至达5分，即年利率回报超过60%，远远超过当期的银行利息[7]。

商业银行法规定：超过央行公布的同期同档次贷款基准利率4倍以上的利息不予保护。目前，商业银行贷款利率上限与法律规定之间存在空白。一方面，金融消费者有追求更高收益的强烈需求；另一方面，贷款人存在以较高利率贷款的需求。尤其是小微企业和农民，如果不计算本人或家庭的劳动力成本时，经营利润率较高，因此能够承担小额贷款较高的贷款利率，而商业银行无法满足这一需求。

在我国金融业，由于实行分业监管，因而存在着大量的“市场空隙”，这都是创新型企业发展的机会。

第二节 看不懂的趋势

在经营过程中，企业往往更关注短期的市场变化。这有三个方面的原因：一是从企业自身来看，短期趋势对企业经营影响较大；二是企业没有足够的资金、人员和精力来关注更长期趋势；三是长期趋势往往难以把握，可能只在理论研究中才有价值。问题也正出在这里。许多企业由于漠视趋势，等到失去竞争优势时，才发现已经来不及应对。这在高科技企业，包括互联网企业中普遍存在。

对于互联网金融领域的创新，必须密切观察这个行业可能面临的变化。

一、监管政策的变化

（一）价格市场化

目前的金融市场化改革，主要包括市场准入机制和价格市场化等内容。

长期以来，监管机构承担着行业发展指导者的角色，裁判员与教练员角色不分。

过渡时期，价格卡特尔*必然成为一种选择，但这种选择难以持续。无论是传统大型金融企业，还是已经在市场上占据一席之地的新兴金融企业，都可能选择这一方式，以防止快速市场化带来的盈利急速下降。

市场化首先是价格市场化。银行存贷款利率市场化和保险费率市场化的进程必然要推进。当然，这种推进，一方面为互联网金融业务发展创造了极大的机会，另一方面也要看到，新兴领域也将面临挑战，尤其是在管制尚未充分放开的情况下。

---

* 价格卡特尔，是指两个或两个以上具有竞争关系的经营者为牟取超额利润，以合同、协议或其他方式，共同商定商品或服务价格，从而限制市场竞争的一种垄断联合。

社会对金融业的误解在于，某些所谓的垄断其实是市场行为，并非行政的垄断，而是资源垄断造成的。资源的垄断，需要具体地分析，譬如广大农村网点，由于费用率较高，中小金融机构不愿意进入。大型金融机构进入后，提高价格就会饱受垄断指责，只能亏损经营，反过来造成供给不足。小微企业在正规金融机构贷款难，因此转向民间借贷，就足以说明这一问题。使用行政手段，要求国有金融机构扩大亏损业务的规模，就会扭曲市场机制，阻碍产品供给。

说到底，政府应当发挥市场作用，而不应继续按照计划经济的思维定势去干预供给。无论政府主观愿望如何，金融业发展必须回归客观的商业规律及其必然趋势。

经济学家茅于轼先生指出，现在社会上存在一个很大的误解，认为小额贷款利息越低，对穷人越好，实则不然。世界银行总结小额贷款的均衡利息率为15%~20%，世界各国多年的小额贷款实践经验，也证明了“高利贷合法化”是有益的。

茅于轼先生在山西龙水头村试点的小额贷款公司，贷款利息是18%。他认为，从经济学角度讲，低息的小额贷款会导致供给需求失衡，容易造成黑市交易，最后贷款还是落入有资源的人群手中，不能真正惠及穷人。

茅于轼先生提出小额贷款要高息，其实是指利率要回归市场定价机制。针对有人质疑“小额贷款暴利”，茅于轼坦言，“小额贷款虽然高息，但并没有暴利，否则大家都会去放高利贷”。小额贷款之所以高息，是因为额度小，风险大，占用人力多，成本高。

小额贷款机构要发展，就必须坚持商业化的道路，只有这样才能实现盈利。茅于轼先生说，世界上许多小额贷款公司的回报率能够达到20%以上，究其原因，主要是有低息的资金来源[8]。

例如上面提到，分业监管或其他金融改革过程中出现的“市场空隙”，某一天是否会因为监管政策的变化而消失？这种情况不一定是因为监管政策明令禁止，但可能是由于监管政策变化，导致其他竞争者大量涌入这一市场。

举例来说，现阶段，由于受到限制的贷款利息不足以覆盖这个市场的高风险，无法以更具竞争力的高存款利率吸收到充足的存款，商业银行可能只做小微贷款市场中极小的一部分业务。如果银行监管机构进一步放开，甚至取消商业银行存贷款利率浮动上下限，将导致商业银行大量进入小微贷款市场，这必将影响到小贷公司、信托公司和信用贷款保证保险的相关业务。

（二）消费者利益保护

消费者利益保护，是金融监管机构应当首先遵从的原则。

在监管机构承担发展所辖行业以及国有资产保值增值责任的情况下，监管机构很难公平客观地从市场秩序的维护者和消费者利益的保护者角度去管理市场，甚至司法系统也难以避免。因此出现了大银行关于利率按日计算的诉讼纠纷，此外还有广受关注的许霆案(何鹏案)*、吴英案**、山东“纸黄金”交易纠纷案***等事件。

我们应当清醒地认识到，在可预见的一段时期内，中国尚无法建立完善的消费者利益保护机制。但互联网金融企业务必认识到，如果为了快速扩张而过度销售，甚至欺骗消费者，可能会由于互联网快速、广泛的传播作用，导致企业面临重大经营风险。双汇“瘦肉精”、万人大会事件、蒙牛牛奶中毒、黄曲霉毒素超标事件等，都是互联网传播使企业陷入危机的典型案件，也是前车之鉴。

（三）产品创新管制放松

迄今为止，与发达国家金融业比较，我国金融业监管仍然偏于严格，尤其是对产品创新，管制更为严格。这完全可以理解，由于监管能力不足，市场不成熟，消费者金融知识匮乏，如果完全放开，将会产生较大的金融风险。

但我们也应当看到，鼓励产品与服务创新的趋势不可逆转，甚至需要金融企业在灰色地带大胆尝试，监管机构也要适度放松管制。在监管机构与被监管企业不断

---

* 许霆案(何鹏案)：2006年4月21日，广州青年许霆与朋友郭安山利用ATM机故障漏洞取款，许取出17.5万元，郭取出1.8万元。事发后，郭主动自首，被判处有期徒刑1年，许霆潜逃1年后落网。2007年12月一审，许霆被广州市中院判处无期徒刑。2008年2月22日，该案件发回广州中院重审，改判5年有期徒刑。

2001年3月2日，云南公安专科学校大一学生何鹏到农业银行的一台自动柜员机上查询存款余额。时逢农行云南省分行计算机系统发生故障，他在两天里取款近43万元。后何鹏被捕入狱，被判无期徒刑。后经其父母辗转申诉，云南省高院将其改判为8年零6个月。

** 吴英案：吴英，原为浙江本色控股集团有限公司法人代表，2007年3月16日因涉嫌非法吸收公众存款罪被依法逮捕。2009年12月，金华市中级人民法院以集资诈骗罪一审判处死刑。2012年1月18日，浙江省高级人民法院二审驳回上诉，维持原判并报最高人民法院核准。2012年4月20日，最高人民法院未核准吴英死刑，该案发回浙江高院重审。2012年5月21日，浙江省高级人民法院作出终审判决，以集资诈骗罪判处吴英死刑，缓期二年执行，剥夺政治权利终身，并处没收个人全部财产。吴英的死刑判决结果曾经引发热烈争议。有评论认为，这一案件是中国金融体系结构不合理背景下发生的制度性悲剧。

*** “纸黄金”交易纠纷案：2006年6月到7月，嫌疑人宋某利用中国工商银行提供的黄金买卖交易系统，通过电话委托的方式，买卖黄金超过2100千克，获利2100多万元。随后账面上的巨资很快被开户银行以利用交易系统漏洞“不当得利”为由划走，双方因此对簿公堂。因为这是银行业第一起因“纸黄金”交易系统漏洞引发的诉讼案件，涉案金额巨大，被冠以“中国黄金第一案”。2010年9月，济南市中院依法作出一审判决，支持银行关于撤销宋某2006年6月29日至7月8日期间进行的126笔交易的诉讼请求。被告宋某不服一审判决，上诉到山东省高级人民法院。2012年6月，山东省高院作出终审判决，驳回被告上诉，维持一审判决，撤销被告2006年进行的126笔交易。

博弈的过程中，双方逐步找到合理的界限。

事实上，第三方支付也好，电销车险产品也好，尽管监管反应较慢，但毋庸置疑的是，适度宽松的监管环境，从客观上推动了金融业的创新。

在中国，一个复杂的金融产品推出之后，无论监管机构，还是企业本身，都未必能够预见到其市场规模和影响。当前中国金融市场的主要矛盾，仍是消费者日益增长的资产管理需求，与产品创新能力不足之间的矛盾；仍是民族金融产业薄弱的竞争力，与国际金融寡头咄咄逼人、竞争日益国际化之间的矛盾。认识到这一矛盾，就能了解监管政策改革的方向。

孟子云：“鱼，我所欲也；熊掌，亦我所欲也。二者不可得兼，舍鱼而取熊掌者也。”企业家应当正确权衡机会与风险。

这里想强调的是，企业家首先应当具有承担商业风险的勇气和胆识，同时应当辨识真正的政策风险乃至法律风险，切不可以身犯险。真正伟大的企业，在发展过程中总会面对争议，但其可持续发展的核心竞争力，来自于其卓越的创新能力，而非制度投机和违法犯罪。

二、技术发展的趋势

许多大型企业，尤其是科技企业，其投资范围之广，涉及领域之多，往往令人惊异。譬如谷歌公司的眼镜项目、无人驾驶汽车项目和微软的马桶项目。随着企业做大做强，其扩大经营版图、抽象其经营哲学，是必然的结果。但对于互联网金融企业而言，保持对新技术的敏感，判断技术发展趋势，永远都至关重要。

今天，我们热议移动互联，讨论网络社交，关注物联网，关注腾讯、淘宝和平安的合作，可以推断，新的发展方向可能已经初露端倪。

人工智能，将使得社交网络与物联网之间更紧密地联系起来，从而为互联网金融提供创新更多产品和服务的可能。例如，利用金融工具，EMC（合同能源管理）[9]能否作为一个标准化服务模块嵌入到大家电的销售流程中，并与消费者的按月支付电费模式结合起来？

不过，任何预言大师，都很难预见明天到底会产生什么。

以保险为例，由于难以预测自然灾害风险和社会安全风险，从某种程度上说，保险是在“靠天吃饭”。当然，保险公司如果能密切跟踪、迅速反应，将会大幅降低经营风险。反之，如果不能对风险变化趋势及时作出反应，就可能形成巨大的经营风险。

（一）车险

从汽车本身来看，其安全性能与安全标准涉及主动安全、被动安全和一般安全三个方面。

（1）主动安全是为了避免和防止事故发生而采取的安全技术，比如灯光及警示装置，提高操纵稳定性的电子装置，驾驶员疲劳预警装置等，这些技术措施能减少交通事故的发生。

（2）被动安全是指车辆发生交通事故之后，为减少人员伤害和财产损失而采用的技术措施，比如安全带、安全气囊、自动报警等。

（3）一般安全是指车辆安全性相关的车辆结构、防盗、防火、指示灯和各种信号装置等。

安全技术对风险影响极大。安全技术的应用，将会改变风险分布，从而对车险业务的经营业绩产生影响。

瑞典公路局对瑞典南部地区 1997 年 1 月到 2000 年 6 月期间发生的各类交通事故进行调查分析，结果显示，如果人人在驾驶或乘坐轿车时都能系上安全带，瑞典全国公路交通事故死亡率可以降低 20%[10]。

中国人保财险 2011 年灾害研究基金“机动车辆风险防范与安全技术分析”项目表明，从技术成熟度、安全效用、成本优势、市场认可度、中期发展前景这 5 个方面评估被动安全产品，安全带提醒装置为最佳。

欧盟从 2012 年 11 月 1 日起，对成员国生产和销售的新型机动车，开始实施包括安全带锁紧提示装置、轮胎胎压监控系统、儿童安全座椅固定装置等在内的一系列新的强制性安全标准[11]。

此外，新能源汽车的风险特征也值得关注。中国人保财险灾害研究基金“新能源汽车风险因素研究”项目表明：新能源汽车的电池安全性和动力系统（制动、跑偏）风险，将是区别于传统汽车的主要风险。

“纯电动车保险产品设计”项目研究表明：纯电动汽车与传统汽车的风险存在显著差别。例如车辆在 2500~5000 千米里程区域发生故障的频率最高，车辆特征寿命(即特征无故障工作里程)在 5000~7500 千米里程区域，中位寿命(即中位无故障工作里程)在 0~7500 千米里程区域。然而，这些特征必然会随着纯电动汽车技术的发展不断变化。

2012 年 8 月，谷歌宣布其研发改装的自动驾驶汽车，已成功行驶约 48 万公里。这个记录之所以到48万公里时戛然而止，是因为该车被一辆鲁莽的汽车从后面追尾。测试期间，所有驾驶控制均由电脑自动完成，整个行驶记录中无任何意外事故发生[12]。不仅仅谷歌，随着车联网行业的发展，自动驾驶、智能驾驶、移动通信系统、车辆安全管理信息系统的开发和应用，都将极大影响车险的风险状况[13]。

如果汽车行驶风险可以借助技术极大减少甚至消除，那么车险需求将会大幅降低。消费者还需要传统的车险产品吗？或许保险公司应该考虑的，是为消费者提供自动驾驶设备的质量保证保险和产品责任险。

（二）人身险

2009年，美国联邦政府在《2009年美国经济复苏和再投资法案》中提出，将投入190亿美元用于电子病历的激励计划。谷歌推出了电子病历（Google Health），其功能主要包括：帮助用户建立属于自己的在线医疗档案，从医生和药房下载医疗档案，获得个性化的医疗指南，查询医生资质，与家人或医护人员分享医疗信息等[14]。

谷歌电子病历是谷歌与IBM、医疗设备制造商协会等组成的可持续发展联盟共同开发的一个平台[15]。这个平台可以通过互联网同步来自家庭的血压、血糖等个人健康数据，交互医疗服务，共享医疗记录，并拥有开放的网络接口标准。该平台将在包括慢性疾病控制、健康长寿以及老年人健康保障等方面发挥作用。利用在线服务，该平台还能帮助健康医疗服务供应商提供规模化的服务，这是传统的远程医疗服务无法做到的。

可以预见，在线医疗档案这项技术，将对人身险的风险管理带来巨大的影响。

（1）通过在线医疗档案，保险公司可以进一步提升定价能力。谁能够获得在线医疗档案的数据，谁就可能利用定价获得市场竞争优势。

（2）保险与在线医疗技术结合，可以开展疾病防治工作，极大降低发病率，从而减少风险。通过数据挖掘、智能诊断系统尽早开展治疗，通过物联网将远程医疗诊断系统终端延伸到居民家中，直接连通血压计、血糖计等设备，可以进行在线诊断甚至简单治疗，降低治疗费用。

（3）理赔工作将可以在标准化数据基础上进一步电子化、智能化。同时，由于保险公司提前介入诊疗过程，避免了超赔、骗赔风险，现场工作、查勘定损的工作量也大大减少，将会极大地提升效率，节省成本，而且还可以提供直赔服务（客户无需垫付现金，或只需支付自己承担的部分，保险保障部分由保险公司与医疗机构结算）。

目前，国内的电子病历已经在许多城市普及，2010 年使用电子病历系统的医疗机构已经达到 48%。国家卫生部 2011 年 4 月正式实施《电子病历基本规范(试行)》，远程医疗诊断系统也得到了应用[16]。然而，受制于医疗体制的因素，电子病历在信息互通互认、标准化方面还有许多不足，远程诊断也不够普及[17]。

未来，移动医疗健康产业将为风险管理带来哪些新的变化呢？如果保险公司尤其是健康险公司不能主动、积极地应对包括物联网、在线电子病历、远程（智能）诊断系统等技术带来的变革，不能利用在线健康数据实现风险管理技术的提升，尤其是抓不住风险经营管理模式变革带来的创新机遇，就可能在竞争中被淘汰。

例如，利用 HIS（医院信息系统）中的病种费用信息，可以进一步完善条款、限额等设计，使其更符合消费者需求；通过与物联网及电子病历结合，可以实现更准确的定价，从而吸引盈利客户投保，将亏损客户赶到竞争对手那里去；可以推行疾病防治服务，急救服务，增强竞争力；基因工程也将导致健康险定价技术革命，保险公司可以根据消费者基因判断某些疾病的风险。

三、消费者变化的需求

消费者需求的变化，将直接影响到企业的生存。对金融企业来说，在消费者选择有限的情况下，其做出的选择并非真实消费意愿的反映，企业对消费者需求难以有清醒准确的认识。就是说，在管制的背景下，消费者之所以没有提出需求，并不是因为没有需求，而是因为没有选择，或只能选择次优的结果。

举例来说，由于存款利率和贷款利率的管制，加上产品匮乏，消费者在理财时，不得不主要选择存款产品、理财产品、基金产品、股票、国债等。少数高净值人群，敢于选择私募基金、信托产品、结构产品等。而追求高收益，愿意承担高风险的消费者，则可能选择小额贷款网络平台、民间融资等。

在这种情形下，如果保险公司能创新贷款信用保证保险产品，通过与银行合作，弥补市场空白，其他创新企业进军第三方理财产品销售平台、网络贷款平台等领域，就能更好满足消费者的财富管理需求。

当然，一旦放松管制，商业银行不再受到存贷款利率的限制时，将会有大量银行进入高风险、高收益的金融产品销售领域。如果门槛降低，管制放开，基金公司、信托公司、证券公司都可能针对不同消费者开发更多的产品与服务，这都会对近年来新兴市场上的先入企业形成挑战。

四、经济形势的发展变化

金融企业受外部经济形势的影响非常大，但是对于互联网金融企业来说，可能对这些影响的认识还不够深刻。

举例来说，在流动性紧张时，整个社会的资金供需矛盾突出，寻找资金和希望获得高收益的投资者比较多，P2P 的点对点网络贷款平台能够满足这些需求，从而大受欢迎。当流动性宽松后，许多资金需求方更容易通过银行渠道获得贷款，P2P 平台的客户群就会急剧减少。由于点对点网络贷款平台门槛低，竞争者众多，其生存环境将会变得严峻起来。

对于金融企业来说，对经济形势的误判，往往会造成惊人的损失。2007 年 11 月以来，中国平安先后两次购买富通集团股份，投资总额共计人民币 238.74 亿元，一跃成为富通集团的第一大股东[18]。不料，随着金融危机爆发，富通股价下跌超过 95%，平安在这次投资中最终损失约 226 亿元[19]。

在互联网时代，决策和实施决策的效率都大大提高，一方面带来了绩效提升和竞争力增强，另一方面也导致了巨大的损失。例如，当平台型信贷业务中的风险审核规则发生重大疏漏，被不良用心者利用（欺诈），可能导致道德风险急剧放大，严重时甚至导致企业破产。

五、来自国内外的跨界竞争

对于成长中的企业，最惧怕的是毫无准备地卷入战争。

来自国际的竞争者，来自另一个领域的竞争者，一项革命性新技术的发明者，都可能发动一场竞争。这些巨头拥有资金、人才、技术方面的优势，极有可能对仍在成长中的产业造成巨大的冲击。创业企业必须提前识别这些威胁，密切关注并积极采取行动，建立阻击他们进入的门槛。

第三节　不犯错就会死

做企业难，做百年老店更难。在互联网领域，企业的生命更是以 10 年为一个生命周期。这一领域的创新频率之快，企业生命之短，令人乍舌。甚至有研究者预言，5 年之后，谷歌和 Facebook 都将不复存在。

企业如何形成持续的竞争力，从而实现基业长青呢？唯一的答案就是持续创新。创新是企业生存和成长之道。持续创新意味着企业必须不断地尝试，找到正确的发展和突破方向。在尝试过程中，企业不可避免地会犯错。

一、拒绝尝试是最大的错误

不曾犯错的企业，必然在竞争中消亡。为什么？因为没有犯错，就意味着企业始终循规蹈矩，未曾尝试过新的模式、新的业务。创新是非常规决策，而大多企业却始终在做常规决策。拒绝尝试，拒绝犯错，就是最大的错误。

我们经常看到，许多企业在竞争中落败，却找不到需要为之承担责任的人，因为企业每一个部门，每一位员工，都在严格按照规范办事，表面上看大家都没有错。这样的企业，我们通常听到的反思就是：没有与时俱进，因时而变，及时对环境变化作出应对之策。

Facebook 曾经在移动策略上错误押注 HTML5，而在 Native 应用上的投入过少。当扎克伯格承认错误后，资本市场作出了积极反应，Facebook 股票在盘后交易中反而上涨 4.6%[20]。

在追求创新效率的互联网时代，一个不犯错误的企业，反而更容易死掉。要么犯错，要么死掉，对于金融企业来说更是如此。我们常常讲“要敢于亮剑”，亮剑或许鲁莽，或许会出错，也可能会遇到一个可怕的对手，但是不管结果如何，仍然要亮剑，因为对手剑已出鞘。互联网行业盛行的企业文化，是进取型的狼性文化。

狼性文化有以下三个特征[21]。

（1）嗅觉敏锐，善于捕捉机会。

（2）富于进取心和攻击性，贪婪执着，不轻言失败。

（3）团队精神。

前两个特征都与积极创新有关。当然，我们并非鼓励企业在战略决策、在生死攸关的方向决策上犯错误。只有不断犯下小错误并建立自我纠错机制，企业才能避免不知不觉犯下大错误和战略性的错误。往往越谨小慎微的企业，越可能犯下战略错误。对市场和消费者需求的重大变化反应迟钝，就是严重的战略错误。因此，大企业内部必须建立创新机制和容错机制。

创新机制、容错机制能够保证企业不断适应外部环境变化，利用最新的管理和技术成果，优化自身的运营管理，不断挑战自我，赢得市场。显然，在这个过程中，企业不能将创新寄希望于某个人一时兴起的创意，而应当有一套完善的激励创新的制度。

一些企业将制度肤浅地理解为下发的文件规范，这是一个误区，真正的制度并不完全依赖文件。文件化的制度容易抄袭，而真正好的制度，并非仅仅体现在文件这一形式，非形式化的制度（潜规则、习惯）是更加坚固的制度。制度往往代表了企业的根本精神和基本理念，是深入企业骨髓的理念和文化，很难抄袭。

一家企业要充分发挥创新的价值，不能仅仅考虑组织架构变革或加大财务投入，而是需要更深刻、更全面地变革。这种变革，大而言之，涉及产权制度这样的企业根本制度，如华为公司对骨干员工的期权激励制度；小而言之，包括办公室文化、语言习惯、工作风格，甚至类似谷歌、百度的职场设计，都可以作为变革的要素。

二、衡量创新能力的标准

衡量一家企业是否真正重视创新，可以去看企业愿意在创新上投入多少核心资源。一家企业是否真正建立了创新文化和有效的创新机制，有下面一些简单的标准。

（1）不仅包括企业领导人讲话中“创新”一词被提及的频率，而且包括企业高层将时间和精力真正用在实质性创新上的比例。

（2）当同一个问题反复发生且得不到解决，大家首先想到的是有什么方法还没有试过，是否某些约束条件需要放宽，能否将某些预选方案从不可行变为可行。管理者们将精力重点放在寻求解决方案，而不是抱怨和追究责任。

（3）企业在研究策略和行动的时候，较少地分析典型性成功经验，较多地提出没有人做过的方法。

（4）是否给予创新能力强的部门和员工以充分的机会、平台和支配资源的权利。

（5）是否关注创新的结果，而非仅仅满足于形式（如留下一大堆文档，一个华丽的内部网站），是否有耐心等待一项创新的实施及其效果的体现。

（6）考核指标中创新所占的权重或比例，创新活动和绩效是否可有效度量，激励机制能否推动创新活动进一步激活（华为公司曾经采用奖励的方式鼓励申请专利，结果产生了大量垃圾专利，甚至还出现了名为“基于手机推算妇女生理周期的方法及相关手机”的专利[22]）。

（7）是否提供了支持实现创新的平台。许多创新本身只是一个初步的想法，需要技术平台、商业平台使其得以实现。譬如，如果将乔布斯视为一个伟大的创新者，他关于产品美学的观点，必须通过一个实实在在的样品才能实现。

（8）是否存在系统性的创新机制。在这个机制下，创新是可以从人、活动、绩效等方面可控制和系统化的。举例来说，人力资源部门招收需要鼓励创新的部门员工时，性格测试中，那些与创新有关的性格特质是否被赋予较大的权重？所有业务部门是否设置了创新的职责，使创新变成常态化的活动？对企业创新活动是否有全面系统的评估和持续改进？

显然，创新不能理解为不受任何限制，不考虑成本及结果的行为。尽管鼓励试错，但绝不是说出错概率是完全不受约束的，放纵错误并不是创新机制。事实上，试错会耗费宝贵的成本，因此企业必须关注错误概率。

为了提高创新绩效，形成协同创新的优势，企业可以考虑在内部鼓励创新者自行承担创新成本，在外部鼓励合作伙伴（甚至是客户）共同创新，一起分担试错成本。

企业经营的最高境界是建立创新的生态系统。创新生态系统的价值在于将合作伙伴纳入到创新体系中，使他们的竞争力变成企业自身竞争力的一部分，增强与竞争对手的差异性，增加竞争者模仿的难度。同时，建立创新的生态系统，也可以引进外部的创新源泉，分担创新的成本。

三、谷歌和苹果的创新案例

（一）谷歌公司的创新生态系统

《哈佛商业评论》曾经将谷歌的创新机制总结为：具备战略耐心，开发创造平台，管理生态系统。谷歌公司对创新工作非常重视，包括创始人和高管都要亲自参加“创新评估”会议，研究新颖的产品创意。谷歌还为一些有创意的员工提供一个数十人的专业团队，支持他们将创意进一步发展为产品[23]。

谷歌建立的技术平台，可以让谷歌快速开发并推广自己或合作伙伴的服务。谷歌工程师还可以推出原型产品及试用版，以测试客户是否喜欢。谷歌内部经营着300个预测市场，即所谓打赌，员工可以对一切事情进行预估，从新产品的需求到未来竞争者的表现，都可以作为标的。CEO施密特鼓励员工坚持创意，对未能采用的想法也予以奖励，他甚至称，“请快速失败，这样你可以迅速重来”[24]。

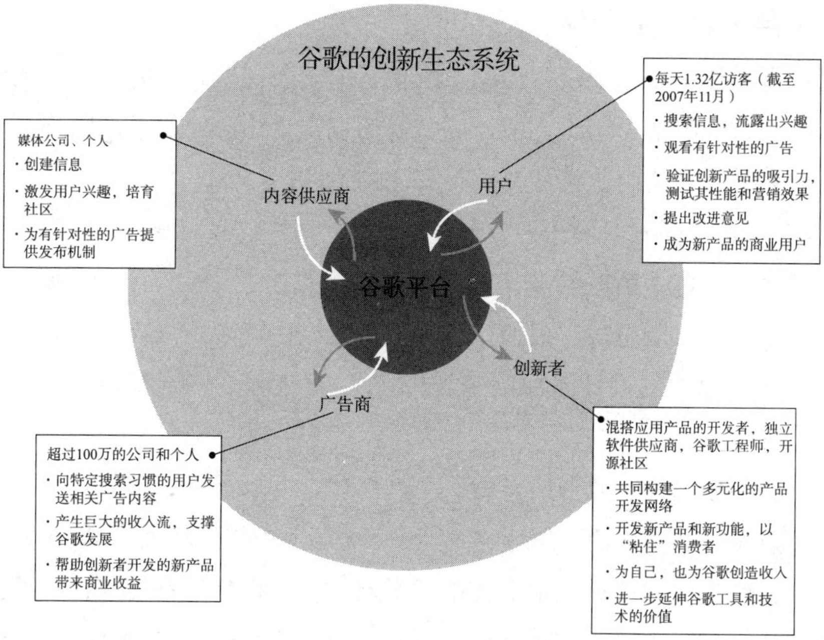

图7–1 谷歌的创新生态系统[25]

Computer Weekly 网站分析文章指出，谷歌搭建的成功技术平台，鼓励创新的工作氛围，以及对员工价值的高度重视，是其 10 年成功之路的重要基石。

谷歌独特的创新文化有哪些呢[26]？

为了鼓励创新，谷歌员工可以利用 20% 的工作时间做自己工作以外的事情[27]。这可以理解为一个星期里有一天，或是每五个星期里有一个星期由自己自由支配。总之，谷歌鼓励员工在上班时间尝试不同的事情，不会有上司过问或干涉。"这一点很特别，公司很多产品就是在这 20% 的时间里开发出来的，比如谷歌新闻（Google News）和谷歌电邮（Gmail）。"

谷歌工程师开发谷歌新闻的想法，是帮助用户能够很快地浏览和比较不同网站的头条新闻。"即便到了今天，这样的想法还是非常简单，但'简单即美'正是它的特别之处。"

在谷歌创始人布林提出的创新模式中，70% 的精力放在核心业务，20% 放在与核心业务相关的创新业务，10% 可以放在开发较为'疯狂'的创意。这些创意有的可能发展成为广受欢迎的产品，有的则因不太现实而被暂时搁置。他曾表示："谷歌不为未来 10 年设下愿景计划，我们更专注于业务的发展。对我们来说，大胆的创新想法才是最重要的。"

（二）苹果公司的创新

创新究竟是什么？我们常常会思考创新基因的表现形式。乔布斯在创新方面是一个典范：他将全部精力用于创新，以敏锐的直觉直达商业创新的精髓。成功的创新，需要他那样天才的商业直觉和执着专注的个性。

《Code Name Ginger: The Story Behind Segway》这本书，曾描述了乔布斯参加Segway（又称两轮自平衡电动车）产品讨论会的情形[28]。当有人问到对Segway的设计怎么看时，乔布斯坦言它很糟糕，这使得会议主持人不太高兴，要求乔布斯说出原因。乔布斯以他的设计三原则来解释："它的外形不够创新，不优雅，在感觉上不拟人化"[29]。

创新企业的领袖拥有类似的魅力：个性鲜明，要求严格，追求完美，甚至性格有时候比较急躁。乔布斯说，"从个性来说，我是个爆炸型的人。"盖茨和乔布斯很相似的一点，就是他们都是让手下害怕的暴君，这使得他们都能够让自己的员工尽可能释放潜能，创造奇迹。盖茨非常喜欢说："这是我听过的最傻的事"。乔布斯会婉转一点，当一个员工创造了奇迹，他会说："你终于证明了公司有智商超过3位数的生物[30]。"

也许正因为拥有创新基因，谷歌和苹果才能够在规模已经非常庞大的情况下仍然继续成长。

依赖于创新生态系统的公司，将能够继续保持活力，而依赖于企业领袖创新能力的公司，将难以持续。与谷歌继续在创新上引领潮流、高歌猛进不同，随着乔布斯的离开，苹果在创新上逐渐显出疲态。2012年11月初推出iPad mini时，苹果股价较9月份高点相比已经下降了18%。业界认为，苹果已经从伟大的公司"沦落"为优秀的公司。消费者认为：它以前出的产品是划时代的，现在只能说是顺应潮流[31]。

第四节　火线阻击

今天的互联网金融市场，已经不是一块没有人开发的处女地。各个市场主体蜂拥而入，有一些企业已经占据了先发优势。

在互联网金融成长道路上，已经选择好有利地形准备伏击的，既包括传统金融机构，也包括已经做大的互联网企业。阻击战已经打响。

这里讨论互联网金融市场上的各类主体采取的竞争策略。

一、阻击潜在的竞争者

对新兴或潜在的竞争者，QQ、百度、淘宝采取了什么样的阻击战略，他们会做什么？已经做了什么？

UC 浏览器进入移动互联领域，并对 QQ 浏览器形成了威胁[32]。腾讯公司向其合作伙伴发送标题为《腾讯：浏览器市场最新的数据报告——QQ 浏览器全面稳居第一》的官方邮件，邮件称，来自不同分析机构的市场报告，均认为“不管从市场份额还是功能体验上来说,QQ 浏览器都已经稳居第一，全面超越同行和竞争对手”，借机对 UC 的合作伙伴挖墙角。

网友反映，UC 手机浏览器疑似遭到腾讯方面的封杀，当用户使用该软件登陆 QQ 农场时，系统会将用户等级降低[33]。UC 优视奋起反击，发布《UC 优视致广大合作伙伴及 UC 浏览器用户书》，起诉腾讯的不正当竞争，并成功获得了大多数网友的支持。截至 2012 年 12 月 6 日的统计数据显示[34]，在 34 万参与调查的用户中，93.1% 使用 UC 浏览器，3.4% 使用 QQ 浏览器。

当互联网企业进军传统行业，传统企业一定不会坐视不管，而是奋起反击。面对京东咄咄逼人的态势，苏宁不断发起价格战。

当中小企业逐渐成长并掌握话语权后，也会对新兴企业进行阻击。曾经深受规则制约的企业，开始制定自已曾经厌恶的规则，试图左右市场，压制新兴力量。所以我们看到，从模仿起家的腾讯，会竭力打击 QQ 外挂。若非竞争对手构成了挑战，传统互联网企业不会那么快开放接口和代码。

已经占领山头的企业，包括传统大型金融企业，以及已经进军金融业并做得顺风顺水的互联网企业，必然要发挥其在市场上已经获得的战略优势，阻击新兴的企业发起挑战。通常其竞争策略包括以下几个方面。

（1）在制订规则上。支付宝以及其他已经成规模互联网金融企业，对银监会规范第三方支付市场真心实意地表示欢迎，因为那将建立起对新创业者进入的门槛，巩固先入者的话语权。在金融领域，传统金融企业则不遗余力地推行行业自律，通过价格卡特尔来延缓新企业咄咄逼人的进攻。这些行为通常会打着维护金融安全、稳定市场秩序、保护消费者利益的旗帜。

（2）在规模经济方面。显然有许多业务，大型企业能够做的，中小企业往往不能做、无法做，或者做了要亏本。譬如营销活动、广告、长期研发、大型信息系统开发、大笔固定投入、丰富的外部供应商体系等。对于保险，由于其依赖大数法则，新兴保险公司如果不能尽快形成一定规模，则业绩波动大，定价能力弱，产品种类少，服务水平难以提高。

（3）在融资方面。首先，传统企业本身拥有雄厚资金、稳定的现金流以及成熟的盈利模型等优势；其次，许多传统企业已经成为上市公司，形成了资本金补充机制，或者储备了竞争的弹药，支持企业开展价格战、人才战、广告战等。

（4）在客户资源方面。传统企业可以依靠核心业务的客户资源，不断拓展业务版图，开发互补性产品，实行交叉销售，从而建立对局部市场创新企业的进入壁垒，对相关领域的新兴主体进行阻击。任何一家大型金融机构向已有客户推行面向个人消费者的综合性记账和理财软件，将足以秒杀新兴的小型记账软件创业企业。腾讯通过旗下财付通推出“QQ 小钱包”，就对小额支付形成了巨大挑战。

（5）在并购方面。大型企业可以依靠资本的力量，整合某些区域有特色优势的中小企业。例如以保险起家的平安收购深发展后，从平安银行仅有的全国 10 个主要城市 76 家网点，迅速扩展为全国 27 个主要城市 402 家网点，进一步强化了自身的竞争优势，扩大了在银行业的市场份额[35]。

（6）人才竞争方面。互联网行业薪酬丰厚，因此在进入传统行业时，往往能挖到具有丰富行业经验的人才。不过与其他传统行业不同，金融业一向以高薪著称，在互联网金融领域后发制人的大型企业，反而可以依靠优厚的待遇和稳定的环境，吸引互联网领域最优秀的人才。

二、反阻击战术

下面再来看看，作为刚开始进军金融领域的互联网新生企业，如何应对金融巨头们的阻击呢？

辩证法强调事物具有两面性，有优势就有劣势。就像互联网巨头曾经抓住机遇一跃而起那样，新兴的互联网金融创业者，也能找到不错的机会。

（一）利用媒体博取同情

尽管互联网大佬中的马云、刘强东、李彦宏等，都是运作媒体的大师，但是媒体追求新鲜感，需要树立新的偶像，需要迎合大众猎奇、同情弱者和渴望竞争的心理。因此，与早期较多正面报道不同，阿里（淘宝、支付宝）、腾讯、京东等一旦成为大企业、大公司，大量负面新闻也会随之而来。

从 VIE（可变利益实体）到假货，阿里巴巴的负面消息不一而足；从销售退货、物流短板到营销噱头，京东的恶评也被大量披露；尽管百度从一开始就打起民族品牌，但也始终争议不断。

传统金融企业的负面报道更是屡屡引起热议，由于这些企业占据较大的市场份额，被指责为垄断企业，因此在许多事件上，消费者往往带有浓重的感情色彩，这给新兴主体在吸引消费者注意力和博取同情方面以可乘之机。

通常而言，新兴的互联网企业可以在舆论战中占据主动，从而获得更多利益。例如京东在成长初期，约架苏宁引发价格战，尽管媒体核实家电价格战中仅有4.2% 降价 [36]，甚至被揭露通过缺货、临时调高价格等模式造成低价假象，还指责其为欺诈。但恐怕许多消费者只看到开头的报道，却没有关注后续报道，这场价格战对京东整体而言获利巨大，刺激了消费者的价格意识，每次购物都要进行网上比价，帮助其客户规模快速增长。

总体来看，在家电企业之间的媒体战、微博战中，获益最多的仍然是电子商务份额最高的京东 [37]。对于传统企业苏宁，如果按照电子商务的价格线上线下同步，显然要吃亏。无论价格战是否真打起来，京东都通过事件营销进一步拉拢和争取了苏宁原有的客户群。国美则被电子商务进一步边缘化。

可以想像，一旦金融市场进一步开放，创新型互联网企业进军金融业，在资本的支持下，以垄断作为发难借口，以价格作为进攻利器，打响价格战和广告宣传战，必然会占据主动。这种新兴企业积极进取、咄咄逼人的市场竞争策略，会吸引大批消费者转投其怀抱。

（二）经济规模失效

微观经济学的成本曲线表明，边际成本、边际效益曲线并非一条直线，并非始终单调变化，而是会有拐点。随着规模不断扩大，企业的边际成本先降低后升高，边际效益则先增加后减少。

仔细分析互联网金融业务就可以发现，某些产品线、业务线、客户群和渠道中，新兴中小企业是可以通过专业经营、特色经营盈利的，但大型企业却无法做到盈利。

也正因为如此，我们不断强调大型企业内部核算系统至关重要，许多大型企业粗放型的核算系统，无法区分平均成本和边际成本之间的差异，从而影响了定价、营销和定位策略，因此导致竞争失利。

（三）更易于融得发展资金

由于资本市场存在周期性和波动性，在跨越了资本市场寒冬，或某个领域的价值逐渐得到认可，整个市场的盈利状况得到好转时，后上市融资的企业反而有可能得到更高的估价，融到更多的资金。

企业越大，其融资的选择范围反而越小，这也限制了其开展战略合作的可能性。此外，已经融资的企业，再次进行融资时，会受到其已有产权结构更多的牵制。

相对于传统行业企业，互联网企业的一个极大优势，就是其独特的风险投资环境，投资者具有更高的风险承受能力，企业资金更为充沛。如在电商价格战中，京东的几个主要机构投资者今日资本、雄牛资本、红杉资本、老虎基金等，都对京东发起的价格战发挥了重要的支持作用。

（四）更易获得客户资源

对于熟悉互联网的下一代消费者，要维持其忠诚度，相对来说将更加困难。总有一些客户愿意尝试新事物，给新兴企业以机会，为新兴消费价值观付费。

新兴企业由于规模较小，盈亏平衡点的规模要求相对也较小，因此只需要在区域、局部领域获得优势，就能够顺利地生存下来。对于新兴企业来说，关键不在于大而全，而是在于与大型企业在定位上有差异，在某些领域精益求精，能够在大型企业忽略的空白区域寻找机会。

（五）具有吸引力的人才激励政策

新兴企业往往能对核心人才采用股权激励等更有吸引力的激励机制，成熟企业则受到诸如投资人、股东、资本市场等的限制。

新兴企业赋权更大、更灵活，激励力度往往也更大，员工的成就感、自我实现感也就更强。由于互联网企业具有多元化的、市场化的融资机制，更低的固定成本，更少的历史包袱，更高的运营效率以及人均创利水平，往往“虽小而富，虽大不贫”。

福布斯网站 2012 年 8 月披露的谷歌超级福利，引发了网友的广泛热论。据披露，3.4 万名谷歌员工，都可以享受如下福利：去世员工配偶（包括同性伴侣）可代领 10 年薪水，还可以获得既定的股权奖励；孩子在 19 岁之前每月会收到 1000 美元，若继续求学还可以延长领取资助的时间[38]。

（六）以快搏大

俗话说，尾大难掉。

对于大企业而言，快不如稳，正确的方向比速度更重要。同时，大企业内部流程更为复杂，环节更多，决策需要更慎重，效率相对较低，反应相对较慢。因此，快速反应成为新兴企业的优势。

为了进一步发挥这一优势，创业企业已经从互联网发展史中吸取了充分的经验，在初期阶段采取进取型策略，闷声发大财。只有在拥有一定领先优势，完成筹资或者需要炒作时，才开始大张旗鼓地进行宣传，避免巨头们后来居上。

三、传统金融企业的阻击战

事实上，传统金融大鳄早已认识到挑战，并积极着手阻击新兴互联网金融企业。

早在2006年12月，工商银行时任董事长姜建清就指出，10年之内，工商银行不仅是世界上最大的银行，也是世界上最大的互联网企业[39]。

客户离开银行是今天的现实，电子银行替代银行网点是明天的必然，这将改变银行业的服务、营销、管理模式和竞争格局。大量数据表明，网上银行对银行渠道的替代正在高歌猛进。工商银行作为中国最大的商业银行和最大的电子银行，在每天办理的业务中，通过电子银行渠道处理的业务已经达到30%，客户用网上办理业务的方式取代到银行办理业务，这个业务量相当于工商银行6000多个网点办理的业务量[40]。

传统金融企业不仅没有对互联网无动于衷，而且正积极开展各种探索。

（1）最普遍的选择是发展网销渠道。依托电子渠道，银行在产品方面也开始提供个性化服务。2011年，民生银行专门针对网银设计了收益率高于柜台销售的理财产品，带来了可观的收益。据了解，2011年一季度，民生银行网上理财销售金额已超过850亿元，超过2010年全年理财部品销售总额。网银已成为其一、二级低风险理财产品的主要销售渠道。

作为渠道的辅助手段，传统金融业大量开展各类互联网营销活动。银行的推广手段已经从电话和短信转向社交网站的社交化营销工具，并积极利用微博、开心网等开展“社会化营销”，如发布最新产品资讯，宣传企业品牌，开展调查，组织线上线下活动等。

招商银行直接在网银交易平台上开发了具有客户服务和产品营销功能的综合社区网站，涵盖圈子、社交网站、博客、理财经理线上交流等多种Web2.0元素，为传统的交易型网上银行，植入了开心网式的交流模式和淘宝式的购物方式。在这个社区中，招行不仅可以单向发布包括财经、银行产品和各种促销活动在内的信息，而且将在线客服、论坛、留言板、在线聊天等网络社区功能整合在一起，为客户提供双向互动服务功能。

农业银行也在开心网热门组件开心餐厅中尝试植入式营销，经营虚拟餐厅的开心网用户，有随机领取到建造“农行金 e 顺体验馆”的机会。游戏期间，用户还可以通过答题赢取额外奖励，题目内容则是农行电子银行业务和产品的各种信息。此外，游戏内容还设计了包含类似汇款、缴费、转账等业务环节，在品牌推广的同时，传递了广告所无法容纳的大量产品和业务信息。

还有一些银行考虑在网络游戏中植入网银业务。在开心网组件开心富翁中，建行在开心富翁上线之初即以冠名身份出现。在游戏过程中，用户每次经过他人地盘支付过路费时，均提示用户“使用建行龙卡通支付”。

微博也逐渐成为银行营销的必争之地。建设银行不仅调动了分支机构集体开设微博，还在其官方网站上设立微博链接。招商银行信用卡中心的微博活跃度最高，粉丝数量接近 200 万人。虽然很多银行都开设了微博，但效果却大相径庭，有的银行粉丝数只有 2000 多，内容只是发布本行产品或银行新闻。另外有用户直接在微博上投诉，影响银行的形象。社会化营销，面临着危机处理及内容管理两大难题。致力于稳健经营的银行业，在对外言论方面一向谨言慎行，微博营销需要更开放、更频繁的互动，否则效果就会大打折扣。

（2）财富管理。2011 年民生银行推出的财富管家专业理财软件，为个人客户提供全方位的家庭资产管理工具。该理财软件包括的功能有联网创建账户、联网下载信息、全方位记录、图形显示资产、金融计算器和提醒服务等。

（3）支付业务。电子银行的出现，使银行不再受营业地点和时间的限制，企业或个人足不出户，就可以通过网络查询信息，实现在线交易支付。手机银行客户端的发展，实现了把银行“带”在身上的愿望，用户可以随时随地支付转账和理财。不少银行还特别推出了 iPhone 客户端。工行电子银行推出的 iPhone 客户端结合多点触控、重力感应、地图定位等终端特性，提供了网点查询、基金动态走势等多种实用功能。

（4）建立金融信息门户。1986 年，花旗公司用 6.2 亿美元收购了 Quotron 系统，并对该系统进行了技术改造，比如增加金融信息产品，之后推向国际市场。花旗公司相信，21 世纪，该银行的主要盈利将来自信息出售。工行官方网站上方也设置了醒目的导航栏，提供的财经信息覆盖理财、保险、股票、期货、基金、贵金属、外汇等市场。在工行股票频道页面上，不仅可以查询股票实时行情并进行股票交易，还可以进行股市要闻以及权威报纸电子版免费在线阅读等，构架看上去更像是一家可以完成在线金融交易的财经门户网站[41]。

（5）建立电子商务平台。这是到目前为止银行积极介入互联网业务，应对大型电子商务平台企业挑战的一种最为激进的战略。2012年6月，建行同时上线了两大电子商务平台，其中“善融商务个人商城”定位为B2C平台，面向个人消费者；“善融商务企业商城”定位为B2B平台，面向企业用户。“善融商域”建立一年交易额60亿元，入驻企业1.8万家。

民生网银也开通了网上商城，但更多地把其解读为服务用户，提高网银黏性的举措。某些银行甚至在网银上开办了房地产信息平台。可惜的是，由于缺乏准确的定位，这些商城并不成功。事实上，在网上商城方面，传统金融机构由于未能发挥自身禀赋优势，不具备相应特色，目前还缺乏吸引力和竞争力。

从银行核心业务看，目前银行的互联网金融业务，就是将传统银行业务全面互联网化，主要体现就是大力发展网上银行和手机银行。

大多数规模较大的银行，都在总行组织架构下成立了电子银行部门。四大国有银行总行还成立了提供信息技术支持的科技部、软件开发中心等一级部门。这些部门员工数动辄数千，几乎相当于总行其他部门人数的总和。

以工行为例，工行的个人客户中，有近50%使用个人网上银行，对公客户70%使用企业网上银行。此外，工行还拥有9万多台ATM等自助设备，60万台POS机和1.4万家自助银行。通过这些电子化渠道，每年办理的业务量达300多亿笔，交易额超过250万亿元，相当于近两万家物理网点的服务量。

尽管绝大多数银行正在全面加强网上银行和手机银行建设，但仍有许多银行，仅将互联网视作一种技术和工具，视为传统营业网点的替代和节约成本的手段，认为银行的核心竞争力，依然来自于传统银行业务本身。这种认识并没有将互联网战略作为转型的重点，并没有意识到互联网对银行举足轻重的战略意义，而且银行必须在互联网时代实现转型。

正因为如此，许多雄心勃勃的互联网企业认为，传统银行空有雄厚的资本实力，但对互联网的理解不够深刻。新兴互联网企业与生俱来的互联网基因，正是其核心竞争力，使其在互联网的理念和技术上领先银行一步。

以支付宝为例，该公司在其组织架构中专门设立了用户体验部。要知道，在信息技术行业，几乎绝大多数企业都会设立测试部门。但在人员和机构庞杂的银行体系内部，要成立一个类似的部门，有些难以想像。绝大多数银行只是在信息技术部门下设立一个测试部门，并且该部门只拥有传统的软件测试职能。而面向互联网访问需求重新设计银行系统架构，则更是没有提上日程。

四、互联网企业的反阻击

面对传统金融企业对互联网企业的阻击，这些创新型企业如何反阻击呢？通常他们会以攻为守，采用聚焦战略，发挥自身优势，进军传统金融企业擅长的领域。

2012 年 4 月，第三方支付企业快钱宣布进入 B2B 领域，为企业提供专业高效的流动资金管理解决方案，把加快企业资金流转效率，视为今后的战略重点。依靠与银行的合作，快钱不但解决了企业的支付需求，更是利用银行资金，解决了企业的资金需求。

此外，快钱还与 P2P 贷款公司畅贷网签署了合作协议。所有用户在畅贷网上充值的资金，都会进入其本人在快钱等第三方支付平台专属于畅贷网应用的实名制个人账户，动用在此账户中的资金，必须经过用户本人在网站上的操作确认，同时需要用户本人与网站绑定的实名制手机短信回复确认。

第三方支付公司与 P2P 贷款公司合作，支付公司解决企业结算服务，贷款公司解决融资服务，在整个合作链条中，甚至可以将商业银行排除在外。如果支付公司与 P2P 贷款公司规模足够大，且双方合作足够深入的话，给商业银行带来的冲击无疑是巨大的[42]。

银行与新兴企业之间阻击与反阻击的可能结果会是什么？

（1）银行传统业务被蚕食。这部分业务到哪里去了呢？一个是在银行内部转化为互联网业务，还有一个就是流失到新兴互联网企业。如果整个市场的增量业务足够大，银行传统业务仍然能保持增长，只是市场份额降低。反之，则会导致传统业务衰退。

（2）新兴互联网企业逐渐进入银行业务的核心领域，为企业和个人消费者提供全方位的金融服务，并整合金融供应链，甚至逐步发展为金融巨头。

（3）部分银行将从全业务逐渐转向专业银行，从事擅长的业务，在细分市场占有较高市场份额。

（4）资本合作。通过并购、合并等多种方式，银行与新兴互联网企业开展资本合作，相互持股，分享资源。

（5）传统银行经过优胜劣汰，最终全面转型为互联网金融服务企业。在行业兴替的商业史中，曾有夏普从自动铅笔发明商转型为综合性电子信息公司，以及 IBM 从制造商转型为服务商这样的先例。

第五节　丧钟为你而鸣

谁都不是一座岛屿，自成一体；
每个人都是欧洲大陆的一小块，那本土的一部分；
如果一块泥巴被海浪冲掉，欧洲就小了一点；
如果一座海岬，如果你的朋友或你自己的庄园被冲掉，也是如此；
任何人的死亡使我有所缺损，因为我与人类难解难分；
所以千万不必去打听丧钟为谁而鸣；
丧钟为你而鸣。

——英国诗人约翰·堂恩，1623 年

这是海明威《丧钟为你而鸣》扉页上引用的诗句。

当看到其他企业倒下，那么我们一定要引以为戒，因为或许明天就会轮到自己。一家企业，无论是百年老店，还是初出茅庐或如日中天的新兴企业，都需要铭记。

在青岛海尔最辉煌的时刻，张瑞敏就说，要永远战战兢兢，永远如履薄冰。

2012 年，当被问及华为 20 年后的远景时，任正非回答：两个字，坟墓[43]。

在华为成为全国电子百强冠军时，任正非写了《华为的冬天》一文[44]，其中有这样一句话："我们公司的太平时间太长了，在和平时期升的官太多了，这也许就是我们的灾难。"这篇文章不仅仅只是思想动员而已，任正非进而还提出了均衡发展、精简机构、自我批判、规范化管理、正确对待变革、模板化、推进任职资格及虚拟利润法制度等具体的变革措施。

这些企业领导人并非矫情。在电子科技行业，曾经辉煌一时的摩托罗拉已经被并购，诺基亚仍在苦苦挣扎，雅虎早已落后，索尼、松下和东芝的巨亏，也震惊业界。

停步不前的企业，无论老的、新的，大的、小的，都会在巨变的社会环境和技术革命中被淘汰。任何一家丧失创新精神的企业，最终都只能在找死与等死中选其一。

在互联网界，曾经增速迅猛的大型门户网站，不少如今变得增长乏力。新浪寄希望于微博，搜狐押注视频、游戏、搜狗和输入法，金融门户网站的前途又如何？

面对互联网企业变幻莫测的竞争格局，传统金融企业更应当时刻保持警醒。

迄今为止，中国金融业退出机制尚不健全，原因是多方面的，包括消费者利益、社会稳定、保障机制乃至监管机构的意愿。但也不是没有退出的先例，银行业有广发行重组[45],[46]；保险业有新华、中华联合被接管；信托业更是经过六次整顿风暴[47]，才换来今天我国四大金融支柱之一、资产超5万亿元的局面[48]。

无论是传统企业，还是新兴创新型企业，都面临着经营失败的风险。无论冒进，还是停步不前，无论老的、新的，大的、小的企业，都有可能从市场上消失。

一、从教训中挖掘金矿

那些短命的或是盛极而衰的企业，到底有那些特征呢？

（一）反应迟缓

许多企业自我感觉良好，但却赶不上市场、客户和技术前进的步伐，待醒悟为时已晚。

曾经辉煌的IBM，在20世纪90年代陷入泥潭。1993年，郭士纳刚接手IBM时，这家曾是美国科技实力象征的巨无霸企业，因为机构臃肿和孤立封闭的企业文化，可以说是步履蹒跚。当时亏损高达160亿美元，面临着被拆分的危险，也就是说，“一只脚已经迈进了坟墓”。

郭士纳接手后，在保持企业完整性的同时，大刀阔斧改革，企业重新定位，果断将其转型为服务型公司。郭士纳指出：“在扭转公司颓势方面，我有很多经历，其中首先学会的是：如果你不得不做一些非常糟糕的事，那就尽快去做，并且确保让所有人都知道你所做的以及为什么要这样做。当你等待时机成熟以便推出大举措的时候，无论是拖延问题，隐藏问题，还是零零星星地部分解决一个问题，总会带来负面效应。我相信，最好的办法是迅速地将问题置于脑后，继续前进。”

许多大型企业随着规模扩张，管理层级增加，逐渐丧失了对市场变化的敏感性，每一个危机的征兆，都被视为个别和局部现象。对于基层天大的事，信息传递到高层已经层层衰减，信号被扭曲，决策层难以了解实际情况。

郭士纳在IBM启动改革的措施之一，就是打破严格的等级界限，倾听每一个愿意为IBM脱离困境提出解决办法的人。尽管许多基层员工囿于自身的环境、能力、利益，提出的意见或许带有偏见和局限性，但倾听来自基层真实的、最新的信息，可以帮助企业决策层正确判断形势。

客户投诉，往往是企业获取市场信息最宝贵的财富。漠视客户投诉和建议，是企业陷入危机的征兆，这意味着企业将被市场彻底抛弃。当然，解决问题并非易事。

例如，银行解决营业厅排队问题、客服电话占线问题，可能意味着成本大幅提高。然而提高客服水平必然会带来效益，银行需要从两方面做出努力：一方面分析投入客服的盈亏平衡点在哪里（边际成本与边际收益），以便更有效地配置资源；另一方面优化业务流程，完善岗位职责，改革组织架构，开发信息系统，提高工作效率，最大限度地提高客户满意度。

对于营业厅客户等待问题，应当进一步细分客户业务，优化每一类业务的流程，简化形式主义环节，以客户为中心设计流程，而非以管理为中心设计流程。此外，还应当通过各种辅助措施改善客户体验，比如更准确地预测客户等待时间，允许客户暂时离开并用短信提前通知客户，允许客户在到达窗口之前自助完成部分流程，对客户排队策略进行优化，开发排队的移动应用，等等。

事实上，对于企业而言，解决问题只是一个技术问题，是否真正重视客户反馈，却涉及企业的核心价值观。对客户反馈迟钝的金融机构，必将在市场变革中逐渐落后。

（二）缺乏清晰定位和竞争优势

新兴创业企业往往采取积聚战略，在细分市场建立核心优势。与新兴创业企业做法相对应的是，大型金融机构往往缺乏清晰、明确的定位，战线过长，但在每一个细分市场都缺乏竞争优势。

定位，首先要建立清晰、明确的消费者认知。

大型金融机构由于自身规模庞大，往往拥有全业务链乃至全供应链，这本身并没有什么问题。对于大型金融机构来说，正因为如此，可以通过交叉销售和供应链管理，压缩营销成本、管理成本，实现规模经济，发挥服务优势，提升消费者忠诚度和满意率，建立自身的优势。但全业务链和全供应链，并不意味着大型金融机构不需要定位。

需要提醒的是，定位不仅仅是营销概念，还可以是业务聚焦战略，以及定义企业品牌、价值观及竞争优势。大而全本身也是一种定位，也能产生优势，但必须体现在消费者认知上，而非简单地铺摊子。

一个企业，在业务大而全的情况下，消费者同时消费多个产品能获得什么利益？是更便捷的沟通，更优惠的费用，更丰富的服务，还是更低廉的交易成本？许多大型金融机构空有规模大的盛名，却并没有发挥其优势。

很多人都有这样的经历，在银行储蓄所询问如何办理贷款或跨国汇款时，被大堂经理告知只有另外一家储蓄所能够办理，要办理相关业务必须到那家储蓄所去，然后就惜字如金，连那家储蓄所的位置都懒得介绍一下，更别说提供材料了。结果，客户当然不会选择这家大型银行，因为在这项具体业务中他并没有享受到大银行的好处。由此可见，尽管企业自身业务大而全，但如果没有对细分市场的定位，是毫无竞争优势可言的。

还有一些企业，在成长过程中本来是具有竞争优势的，但随着外部环境的变化，原有的竞争优势会逐渐丧失。企业必须及时认识到这一点，并尽早采取措施改善这种情形。

还记得UU地带（UUzone）吗？Facebook创办于2004年，而UU地带则创办于2003年，2005年曾位列中国九大社交网站之首！但其在2007年停止访问，2009年彻底关闭[49]。

作为中国早期的社交网站，UU地带的用户数量曾达到400万人，晨兴创投曾向其投资100万美元。最早的UUzone只有相册等一些基本功能，首页非常简单，缺乏内容的聚合。后来功能越来越齐全，除了电子邮件之外，还包括像博客、UU通、手机短信、彩信等几乎所有互联网具备的服务[50]。由于其盈利遥遥无期，在没有新的投资进入的情况下，2009年停止所有服务，成为大规模社交网站的第一个牺牲者[51]。

总结其失败原因，主要在于以下几点。

（1）相对于Qzone等竞争对手，缺乏竞争优势。

（2）技术人员担纲且过于强势，缺乏商业思维，市场部门薄弱，网站功能上的偏好高于商业考虑，创建人=老板+程序员+市场策划+美工+项目经理+……

（3）阶段策略重点不清晰。

（4）外部政策环境、行业环境不成熟，如社交网站生存环境、网络语音电话业务通话软件UUphone生存环境等都异常严峻。为什么UUzone无法获得二期融资呢？据分析，是因为其全业务链竞争模式不可能竞争过腾讯。

（5）无法为用户提供良好的体验[52]。

（6）企业迫切的人才需求与实际能获得的人才之间的矛盾[53]。

当然，定位和竞争优势，随着外部环境变化而变化，能否奏效，甚至要取决于一些运气。

（三）丧失创业精神

2012年11月，李彦宏向百度员工发送邮件，声称要狼性不要小资。

然而狼性不能仅靠呼吁，还要依靠胡萝卜加大棒的激励。百度上市后，当其前台接待小姐的原始股也价值上百万元时，公司就应当实行强有力的考核，将那些小富即安的小资员工淘汰出去。

创业企业在创业者的初始权益可以兑现时，应当重新审视考核激励制度，确保能够顺利实现优胜劣汰。许多创业者，只是为了物质享受而创业，一旦企业上市，个人财富得以兑现，创始人就逐渐丧失了进取精神。这对企业和投资人来说，无疑是一场灾难。也正因为如此，许多投资人要与创业家签署对赌协议，或锁定变现时间。

对于管理者来说，应当清楚的是，理想主义者只是少数，现实主义者则是大多数。因此仅靠精神上的鞭策和激励当然是不够的，还必须依靠考核制度。

我们看到，不仅仅是新兴企业，很多传统大型企业也在讲危机意识。但讲的漂不漂亮是一回事，能否成为企业共识，能否在每位员工心中产生危机感、责任感、使命感，则是另一回事。而有效的激励考核制度，便是使企业家讲话落实为企业变革行动的桥梁，没有这座桥，企业家个人的号召就永远难以实现。

企业需要建立激励创新的考核制度。企业的考核制度，实行末位淘汰就够了吗？实行绩效优先就够了吗？完善考核制度，是一项永远不能完结的项目，企业必须根据自身发展的需要和发展的阶段，不断设置科学的考核指标。诸如平衡计分卡这样的考核工具，只能给人力资源部门提供帮助，但不能解决企业的考核哲学、考核战略，这些必须由决策层给予清晰的引导。

能够激励持续创新的考核制度，需要反映以下问题：当前企业最需要什么？如何保持企业的活力和创业精神？如何将抽象的企业价值观、企业战略，层层分解落实到最基层员工的自觉行动中？一个成熟的企业，基层员工也许并不知道企业的战略是什么，事实上也没有必要，但他们却会在考核制度的指引下，自觉地为企业战略做贡献。

（四）流程复杂、等级森严、效率低下

企业要不要进行过程管理？对于一个庞大的企业来说，并不是每个岗位的员工都明白企业最终的目标，因此过程管理还是必要的。

当企业仅仅将精力放在过程管理而不关心结果，不根据结果进行激励，仅仅满意过程的完美，就岌岌可危了。

许多传统的金融企业，流程极为复杂，工作效率出奇低下。以证券公司为例，当客户申请融资融券额度时，从申请到批准居然要经过两三天时间。这种低效并不能给企业带来任何好处，却会影响客户的利益。

（五）资源枯竭或竞争力丧失

最典型的资源枯竭，是现金流断裂。对于互联网企业来说，通常的情况是由于经营亏损，又大量投入广告，导致现金流枯竭。如果没有及时融资，企业就有可能倒闭。

自 2007 年以来，P2P 借贷网站发展迅猛。据不完全统计，2011 年，国内 P2P 网站已达到 2000 多家。P2P 借贷网站哈哈贷正式运行一年半的时间，就积累了 10 万注册用户，自称是“中国最严谨网络借贷平台”，却于 2011 年 7 月 21 日发布了关闭通告[54]。其后获得新的融资并改变策略，才得以复活[55]。

资源枯竭还包括其他形式，如以代理网游为生的企业，一旦代理资格到期，无法续签合同，就可能无米可炊；核心技术人员流失，导致企业无法继续运营；比重很大的重点客户被挖墙角；产品导向型的企业，无法发布具有竞争力的产品，如资本市场对后乔布斯时代的苹果公司感到担忧；依靠监管机构对市场进入资质的限制而获得垄断地位，突然面临管制放开，竞争者蜂拥而至的情形。

二、认识现有优势的局限性

我们来看国内金融市场开放后的情形。

面临互联网企业进军金融业咄咄逼人的形势，传统金融企业要居安思危。

对一家传统金融企业而言，通常其优势会被总结为：品牌优势（消费者的品牌认知和美誉度）、网络（服务）优势、客户优势、产品优势、人才优势、技术优势、数据优势（信息系统）等。

（1）品牌优势。正如前面分析的，对于新兴企业采用目标聚焦战略，大型金融机构的竞争策略必须细化分解到各个细分市场，至少是战略客户市场。

营销理论告诉我们，市场份额不等于消费者份额。如果做趋势分析，市场份额往往是一个滞后指标。在细分市场，譬如互联网领域，传统金融机构更需要警惕，其互联网品牌认知度是超过、等于还是低于实际市场份额。

企业不仅要分析市场份额，还要分析消费者份额。

（2）网络优势。网络优势通常是大型金融机构所宣传的优势所在。然而网络优势能否转化为服务优势？消费者能够获得真实的利益吗？

如果消费者的生活轨迹停留在一座城市，那么其关心的只是这座城市的服务网点。如果一个消费者主要生活在某个社区，那么他关心的是这个社区最近的金融机构分支网点的服务水平。财险企业的网络优势，则是通过通赔通付效率、现场查勘速度等来体现的。

银行如何体现其网络优势呢？银行建立网点和ATM机网络优化布局模型时，需要同时考虑成本和绩效，使其网点建设发挥最大价值。

（3）客户优势。如果大型金融机构不对不同产品线、业务链的客户进行密切监控，新兴竞争者极有可能蚕食消费者份额，导致大型金融机构在局部市场丢城失地。尤其在战略细分市场上，千里之堤，有可能溃于蚁穴，待清醒过来时，大势已去。

当然，这并非意味着大型金融机构需要全场防御，而是应当根据自身定位和战略，对战略性细分市场进行监控和剖析，分析具体问题，采取有效措施。

什么样的措施呢？举例而言，大型金融机构拥有巨大的客户群，显然较竞争对手有优势。但具体而言，口碑效应是正面的还是负面的？在微博上，如果出现负面的微博评论，可能转发率远远高于竞争对手。如果经营管理粗放，不及竞争对手精细，那么面对如雨后春笋冒出的竞争对手，可能会难以招架，客户也会逐渐被侵蚀殆尽。

一名客户看到新产品广告后走进一家营业场所，却只能看到现场管理混乱、无章无序；打进客户服务电话却等待良久，或者话术水平很低；上网访问却没有在线服务或响应迟缓，那么这家机构纵然存量客户群庞大，却无助于市场竞争。

传统金融企业有必要实现管理扁平化，建立事业部群，对客户群进行细分，对组织架构、业务流程、业务规则实现基于细分客户群的差异化和灵活迅速的反应机制。

（4）营销优势。从营销角度看，传统金融企业基于本土化经营，相较于外资企业拥有不可比拟的本土经验、合作伙伴关系和渠道网络。不过，从友邦保险当年通过引入营销机制，在上海攻城掠地，一度占领90%的市场份额这一案例[56]，可以看到经验往往并不可靠，经验容易被学习和模仿，更容易被外部颠覆式创新超越。

本土企业在营销方面的优势，主要体现在人脉关系上，但应当注意关系营销逐渐趋弱、专业营销逐渐趋强的营销模式格局变化，也应当注意关系营销背后的费用及薪酬激励政策的市场化趋势。

（5）产品优势。相对于成熟的发达国家市场和全球领先的金融机构，国内缺乏知识产权保护的制度环境和监管环境，传统金融企业缺乏先进技术，缺乏复杂的产品设计经验，只是由于在国内受到金融管制的保护，市场耕耘时间较长，积累了种类基本完备（但简单而专业性不强）的产品库。在市场开放后的竞争中，这些金融机构真的还能拥有产品优势吗[57]？

事实上，长期的金融管制，使得传统金融企业缺乏产品创新动力，现有产品开发能力无法满足消费者多样化的需求。据统计，在金融产品“商业方法类”的发明专利方面，中资银行远远落后于外资银行[58]。

（6）人才优势。传统金融机构拥有类别齐全、数量众多的员工队伍。但在市场化程度较高的岗位上，受制于体制因素，激励考核机制尚不够完善，存在劣币驱逐良币现象。

中投公司多次面向全球招聘管理人员[59]，但其薪酬水平约为市场水平的1/30。竞聘者多将其作为回到中国的跳板，其境外投资业绩落后于大多数主权基金[60],[61]。

（7）技术优势。传统金融机构基于较长的经营历史，积累了丰富的本土化经验。但就技术人才、技术水平而论，高端人才匮乏，技术知识的标准化、信息化、智能化水平不高。

广义的技术，还包括企业的经营、管理和操作模型。现代企业的常规化决策都已经模型化，模型已经成为现代企业内部通用的语言体系。然而传统金融企业仍以个人经验为主，以文字化（如文件规章）为管理手段，内部大量操作层面的经验没有形成标准化模型，如经营管理模型、操作模型、数据模型，相较于互联网企业处于较低水平。

（8）数据（信息系统）优势。传统企业松散薄弱的管理文化，制约着数据质量。正如IT界常讲：“Rubbish in, rubbish out。”这句话的意思是说，如果信息系统的原始数据是垃圾的话，那么分析结果也是垃圾。

传统企业数据存在诸多问题，利用不够，分析不够，发挥的价值不够。为宏观决策服务多，但水平并不高，多为低水平重复和应急需要；为经营、管理操作层面服务少，集中化程度低，重视和投入不够。一位监管部门领导曾经指出，判断某家企业是否重视信息化建设，只需要看其IT分管领导在管理层中的排行就可以了。

根据美国大型企业信息化建设的经验，在信息化建设上，如果没有制度、机制、文化等多方面的系统变革，即使董事长牵头，都无法保证其建设成功。

信息系统建设是一个极为复杂的系统工程，其中企业信息系统建设的绩效管理至为重要。理论上，企业应当能够对信息系统开展全面核算，有着完善的绩效管理，能够进行科学评价，从而决定系统建设的战略、策略和方案。根据原国家经贸委企业信息化课题研究成果，企业高层重视固然重要，但如果缺乏顺畅的绩效管理机制，信息系统建设不能充分体现其价值，那么必然难以为继。

今天，在许多传统金融机构内，这个问题仍然没有太大改观。先发后至的大型金融机构信息化建设案例比比皆是。不过，完善的绩效管理机制并不容易建立。许多大型金融机构尽管意识到这一点，但却很难落地实施，其根本原因是企业基本产权制度不够完善，具体原因可能是尚未找到绩效评价的科学工具。

三、传统金融企业的应对之策

事实上，传统金融企业仍然拥有新兴企业不可比拟的优势，这种优势仍将长期存在。因此，传统金融企业并未丧失变革的机会，只是应当清醒意识到面临的问题，尽快付诸行动。

企业应当学习华为经常自省的做法，建立危机意识：传统金融机构的冬天也将来临。只有这样，才能未雨绸缪，击败敢于挑战的新手。

具体而言，传统金融企业的应对策略主要包括以下几点。

（1）创新制度。资本运营往往可以突破传统体制限制，如设立独立的、市场化运作的子公司。我们看到，传统领域的创新奇葩，往往产生于不管、不要地带，越是机制灵活，激励有效，越容易实现创新。不过，在现有制度下，这种现象偶然多于必然。尽管设立子公司有助于体制创新，但设立子公司容易造成集团内部交易成本增加，因此这只能是为了突破现有制度约束不得已而为之。

（2）占领战略客户市场。传统金融机构拥有大量资源，完全可以占领互联网金融如移动金融、合作金融、电商平台等战略制高点。不过遗憾的是，我们看到，尽管传统金融机构全面出击，但从实质性创新力度、技术先进性和模式成熟度看，这些领域的战略制高点，现在并不在传统金融企业手中。

（3）加强战略指导和内部协同。大型金融机构如果内部管理官僚化，部门协同、上下协同不够，执行力不够，那么“大”的优势就会丧失殆尽。如某寿险公司曾经将其自身品牌认知拟人化，以迎合消费者心理，但这一品牌的认知定位，并没有后续的营销体系建设、产品创新、管理创新做支持，其效果也就大打折扣。

（4）通过资本运营，享受新兴企业发展成果。依靠资本纽带并购新兴企业，或与新兴企业建立战略合作关系，可以分享其经营成果。当然，这需要正确的投资理念和投资策略，并需要融合不同体制、机制和文化，难度很大。

（5）推动监管。新兴企业采取的市场竞争策略和手段往往比较激进，甚至为了完成绩效目标，不惜违法违规，而大型金融机构经营相对稳健，合规体系建设较为完善。在市场化进程中，当市场刚开放时，可能会出现激烈的价格竞争，这往往会降低业务质量（放大风险）和服务品质，最终有损消费者利益。推动加强监管，整顿市场秩序，禁止不正当竞争行为，对维护金融市场、金融秩序和消费者利益都有益。

第六节　及时成长的要素

互联网金融领域竞争如此激烈，不进则退。互联网创业企业以及传统金融企业的互联网部门，都必须在市场格局尚未稳定的竞争格局中及时成长起来。

任何伟大的企业，绝不是一个简单的创意即获得成功，而是一个系统的成功，是各种因素综合作用的结果。我们可以看到，许多成功的企业，并不是某个行业或领域第一个吃螃蟹者。

淘宝不是第一个做电子商务平台的，支付宝不是第一个做第三方支付的，凡客不是第一个做服装品类电子商务的，当当不是第一个做图书的，360 不是第一个做杀毒的，腾讯不是第一个做即时通讯工具的，微软不是第一个做操作系统的，谷歌不是第一个做搜索的，Facebook 也不是第一个做社交网站的。在金融界，招商银行不是第一个做信用卡的，民生银行不是第一个做小微贷款的。

一个企业的衰落，也不是因为一个小问题而倒下，多半是因为系统性问题。我们强调战略性细节，如战略方向的决策，错失机遇，都可能导致失败。但在一个有一定规模的企业里，任何一个决策都经历了严格周密的程序，并非某个人拍脑门定下的，因此企业战略决策出现错误也往往并非某个人、某个环节出现了问题。

那么，对互联网金融企业或传统金融企业的互联网部门来说，如何抓住每一个成长的机会，同时又避免成长道路上的陷阱呢？这就需要把握及时成长的十二种要素。

一、持续创新

今天，互联网创新的周期越来越短，依靠单一创新持续赢得胜利的情况，已经不复存在了。

如果你今天在苹果应用商店上线一款应用，并“不幸”得到关注的话，3个月之后，这款应用恐怕就有数十个山寨版本了。

在中国互联网行业发展初期，许多创业者依靠模仿西方发达国家的创新取得了成功。那时候，模仿的周期以年来计算，而现在，即便是模仿，也以月、周来计算。由于模仿门槛较低，模仿者获得的收益日益稀薄，依靠模仿获得丰厚收益的历史已经过去。

尽管如此，鉴于中国拥有数量庞大的程序开发人员，鉴于全社会的知识产权保护机制和意识仍然不足，在中国互联网市场上，模仿仍然放眼皆是。

这种模仿不仅仅出现在小作坊、工作室、新的创业团队，也出现在大型公司里。大公司宁可招一批技术员去模仿小公司的创新，也不愿用收购的模式认可创新价值。当然，这也反过来说明，大多数所谓的创新，其创新的“技术含量”和“专业壁垒”仍然不高，绝大多数属于简单的功能性创新，进入门槛极小，模仿和超越的成本也很低。

2010年，“航班管家”最早进入航班以及酒店服务领域。目前，携程、去哪儿、航旅纵横已成为其强劲的竞争对手。对此，航班管家CEO王江坦然表示：“创新本身就有巨大的风险，大部分创业公司都在往前走的过程中牺牲。在创业第一天，这些情况都是可预计的，我们只能快跑，不断上台阶，给自己增加门槛。其中，最重要的还是想清楚往哪儿跑，最后比拼的是服务而不是数据。”

天使投资人王利杰也表示，创业企业首先不应该选择在巨头的枪口下创业。如果不小心走到了巨头的禁区，也要及时回头，一方面做窄，做深，做专；另一方面要增加文化含量，通过精神层面的诉求，来留住精准人群。尤其不要在正面战场跟巨头硬碰硬，没必要，也不值得。“机会不会仅仅是巨头的，技术在更新，用户需求在不断变化，如果更关注创新，反而能找到更多创新点。”

蓝驰创投投资总监朱天宇表示，创业公司都面临着市场已有的竞争，关键是创业者对市场竞争格局认识有多深入，先行者的短板是什么。只有拿出很独到的对策，自己才能在夹缝中找到突破的方法[62]。

事实上，每一个模仿别人的人，也在不断努力地进行创新，制造竞争壁垒，试图将后面的模仿者拦截或者甩开。

对于每一位创新者来说，创新必须"及时成长"。成功不仅仅依赖于最初的创新，而且依赖于持续创新的能力。只有持续创新，才能保持可持续的竞争优势。

日本电子消费品企业曾经领先于世界。但今天韩国三星一家企业的市值，就相当于日本索尼、日立、东芝、夏普和日本电气(NEC)5家电子巨头加在一起的4倍！智能手机，平板电脑，已经难见日本电子巨头的身影。这些企业，因为无法适应互联网、移动互联的信息社会而被甩在后面[63]。

持续创新不仅仅依靠垂直创新，还依靠关联创新、上下游创新。所谓持续垂直创新，就是在核心技术和核心业务上持续创新。垂直创新存在着巨大的困难。如后乔布斯的库克时代，苹果的产品创新受到许多评论家质疑。可问题是，即便乔布斯在世，也难以维系单纯产品创新的辉煌，因为竞争对手现状、竞争格局、供应链等，都无法继续支持革命性的、全面领先竞争对手的产品创新。

在互联网金融领域，以移动互联网应用软件挖财为例，尽管其获得了用户广泛的认可，但作为一款记账应用产品，其在产品创新上也几乎无路可走：功能扩展受到复杂性、可用性等因素制约，应用创新极易被模仿和超越。从其用户评价可以看出，用户已经普遍反映升级更新内容无新意，更新频率不高。尽管开发者想了诸多办法，如细化出不同的用户版本，但创新力度已经在逐渐下降，先发优势逐渐丧失。在这种情况下，就必须寻求关联创新或上下游创新，例如建立生态系统和合作伙伴群，融入金融大供应链中。

对于互联网金融企业来说，务必要避免"一招鲜"，尤其是缺乏知识产权保护的应用创新，必须不断拓展关联领域和上下游创新。由于金融业严重依赖牌照、经营资质、资产规模、客户资源等，单纯技术驱动的创业企业，将在进一步拓展业务领域方面举步维艰。

支付宝发展初期是通过拓展中小银行、分支机构等方式，同时依靠快速增长的交易规模，一点一点攻克各家银行。对于今天互联网金融企业中的绝大多数创业企业，在建立完整的供应链方面，已经丧失了先发优势，并且不具备足够的客户规模，特别是交易规模。

创新决不能闭门造车，成为技术极客的私人爱好。创新也决不可依靠对市场和客户的想像或单纯依靠个人体验，必须熟悉并掌握金融消费者的消费方式、消费习惯和消费需求。

二、权变战略

对于互联网业界快速成长的企业，市场竞争如同军队作战。随着战争的升级，企业将发现，必须根据战场形势及时改变战略战术。从野战到巷战，从远程轰炸、定点清除到阵地战，需要的队伍、装备、战术，都有着天壤之别。

今天的互联网竞争中，企业成长如同一支乐曲，有高潮，有低谷，有独奏，有合奏，每一位乐手都需要融合到整体中，某些乐手只在某些段落出现，某些乐手则基本贯穿始终。对于快速成长的创业企业，不同发展阶段，有不同的发展重点，需要依靠不同的资源禀赋优势，不断调整企业发展的方略。

权变理论认为[64]，企业组织是社会大系统中一个开放型的子系统，受环境的影响。因此，必须根据企业组织在社会大系统中的处境和作用，采取相应的组织管理措施，从而保持对环境的最佳适应。

组织的活动是在不断变动的条件下以反馈形式趋向组织目标的过程，因此必须根据组织的近远期目标以及当时的条件，采取依势而行的管理方式。管理的功效体现在管理活动和组织各要素相互作用的过程中。因此必须根据组织各要素的关系类型，以及各要素与管理活动之间相互作用的函数关系，来确定不同的管理方式。

权变理论的不同研究者分别提出，无论在组织、人性还是领导方面，都应当考虑变化。在组织上，企业应当根据市场、技术、环境、核心产品等变化，兼顾稳定性和适应性，分别采用产品事业部结构、矩阵组织结构、直线职能型组织结构和高度集权制组织结构。

根据市场或外部环境的稳定性和组织日常工作技术的变革速度，可分别建立四类与之适应的组织结构模式，即层峰结构组织、市场中心型组织、技术中心型组织和灵活的有机型组织。同时，由于人性的复杂性，应当根据人的层级、职位、教育背景、心理需要、工作条件等，实施差异化的人性管理。领导是领导者、被领导者、环境条件和工作任务结构四个方面因素交互作用的动态过程，不存在普遍适用的一般领导方式，好的领导应根据具体情况进行管理。

这里所提到的权变战略，比上述内容更为广泛，涵盖经营、管理两个方面。即不仅包括企业内部组织，还包括企业经营战略，都应当不断变化。

对于互联网金融领域，无论是独立的创业企业，还是传统金融企业的互联网事业部，都面临着“非传统的超常规成长模式”下的战略选择。

传统的、成熟的金融企业，企业的业务结构、经营模式、资源禀赋都相对成熟、完善和稳定。在此情况下，要制定发展战略，往往从企业自身情况出发，根据市场形势、客户资源、现有资源禀赋、市场优势和核心竞争能力，选择不同的发展战略，如在盈利模型上选择成本优先，在市场竞争上选择市场聚焦、价格竞争、服务创新、渠道拓展等。其中主要的、常见的战略，有市场聚焦和成本优先战略等。

然而，对于互联网金融创新，却必须实行可适应的“非传统的超常规成长模式”。所谓非传统，是指非传统企业或非传统部门的互联网金融创新无论在盈利模型、组织形态、激励制度、产权结构，还是客户市场、营销渠道等方面，都完全区别于传统金融企业或传统业务部门。

所谓超常规发展模式，包括几个内涵：一是速度；二是变革；三是适应性；四是核心竞争力。其中最主要的，就是必须根据市场变化和企业发展，迅速调整企业发展战略及经营管理模型。

例如，互联网时代已经从早期的门户-垂直模式，发展现有的垂直-门户模式。早期门户模式下，由于当时互联网环境尚不成熟，竞争有限，成本较低，各领域门户普遍开花，如新闻门户、搜索门户、社交门户等，大家都是先做大规模，然后随着用户的增加，逐渐在垂直领域精耕细作。随着互联网日益成熟，进入者越来越多，资金日渐雄厚，竞争日益激烈，几乎每一个领域都有了先行者，从无到有发展门户将非常困难。因此，今天互联网领域的创新，往往先从发展某个领域的细分市场开始，并随着发展逐渐拓展版图。

这就是新的两阶段战略模型：第一阶段为市场集聚战略，通过局部竞争优势拓展市场空间，立稳脚跟；第二阶段为成本优先战略，通过已经获得的品牌、客户等资源，争取规模优势。绝大部分互联网金融企业，开始都需要经过一段盈利平衡时期，在这段时期里，业务亏损而规模高速发展。只有到了第二阶段，在已经形成较大规模基础上，通过成本管理，逐步形成清晰的和相对稳定的盈利模型。

经营管理模型的变化，考验着企业自身的持续创新能力。成功的企业，必须具备持续创新能力，否则将倒在成功的途中。

Facebook 最开始不过是一次酒后的恶作剧，然而却不断迎合客户的需求。最早是女生评比，随后是校园社交，最后成为全球实名社交网络。每一次变化，都是为了适应新的客户需求、市场变化和企业自身发展的需要。

在PC时代，腾讯QQ曾经通吃天下。然而在移动互联时代，人们上网的时间进一步碎片化，上网终端如智能手机、智能腕表、智能眼镜界面狭小，难以支持复杂的功能展示，社交被细分为许多垂直市场。微信适合同事、亲友的小圈子，QQ适合一般性关系，而陌陌则抓住了基于地理位置的陌生人邂逅的市场。可以预见，许多类似QQ的具有强大功能的桌面应用，在移动互联时代将可能会被许多小而精、小而专的移动应用替代。

从门户到垂直的发展过程中，会产生无数的竞争者和商业机会。如果QQ们自己不变化，不实现内部革命，那么就会被外来竞争者革命。腾讯内部的竞争高度市场化，据说微信的任务就是干掉QQ。

我们反复举淘宝的例子，就是要告诉大家，一个成功的企业，必须在适当的时候选择适当的策略[65]。这就如同红军长征，一着不慎，满盘皆输。每一步都似险棋，但又暗藏玄机，极富艺术性，只有历经坎坷，方有传奇故事。

我们不妨设想一些情景：如果淘宝早期没有融资，能否熬过寒冬？如果没有阿里巴巴支撑，淘宝能否坚持免费策略而迅速做大？如果淘宝初期对卖家严格规范管理，能否建立一个品类丰富的商品市场？如果淘宝没有建立信用体系，买家会急剧增长吗？如果当年没有与雅虎、软银的协议控制，淘宝能否拿到至关重要的资金？如果淘宝不取消协议控制，能否实现做大第三方支付的野心？如果淘宝早一些打击假货，淘宝自身的商业利益会受到哪些影响[66]？

在成长阶段中，对几个重点要素要采用不同的策略。

（1）市场规模。许多企业先努力做大，形成规模经济，然后通过融资、上市获取资源，压制竞争对手，再逐步讲究市场策略，追求盈利。

（2）现金流及利润。企业要做大，首先要活下来。无论创业公司还是传统企业内的创新部门，都要考虑现金流问题，这对于独立创业的企业无比重要，因为资金链断裂的后果就是倒闭。对于传统金融企业内部的互联网事业部，也同样如此，长期依靠其他单元补血，将加大经营压力，使经营行为失真，无法获得发展的必要条件，最终陷入恶性循环。形成健康的现金流至关重要，金融企业现金流长期为负，往往比利润为负更为危险。

（3）创新及其壁垒。新兴企业初始竞争的重点是传统市场份额较大者，因此需要大力创新，以从其手中夺得市场。但随着规模做大，自身也成为某个领域的老大，之后市场中出现大量新的竞争者，企业就希望主导竞争规则，建立技术壁垒和监管壁垒等。某些商业模式对资源的依赖性较小，如传统产业中电子商务化的“轻公司”（如第三方理财机构），市场中已经做大规模的企业，就必须构建模仿壁垒。这就是我们经常看到互联网金融创新领域，如第三方理财、P2P 信贷平台，其中的大公司（虽然其规模较传统金融企业而言仍然很小）大声疾呼要规范化的原因。

（4）品牌宣传。小企业在创新时，担心被大企业关注，被其通过模仿而绞杀，因此本着“闷声发大财”的心态，悄无声息地迅速占领市场。待其发展壮大以后，就需要树立品牌声誉，加大对外宣传。

（5）企业如果不适时变化，就可能失去一些阶段性机会，某些机会甚至会决定企业存亡。假如盛大不及时转型，早期融资就可能烧完；阿里巴巴不回购股份，未来可能就不再有机会；某些企业不上市，就可能再无合适的窗口。坚持方向固然重要，但错误的坚持换来的却是失败。

三、处理好经营与管理的关系

创业企业早期业务拓展靠的是客户、市场，属于游击队、野战军，往往路子比较野，甚至游走于监管的灰色地带乃至黑色地带。一旦做大，引进风险投资，考虑上市，就必须走上规范的道路。

例如保险电销车险、第三方支付，都是在发展壮大后逐渐引起监管机构注意，出台相关制度、办法进行规范。较早从事电销业务的保险企业，通过各种不规范方式低成本，收集客户联系方式进行展业，引发骚扰投诉。受到监管机构关注后，稍不注意就会引发监管谈话、罚款、停业等惩罚。

电影《第十二条军规》，描写了一个忠于国家、忠于军队，同时也独断专行、蔑视法制的将军，与一个没上过前线、坚持正义的年轻律师之间的交锋，这有点类似销售能手与管理后台、创业干部与投资方之间的矛盾。

在市场销售部门看来，后台部门都是自己养活的，自己多年在市场前线血浴战场，后台管理部门的年轻 MBA 们却坐在办公室里发号施令，动不动就讲程序规则，官僚主义盛行，往往会瞧不起后台管理。殊不知，在金融企业中，管理是竞争力的核心要素，风险是企业的经营对象，合规是企业的生命线。没有后台管理，经营必然会失败。

对于企业来说，生存是第一法则。创新企业在早期业务拓展中需要务实，目标要清晰，手段要灵活，有奶就是娘，活下去才是真理。然而随着业务规模的发展，就面临着战略、市场、业务等各方面的转型。从以拓展市场为重点，转向规范有序地运作，对许多创业企业来说是一场严峻的挑战。

规范往往并不简单等同于有规则，还会涉及到公司战略重点的转变、资源配置倾斜、新的冒险，这对原有的经营团队是一个极大的考验。

举例来说，京东开始做物流，顺丰开始做便利店，都是严峻的挑战。这种挑战不仅仅因为涉足较为陌生的经营领域，而且因为这些新的领域更依赖后台管理，较原有业务的成败因素和经营理念会有巨大的差异。

另外，某些创新企业随着规模增长和规范化管理，逐渐变得部门林立，尤其是非价值创造部门大量增多。这往往是由于产品线、业务和客户规模增加，管理线条难以覆盖，同时为了提升专业水平，不得不进行专业化分工的结果。

需要警惕可能由此带来办公室政治、协作不畅、本位主义、官僚主义等弊端。最显著的是，各产品线，各流程，各岗位，各管理层级的价值创造能力下降，或者出现非价值创造甚至是负价值部门（岗位），使得市场反应速度变慢，对消费者需求变化迟钝，价值创造能力降低，从而导致在市场竞争中处于下风。

四、补足后台短板

互联网金融业务往往属于新业务，企业往往急于建立商业模式特别是盈利模型，因此在投入上要非常谨慎，最好重点投入到前台能直接带来收入的营销、产品上。对于互联网营销这一新兴领域，也同样如此。

随着竞争对手的增多，企业影响的增大，再加之中国市场无序竞争、恶性竞争较为普遍，互联网金融企业面临的安全性不容忽视。

对于互联网金融行业来说，首先要考虑的是网络安全。随着移动互联网领域的迅猛发展，其蕴含的安全隐患不容忽视。开发一款新的应用并非难事，但开发一款可靠性强又安全的应用，却有待时日。如果无法保证安全性就匆忙上马，一旦发生风险，将为金融企业带来灭顶之灾。

就目前市场而言，智能手机成为最大的信息安全隐患。内地公司的一些注册网站，公然在网上销售类似病毒的商品。许多违法技术唾手可得，病毒已经在智能手机中大肆传播。

针对 iPhone 和安卓系统的智能手机，窃听木马病毒可以由计算机操作，暗中发送手机通用格式的信息到目标手机，当目标手机重新启动时，病毒立即进行安装。随后，发送者只要启动程序，便可在不知不觉中将目标手机的通话、短讯、照片、视频和位置等信息，甚至已删除掉的记录复制过来，时间仅需几秒钟。在此病毒面前，几乎所有智能手机无一幸免。更严重的是，即使重装手机系统，这个病毒仍无法杀灭。随着智能手机的普及，针对手机的类似间谍病毒，逐渐形成了一个庞大的个人信息安全漏洞，个人资料随时可以被当成商品销售。

ViaForensics 针对 100 家应用商店的调查数据表明，76% 的应用程序上储存了用户资料，10% 的测试应用程序，包括目前十分流行的 LinkedIn 和 Netflix，都储存了用户密码。

Mint 的 iPhone 应用和安卓应用，是为维护金融账户信息使用的。用户将交易记录和余额等信息储存在手机上，安卓手机用户需要通过加密的 PIN 码进行验证，然后才能看到。虽然入侵者侵入账户并不能操纵或转移资产，但他们可以看到账户余额和历史交易信息[67]。

当企业规模较小时，相对风险也较小，因此没必要也无能力建立危机处理机制。随着企业发展壮大，可能对企业经营造成严重后果的其他风险也开始暴露，如消费者投诉、营销欺诈、投资产品亏损、员工违规乃至犯罪行为等。在这种情况下，企业必须建立相应的危机处理机制，否则一旦发生危机，损失将非常惨重，甚至会使企业一蹶不振。

2008 年，分众传媒旗下无线广告媒体子公司分众无线发展迅猛，经营形势一片大好。该公司收编了国内主要短信群发公司，分众准备将其分拆上市。但“3·15”晚会曝光其发送垃圾短信后，给分众无线带来巨大的冲击，旗下公司被吊销牌照，分众股价下降 26.59%[68]，分众无线分拆上市之梦也随即破灭，高管大批离职。分众被迫对无线业务重新整顿，最终放弃了手机短信业务。

五、超越门槛规模

什么叫门槛规模？可能包含如下几种情况：使企业达到盈亏平衡点，或持续经营下去的规模；足以影响或建立市场规则的规模；能够吸引并最终获得投资的规模；具有成长性，能够保持增速的规模。

创新企业必须全力以赴，尽早超越门槛规模。一旦超越门槛规模后，企业就能够获得持续生存的资源，形成持续生存的机制。

许多企业，既包括传统金融企业，也包括互联网企业，在进入互联网金融领域的初期，增速都非常快，但发展到了一定阶段，就会遇到发展瓶颈。这可能因为如下因素：高估潜在客户群和市场规模；遇到了意料之外的阻击者或新入竞争者；风险控制不足，发展不稳；资源不足，例如广告营销的资金不足，低估了所需要的资源；产品与服务单一，或无法实现预想的效果；商业模式错误，无法满足客户需求；行动迟缓，错失发展机遇等。

六、完善产权制度

随着企业融资，股权结构会发生变化。对于企业而言，是继续保持创始团队的控制权，还是多引进资本，好尽快建立绝对优势和领导地位呢？

VIE 模式（可变利益实体），在国内被称为“协议控制”，指的是境外注册的上市实体，与境内的业务运营实体相分离，境外的上市实体通过设在境内的外商独资企业，以协议的方式控制境内的业务实体。2000 年新浪上市时，为了绕开中国政府关于外资不得持有 ICP 牌照的规定，最早采用了这一变通的方式。

此后的 10 多年里，中国众多的互联网公司，包括百度、腾讯等互联网巨头，均采用了 VIE 模式。这一模式在企业发展过程中埋下了隐患。在支付宝股权转移事件中，外资股东雅虎、软银，以及在莎啦啦鲜花网内讧事件中，外资股东智基创投皆因 VIE 结构陷入被动境地[69]。

2012 年，新东方 VIE 调整，导致股价一度下跌 60%，教训不可谓不深刻。早在新东方成立初期，就成立了由校长、副校长和一些名牌教师等 11 名股东组成的“东方人科技发展总公司”，这是最早的 VIE 中 11 个股东股份雏形，也为日后纷争埋下隐患。

此次新东方调整 VIE 中，清理其他 10 个股东股份，调整并巩固 VIE 结构，通过无对价协议将股权 100% 转移到俞敏洪控制的实体下（转移之前俞敏洪控股 53%）。这不能不让人想起马云的支付宝股权转移事件。与之相似的是，此次新东方北京的股权变更，除新东方北京的股东会（11 个股东，含俞敏洪控制的公司）和董事会知道外，公众并不知情，这也意味着两者均是对广大投资人先斩后奏。不同的地方在于双方对外表态中提及的目的。支付宝是为拿到支付牌照，新东方则是为了清理离职老股东。从双方执行角度，支付宝 VIE 事件被认为是瞒天过海，而新东方则被认为缺少公开透明度[70]。

这些事件的发生，可能确实是由于形势迫不得已（牌照），也可能是因为企业创始人的融资策略随着企业发展出现变化。回头来看，淘宝当年与雅虎的交易，仍不能不说是一次成功借力，阿里巴巴在香港上市，则获得了没有利息的资金储备。阿里巴巴退市和淘宝 VIE 结构调整，使创始人股东利益最大化，为集团下一步融资做好了准备，并借助于发放牌照的契机得以实现。

但是这些事例同样警醒创业者，如果企业发展初期不重视设计较为完善的股权结构，很可能导致今后付出极大的机会成本乃至重大损失。当然，创业企业应当正确认识创始人控制权与投资方之间的关系，包括创业企业创始人之间的关系，以实现企业与资本市场的良好互动。

七、利用资本市场

在发展过程中，企业应当及时利用资本市场，以合适的条件获得充分融资。许多时候，创业企业控制人过分追求自身利益最大化，希望分得更多的蛋糕，但随着市场寒冬到来，可能连蛋糕都没有了。

获得充足的资金（资源），不仅仅对于创业企业，对于传统金融企业内部的互联网部门也是如此，甚至更为重要。表面上，传统金融企业拥有雄厚的实力，如果具体分解到其在互联网金融领域的投入则不尽然。因为创业企业有广泛的融资渠道，而企业内部的互联网事业部（子公司），却往往只能（或主要）考虑企业自主投资（或母公司）。相较于创业企业，传统企业的互联网事业部往往对所在企业的依赖性较强，却由于动力（激励、压力）不足，缺乏市场化环境，有可能在战略上缺乏清晰的、长远的规划。譬如，相较于创业企业，有清晰的绩效评估机制吗？有清晰的盈利模型吗？有清晰的成本核算机制吗？有强有力的考核机制吗？

图7-2　阿里巴巴融资及股权变更行程

创业企业在引入投资方面具有更多自由，选择范围更为广泛。然而，当风险投资纷纷叫出高价时，企业却要冷静思考，引进投资者的目的是什么？这个投资者能否带给自身先进的管理或者广阔的市场？融资不是一味地竞价，价高者得，因而忽略了引入 PE（私募股权投资）的初衷。

在西方资本市场，对赌协议几乎是每一宗投资必不可少的技术环节，目的是通过设定目标盈利水平和触发条件，以避免不可预知的盈利能力风险。简单来说，对赌协议就是投资者与企业或大股东约定，当企业的业绩（一般来说是税后净利润）达到一定水平时，投资者就要追加投资或赠送股权；反之，如果没达到事先约定的标准，企业就要向投资方支付现金或是赠送股权，因此对赌协议实质上是一种期权。由于形式上是双方以某种结果是否出现作为一方向另一方支付对价的条件，与“赌”有一定的相似性，因此通常称之为“对赌协议”。对于对赌协议的合法性，我国法律并没有明文规定。

2011 年，甘肃省兰州市中级人民法院、甘肃省高级人民法院对苏州工业园区海富投资有限公司（下称海富投资）和被投公司甘肃世恒有色资源再利用有限公司（下称甘肃世恒）的对赌条款，均判定无效。这在中国 PE 界是首例。

对赌还可以分为现金对赌和股权对赌，以股权对赌为多。国外的对赌协议通常涉及财务绩效、非财务绩效、赎回补偿、企业行为、股票发行和管理层去向六个方面的内容。目前国内的对赌协议较国外相对单一，通常采用财务绩效如收入、利润、增长率为单一指标，以股权为筹码，确定对赌双方的权利和责任[71]。

八、合纵连横

为了应对竞争者的挑战，许多快速成长的公司需要寻找一个靠山。对于传统企业（或互联网大佬）来说，寻找新的增长点，也是资本市场的必然要求。因此，二者都存在着资本运作和兼并重组的需要。

移动支付与咖啡业联姻，可谓是一个典型案例。

2012 年 8 月，咖啡巨人星巴克向旧金山移动支付创业企业 Square 投资了 2500 万美元，Square 将帮助星巴克处理在美国的信用卡和贷记卡交易。根据分析，Square 目前每年处理的交易量为 60 亿美元，与星巴克合作后，这一数字能够达到多少呢？

星巴克在美国拥有 6800 家门店，2011 年在美国营收 80 亿美元，其中 25% 为预付费卡交易，与Square无关。在其余75%的交易中，可以假定25%为现金支付，50%为刷卡，相当于刷卡支付的交易总额每年40亿美元，这意味着Square的年交易额将从60亿美元暴增至100亿美元。

那么，Square可以从这些交易中获得多少收入？Square面向其他商户收取的手续费为2.75%。星巴克发言人奥尔森（Jim Olson）表示，该公司支付的费率将比Square当前费率低。假设手续费为2%，那么Square将获得8000万美元的手续费收入。另一方面，处理的支付额大幅增长后，Square在与Visa、万事达和美国运通的谈判中，将占据更有利的地位，获得更优惠的费率。对星巴克带来的好处，则是推动用户更多使用预付费卡，这样星巴克将没有必要为刷卡支付手续费[72]。

背靠大树好乘凉。没有大树的创业企业，只能自己去经历日晒雨淋，既可能成为强壮的斯巴达战士，也可能夭折在残酷竞争的狂风暴雨中。

九、抓住业务发展机遇

由于互联网领域快速的发展速度，企业必须有长远战略，同时又要灵活经营。

小型互联网金融企业必须抓住成长中的机会，因为策略非常重要，一不留神就可能走上歧途。就连扎克伯格也承认，Facebook未能及时抓住移动互联的时机，并宣称Facebook将转型为移动互联网公司。事实上，Facebook自身的成功，正是因为抓住了MySpace匿名和娱乐化不足造成的市场空隙。

我们观察许多成功的公司，都是在成长过程中密切观察外部形势发展，不断调整自身成长策略，于是抓住了新的发展机会。淘宝、支付宝和阿里都及时抓住了机会。如果今天再进入这些领域，困难和障碍将大得多。

市场机会稍纵即逝。许多小规模企业正是抓住大企业发展的机会，为大企业生产配套产品或提供相关服务，成为其供应链的一部分，之后逐渐做大。譬如较早进入苹果和安卓应用商店的开发者。

分析一下互联网金融的供应链，也存在许多市场机会。譬如，在中国财富市场发展过程中，消费者（以及机构）需要专业性的风险评估。晨兴进入中国，私募排排网成为私募权威门户等，都是抓住了这一机会。

21世纪初，在财险业市场化进程中，涌现了许多保险中介机构，如代理公司、经纪公司和公估公司。互联网经济中的消费者，其风险评估具有显著的特点，但这一领域仍乏人问津。事实上，风险评估是金融机构和消费者的决策依据，做好风险评估，就可以做风险定价；做好风险定价，就可以开发金融产品；做好金融产品，就可以利用互联网渠道进行销售。更重要的是，风险评估结果也是金融消费者选择金融产品的参考依据。

未来会不会出现金融产品的“美丽说”，立足Qzone开放平台，以社交与金融相结合，成为金融产品销售流量的重要导入端口？“社交＋移动＋金融”模式，或许可以帮助一些小企业迅速做大。

十、改变人才战略和人才机制

随着企业的成长，人才战略也应及时变化。

初创期的企业，管理者是创业家；发展成熟后，管理者往往是职业经理人。MBA出身的职业经理人，与创业家截然不同。职业经理人依赖一个平台、一个系统，离开了一定规模的成熟企业，则什么也不是，因为没有资源配置权利，他们就很难发挥作用。职业经理人的重要性在于管理工具、管理方法而非决策知识本身，因为成熟企业已经拥有了充分的决策信息源和可以调配的资源。创业家则不然，他们往往面临资源匮乏的局面，必须自己创造崭新的经营模式，需要从无到有地奋斗。所以，一个企业在初创期和成熟期，对人才的要求是不一样的。

在互联网金融企业，初创时期往往高度重视技术人才，以便尽快实现设想，通畅流程，快速改进客户体验，完善网站功能，形成有形的“产品”，提供给客户和风险投资。然而随着企业的发展，业务规模增长后，需要清晰的、稳定的、成熟的商业模式和盈利模型，需要规范的运作，也需要更多管理人才。

大型企业中，人才数量往往不是主要问题，关键的是人才使用机制，许多企业都存在人才错配问题。对于一家有一定规模的企业，任何人才都应当有用武之地，而一旦错配岗位，结果会是灾难性的。

对于互联网这个带有创业性质的业务领域，金融企业则需要视自身情况选择适当的人才。传统金融企业需要考虑到这个领域的创新性，应当要求人才具有创造能力、创新能力和应变能力，应当具备传统企业内部人员通常并不具备的气质特征：冒险、积极、决断。但同时也需要具备管理能力，以协调企业已经拥有的资源，与现有的品牌部门、营销部门、产品部门、后台管理部门协同合作，并建立一支高起点的队伍，打造一个相对成熟完善的平台。

就管理层而言，当企业发展速度较快，或有明确的阶段性任务（如上市）时，原有人才可能无法适应企业的发展变化，需要引进新的人才。在阿里成长的过程中，马云不断调整团队，使之适应企业发展。反腐风暴中离开阿里的卫哲，其实是阿里成长变革过程中的一个参与者。只有立足企业经营发展，不断调整人才队伍，才能保持企业的生命力。

如何随着业务的发展调整人才使用机制？在不同阶段，不同类型的人才会对企业起到不同程度的作用。企业规模较小时，人力资源成本占比较高，往往需要每个岗位的人都能独当一面，并确保不出差错，对个体的素质依赖程度较高。企业规模做大后，管理层级增加，管理幅度增大，无法保证每个岗位上都是精英，就需要宽容用人，让每个人都发挥积极主动性，企业自身也能够承担一定的成本（培训、激励等）。

企业成长之后，包括大型企业内部的创业团队做大之后，需要高度重视企业文化，保持理念的统一。队伍大了，人心散了，这种情形非常普遍。我们常常看到，在中小企业和创业团队中，大家的理念容易达成一致。但随着队伍扩大，管理幅度扩大，要使整个团队统一在同一理念下，就变得非常困难。

在大企业中，如果缺乏沟通协调，综合性、支持性和资源配置部门（如财务、人力资源、信息技术等相关部门）往往并不了解业务战略，这会造成很大的问题，甚至威胁到企业的生存。要坚决防止“后勤部”变成“参谋部”，影响指挥决策。

彼得·德鲁克在《管理的实践》中指出，随着企业成长，规模扩大，领导者必须改变基本态度和行为模式，必须学会授权，必须改革管理组织，必须调整高层和中层管理人员，必须发展新的能力，保持沟通畅通。要对成长进行诊断，需要分析达到目标所需的活动，分析需要制定的政策，分析不同管理工作之间的关系。领导者必须思考企业最基本的决策，而非四处救火。随着企业的发展壮大，管理者需要在掌控全局方向的同时，保持对战略性细节的敏感。许多管理者尤其是创业家，都是完美主义者、理想主义者，然而一个人的精力总是有限的，企业规模做大之后，就必须改变自身的态度和行为。

在互联网企业的发展中，许多企业经历从产品导向转向供应链导向。尽管许多人认为苹果公司是产品导向型的企业，但苹果公司同时具备强大的供应链管理能力。事实上，互联网企业由于自身的特点，其对供应链管理的能力应该更强。

互联网金融企业由于往往从细分市场切入，可能主要依赖于一个主要产品。但如果高管将自己定位为一个产品经理，在企业规模比较小时尚不会有太大问题，一旦企业做大，问题便会接踵而至。

不幸的是，在许多快速成长的企业中，我们总是看到相反的情形出现：企业已经发展壮大，领导者仍坚持原有的理念和行为模式，仍然习惯于掌控所有细节，常常越俎代庖，念于旧情而不愿对管理组织和管理人员进行调整。总而言之，就是难以适应企业已经变化的外部环境和自身目标的变化，不再具备驾驭企业的能力。

企业成长过程中，激励机制也将发生变化。对于创新企业，发展初期更多需要靠领导力，靠创业精神凝聚，并以此来调动大家的积极性，而不能主要依靠利益来激励；发展壮大后，就必须建立完善的市场化激励考核机制。

对于大企业内部的互联网部门，初创的小部门业务逐渐发展壮大，部门利益、员工利益逐渐产生诉求，原来是部门依靠企业平台做大，但做大后需要得到认可。如果不能很好地处理这个问题，就会产生“牛根生出走蒙牛”* 的情况。

十一、适时制度化，防止大企业病

当企业长大后，一方面，一些不规范的作法需要逐步调整，以适应大型企业的要求；另一方面又要避免官僚化，防止企业逐步丧失创新精神，浪费资源，成本高企等。

新兴业务领域，往往需要正确处理知识结构化与非常规创新之间的关系。

在金融业，许多知识是结构化的。金融业出身的管理者以及受到商业管理正规教育训练的管理者，通常在企业管理和经营中拥有非常清晰的结构化方法，企业战略和策略的逻辑力量非常强。这往往容易造成一种误区，即：经营策略和管理逻辑本身依靠逻辑力量说服了企业内部人员，但却不被市场和客户所接受。我们从苹果公司的发展得到的启示，就是一个艺术家气质的管理者之所以能够创造伟大的产品，主要靠的是商业直觉，而非逻辑推理。

新兴业务领域的商业模式逐渐成熟后，则将面临知识结构化的问题——不断优化将创意变成产品的流程，提高执行效率和生产效率。这个过程必须依赖职业经理人而不是设计师。

互联网金融企业必须恰到好处地处理两者之间的关系。一方面，金融业面临极为复杂的监管机制和内部业务流程，具有极高的专业性；另一方面，作为金融业的一个全新形态，如果过度受到传统业务模式的桎梏，将丧失竞争优势。

---

* 牛根生出走蒙牛：牛根生，内蒙古人，蒙牛乳业集团的创始人。曾任伊利副总裁。1999 年离开伊利并于同年创立蒙牛，后用短短 8 年时间，使蒙牛成为全球液态奶冠军，中国乳业规模最大企业。

互联网金融企业在成长壮大后，既要保持对市场变化和客户需求的敏感性，不断引入新的理念和新的技术，同时又要建立规范的生产流程，提高创意落地的效率，并保证合规，防范风险。在制度化、流程化的过程中，要注意区分经营管理和业务流程中的不同环节和业务线，不能搞“一刀切”。

十二、争取政策或牌照

对于互联网金融企业来说，及时融资不仅仅是补充弹药库的需要（打价格战、广告战、人才战或硬件建设都需要大量资金），更是业务快速发展对资本金的要求。目前，国内银行业、保险业、小贷公司等金融机构的发展，普遍受到资本金的制约。

对于互联网金融企业来说，由于商业模式可复制，边际成本低，发展速度更快，所以对资本金的需求更为热切。解决资本金的一个有效办法是获得牌照。比如，银行牌照对资本金的要求就比小贷公司更为宽松，经营杠杆率更高。

目前，阿里金融可以涉足全国范围内的小额信贷业务，但现在全部通过资本金运作，资金将制约其发展。因此阿里金融希望获得银行牌照，获准吸收存款，利用金融杠杆的力量加快发展，巩固已确立的商业模式。

对于管制程度较高的金融行业，政策或牌照将是阻碍互联网企业发展业务的一个瓶颈。

参考文献

[1] 云芳 . 初创电商资金之痛：银行配套难跟上 . 新浪科技，[2012-9-9].

[2]CTerm. 维基百科 [G/OL].http://zh.wikipedia.org/wiki/CTerm.

[3] 方华 . 低成本开道：电销网销将成保费新支点 . 金融时报，[2011-11-30].

[4] 于传将 . 电话车险成财险“轻骑兵”. 经济导报，[2011-4-13].

[5] 书聿 . 圣荷塞信使报:Zynga IPO 将再次改变硅谷 . 新浪科技，[2011-7-2].

[6] 郑峻 . Zynga 上市首日破发跌 5% 盈利模型遭质疑 . 新浪科技，[2011-12-17].

[7] 董碧水 . 浙江民间借贷日趋职业化中介化 银行员工当掮客 . 中国青年报，[2012-7-11].

[8] 李丹丹 . 茅于轼：小额贷款须走高利息商业化道路 . 上海证券报，[2008-7-24].

[9] 合同能源管理 . 百度百科 [G/OL].http://baike.baidu.com/view/273115.htm.

[10] 安全带可大幅降低交通事故死亡率 . 中国汽车网 [R/OL].http://life.21cn.com/auto/news/chinese/2001-07-25/446603.html.

[11] 欧盟实施机动车新安全标准 . 新华网，[2012-11-1].

[12] 卢鑫 . 谷歌宣布自动驾驶汽车无事故行驶 48 万公里 . 网易科技，[2012-8-8].

[13] 岳伟 . 谷歌转向自动驾驶汽车新贵：或掀新工业革命 . 证券日报，[2012-10-10].

[14] 徐晓然，刘喜喜 . 谷歌“医疗云”应用败走麦城 . 中国经济和信息化，[2010-9-3].

[15]hedyjj.IBM，Google Health 致力于推广电子病历的广泛使用 [R/OL]，[2009-2-6].http://article.yeeyan.org/view/66761/27506.

[16] 曾利明 . 中国推动建立电子病历系统建设 [R/OL].[2011-6-8].http://news.cntv.cn/20110608/114024.shtml.

[17] 远程诊断引爆新体验，中国移动推医疗信息化服务 . 东南网 [G/OL].[2012-8-20].http://news.163.com/12/0820/18/89CCE6B700014AEE.html.

[18] 中国平安投资富通巨亏近 170 亿元 .CCTV 第一时间 [N/OL].[2008-10-14].http://news.sina.com.cn/c/2008-10-14/111216451210.shtml.

[19] 邓美玲 . 中国平安伤痛 2008：投资富通巨亏 226 亿 . 经济观察网 [G/OL].[2008-12-25].

[20] 扎克伯格：移动化是未来方向，押注 HTML5 错误 . 每日经济新闻，[2012-9-12].

[21] 狼性文化 .MBA 智库百科 [G/OL].

[22] 任正非内部谈在美受阻 : 除了超越还有什么路可走 .Donews[G/OL].[2012-10-22].http://tech.hexun.com/2012-10-22/147049813.html.

[23] 长歌 . 华尔街日报：谷歌规范创新流程防止人才流失 . 腾讯科技，[2009-6-19].

[24] 叶西 . 谷歌十年创新路 . 鞭牛士 [G/OL].[2008-9-6].http://www.bianews.com/news/89/n-33589.html.

[25] 巴拉・耶尔，托马斯・达文波特 . google 的创新机制 . 哈佛商业评论 [R/OL].[2008-5-12].http://cio.it168.com/t/2008-05-09/200805091551800_2.shtml.

[26] 贺志刚 .Google 独特的创新文化 .IT 经理世界 [R/OL].[2007-7-26].http://www.enet.com.cn/article/2007/0726/A20070726743987.shtml.

[27] 谷歌创新路：推崇自由工作空间 . 环球企业家，[2010-1-6].

[28] 积木 . 成功产品的 5 个密码：从乔布斯对 Segway 质疑所看到 . 爱范儿，[2011-9-22].

[29]Steve Kemper.Steve Jobs and Jeff Bezos meet "Ginger".[2003-6-16].http://hbswk.hbs.edu/archive/3533.html.

[30] 张亮，乔布斯和盖茨的知识树 [G/OL].[2008-7-8].http://hi.baidu.com/ma_nzhan/item/58dfa40c9c5d
26f3a11034b4.

[31] 肖源 .iPad mini 开售市场遇冷 苹果股价较 9 月已下跌 18% . 中国广播网 [R/OL].[2012-11-5].http://news.sina.com.cn/o/2012-11-05/164725514207.shtml.

[32]UC 发致合作伙伴书 : 指责腾讯炮制报告不正当竞争 . 新浪科技，[2011-10-24].

[33] 肖克锋 .UC 浏览器疑遭腾讯封杀 用户摘菜频被降级 . 网易科技 [G/OL].

[34] 你主要使用的手机浏览器是？新浪调查 [G/OL]，http://survey.tech.sina.com.cn/result/61766.html.

[35] 平安银行四年来首次现金分红，每 10 股派 1 元人民币 . 上海证券报，[2012-11-6].

[36] 魏蔚 . 直击家电价格战真相：仅 4.2% 商品真降价 . 北京商报，[2012-8-16].

[37] 赵楠 . 电商闹剧：京东自娱自乐 苏宁国美将计就计 . 第一财经日报，[2012-8-20].

[38] 亚比 . 谷歌推超级福利：去世员工配偶可代领 10 年薪水 . 网易科技，[2012-8-10].

[39] 工商银行十年内要成为世界上最大互联网企业之一 . 中国经济网综合，[2007-1-8].

[40] 桑迪红 . 工商银行欲做全球最大互联网企业 . 杭州日报，[2006-12-13].

[41] 刘婧娴 . 电子银行竞技 电子银行可以做什么？中国行可以做什么?. 中国经营报，[2011-4-19].

[42] 聂伟柱 . 金融互联网化的支付冲击波："渠道革命" 只是开始 . 第一财经日报，[2012-7-6].

[44] 徐以升 . 任正非展望 20 年后的华为：两个字 "坟墓" . 第一财经日报，[2012-12-12].

[44] 任正非 . 华为的冬天 [R/OL].[2000].http://baike.baidu.com/view/348641.htm.

[45] 卢彦铮，龙雪晴 . 广东发展银行重组一波三折 . 财经，2005(17).

[46] 黄玫 . 广发银行重组初见成效 . 合肥晚报，[2010-3-12].

[47] 吴清桦 . 信托：六次整顿脱胎换骨重整河山 . 证券时报，[2008-11-14].

[48] 李茜 . 信托业十年：变身非银金融主力军 . 上海金融报，[2012-9-21].

[49] 孟鸿 . 国内首批社交类网站 UUZone 宣布 3 月彻底关闭 . 腾讯科技，[2009-2-4].

[50] 全秋梅，胡卉 .UUZONE 关站凸显 SNS 泡沫 晨兴百万美元投资失败 . 第一财经日报，[2007-5-23].

[51] 左恩臻，特日格乐，许彤等 . 浅析国内社交网络发展 . 百度文库 [R/OL].

[52] 王启胜 . 黄金时代 UUZONE 失败分析 [R/OL].http://www.bling0.com/internet/huang-jin-shi-dai-uuzoneshi-bai-fen-xi.

[53] 曹力 . 我在 UUZone 的两个月 [R/OL].http://shiningray.cn/tag/uuzone.

[54] 高翔 . 哈哈贷因为资金问题关闭 . 经济观察报，[2011-8-6].

[54] 郝凤苓 . 哈哈贷 "重生" .21 世纪经济报道 .[2012-3-10].

[56] 金城文武 . 战上海：1992 — 1996 友邦惊诧 .21 世纪经济报道，[2002-1-7]

[57] 理财产品收益率遇 "冰火两重天" 外资银行抢眼 . 证券日报，[2012-10-23].

[58] 孙冰，谈佳隆，唐韵 . 今天，中国金融业全面开放 对 WTO 承诺全面兑现 . 中国经济周刊，[2006-12-11].

[59] 石婵雪 . 凭什么心甘情愿为中投奉献青春？ . 第一财经日报，[2009-12-10].

[60] 刘飞 . 中投去年业绩为四年最差 营业成本反升两倍 . 华夏时报，[2012-7-27].

[61] 王珏磊，徐伟 . 中投境外收益解读 . 时代周报，[2012-8-2].

[62] 齐洁 . 创业公司遭遇巨头伏击：除了快跑别无他法 . 中国经营报，[2012-8-12].

[63] 毕老林 . 日本五大电子巨企沦陷一解：无法适应数码年代 .21 世纪经济报道，[2012-11-16].

[64] 权变理论 .MBA 智库百科 [G/OL].

[65] 熊婷婷 . 马云帝国内幕 . 理财周报，[2011-5-3].

[66] 明飞 . 马云之痛：支付宝 VIE 模式的罪与罚 . 南都周刊，[2011-7-11].

[67]faye. 生活大爆炸：信息爆炸引发安全隐患 . 中国软件网 [R/OL].[2011-8-12].http://www.soft6.com/v9/2011/pldj_0812/158426.html.

[68] 月古 . 分众无线发垃圾短信被央视曝光，或影响上市 . 赛迪网 [R/OL].[2008-3-17].http://tech.qq.com/a/20080317/000170.htm.

[69] 郝凤苓 .VIE 存废步步惊心：风险投资担心已投项目一文不值 .21 世纪经济报道，[2011-9-22].

[70] 雷建平 . 新东方 VIE 调整风暴：一场恐慌性 VIE 风波？ . 腾讯科技 [R/OL].[2012-7-19].http://tech.qq.com/a/20120719/000029.htm.

[71] 刘永刚，李小晓 . 还敢对赌吗？. 中国经济周刊，[2012-7-16].

[72] 维金 . 搞定星巴克，Square 瞬间变身高帅富 . 新浪科技 [R/OL].[2012-8-10].http://tech.sina.com.cn/i/csj/2012-08-10/09217490358.shtml.

第 8 章

发掘盈利的源头

建立一个盈利模型很难吗？或许因为市场太诱人了，竞争太激烈了，前景太模糊了，以至于需要先走上几步，看看方向再说。谁也无法预测监管政策、市场环境、消费者和投资者会发生什么变化。然而，盈利模型是有规律可循的。通过对价值链的分析，寻找战略方向和基本模式，通过商业实践摸索出规律，完善成本结构、业务操作流程、合作伙伴体系，准确定位客户群，有效调动客户需求，对商业模型进行严格测试和适用性验证，之后就可以快速推广。对互联网金融，互联网营销模型的重要性不言而喻，但核心仍然是产品和服务，仍然是为客户创造价值。本章讨论了互联网金融企业发掘盈利的若干重复方法。

第一节 突破口无处不在

不同企业参与的价值活动中，并不是每个环节都创造价值，实际上只有某些特定的价值活动才真正创造价值，这些真正创造价值的经营活动，就是价值链上的“战略环节”。

战略学家迈克尔·波特提出的“价值链分析法”，把企业内外价值增加的活动，分为基本活动和支持性活动。基本活动涉及企业生产、销售、进料后勤、发货后勤、售后服务，支持性活动涉及人事、财务、计划、研究与开发、采购等，基本活动和支持性活动构成了企业的价值链。企业要保持竞争优势，实际上就是企业在价值链

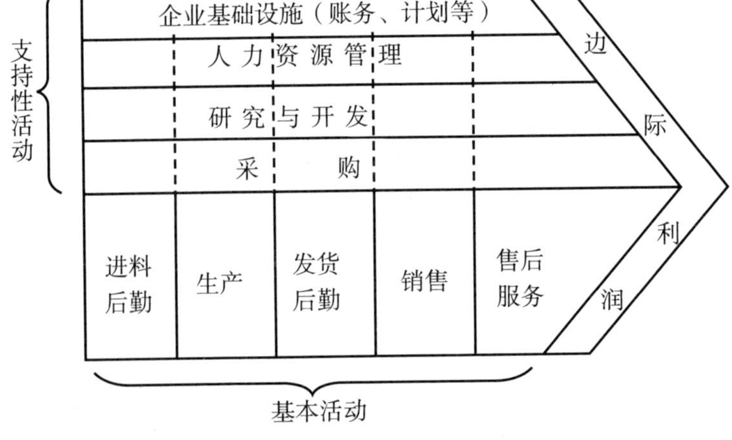

图8-1 波特价值链

某些特定的战略环节上保持优势。

运用价值链分析方法确定核心竞争力，就是要求企业密切关注组织的资源状态，要求企业特别关注和培养在价值链关键环节上的核心竞争力，以形成和巩固企业在行业内的竞争优势。企业的优势既可以来源于价值活动所涉及的市场范围的调整，也可以来源于企业间协调或共享价值链所带来的最优化效益[1]。

如果剖析金融行业每一个子行业的价值链，都会发现与互联网对接的机会：利用互联网，可以提高某个环节的价值创造能力。在供应链或产业链的价值创造过程中，哪些环节的价值创造能力，可以借助互联网做得更强？

一、销售渠道

史玉柱曾经希望将脑黄金的销售队伍转去卖保险，虽然这种想法匪夷所思，但又合乎情理，两支队伍确有共同之处，比如激励机制、营销模式、销售技能。如果销售队伍真能成功转型，则能够获得人力资源成本优势。

目前，民营资本切入金融行业，也往往从销售入手。平安进入银行业，就进行了销售架构、零售业务改革，也是因为销售环节在金融业的专业化程度相对较低。

互联网企业切入金融领域，也往往从销售入手。传统金融业不熟悉互联网营销，互联网企业拥有相对优势，可以分享金融业的制度红利。金融业自身改革的需要，也使得销售环节中大量互联网盈利模型得以运行。

今天，金融销售的一种全新模式已经初现端倪，就是社交网络营销。在中国，尽管目前主要体现在微博营销等方面，但其前景远远不止于此。

未来将可能产生这样的模式：依靠社交网络口碑相传，通过消费者深度参与产品设计及定价，金融产品将节省大量营销费用，更突出其核心价值。

我们以保险为例，来看看这样一款互助保险产品。

（1）满足人们关于意外身故风险的保障需求，具有清晰的产品框架以及简单的保险责任，价格极为便宜。

（2）依赖于成本低廉的第三方查勘机构。

（3）以标准化模式在社交网站上销售。

（4）依靠口碑传播代替传统的营销模式。

（5）极其精干的管理队伍，极其低廉的管理成本。

（6）通过第三方托管确保资金安全。

（7）互助保险模式，投保人即基金所有人。

在获得监管许可下，这款产品可能受到普遍欢迎。如果第三方查勘定损理赔服务能够支持，还可以开发出：意外残疾保险、津贴型重大疾病保险、家庭财产保险、个人责任保险、产品延长保修保险等。

如果进一步细分互联网渠道，追踪互联网的变化趋势，有前瞻性地使用新的互联网渠道，就可以在上述基础上创造许多新模式。以互助保险为例，是在人人网上从学生团体做起，还是从开心网上白领（以公司为纽带）做起，或专做微博营销、QQ、微信、陌陌、社区网站，抑或考虑与线下机构合作，都可能会形成新模式。

二、产品和服务的核心

让我们思考一个问题：未来保险产品和服务的形式是什么？

在所有的创新中，产品是最重要的一种。如 UC 浏览器的 CEO 俞永福指出，产品是 1，管理和营销推广是 0，没有 1，再多的 0 也没有用。当然，俞永福这样说，是因为 UC 是产品导向型企业。需要注意的是，尽管苹果核心竞争力已经包括了应用商店、供应商体系这些生态系统，而生态系统非常依赖管理，但苹果仍然是产品创新型企业。

产品和营销密切相关：缺乏对客户需求的了解，缺乏有效的渠道，缺乏销售规模对产品开发的反哺（收入、反馈），产品无法成功；缺乏产品的精准定位，缺乏技术的支撑，缺乏一个让客户满意的产品，营销就是无本之木。

创新往往需要重新思考商业逻辑的实质。譬如，今天的车损险和车辆保修服务，两者间的区别在哪里？紧急救援保险产品和紧急救援包年服务卡，两者间的区别又在哪里？

当然，保险业专家可以给出这样的解答：保险的基本原理是大数法则。保险产品需要精准定价，定价的依据是风险。一辆车的风险不仅仅与车辆本身有关，更与驾驶员有关，车商、维修店是没有这样的专业能力的；保险公司可以发挥第三方作用，制约服务商。

保险公司通常有严谨的保险条款，提供规范和专业的服务。保险当事人之间的法律关系有一定特殊性，由专门的法律来规范。或许还有一个很重要的区别，保险针对低频大额损失发挥作用，而服务套餐主要针对高频小额损失（救助）；保险是针对不确定性损失提供的服务，而服务套餐则针对的是确定性损失。不过，这个边界并不绝对，可以模糊化。

换个角度来看，保险的核心价值，能否通过其他形式（无论是否通过保险公司）

实现呢？我们知道，按照科斯提出的理论，企业内部部门是可以外化的，关键是交易成本、管理成本之间的关系，决定了企业的边界。如果保险公司内部的不同部门可以市场化、社会化，从保险公司中独立出去，就有可能改变保险行业的格局。

比如，今后有可能产生独立的保险咨询服务公司，提供精算定价模型和管理方案，使保险产品也可以由保修（或其他）条款来替代。尽管企业内部部门市场化为独立的公司后，不同公司之间的沟通可能会存在问题，但企业不同部门之间的沟通同样会存在问题。企业与企业之间如果能通过 B2B 数据接口实现信息无缝连接，甚至较企业内部信息交换效率更高。

事实上，已经有越来越多的中小企业与外部 API（应用程序界面）进行数据交换，其交换频率和规模远远超过内部数据。我们可以将已经大行其道的 P2P 贷款平台，视为企业边界重新界定的典型。

三、信息交互平台

就金融企业之间的共享而言，保险行业已经在建设共享信息平台（车险理赔数据）。其他行业的金融企业，也可以做类似的事情，阻碍信息共享平台建设的主要因素，还是利益问题。

对于传统大企业，数据优势就是其核心竞争力，因此其缺乏共享的动力。新兴企业则渴望以推动共享为名分享其数据，以便瓜分大企业的数据蛋糕，削弱其竞争优势，这是难以调和的矛盾。要解决这个问题，不能依靠行政手段或简单粗暴的命令。迫使大企业共享这些数据，显然不符合市场法则。

要推动有利于整个市场建设的信息共享机制，应当建立市场化的运作机制，以自愿为原则建立共享模式，形成数据的市场化定价机制。事实上，中小银行如民生银行、兴业银行、交通银行等，曾建立过同城通存通兑的资源共享模式，这些模式之所以未能持续或效果不佳，主要在于共享机制设计不够科学，未能对资源使用进行市场化定价。

即便参与者都属于中小银行，都期望共同壮大，与大银行竞争，但彼此在资源数量和资源分布上存在较大差异。各家银行（地区）总部之间尽管签署了合作协议，如果不能将利益分配落实到基层，通过银行内部的激励机制鼓励基层支行分享资源，推广就会遇到很大的障碍。

例如，尽管参与银行规定要通存通兑，但在业务高峰期，如果支行的柜台资源紧张，就可能产生消极情绪，单靠罚则难以解决这一问题。解决之道有以下两点。

（1）资源价值市场化。以信息共享为例，金融企业之间共享信息，首先可以在互补性强、共识较多、需求较强的企业间进行，如中小企业。

（2）采用市场化定价。即认可信息成本和信息价值，通过竞争确定信息价格，并将成本核算到使用单位（首先在银行之间，其次在银行内部）。

实际运行中，可由平台实行信息价格（查询费用）浮动竞价机制和交换结算机制。参与共享联盟的公司根据内部评估设定信息价格，提交平台后，通过竞价模型确定交易价格。参与共享联盟的企业，应当具有共性，如类似的规模、共同的需要等，本着自愿原则确定交易价格。市场上最小的企首先业联合起来，通过共享获得比没有进入联盟的小企业更强的竞争优势，从而吸引或迫使未进入的企业加入，最终实现全市场的共享。

四、消费者价值观

对于贷款的客户来说，便捷性是其核心价值之一。几乎所有银行都认识到便捷性对于客户的重要性。因此许多银行将便捷性作为营销广告的重点。例如邮政储蓄在宣传小额贷款产品时，主要突出“简单、方便、快捷”的优势。

银行业在提高便捷性上做了许多努力。例如，平安银行推出网上个贷申请审批，月收入 3000 元，无需抵押，最快一天到账[2]。在搜索引擎搜索“贷款”、“立等可取”等关键词，结果可达 456 万个。

中国工商银行推出的“企业网贷通”产品，是工行小企业网络融资的主打产品。该产品的特点是，工行与小企业客户一次性签订循环贷款借款合同，在合同规定的有效期内，企业可以通过网上银行自助进行提款和还款申请，贷款额度最高可达 3000 万元。企业有闲置资金时就用来还贷，需要资金时就自主提款，如同刷卡一样方便。该产品对比银行的传统贷款，企业可以根据销售淡旺季等情况灵活处理，随借随还的形式，在很大程度上可以降低企业的融资成本[3],[4]。

工行“个人网贷通”是面向个人客户提供的网络贷款产品。该产品的特点是，工行与个人签订个人借款最高额担保合同及个人网络循环借款合同后，个人可以通过网银渠道自助循环提款。该产品具有以下五大优势。

（1）只需办理一次抵（质）押，循环使用，简单不繁琐，可以有效控制成本。

（2）客户需要申请、提款、还款时，可以马上通过工行网上银行自助办理，随借随还，非常便捷。

（3）工行网上银行为客户提供 7 天 ×24 小时全天候服务。

（4）在循环额度和有效期限内，客户可以根据实际需要，灵活确定贷款金额和期限。

（5）有多种还款方式供选择，客户可根据实际需要选择按月等额还款法或“随心还”还款法[5]。

便捷的循环授信方式，在银行业中比较普遍。以宁波银行的便捷融授信为例，申请便捷融授信，最显著的要求是以贷款企业自有房地产作抵押，享受循环授信，最长达2年时间。授信成功后，贷款可随时由企业自行在柜台申请发放，也可以在网上银行申请发放，不必重新审批[6]。

不过，在分析这些面向中小企业或个人的小额贷款产品的便捷性时，仍然可以发现以下几个问题。

（1）这些产品绝大多数仍基于传统的风险审核。

（2）这些产品只是省略了原本就不合理的重复审批。

（3）这些产品所基于的循环授信、循环贷款，不能回避实质性风险。

对于这类产品，可以考虑以下几种创新手段。

（1）重新审视风险要素审核，创新无抵押、无担保的风险评估和风险控制手段。

（2）进一步提高首次审批的便捷性，真正做到客户首次授信的远程操作，立等可取。

（3）加强循环贷款风险的实质性控制。比如，不增加客户麻烦的定期审查。

在许多情况下，便捷性和风险控制是一对矛盾。通过以上这些措施，在不同环节对便捷性和风险控制进行重新安排，就有可能在提高客户整体便捷性的情况下，同时提高风险控制能力。

传统金融企业业务流程已经非常成熟，因此会受到原有思维定势的局限，认为任何改变都会有困难、有风险，而这恰恰是创新者的机遇。

从以上这些简单的例子，我们可以看出，在贷款业务中，客户会有许多价值点，如贷款金额、贷款条件、贷款成本，等等。我们就其中一个价值点，即贷款便捷性或时间成本作为突破口进行创新，就可以在细分客户群中形成竞争优势。同样，我们就金融业任何一个产品进行分析，都会发现客户核心价值是多样化的，就这些核心价值分别开展创新，就能在不同的细分市场获胜。

五、技术优势

SoLoMo是技术驱动商业模式创新的典型。2012年2月，美国凯鹏华盈（KPCB）

的约翰·杜尔提出了著名的 SoLoMo 概念——Social（社交）+Local（基于地理位置的应用）+Mobile（移动）。他认为，这三种新技术的结合，将为互联网发展带来革命性影响，创造出许多商业模式和创新机遇。

SoLoMo 概念目前已受到全球投资者的追捧。凯鹏华盈 iFund 基金投资的企业包括 Zynga、Flipboard、Spotify、Path、Booyah、Pelago、Apperian 等创业公司。凯鹏华盈认为，移动互联网领域的创业者，一定要抛弃产品经营的思维，“一定要敢想”。他们考察公司价值的核心是项目将来能够做多大，而不是现在有什么好产品。归根到底，是用户规模有多大，商业模式是否足够好[7]。

在互联网金融领域中，即使是技术门槛不高的应用，也能够通过先人一步应用新技术而体现技术优势，如记账软件[8]。

挖财是一款记账应用，同时提供手机和网站两种平台。挖财的特点在于体验，同时抓住了移动互联兴起的机会，是最早在移动互联网与智能手机上进行推广的记账应用之一。用户可以在网站端在线录入数据进行管理，也可以在手机客户端以离线方式录入数据，进行日常查询统计功能；还可以通过手机与网站互联方案，实现数据交互和备份。网站提供财务数据查询和统计分析服务，同时也为用户提供安全的数据备份空间。此外，还支持用户从淘宝等消费网站导入自己的交易记录。这款应用在帮助用户实现记录消费便利化方面，已经获得了初步成功。

如果仅从表面上看，挖财的创意并没有特别之处，甚至有些想法还落后于其他记账软件和网站，而且通过网络实现记录同步早已有之。挖财能够在应用中领先，主要在于以下几个方面。

（1）技术创新。较早进入移动互联领域，抓住了市场空隙。这是其成功的关键，因为在挖财之前，桌面应用市场已经被许多记账软件瓜分。

（2）良好的开发经验。挖财的手机软件具有良好的人机界面，很好地贴近了用户习惯，易用性强，这和开发者的经验有关。

（3）有效创新。挖财在应用上有了一些有趣的创新，这些创新为客户提供了便利，如照相、语音功能，尽管某些创新借助于外部合作商。

（4）便捷性。较全的跨平台产品线，为用户提供了便利。

（5）免费。这个特点使其具备了与随手记这一强大对手竞争的底气。

（6）低成本推广。挖财有效利用了用户口碑推广、奖品推广等各类免费或低成本的推广模式，通过鼓励用户评价、打分等方式积累人气。

但挖财也面临如下挑战。

（1）为客户创造的核心价值有限，从而缺乏黏性。即便2012年6月已经拥有800万的注册用户，但相比2011年同期的300万也仅增长了一倍多，其中可能还有不少非活跃用户数量。用户的忠诚度如何，取决于挖财能够为其创造的核心价值。除了记账之外，其对客户实现资产保值增值的帮助甚少。

（2）没有清晰的盈利模型。或许是尚未找到，或许是实现难度太大，许多计划中的盈利模型都可能是“纸上得来终觉浅”。

（3）偏重技术。与金融业核心业务未能有效融合，不具备整合金融资源的能力和资源，与银行等接口远逊于随手记。

（4）资本战略过于保守。如果不迅速做大规模，会面临巨大的风险，有可能会被竞争对手迅速超越。

（5）免费双刃剑。一方面，免费使挖财有资本与金蝶竞争，但另一方面，也使其价值难以衡量。挖财目前的成果，只能证明挖财比那些小打小闹的个人工作室做得更好，却不能证明挖财能战胜随手记这样的专业企业或任何一家后进入的金融巨头。要知道，即便目前记账领域的“大哥大”金蝶，在金融业中也只是一个“小弟弟”。

（6）作为应用，挖财技术门槛不高。这是一个并不需要太多资源禀赋优势的领域，而后发优势却十分明显，模仿成本很低。只依靠产品本身，很难击退新的竞争者。

从挖财的例子我们看到，抢先应用新技术，能够使企业在前期获得先发优势，抢占市场。但技术门槛是相对的，随着新技术逐渐成熟，相关人才越来越多，技术门槛也会逐渐降低。技术优势通常适用于新兴企业和市场初创阶段。

六、土洋结合

土洋结合，一方面固然是要引入发达国家成熟的技术、前沿理念和消费行为趋势，另一方面，是要发挥中国本地化的要素禀赋。

搜狐是从海归博士张朝阳引进美国门户网站为始发展起来的。后来，这种引入模式被大量采用，并在中国互联网行业发展早期屡获成功。某些创新项目孵化工厂认为，我国互联网发展滞后于发达国家，因此基本上都在走西方发达国家已经走过的路，只需要照搬国外模式，即可在中国获得成功。

一眼看去，国内早期的互联网企业确实大多如此。从门户、搜索引擎到电子商务，每一个领域都可以找到国外网站的影子。然而仔细打量，却发现任何一个在中国成功的模式，都已经经历了脱胎换骨的改造，有一些创新点完全没有模仿对象。今天，被模仿的国外网站甚至国际巨头已经直接进入中国，纯粹模仿似乎已经不能奏效。易趣被淘宝战胜，Groupon 和腾讯合作，也没有看到成功的希望。

因此在土洋结合中，更要强调洋为中用，即本地化，阿里巴巴便是一个典型的例子。阿里巴巴早期的生存之道，充分体现了中国当时人力资源成本低廉的要素优势。金融业人士，尤其是保险业人士，如果看到阿里巴巴初期的奋斗史，就俨然看到了一个保险支公司或展业团队的模样。

阿里巴巴早期员工在回忆文章中，揭示了阿里巴巴的成长秘笈——用人海战术“扫街”[9],[10]。早期阿里的收入主要来源于会员费，后来发展成一个产品“诚信通”。阿里巴巴曾有上千名销售人员活跃在外向型经济比较发达，当地容易形成产业集群的沿海乡镇，如浙江义乌、广东东莞和中山等地。业务员每天沿着街边挨个“陌拜”（陌生拜访的简称）企业，推销会员产品。

通常而言，业务员往往需要跑一个月，才能成功卖出几个会员产品。但每个会员产品收费上万元，业务员通过消费提成，可以勉强养活自己（与寿险产品类似的活动量管理、大量陌生拜访和极低的签单率）。后来，阿里巴巴建立了客服营销中心，通过电话呼出推销诚信通。

在金融业人士看来，阿里巴巴简直就和一家保险公司没有多大区别，依靠人海战术推销没有被广泛认可的产品，一点点做起来[11]。这绝对是具有中国特色的互联网企业发展模式。在发达国家，高昂的人力资源成本是无法依靠人海扫街来发展业务的。此外，阿里巴巴对于政府关系、媒体资源的使用之道，也具有鲜明的中国特色，很值得来中国实施国际化战略的发达国家年轻一辈互联网企业家学习。

我们再来看百度，会惊讶地发现存在同样的情形。当年百度在流量无几的时候怎么办呢？也是先靠人海战术，陌拜或电话销售，后来发展到大规模招商，依靠层层代理进行铺天盖地的推销。所幸百度通过招商进行推广的时候，互联网广告经销商体系已经被全球化网站如雅虎、谷歌等启蒙导师逐渐建立起来，所以百度无须从无到有培养这个市场。当然，百度还用了许多具有中国特色的竞争手段，同样包括利用公共关系和媒体资源。

这样我们就不难明白，为什么像易趣、谷歌这样的公司，无法在中国很好地施展力量。中国的商业环境，并不适合在西方健全的法律和资本环境中成长起来的理想主义者生存，只适合有理想的现实主义者生存。

来到中国的每一个创业者，都必须深刻理解中国市场上哪些生产要素可能具有禀赋优势（相对于西方国家），包括：强大的行政力量，奇特的媒体生态，不成熟的消费者，低廉的低端人力资源，参差不齐的投资人，以及集中在一线城市的成长中的中产阶级和都市白领阶层。对于互联网金融业，还应当包括：不成熟的法律环境，变革中的监管政策，金融寡头的行为特征，微妙的公共关系，消费者主权意识的觉醒。如果不弄懂中国市场的这些特色，轻则寸步难行，重则陷牢狱之灾。

反之，如果对中国特色的要素禀赋优势非常熟悉，那么结合发达国家的发展趋势，创新或许就可能轻而易举，游刃有余，如鱼得水。譬如上述“互联网技术 + 人海战术”模式，成就了保险、理财产品等领域的辉煌。

第二节　夹缝中的另类创新

尽管存在着大量的机遇，但互联网金融领域的创业者也要面临资金短缺、经验不足、品牌薄弱等困难。要想在残酷的环境中寻找盈利获得生存，在本土成长起来的“土狼”们，往往需要另类竞争手段，才能实现对传统企业的逆袭。

一、需要更大程度的灰色创新

互联网金融领域，许多创新依赖于对制度中灰色地带的突破。不少创业者需要承担的并非是商业风险，而是政策风险。如无线（短信）营销被央视 3.15 晚会报道后，短信 ISP 暴利、邮件营销、短信营销、病毒营销等，都因为监管加强而受到打击。我们该如何看清这些问题？企业家们应当在现有监管框架之下，追求合法合规的创新。

这里要强调的是，灰色创新并非违法犯罪，而是指不侵犯消费者利益，不为法律明令禁止的灰色地带。企业家需要厘清不违法、合法、合规之间的区别。一方面，不要去猜测、等待政策，犹豫不决，错失发展良机；另一方面，要密切关注政策变化，及时应对。

支付宝在发展过程中曾被银行质疑违规；宜信被银行业质疑非法集资，也已经很长时间了；平安混业经营，正逢国家整顿金融市场；还有许多创业家在创业过程中，不断周旋于司法、执法系统之间。安徽凤阳小岗 18 户农民冒死签下分田到户“生死契约”，可有什么法律依据[12]？学术界和商界还在呼吁赦免所谓的“原罪”。

创业家应当勇于尝试制度没有规定的空白地带，在这些空白地带，什么是对，什么是错，恐怕连历史学家都很难说清楚。另一方面，创业家还必须正视现阶段国内法制尚不健全的实际情况，防范法律风险，发展壮大后，及时夯实自身的核心竞争力。

需要高度警惕的是刑事犯罪。据报道，淘宝数码类产品销量冠军“蓝优数码”，因涉嫌走私 5 亿元 iPhone 及偷逃税款 5487 万余元，2012 年 4 月被警方查处[13]。前空姐李晓航从事网络代购，并以个人携带入境的方式避税，被以走私普通货物罪判处有期徒刑 11 年，罚金 50 万元。随着电子商务的蓬勃发展，因违法犯罪而陷入囹圄的不在少数。

互联网行业中的违法犯罪案件，以侵权最为典型。如腾讯外挂，先有北京理工大学老师陈寿福开发腾讯珊瑚虫外挂，被判处有期徒刑 3 年，并处罚金人民币 120 万元[14][15]。后有腾讯员工开发红旗 QQ，被判处 6 至 7 个月有期徒刑[16]。由于私服暴利堪比贩毒，盛大游戏私服泛滥，仅著名的蔡文案，涉案总金额就达上亿元[17]。所谓的网络公关公司进行删帖勒索等行为，曾经一度十分猖獗，危害到社会正常秩序，2011 年引发中央外宣办等四部门开展整治非法网络公关行为专项行动[18]。所有这些名为创新实为犯罪的行为，都是铤而走险。

这些事件的发生，不是因为创新，反而是因为缺乏创新能力，因为缺乏在合法领域的创新能力，才会铤而走险。违法领域竞争少，似乎更容易“成功”。

毋庸讳言，互联网金融领域的创业家，包括传统金融企业内部的事业部，都是相对具有创新精神和冒险精神的。正因为如此，他们必然有更高的风险偏好，“侥幸”心理也更强，但如果缺乏最起码的法律意识，企业就可能毁于一旦。要知道，有些“红线”是碰不得的。

二、以快取胜的局部改良

今天的年轻人充满了干劲，有了想法就动手。不过，形形色色的创业里面既有颠覆性的新技术、新模式，也有小打小闹的局部改良。

许多人只是因为对某个知名软件或应用不满意，就开始另起炉灶，甩开膀子干活。尽管这是许多成功企业的起步模式，但最后善终的却寥寥无几。例如，史玉柱对原有游戏模式不满，于是创建了新模式，孙正义对原有软件销售方式进行革新，于是创建了新企业。但是这种创新，成功的概率到底有多少?

要注意这些成功者进行了哪些准备，曾经筛选了多少个设想？淘宝是成功了，但淘宝成功之前尝试过多少模式？若一叶障目，认为创新很简单，那就大错特错了。

另一方面，机会不等人。互联网领域的创业家回顾创业历程，遗憾的往往是行动晚了，而不是因为行动错了。等到万事俱备，只欠东风之时，机会也早丧失。风险投资要投的企业，多半都尚未盈利，待到盈利之时，早已过了 Pre-IPO（融资筹备）阶段甚至已经上市了。

如何以快取胜？

（1）尽快占领市场，扩大规模，赢得客户。这是获得风险投资，维持正现金流，以收养支，建立市场壁垒的方式。

（2）尽快建立上下游生态系统。电销企业现在购买客户信息，较 3 年以前成本更高，风险更大。第一家基金超市去和基金谈，相对容易，基金公司要求不高，等到第三方销售多起来，谈判就越来越难，条件越来越高。第三方支付企业与银行、团购企业和商户建立合作关系，也曾经经历这样的过程。

（3）尽快获得投资或上市。第一名永远是第一名，当然，最好选择资本市场的好窗口。问题是，企业自身的发展和资本市场的波动周期并不同步，能像 Facebook 那样两全自然更好，如无法两全，如何抉择，便是考验创业家到底是投机者还是真正创新者的试金石。

互联网金融创业者要及时抓住市场稍纵即逝的空隙。俞永福介绍 UC 发展的市场契机时称，当时市场缺乏跨平台的浏览器，Opera 浏览器也是如此。操作系统军阀割据，中国百姓对速度和流量高度敏感，iOS 无法播放 Flash 等格式文件，于是制造了这样的机会。UC 浏览器提供了全面的跨平台版本，拥有自建服务器，可以提高访问速度以弥补国内带宽不足的矛盾，帮助客户减少 90% 流量，还支持播放 Flash 等格式文件。

关键在于，UC 当时抓住了移动互联网兴起而移动浏览器尚未普及，智能手机迫切需要进入中国市场却缺乏应用支持，传统互联网巨头尚未重视移动互联，绝大多数人仍将浏览器当做高技术、高门槛领域的市场空隙。这一空隙稍纵即逝。今天，这些外部环境已经改变了，腾讯也进入了这一领域，百度已经后悔行动迟缓，但 UC 已经跑在了前面。

当然，光靠快是不够的。许多昙花一现的创业企业，曾经采取跑马圈地的策略，通过融资阻击竞争对手，建立进入壁垒的路径，但由于缺乏核心竞争力，最终仍然导致了失败。后来的创新者，只要坚信其能够为消费者创造更多价值，就能占领舆论高地，在已有的市场上撕开裂口。以宜信为例，尽管面临银行指责，却依靠有利的舆论大环境发展壮大。当整个社会都在呼吁放开民间金融，支持小贷时，宜信的风险也就小多了。

土狼们正在蜂拥进入狮子们的地盘。面对蜂拥而上的第三方支付、第三方理财、互助信贷模式，银行很焦灼。焦灼之后怎么办？必须以快制快，现在就采取行动！

三、解放思想，另辟蹊径

用营销员展业机制做互联网，将最笨拙最简单的模式与最先进的技术结合起来，阿里巴巴就是这么干的。马云总结了推广黄页的经验：招聘大量业务员扫街、高提成率、低成交率、人海战术、“洗脑式”鼓劲等，这都是保险营销员机制的特色，阿里巴巴推销会员产品充分借鉴和发挥这种特色。正因为如此，阿里巴巴才能实现从无到有，迅速成长，才能支撑淘宝度过亏损的岁月，并坚持免费策略战胜易趣，熬到今天取得了辉煌。

hao123依靠收买网吧网管，将hao123简单的网页推广到全国大地。hao123的技术可以说相当简单，但手段却是敢为天下先。之后，网游也学会了这一招，依靠大量地推人员到网吧推广。这些地推人员学历低，薪酬低，手段野蛮，但却成功造就了巨人这家网游企业的辉煌。

2003年，智能手机打车应用也开始类似的推广。在的士司机聚集的地方，推广人员在为的士司机安装自家软件的同时，会故意卸载对手的产品，双方常常发生争执，甚至大打出手。残酷的竞争，从网上对骂发展到现实中的短兵相接。

简单的往往是有效的。过去奏效的某些方法和手段，今天可能已经时过境迁。以扫街展业为例，人力资源成本快速上升，网民已经由网吧转到家庭，再转到移动。一度被广泛使用的山寨机暗门安装手段，势必会被抛弃。违反道德的手段必然难以持久，甚至可能因违法违规遭受牢狱之灾。

但中国仍然有自身的国情，照搬美国模式，成功的可能性越来越低。互联网的发展已经走过了初级阶段，随着人力资源成本、网络营销成本的上升，简单的移花接木模式已经难以成功。在中国拓展互联网金融业务，需要针对中国特色的社会阶层、消费习惯、上网习惯、金融管制等，借助新的技术和互联网形态，根据细分市场特点，开发本地化、个性化的产品和服务。

以评估和管理信用风险的方法为例，传统信用贷款需要的单证、资料、手续繁多，但小额贷款如何甄别贷款人的信用？能否远程视频观察贷款人的家里是否整洁，看看贷款人做事是否井然有序，从社交网站如微博、微信、QQ记录等观察其朋友圈，从手机话费清单察看其社交活动是否频繁，是否有稳定的社交群落？从缴费记录看其是否有定期缴费的习惯，对自己的信用是否足够珍视？能否提供证明其信用的非常规形态的证明？在呆坏账清理和追收方面，能否充分借助于互联网技术，增加对违约者的威慑力度？在信贷产品方面，能否提供更为灵活的还款方案？能否帮助借款人提高资金使用的效率？能否为其提供实时反映资金风险的报表？能否借助借款人的力量共同开展追收工作？能否提前对风险进行准确评估？能否借助互联网和第三方机构，采取效率更高的风险防范措施？

四、在适当时机进行适当的创新

如果没有适当的机会，创新很容易被绞杀。那些早期依赖实质性创新的公司，在自身拥有足够市场份额和资本力量后，就开始采取价格竞争、舆论宣传、法律武器、政府力量以及建立牌照壁垒等手段阻挡新的竞争者，如百度、支付宝、腾讯等。

据 2011 年 10 月 24 日午间消息，UC 优视发布《致广大合作伙伴及 UC 浏览器用户书》，称腾讯公司故意操纵关于《QQ 浏览器全面稳居浏览器市场第一》的虚假报告，群发 UC 合作伙伴，与 UC 开展不正当竞争。同时，该公司质疑腾讯的创新能力："我们请问腾讯公司，手机 QQ 浏览器如果不是直接调用手机系统自带浏览器内核的'壳浏览器'，为何各项性能指标与手机操作系统自带浏览器如此相似？腾讯公司能否单独公布手机浏览器的专利创新，而不用把全部集团的专利创新都加到手机浏览器这单一的产品里？"现在再回头审视那场战斗，UC 胜利了。

在另一个案例中，由于中国内地原始产权保护制度缺乏，创新意识欠缺，作为一个典型的创新者，Talkbox 在中国遭遇了困境。

香港人郭秉鑫为首的 6 人团队，经过 1 年左右的时间，研发出全球第一款语音 IM 应用。2011 年 1 月上线，仅仅 3 天的时间，在 App Store 的下载量就达到了 100 万次。郭秉鑫回忆说："当时市场上没有类似的产品可以借鉴，从服务器到客户端，都是从零开始摸索"[19]。这款产品完全有可能像"愤怒的小鸟"一样，成为一款伟大的应用。从技术角度看，其创新性甚至更强，然而这款产品的结局如何呢？

同年 3 月，米聊便增加了语音功能。Talkbox 曾经在官网上挂出了 Android 版本的发布时间倒计时，挂出后不久，米聊的官网上也出现了相同的板块。"他们抄袭了我们网页的源代码，我们在底层的源代码中有一个错误，他们甚至把错误的地方也抄上去了。"郭秉鑫说。

同年 5 月份，真正的巨无霸腾迅出手了，腾迅微信推出了语音功能，从 UI 到录音方式，很多地方都有 Talkbox 的影子。郭秉鑫说："我们当初在 App Store 上不该把 Talkbox 放在全球下载，而应该只上美国市场。"

人们往往陷入误区，只看到生存下来和做大做强的产品，从没有意识到，许多创新并非是革命性的产品创新，而可能是突破性的技术创新、市场创新、应用创新、渠道创新或模式创新，甚或更多的是综合性创新。我们看到的产品只是一个表象。

对于互联网金融领域的创新者来说，由于法律环境、监管环境、客户需求、产品和服务都更为复杂，创新一定要避免纯技术流的理想主义，而应综合审视创新环境，在适当的时机、选择适当的产业链、适当的市场、适当的客户群进行创新。

第三节　模型的力量

现代企业经营中，模型的重要性不言而喻，比较经典的是数据挖掘课程常用的案例：沃尔玛通过数据挖掘，发现应当将啤酒和尿布放在一起陈列，因为年轻的父亲们下班前会接到妻子的电话：去超市买啤酒的时候，别忘了带孩子的尿布回家。

这里我想强调，相对超市而言，互联网业务模型的重要性更高。对许多互联网企业而言，产品卖不卖得出去，成本省不省得下来，最后赚不赚钱，全靠模型。

科学的触角在现代企业管理中无所不至。企业内部模型无处不在，管理咨询公司也总是为客户推荐各类模型。这些模型既包括经营模型，也包括管理模型。广义的模型则包含了企业决策和作业中的所有规则、经验和方法。相较于传统行业，模型对于金融企业具有更重要的意义。

以利率市场化改革为例，当市场开放之后，消费者将选择利率（收益率）最高的机构存款（放贷）。对银行、小贷公司或者信贷平台来说，如何动态确定贷款利率？如何定价以与风险匹配？如何与竞争者博弈？如何计算客户的利润和风险？如何匹配客户服务成本？如何根据边际收益决定投入？这些问题都需要依靠模型来解决。

一、模型是企业核心竞争力

模型是互联网金融企业的核心竞争力，它决定着企业经营策略，发挥了互联网的核心价值，是重要的试错工具及商业模型的必需组成部分。模型有许多局限性，我们在前面多个章节曾阐述其中一部分原因。但首先我们要强调，模型确实是互联网领域的核心，因为：

（一）决定企业经营策略

今天，任何一个打算在淘宝开店的经营者，首先应当是数据控，应当开通数据魔方并详细研究。

早期淘宝经营者最简单的工作模式是：查看当前热销宝贝——根据热门关键词正确取名——根据买家成交高峰时间正确设定下架时间——结合橱窗推荐，完善店铺装修、宝贝描述、销售活动——促销及回头率管理……[20]

这显然就是一套营销模型。

（二）有助于提高营销绩效

对于营销而言，互联网核心价值是什么？

标准化、高速传播、数据流、共享信息、互动营销等，可以极大提高营销绩效，这是传统营销模式无法比拟的。

仅以互动营销为例，通过微博，企业与消费者实现互动，既能建立口碑传播，改善客户关系，营造良好品牌，又可以获取客户需求（传统模式中需要极高成本），完善产品与服务。

国内新兴垂直电子商务玛萨玛索创始人季斌指出，随时进行数据分析，对广告投放进行调整，最短调整时间可以精确到每一分钟。如果投放线下报纸、电视等媒体，调整时间最短可能也要半个月。

奥美互动投资的 ITOP 公司，为其客户达芙妮电子商务网站设置了 300 多条不同创意和表现形式的网幅图象广告，用于 6 个月的广告投放，可以根据销售额和 ROI（投入产出比），随时进行广告和媒体调整。达芙妮电子商务网站的销售额也由 6 个月前每天不到 1 万元，冲到每天 8 万元。

更为重要的是，随着互联网营销的发展，营销将进一步与后台进行整合，从而深刻影响产品定制与生产、服务下单及业务流程等企业内部系统，将需求与供应更紧密地结合起来，提高企业的快速反应能力、决策效率及其科学性。

（三）重要的试错工具

没有任何工具能像互联网那样，可以帮助企业在如此短的时间内快速创新并进行验证。在消费者需求与市场环境变化多端的年代，企业可以通过互联网提高营销策略的正确性，加快新产品投放，提升企业创新能力和效益。

许多采购、销售全部网络化并通过 B2B、B2C 和内部信息系统无缝链接的企业，销售端的需求信息变化反馈到采购策略，或许仅仅是几秒钟的事情，但它可以帮助企业做出正确的转型决策，避免因决策滞后产生巨大损失。对于大部分采购、销售对象都非实物的金融企业来说，效率会更高。

（四）营销创新的基础

目前，从现代企业即广告主来看，或者自身建立量化营销部门，或者聘用专业第三方广告评测公司；从广告方来看，无论是谷歌、百度、新浪等门户网站，还是垂直网站，都建立了广告投放的精准预算系统。

使用过谷歌广告系统的网站都知道，营销策略和数据的反馈几乎是实时的。如果广告主调整广告内容、图片、位置、形式、大小，几分钟后就会显示在所有投放的网站上，而且当天的点击效果，第二天（或几分钟后）就能够看到。

（五）盈利模型的组成

好的盈利模型就是一个模型或多个模型。淘宝著名的化妆品卖家 NALA 创始人刘勇明，从无到有，3 万元本金起步，用两年半时间做到月销售额 4 千万元，获得新加坡淡马锡风险投资 3000 万美元。

从刘勇明的介绍中，我们可以看到，理科专业出身的他，独家秘笈就是采用数据分析的方法，像做实验一样做网购。最后的商业模式是做“系统化、精细化的网络化妆品零售商”，本质就是构建精准的营销模型[21]。

刘勇明集中精力研究淘宝的数据[22]，统计淘宝客户的 IP 地址、上网时间，以及不同客户的心理状态，做成报表，仔细分析。通过分析淘宝数亿用户的数据，观察他们在交易前的一些行为。比如：顾客从什么渠道进淘宝，进一个店里之后看多少页面，与最终的成交量是怎样的关系；顾客多次购买后，会转成小额批发客户，20% 的顾客带来 80% 的利润；客户的上网时间往往在晚上，与此对应，成交时间也基本在晚上，如果晚上不上班，要损失一半订单；大量囤货能够提高进货时的议价能力，却会影响资金周转率，所以平均资金周转周期要在 20 天内。

关心一个核心数据，客服的成交量就可能提高 30%。对客服团队的管理，刘勇明关注四个数据：接单量、呼入量、客单价以及打字的数量，然后挑这四个数据做得好的客服为大家培训。由于数据量太大，刘勇明采取抽样检查的方式，分析结果基本准确。

二、淘宝魔方的使用

我们以淘宝魔方为例，来说明互联网营销的盈利模型是如何建立的[23]。

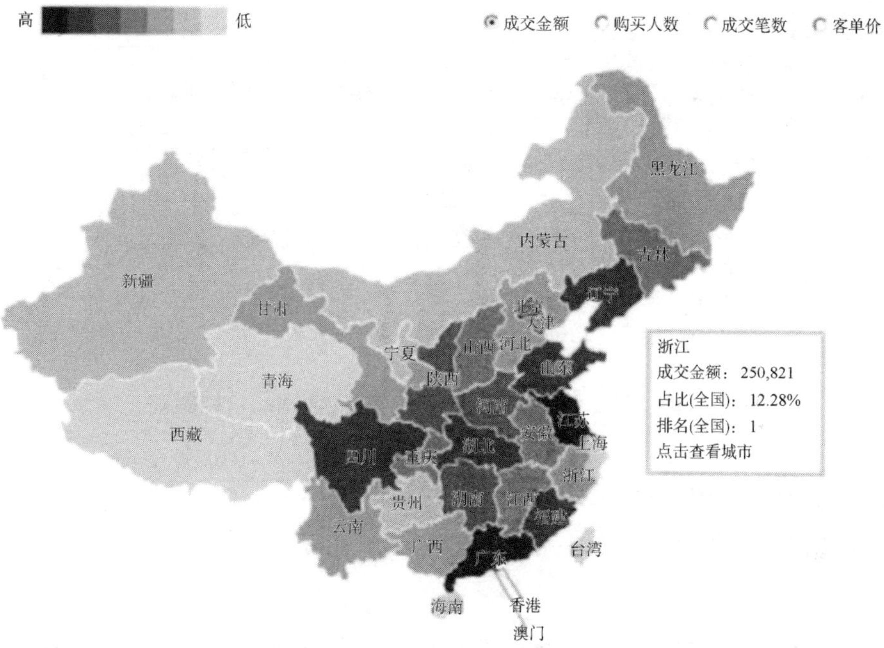

图8-2 根据数据魔方数据，可以精确选择广告投放区域，提升广告绩效

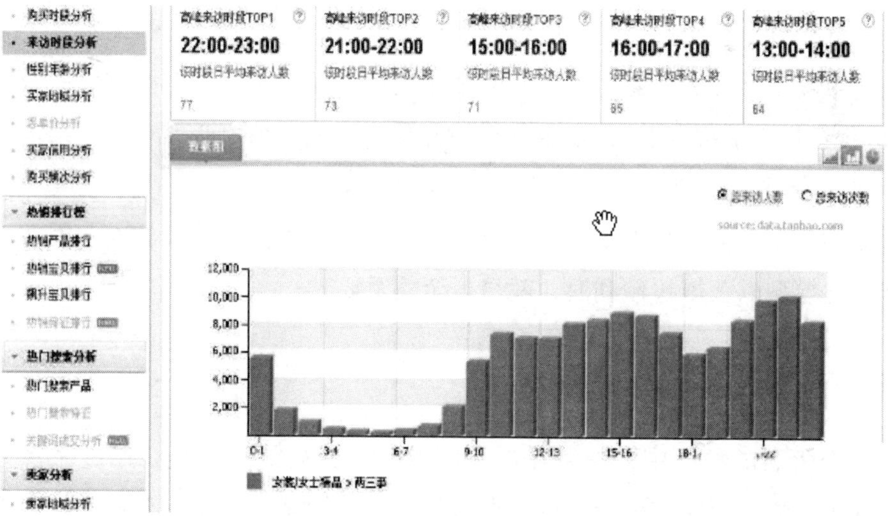

图8-3 根据来访时段，可以将直通车出价时间精准到小时

客单价分析

搜索：

序号	客单价区间	人数	人数占比	男	女
1	0-50	12,108	11.10%	3,173	8,935
2	50-100	26,672	24.46%	7,774	18,898
3	100-200	41,695	38.24%	10,850	30,845
4	200-500	21,823	20.01%	5,397	16,426
5	500-1000	4,269	3.92%	1,095	[illegible]
6	1000-2000	1,386	1.27%	[illegible]	[illegible]
7	2000-3000	499	0.46%	[illegible]	[illegible]

图8–4　可以根据行业客单价，制订合理的价格策略

通过热门搜索词与成交的关联分析，可以获得以下信息。

（1）高搜索低成交——金牛业务，大量买家在寻找，但尚未引起重视，市场处女地。

（2）低搜索高成交——客户目的性很强，专业度很高，重在对高忠诚度客户的维护。

（3）高搜索高成交——市场当前热门趋势，应当精益求精，适合压倒性策略。

（4）低搜索低成交——过时或超前产品，需剖析并采取针对性策略。

任何市场都会经历从蓝海到红海的变化过程。随着淘宝数据魔方应用教程的普及，“仿我者死，学我者活”，常规分析的普及，导致的结果必然是营销渠道竞争白热化，利润一降再降[24]。

得益的只是淘宝、数据魔方和最早发现、发掘、发挥它价值的人。因此，不断创新和优化模型以获得超额利润，就显得至关重要。

三、赶集网实习生的故事

在一个著名的帖子中，一名在赶集网做数据分析的实习生，通过完善分析模型，发现了影响赶集网广告策略的重要规律，证明原来的策略完全错误。尽管这个说法有失偏颇，但赶集网那个聪明的实习生[25]，显然充分认识到了数据分析对于互联网企业的极端重要性。

下面是在赶集网做数据分析的实习生发的帖子，在网上广为流传。部分内容如下。

……

（我在研究竞争对手58同城的网页广告投放策略的过程中）尝试用反复刷新的方

式记录了几次，没有止境，于是打算从网页代码中找结果。常用的标签里没有相应项，在网页的尾部发现了JS代码，这些广告信息出于某种原因是动态生成的，但是所有方格广告的信息都在这长长的一行暴露了。

接下来用php写了一个脚本，来抓取方格的实际数量、商户名和商户电话。在搬家频道中，一个时间点上的广告数为25，和广告位数相等，但是实际广告数却大于70个。

我继续刷新，开始研究58方格的变化规律，发现58做了蛇形方向轮播，让每个广告按时间段出现在每一个广告位上，并且经过每个时间间隔，会消失一个广告，同时出现一个新广告。我向市场部的人要了竞品数量统计，发现几个月以来，他们提供的数据一直有误，比方说搬家频道，总是25个。这意味着，我们对58产品的了解是片面的，而且错误估算了对方的盈利额，在参考对方业务的过程中，也限制了自身产品的市场潜力。

和GL讲了这件事，他起初不相信，非要让我演示一遍。后来，他亲眼看到之后，无语了半天，然后是烦躁。第二天，YT和三个业务部的负责人知道了这件事，反应很大，之后是他们无止境的会议。

销售部接下来采取了动作，重新定位竞争对手，重新对产品进行定价，考虑是否改变现有产品的广告位或者采取轮播，改变电销的流程。

从这个案中可以看到：在模型时代，数据分析模型的重要细节决定了营销策略，乃至高度影响企业的整个竞争策略和经营绩效。

千里之堤，毁于蚁穴。一家大企业的轰然倒下，也许就是一个小错误导致的。

四、金融企业的模型

对于一个完整的模式而言，仅仅分析营销这个环节是不够的。以保险为例，从同一家4S店拿到的车险业务，支付同样的手续费率，业务质量和利润却差别很大。聪明的保险公司实行差别化手续费率，其依据则是业务盈利水平的相关指标，如基于风险分类的预期赔付率或综合成本率。

但是对4S店的管理，显然不是一个指标这么简单，还需要将保险公司的绩效指标分解和对应，包括保费规模、份额、维修推荐量、推荐率、推荐成功量、成功率、现场救援、维修价格指标（折扣率等）、综合成本率、所有业务利润额、续保率、客户满意水平、现金流等。随着保险公司经营的目标和重点发生变化，对4S店的管理指标也需要适时调整。同时，还需要据此建立决策模型和谈判模型，决定给予

4S 店的合作资源。

对于一般的商品来说，其盈利模型相对固定和简单。而对金融产品来说，产品线的绩效是不确定的，因而难以评估，另外影响绩效的因素众多，产品线的绩效变化非常快。

产品线的绩效难以评估。绝大多数金融产品涉及投融资两端。如果对于营销部门是高绩效的，但销售获得的资金在投资部门却由于资本市场不景气或者投资经理的问题导致亏损，那么，这个产品线是应当继续扩大规模，还是收缩或关张呢？比较明智的做法是深入剖析原因，按照可改进、本质性缺陷、战略错误等分类，采取有针对性的措施。但这仅仅停留在理论上，对于长期产品，如保险、债权，效益评估就更为复杂。

对于金融企业而言，风险模型至关重要。以如火如荼的 P2P 小额贷款为例。许多蜂拥而上的小额贷款平台，按照互联网企业的习惯性思路，在基本经营模型尤其是风险模型建立之前，就开始了大规模扩张。这种扩张，在传统金融企业看来是非常危险的。事实上，小额贷款平台的风险，与传统银行并没有太大区别，然而其风险管理能力却相差千里。

现在，绝大多数小额贷款平台依赖互联网营销扩大规模，但对背后蕴含的系统性风险却视而不见，或没有做好充足准备。一旦发生系统性风险，后果必然是毁灭性的。互联网金融企业必须基于风险可控的商业模型，才能确保企业做大做强。

对于 P2P 小额贷款平台，如果目前所谓的风险基金，其真实目的是覆盖呆坏账，那么目前风险基金机制普遍存在严重缺陷，原因如下。

（1）对呆坏账的定义口径常常过于宽松。由于互联网环境下的诚信水平具有特殊性，不能简单地按照传统应收账款的账龄定义呆坏账。

（2）缺乏情景模拟和压力测试。目前绝大多数系统都是对已发生呆坏账进行分析，缺乏预警能力。譬如，一旦经济指标恶化，或者某个产业发生大面积风险，其影响可能是灾难性的。应当对这种情形进行模拟，估计所需要的风险基金的大小。

（3）比例过低，无法覆盖风险。目前 1%~2% 的提取比例，相较于 P2P 平台的高风险而言，显然过低，并不能反映 P2P 平台贷款人风险高于银行客户平均水平的事实。

（4）无法反映业务风险趋势。无论是银行还是保险公司，准备金都需要反映业务风险的未来期望，而目前按固定比例提取的方式，显然无法反映 P2P 平台上的风险变化趋势。

五、淘宝电商的经验

我们再来看，对于一个传统电子商务企业，数据分析模型有什么样的作用。

以数据分析著称的淘宝店 NALA[26] 认为，“数据最有说服力。所有运营层面，都可以用数据反映。互联网的特点是让商业数据化，老板的工作主要就是看数据。数据化运营能实现精细化运营，形成核心竞争力！采购、进销存、流量和推广、财务、设计、客户管理，都可以以数据化的管理运用起来，最终实现让软件来管理数据。”

根据 NALA 的经验，对于会员数据，需要分析的因素可能包括以下几点[27]。

（1）访客总数，日均访客数，日均回头客数。

（2）已购物顾客数，已获得订单数，平均购买件数。

（3）回头客数据分析：每日订单中回头客比例，每月新增客户在未来一年的每个月的回头率。

（4）VIP 客户数据:VIP 购买频次，客单价，累积购物金额和分布。

（5）会员营销分析：针对会员的活动取得的效果分析。

（6）休眠用户比例和唤醒活动（电话呼出，EDM，QQ 群等）的效果分析。

（7）各地区的会员比例（对自建物流，配送成本分析，线下交流圈作用较大）。

（8）各时间段顾客访问、咨询、下单比例（对客服和公司工作时间用处较大）。

如果考察淘宝商家[28]，成功的大商家都是数据控[29]。2012 年 9 月 16 日，国内最大的时尚箱包在线商城——麦包包，在 5 周年庆典之际首发“中国时尚箱包数据魔方”。该魔方通过分析箱包网购人群的消费习惯，用最严谨的数据与最有趣的可视化图表，以生动形像的展现方式，全面解构了箱包消费蓝图。

互联网金融领域的“三马”合作，是强强合作，但最终的王者恐怕是淘宝一方。因为阿里系长期经营数据产品，是最了解数据的，尤其是最了解消费者的网上消费、交易行为数据，在数据分析方面拥有丰富的经验。这也是为什么在三马合作成立的保险公司中，阿里控股并占有主导地位。

数据模型将成为互联网金融的生存工具。当互联网企业和传统金融企业都在拓展互联网金融业务时，更感到惧意的是传统金融企业。上帝保佑他们！

六、模型的局限性

我们推崇模型管理，但也不能将其作用夸大到无所不能。事实上，精于模型的人，常常“只见树木，不见森林”，沉浸在“奇技淫巧”之中，往往忽略了商业的本质。模型归根到底还是战术层面的东西，不能取代战略决策。让搞战术的人去做战略决策，或者让做战略决策的人去搞战术，除了个别通才，结果都不太妙。

尽管我们强调模型的重要性，但为了避免读者走进死胡同，最后还要指出：商业永远是 1，模型是后面的 0。即便以数据分析著称的刘勇明，其介绍经验时，首先谈的是企业和客户定位，谈顾客感知价值矩阵。互联网金融企业能从中学到的就是：定位是首要的，模型只是必需的工具[30]。

任何模型都仅仅适用于企业成长的某个阶段，适用于某种特定情景和条件。对一家成熟企业和传统金融企业适用的模型，未必适用于一家刚刚起步的新企业。类似地，高速发展的新兴企业，到了一定阶段就必须转型，模型也必须随之改变。商业逻辑决定模型，技术永远无法主导经营和管理。

数据分析是金融企业，特别是互联网金融企业的核心竞争力。数据分析对于互联网金融企业的重要性，比传统金融企业和其他互联网企业更高。“应用之妙，存乎一心。”企业真正的核心技能，是需要长期积累的，是需要固化在企业基因里的。

尽管我们强调，文化、体制能使企业的核心竞争力更长久，但类似于制造业的核心生产工艺——有效的分析工具和技能，包括 ERP（企业资源计划）、CRM（客户关系管理）、WMS（仓库管理系统），核心的技术后台和数据是无法从表面看到的。真正好的、内涵的、核心的东西，只有被淘汰掉之时，企业才会广而告之。当然，企业的核心竞争力，不能仅仅依靠数据分析或一个出色的模型。

从战术上看，做模型管理，最基本的是应当重视假设和前提，如果这些变了，则模型应用就失去了意义。更重要的则是重视经济、商业的含义及其本质，否则就有可能走入死胡同，因小失大，引喻失义。

从战略上看，应当重视关键性细节，例如颠覆性技术。技术重要吗？尽管许多战略家轻视技术，然而互联网金融企业必须重视技术，尤其是颠覆性技术。我们必须对技术的本质、局限、适用性、发展趋势、前景、实施路线和方法、商业结构、经济性、应用和背景等有深刻的理解和把握，这样才能更好地制订战略。尤其是如果希望制订具有前瞻性的战略，就必须把握技术。

当满大街的人都在讨论移动互联之时，制订移动战略就为时已晚了。另一方面，要用得适当，要与商业相结合。如果只是将新技术当做时髦，附庸风雅，不能真正把握新技术的内涵，则无法转化为商业上的成功。

事实上，每家金融企业的客服中心报表，恐怕至少都有几十个指标，远远超过刘勇明的 4 个客服考核指标。但许多企业在刚性考核和绩效改进方面，却未必比刘勇明的 NALA 更有效。这也充分说明，数据或模型是经营或管理的基础条件，但仅有这些是不够的，关键是作出什么决策，以及如何实施。

许多大型企业逐渐陷入了为数据而数据、为模型而模型的死胡同，虽然有大量数据和模型，却不知道这些数据从哪里来，口径如何，数据之间的关系如何，模型运行的机理如何，数据和模型背后有怎样的决策意义。若是这样，管理者就极有可能被数据误导，甚至做出错误的决策。

第四节　访问中的营销模式

互联网经济曾被称为注意力经济，网站访问量的重要性，曾经被强调到无以复加的地步。即便今天，网站访问量仍是电子商务最重要的指标之一，互联网金融网站仍然高度重视访问量。

淘宝投资新浪微博，主要目的之一就是获取访问量，控制访问量。这种重视是可以理解的。正如对于实体店，街道人流量是最重要的选址考虑因素，在一定程度上决定实体店能否盈利。在互联网行业，作为一种最重要的资源，流量已经成为许多企业如电子商务社交网站倒卖的商品。

一、访问指标与付费方式

以量化营销的互联网广告为例，我们首先讨论互联网访问的基本指标和推广的付费方式[31]。

（1）CPM(每千人访问成本)。按访问人次收费，已成为网络广告的惯例。CPM 指让广告接触到每一千人平均需要付出多少费用。

（2）CPC(每点击成本)。以每点击一次计费，同时加上点击率限制，可以增加作弊难度。但不少经营广告的网站认为，虽然浏览者没有点击，但是他已经看到了广告。对于这些看到广告却没有点击的流量来说，网站提供了流量却毫无收益。因此很多网站不愿意做这样的广告。

（3）CPA(每行动成本)。CPA 计价方式是指按广告投放实际效果，即按回应的有效问卷或定单来计费，而不限广告投放量。CPA 的计价方式对于网站有风险，一旦广告投放成功，其收益也比 CPM 的计价方式要大得多。

（4）CPR(每回应成本)。以浏览者的每一个回应计费。这种广告计费方式，充分体现了网络广告“及时反应、直接互动、准确记录”的特点。但对品牌广告来说，很可能达到展示目的，却因为没有回应而不用付费，因此网站通常拒绝这种模式。

（5）CPP(每购买成本)。广告主为规避广告费用风险，只有在网络用户点击广告并进行在线交易后，才按销售笔数付给广告站费用。

以上五种方式中，无论是 CPA 还是 CPP，广告主都要求发生目标消费者的“点击”，甚至形成进一步购买才付费，而 CPM 则只要求发生“目击”(或称“展现”)，就产生付费。2013 年，谷歌承认了一个被广告业严守多年的秘密，10% 的网络广告在网页上所处的位置，使它们几乎不可能被用户看到。这些广告被放在网页上很低的位置，网民要向下滚动网页才能看到它们，而大多数网民都不会这样做。但是由于广告已经在网页上显示，广告主需要为这些广告付费。所幸的是，谷歌制定了一个 ActiveView 解决方案，对广告的实际可见度进行评级，并已成为业界标准。

（6）包月方式。很多国内网站按照每月固定费用模式收费，这对客户和网站都不公平，也无法保障广告客户的利益。虽然国际上通用的网络广告收费模式是 CPM 和 CPC，但在我国，网络广告商们各自为政，网络广告收费模式并不统一，有的使用 CPM 和 CPC 计费，有的采用包月的形式。尽管现在很多网站已采用 CPM 和 CPC 计费，但仍有很多中小站点甚至某些强势大型门户网站都采用包月制。

（7）PFP(按业绩付费)。基于业绩的定价计费基准有点击次数、销售业绩、导航情况等。不过，截至到目前，这种模式仍然极少采用。大多数网站并不接受这种模式，其中的原因有以下两种：一方面是因为互联网经济的发展，使得广告资源比较稀缺；另一方面，在广告网站看来，业绩本身具有很多不确定性，且与广告主自身有关（如网站设计、产品定价、服务质量等）。

（8）其他计价方式。某些广告主在制订营销方案时，会提出以下方法个别议价。

① CPL(Cost Per Leads)：以搜集潜在客户名单多少来收费。

② CPS(Cost Per Sales)：以实际销售产品数量来换算广告刊登金额。

相比而言，CPM 和包月方式对广告网站有利，而 CPC、CPA、CPR、CPP 或 PFP 则对广告主有利。

事实上，对于金融企业而言，在挑选互联网广告媒体时，所做的工作与传统媒体有类似之处。在目标市场确定后，挑选覆盖目标客户一致的网站，借助第三方监控数据考察其历史流量，估算可能对企业带来的绩效，根据网站广告价格，推算客户获得成本，或基于其他目标的单位成本。企业营销绩效最终的结果，可能是关于CPC、CPR、CPA这些指标的一个函数（方程）。

二、访问的含义与测量

在互联网营销管理中，当公司成本结构中的某一部分成本发生了变化，或者某一部分产出效率发生变化，公司就必须不断调整其经营策略的每个细节，以达到效果最优。

举例来说，金融企业在拓展互联网业务的过程中，注册了与电销电话同样的网站地址，并在平面广告中推介，整合其电销和网址的宣传；在网络广告中，及时捕捉到不同广告渠道的成本绩效变化趋势，及时减少百度竞价的广告占比，增加腾讯新闻等广告占比，或与之相反。

目前，在国内，AdMonitor[32]，AdMaster[33]等互联网营销服务企业，发展了第三方网络广告测量工具，为传统金融业进入该市场提供了成本核算及营销决策的支持。

（一）测量指标

传统电视广告效果，看的是以下几个重要指标：收视率、广告平均曝光频次、总收视点以及每收视点成本。广告主、代理公司目前采用的网络视频广告效果监测指标，基本上是沿用互联网传统广告的监测指标：曝光、点击、一次跳转，二次跳转等[34]。

现有的互联网广告，主要测量指标有点击、访问、独立访问者、进入页面的跳出率、访问路径、退出页面、访问者成本、转换率（转化率）以及广告费用的投入产出比等十几种。网络广告效果测定的方法，目前主要有点击率和交互率两大类。点击率主要测量受众看到广告并点击的数量，交互率主要是指受众点击广告并进一步与广告主联系的数量。其中，最普遍的测量方式是按点击率测量网络广告效果。

很多广告系统通过提供点击数据，证明有多少访问者点击了广告。点击率作为网络广告最基本的评价指标，是反映网络广告最直接、最有说服力的量化指标。但是，随着受众对于网络广告的日益了解、熟悉，进而选择性无视，点击率的作用正在下降，或不再是唯一依据。比如，网页上广告数量太多，无暇顾及；网友浏览广告之后，已经形成一定的印象，无需再点击广告，或者仅仅记下链接的网址，在其他时候访问；或者广告商采用欺骗手段，将弹出页面的关闭按钮设置为打开广告链接……因此，点击率已无法充分反映网络广告的真正效果。

基于信息技术、数字化技术的互联网营销，较传统媒体的一个优势，就是高度量化，可以精确地记录每一个广告有多少人搜索、点击以及购买，时间甚至可以精确到毫秒。但麦肯锡的市场调查数据却显示：有一半广告主并不知道网络广告究竟有没有效果。互联网测量方法的发展，已经远远落后于互联网媒介的创新。

（二）绩效比较

同时在传统媒体如电视和互联网媒体如网站、移动应用投放广告，面临两种媒体的绩效比较问题。DCCI(互联网数据中心)2010年推出了《跨媒介广告营销测算基础方法指导框架》(简称CMMG)，试图为电视和网络视频媒介基础指标的制定、基础数据的测量制订标准，以及电视与网络视频指标、基础数据之间的基本换算等，推动电视的总收视点与互联网的CPM、Impression、Reach、UV、PV、VV等指标数据对接，消除电视与网络视频之间在广告营销的媒介计划、效果评估阶段存在的基础测算障碍。

然而，互联网营销的情况是极为复杂的。测量指标与最终效果之间存在复杂的相关性，不同金融企业可能有不同的函数，同样的互联网广告媒体，对于不同的互联网企业，绩效存在较大差异。

例如，对于金融门户网站、垂直网站和不同类别的直销网站，由于广告媒体受众与广告主目标客户群的重合度不同，绩效就会完全不同，用户获得成本也不相同。在某些互联网领域，由于竞争主体众多，对同类型广告媒介争夺激烈，投入成本也会快速上升。

受众的地域性有时候也会对绩效产生重要影响。下面看看邮件营销在不同国家和地区的效果差异。从图8–4中可以看到，在不同地区，电子邮件推广的效果完全不同。2011年下半年，在中国进行的邮件营销中，80.4%的邮件丢失。

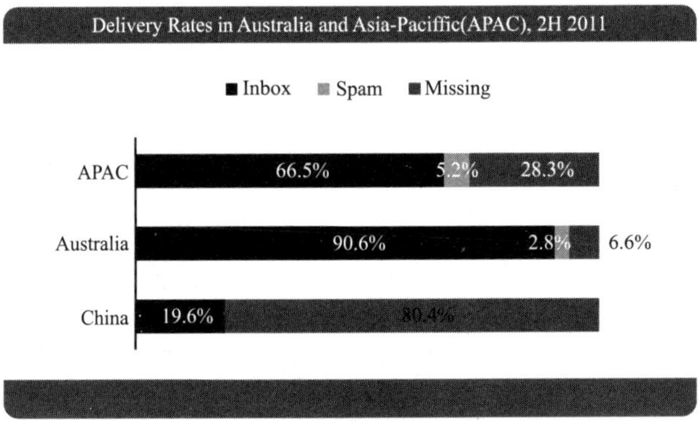

图8–5　亚太电子邮件情况[35]

（三）边际效益逐渐降低

2010年底，淘宝网通过调查，测算出了目前B2C行业的几个平均数据：网站转化率是3‰，推广ROI（投资回报率）平均是1：0.3，获得一个实际购买用户的成本是80元，获得一个真实有效点击要用0.8元，获得一个购物注册用户成本要20元[36]。

到2011年底，垂直B2C主要通过搜索引擎、网址导航、客户端、展示广告等模式营销，由于B2C竞争激烈，获取单个用户的成本一度高达200至300元。

（四）营销成本测量关系企业成败

在企业整个价值链中，由于营销成本影响定价，互联网营销会导致“营销逆选择”现象，即客户平均营销成本（签单成本）如果过高，可能会导致定价过高，造成客户流失。

保险业有一个定价逆选择概念，可以说明费率定价准确的重要性。对一个大的客户类别，如果A公司按照风险高低分为两组，对低风险客户实行低费率，对高风险客户实行高费率。另一家B公司不对这个大的客户类别进行差别化定价，实行平均费率，即比A公司的低风险客户费率高，而比A公司的高风险客户费率低。那么随着时间的推移，越来越多的高风险客户会选择B公司投保，越来越多的低风险客户会选择A公司投保。A公司实现盈利，而B公司将会亏损。这就是逆选择：风险小的客户将流入定价准确的公司，风险高的客户将流入定价粗糙的公司。

比较营销环节的成本，也有类似之处。如果有两家公司，其他成本相同，预期利润率相同，对于某类客户，假设营销投入与对客户吸引力呈正比，那么，如果A公司吸引该类客户所需营销成本低于B公司，则其可以将节省下来的营销成本让利客户（降低或升高利率、费率、费用率等）或投入服务，进一步增强客户吸引力，随着市场发展，这家公司最终将赢得全部客户。

降低营销成本对整个企业、产品线的存亡至关重要，互联网金融企业需要准确分析不同模式或策略下的营销成本。

三、网站用户行为分析

电子商务分析有两个维度：商业数据分析与用户行为分析[37]。对用户行为的分析，通常包括PV、UV、转化率、跳出率、退出率、停留时间、活跃时间等数据。通过服务器端（服务器日志、反向代理）和客户器端（客户端程序 / 浏览器插件、

Java 程序）收集，或利用谷歌分析、百度统计、淘宝页面显微镜等工具进行统计分析，可以了解用户行为和页面的可用性，甚至直接进行多种方案的测试，为页面设计元素的位置、类型、尺寸和形状提供依据。

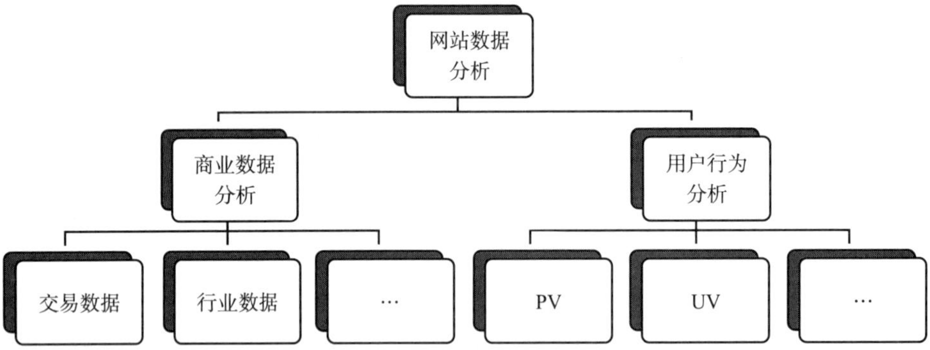

图8-6 网站数据分析内容

一个网络媒体（网站）会包含有数十个甚至成千上万个页面，网络广告投放的位置和价格，牵涉到特定的页面以及浏览人数的多寡。这类似于平面媒体如报纸的版位、发行量或者电波媒体如电视的时段、收视率等概念。

消费者在何时、何地以何种形式和频率访问哪个页面，点击网页的哪个位置？互联网企业对用户行为的研究表明，设计科学的网页，能有效增加点击率，提高转化率，提高签单率。事实上，一个根据用户行为习惯设计和易用性强的网页，更容易被用户接受、停留和点击，从而产生更高的利润。图 8-6 为某网页点击热点分布图。如果将企业不同产品作为一个页面中的不同广告元素，那么，通过点击热点分布的研究数据，显然可以制订更有效的广告排列方案[38]。

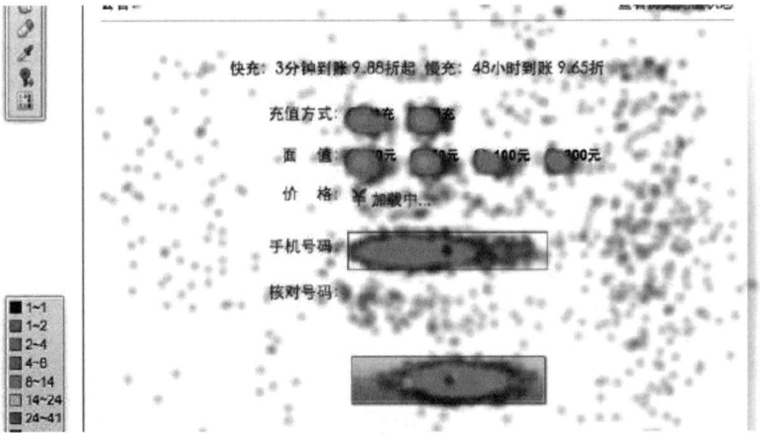

图8-7 网页点击热点分布

企业不但要关注访问结果，还要分析访问行为，尽可能创造商机。一个完美的网站，体现了企业精巧的商业设计逻辑。从用户访问企业的任何一个网页开始，就应当对该用户的行为进行记录，根据获得的信息，不断分析其行为和消费者属性，并进行适当调整，如推荐最可能感兴趣的商品，采用最适当的流程，对风险低的客户提供简易流程，对风险高的客户提供复杂的审核流程。

对于每一类用户，界面几乎都是差异化的，当然，差异化的程度受到复杂性和成本的限制。这些工作，在传统的营销模式下几乎难以想像，但在互联网营销中却变得较为容易，如调用函数或代码等简单手段，便可以轻松实现。

四、漏斗模型和转化率

在上述内容的基础上，接着分析互联网金融企业如何将访问转化为实际效益，以及转化过程中的效益和效率。

许多网站采用漏斗模型（Funnel model）分析网站转化率（Conversion Rate）。谷歌分析提供了很好的漏斗模型分析和展示方案[39]。

谷歌分析支持设立目标页面、网站停留时间和每次访问页数等三类目标，为目标建立渠道（访问路径），设定目标价值（可以支持电子商务网站的价值分析）。以网页目标为例，网站设置一个或一组页面作为目标，访问者浏览页面即计为完成一

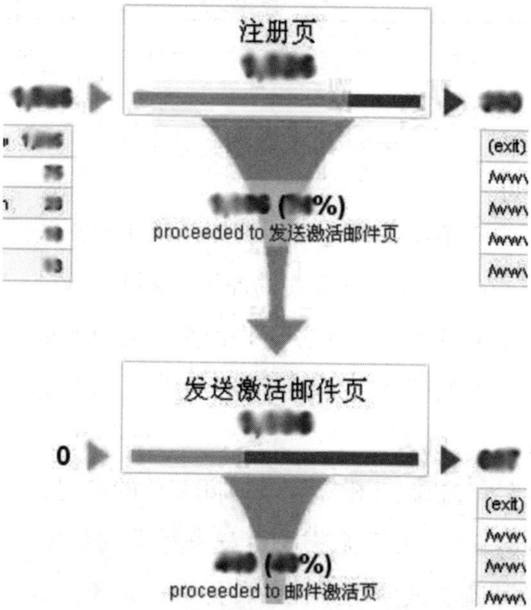

图 8–8　谷歌分析的渠道可视化报告

次目标。谷歌分析提供了目标报告数据，其中：

（1）总转化次数：当访问者在一次访问中多次完成目标时，只记录一次。

（2）转化率：完成目标的次数 / 总访问次数（此配置文件内的总访问次数）。

在电子商务网站的漏斗模型中，首先需要给出消费者的访问和购物过程[40]，网站统计每一步剩余用户的人数。可以看到，在访问网站的每一个环节中，都会有用户流失（离开网站）。

	浏览	购物车	订单	支付	完成交易
人数	2071	622	284	235	223
上一步转化率	100%	30.0%	45.7%	82.7%	94.9%
总体转化率	100%	30.0%	13.7%	11.3%	10.8%

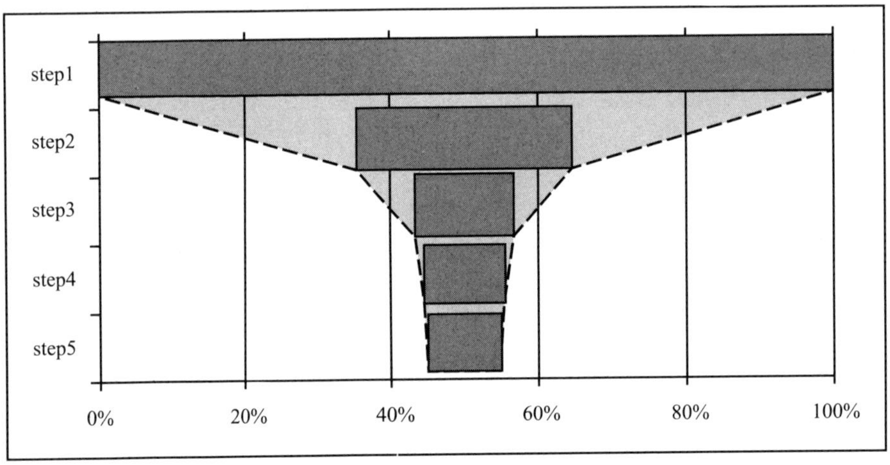

图8–9 用户流失漏斗图

根据每一环节用户逐渐减少的过程，可以画出用户流失漏斗图。

研究漏斗模型，可以找出用户流失的原因，不断改进，以提高转化率。但是，一个单独的、静态的漏斗模型，对于分析来说是没有意义的。仅靠漏斗模型，无法评价网站流程中每个环节转化率的好坏。通常可以通过趋势、比较和细分方法，分析各个环节的转化率。

（1）趋势（Trend）：分析漏斗模型随着时间变化的情况，适用于优化效果监控。

（2）比较（Compare）：由于无法获得竞争对手的数据，通常只能比较本网站类似产品，或服务期间购买或使用流程的转化率，或开展多方案测试，从而发现存在的问题，选择最优策略。

（3）细分（Segment）：细分来源或不同的客户类型在转化率上的表现，用于分析网站的广告或推广的效果及ROI。

漏斗模型适用于网站中某些关键路径转化率的分析，以确定整个流程的设计是否合理，各环节的优劣，优化的措施等。漏斗模型的意义在于帮助了解用户访问网站的真正目的，为他们提供合理的访问路径或操作流程，最终达到经营目标，而非仅仅提高转化率。

五、数据背后的含义

仅靠数据说明数据，是没有任何意义的，甚至是浪费资源。分析数据需要深究数据背后的真实含义，避免得到错误的结论，或者导致商业决策失误[41]。

譬如，何谓真实准确的数据分析结论？有来源显示百度搜索占70%，谷歌27%，360搜索2%，搜狐1%，是否就应据此设置广告模型？当然不行。或许那些数据的背后，是因为产品的口碑传播用户集中于百度搜索的用户。

又如，如何区分新用户与老用户？从技术上看，只是表明分析工具无法通过外网IP区分用户。而一个外网IP背后，极有可能有多个用户。如果以Cookie判断，那么用户刚刚清空Cookie，也会使得网站不再认识用户。

此外，邮件营销的访问该如何界定？ 到达率（Deliver Rate）、打开率（Unique Open Rate）、点击率（Unique CTR）究竟是何定义？所谓“点击”，往往并不意味用户真正浏览过，ATOS（平均访问时间）可能远远低于真实情况。

哪些访问可以计入真正的浏览量？打开网页，在某些时候并非是真正有效的打开，比如可能是误击和弹窗广告。如何通过不同数据的相关关系，识别虚假的点击？停留多长时间算是浏览？事实上，网站并不能获得真正的停留数据。

访问量下降，说明网站吸引力下降了吗？反之亦然吗？或许访问量不但与网络推广有关，也与产品促销、宣传报道等有关。

浏览量是否会有周期性？譬如传统的业务销售高峰，甚至某次危机事件，也可能造成访问量上升。

从数据本身来看，均值、最大值、最小值、中位数、众数、方差、标准差等统计量，能否有效描述数据特征？二八法则是否会误导决策？研究统计分布可能更精确，但分析指标如何科学设定？如何分析数据之间的关系？统计分析需要进行哪些检验？是否需要进行时间序列分析？在方法上，是根据发生机理建模，还是采用统计分析方法？

在营销绩效评价中，如何识别绩效非常关键。譬如，如果网站发现购物车放置率（Shopping Cart Abandonment Rate）很高，而交易率却很低，通过测试选择最优时间（如24小时后）发送邮件提醒，大大提高了交易率，可以认为是邮件提醒带来了交易吗？是不是将原本就会发生的交易，算到了邮件（短信）提醒的功劳上？又如，通过网站数据分析折扣促销的效果，那么如何区分折扣带来的增量？

数据分析仅仅反映了数据之间的相关性，却不能反映行为之间的因果关系，但许多企业的决策，恰恰建立在简单的相关性分析上。当然，数据不充分是企业普遍面临的问题，而有价值的数据永远是不够的，哪怕大数据时代也是如此。

在陷入技术细节时，企业必须不断回到商业的本质。例如，分析的目标是什么？是提高销售量、销售额，增加初次消费，增加重复购买率，还是增加高利润产品的销售额？如果网站首先向用户推荐高利润产品，但用户却正在通过网站比较不同公司的产品价格，因为还没看到低价产品，就被吓跑了怎么办？如何使客户服务更便捷，让客户更满意？

再来看漏斗模型，推究各类假设：每一个访问者都是为了交易而来吗？如果老用户只是上来查询自己的账户，查看客户服务信息，我们就不能假设客户正在逐渐流失。此外，促使用户留在网站或离开网站的因素，可能并不仅仅是因为他刚浏览的网页，而是叠加了所有浏览过网页的结果。

设定目标，确定技术路线，制订监控指标，研究数据真实性、完备性、准确性、有效性并进行处理，再次完善监控指标（完备、适当冗余）并给出清晰无歧义定义，明确监控指标数据的获取规格、规模、方法、途径，通过测试、校验、辅助指标计算获取分析数据，对数据进行清理转换，剔除异常数据，分析数据的稳定性，通过长期监控来分析隐性效果和长期效果。这些步骤通常需要不断反复。

最为重要的是，如何将数据与商业意义联系起来。就营销分析而言，会涉及消费者行为分析、消费者生活方式、人口统计学特征等。根据这些可以改进营销策略，如判别目标消费者，制作针对性强、投其所好的广告。然而，如果将营销纳入公司整体战略目标和年度经营目标，就需要考虑盈利、结构、销售量、客户数量、单价、客单价等指标。譬如，尽管广告推广带来了销售量，但单价却比较低，造成了亏损；网销产品开展低价促销，却造成原有盈利业务发生渠道窜货，变为亏损业务。

如果一开始就考虑所有假设，那么问题将复杂到根本无法解决。因此，最开始可以简化逻辑树，建立简单的逻辑树，在此基础上分解、分析每个环节，从而得到决策的依据。

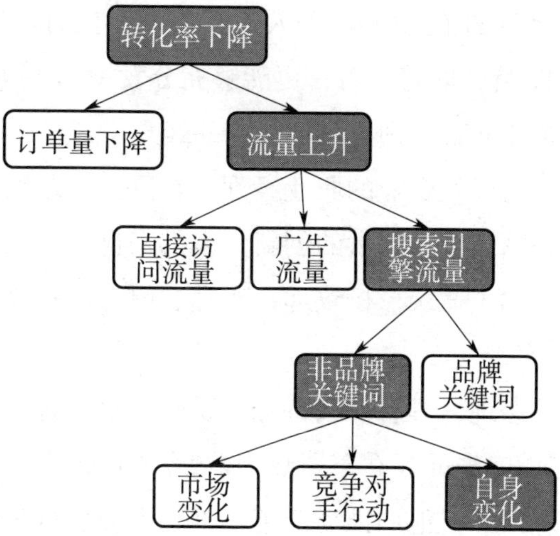

图8-10 转化率的简单逻辑树

尽管我们对基于访问的营销模式进行了讨论，但我们必须永远记住，营销模式创新的根本在于商业模式，而非数据分析本身。

第五节 卖给任何你能想到的

这个标题包含两层含义：产品创新与满足需求。今天的创新者，应当致力于将消费者的所需从不可能变为可能。

一、伟大的产品经理

信息时代，商业世界的许多伟大创新，来源于伟大的产品经理。产品经理们都需要向乔布斯学习，因为他是世界上最伟大的产品经理之一。

工业化时代有没有伟大的产品经理呢？也有，福特汽车的创立者亨利·福特就是。不过随着工业社会的发展，尤其是对于一家相对成熟，发展到一定规模的大型制造企业而言，决定企业成功的影响因素越来越多，产品经理就不再那么重要了。

从美国 CEO 的出身可以看出，早期企业 CEO 多出身于工业制造，扮演着类似于中国车间主任类的角色。后来则较多来源于财务，再后来，则主要来源于销售。今天呢？世界 500 强中出身销售的最多，其次是财务，总计超过 95%。

未来，有人说是出身IT的职业经理人最多。这是极有可能的，信息经济和互联网经济时代，具有IT背景的管理者，更能够充分发挥IT的功能。

不过，对于新兴企业而言，则更可能是产品经理。

创业家（企业家）与成熟企业的职业经理人有巨大的差别，他们的特质有所不同。在竞争激烈的互联网领域，伟大的创新大多都来自于一位卓越的产品经理，他们具有企业家精神。比尔·盖茨、杨致远、布林、佩奇、扎克伯格，哪个不是成功的产品经理呢？

乔布斯这样的产品经理，具有什么特殊气质呢？苹果有个著名广告——《不同凡想（Think Different)》，广告词令乔布斯热泪盈眶："向那些疯狂的家伙们致敬，他们特立独行，他们异想天开，他们推动变革，推动人类前行……"这使我们想起当年英特尔公司总裁格鲁夫的《只有偏执狂才能生存（Only the Paranoid Survive）》中所讲："你的企业迟早会走到一个战略转折点。"

今天的金融业，难道不在这个战略转折点上吗？产品经理应对这样的战略转折点，不变法宝始终是：专注消费者需求，通过聚焦战略（Focus Strategy），竭尽所能地最大程度满足消费者最关切的需求，以获得竞争优势。

二、了解和满足需求

许多人都将产品经理的第一步定位在了解需求。不过，这并不容易，甚至依赖产品经理的天赋。如果说史玉柱是因为了解需求，才成功创造了脑黄金及其营销模式，那么乔布斯也这样说过："要想按照大众的需求设计产品真的很难，在大多数情况下，人们根本不知道自己需要什么样的产品，因此在他们知道自己的产品需求之前，主动告诉他们所需要的产品。"

北京大学教授张维迎将企业家分为三类：识别消费者自己都不明白的需求并创造产业；满足市场上已经表现出来的需求并领先行业；按订单最低成本生产。但是，"中国能称得上第一类企业家的比较少。"他同时指出："技术发展的复杂程度需要更多想像，决定胜负的关键，可能就取决于企业家的想像力和对未来的判断。"

比了解需求更难的，是如何通过创新满足需求。作为产品经理的创业者，往往喜欢挑战既有规则。我们来看Dwolla公司一个重要的创新：不用付费的移动支付[42]。

传统上，美国信用卡公司对每笔刷卡交易收取2%的手续费，如此每年能产生400亿美元的营收。Dwolla以颠覆性的业务模式进入支付领域，他们绕开信用卡公司，直接通过用户的银行账户进行转账，10美元以下的支付交易免手续费，10美元以上，无论多少都只收取25美分的手续费。这与Paypal、Square等现有支付服务提供商2.7%的手续费，以及信用卡公司收取的2%刷卡费相比，具有很强的竞争力。

创始人米尔纳毫无金融知识。他曾开办一家扬声器产品网站，每年向信用卡公司贡献数万美元的手续费，这让他非常不满。米尔纳发现，当时美国支付服务都要通过银行的ACH(自动交换中心)系统。由于需要辨别诸多欺诈行为，ACH系统运转缓慢。米尔纳认为，如果绕开ACH系统和信用卡公司，再加以安全认证，那么支付就会变得更加便捷，还可以免除各种手续费。

这个立意虽好，但金融业是监管最为严格的领域，要完全抛开现有金融体系，去打造一种全新的支付服务，难度很大，绝大多数人会知难而退，但米尔纳坚持了下来。

2008年，米尔纳创办了支付服务公司Dwolla，找到几家金融机构做战略投资者，在小范围内开始业务试点。当年12月，Dwolla开始正式运营，第一周交易金额为5万美元。经过4年的经营，Dwolla已经走出爱荷华州，向全国市场拓展。2012年，Dwolla平均每笔支付交易金额为500美元，日均交易处理额在2011年底突破了100万美元。

Dwolla的模式并不复杂，用户需要使用社保号码和手机进行注册，完成验证之后，就可以进行支付，收款方则不需要Dwolla账户。支付金额直接通过银行账号转账，不通过ACH系统和信用卡公司，因而不能透支。此外，Dwolla还注重社交网络，用户可以关联Facebook账户，直接转账给Facebook好友。

Dwolla推出之后，很快得到了消费者和商家的欢迎。原因很简单：极其低廉的手续费。Dwolla只有11%的支付交易是P2P，89%都是B2B、B2C或者C2B类型的支付。而此前，商家不得不向信用卡公司或者Square、Paypal等支付服务商缴纳最高达3%的手续费。

在移动支付方面，Dwolla推出了自己的智能手机应用。消费者可以通过应用完成收款、付款、充值等完整的支付交易，还能搜索到附近支持Dwolla的合作商家。支付服务商Spreedly的CEO贾斯汀·本森评价说:Dwolla是未来的支付方式。

三、不要对需求视而不见

金融消费者的需求是无止境的，关键是如何满足他们。

2011年，网友“青岛漫漫”题为《榨干银行利息》的一则帖子，在网上迅速走红，并被媒体广泛报道。

帖子的主要内容是：用网上银行每天存 50 元，充分榨干银行利息。发帖人声称，不管钱多钱少，只要是闲钱，就要充分利用。以前大家很多都是一个月存几百元、几千元、几万元，然后循环 1 年 12 单，3 年 36 单，但这也无形浪费了 1 个月或者半个月，甚至几天的利息，所以他每天都存 50 元。1 天 50 元，30 天 1500 元，1 年 18000 元。以后不是每个月有钱到期，而是每天都有钱到期，而且选择到期续存，榨干银行，一天都不要放过[43]。

2012 年 6 月，央行允许存款利率上浮 10%。部分银行的各期限存款利率上升后，网友们甚至还推出了升级版“极品存款法”，建议客户到 5 年期定期存款上浮 10% 的银行开户，然后采用极品存钱法，每天定存，年收益可达 5.61%[44]。

从另外一个角度看，第三方理财机构能否提供类似的服务呢？如果用户真的这样斤斤计较，银行是否愿意帮用户省却麻烦呢？长期缺乏竞争，导致银行业普遍存在这样的观念：自己能赚的，就不能让利客户！但是随着竞争加剧，这种做法已经过时了。

我们再分析一下银行能为用户做些什么。

假设某个用户每月 1 号发工资 1 万元，月底花光，即所谓月光族。这个用户从银行能得到什么呢？假设这个用户每个月每天支出稳定，那么平均日净值是 5000 元。用户全年能得到的，大概只能是 5000 元每月活期利息 ×12 月。但是，从现金流来看，如果这个用户每天账户里都有 5000 元，他能得到什么呢？是 5000 元 ×1 年定期利息。如果第三方理财机构甚至银行能够推出相应的存款管理服务，一定会大受欢迎。

但在银行看来，这显然不是什么高明的争夺客户的方式，因为会损害自身利益。投入服务成本高，却极有可能降低利润，得不偿失。尤其是大型银行，存量客户较多，更不会采用这种方式吸引客户。即便对于希望从大银行手中争夺客户的中小银行，也可能认为这种服务吃力不讨好，损失利润的弊大于得到的利。可是，竞争加剧会改变他们的想法。个人客户获取成本不断抬高，将使这种创新有利可图，对于具有较强客户价值挖掘能力的银行，收益会更多。例如，如果银行能向客户销售某种金融产品，并通过这种产品让客户资金利用最大化呢？如果银行通过销售这种产品获得更多手续费收入呢？如果银行利用这种服务吸引相对重视员工诉求的中小企业，不仅仅在本行开设工资账户，而且开设公司账户呢？

当然，这仍然不是竞争的最高境界。

竞争的最高境界是，通过启发、引导客户消费观，不仅仅向客户销售他所想到的，而且销售他没有想到的，销售给客户让他惊喜的产品和服务。谁说被称为服务好得几近“变态”的海底捞火锅给排队客户提供的水果、饮料、免费上网、擦皮鞋和美甲等服务，没有包含在价格之中呢[45]？这种产品和服务是客户真正需求却未曾想到的，通过这些产品和服务，企业和客户都能够获得更多价值。

2008年，网络社区流行一篇名为《教你榨干保险公司最后一滴血》的帖子，传授车险用户在理赔时使自身利益最大化的方式[46]。事后有律师给出建议，认为车友既可以借鉴，但更要防范可能由于骗赔而承担的法律风险[47]。

保险公司是否可以从与用户的博弈、从互联网保险创新的角度来思考创新呢？

（1）通过互联网降低管理成本。以车险为例，由于信息不对称导致的骗赔、超赔，可能占赔款成本的15%~20%。保险公司为了反欺诈，投入的成本也很高。如何通过互联网来降低这类管理成本，从而提供更便宜的产品呢？举例来说，是否可以考虑利用社交网络（人人、微信、QQ、微博等）、阿里巴巴等电子商务交易、央行征信系统等外部数据和大数据技术，评估用户的道德风险，从而有效识别风险，简化流程，降低成本。

（2）通过互联网降低营销成本，实现精准营销。是否可以考虑利用SoLoMo降低保险营销成本，实现精准营销？譬如交通意外险、航意险、旅行险以及车险产品。

（3）是否可以将产品设计得更为简单便捷，例如采用互助保险。尽管保险属于专业金融产品，但是可以通过简化责任、标准化赔付等方式，使得产品更容易理解，更容易通过互联网销售。事实上，电销保险刚刚推出时，也曾经面对质疑，原因包括：

①传统保险推销依赖面对面的信赖体验。

②保险的专业性较强。

③传统保险推销依赖于人际关系。

但最终电销保险由于其带来的价值（费率低廉）而被广泛接受。

第六节　价格在空中，价值在地上

随着O2O（线上到线下）模式的兴起，人们会问，为什么要回归线下？还记得10年前电子商务在中国刚刚起步时“鼠标+水泥”的说法吗？如果说鼠标代表互联网，水泥代表传统行业，则互联网出身和传统行业出身的企业（或创业家）始终争论的，就是究竟谁整合谁？今天似乎二者已经紧密融合，难以区分了。

许多从传统产业转型做互联网业务的人，进入这个领域才发现竞争如此惨烈，网络营销成本如此之高，人才如此难寻，风险如此之大，市场如此复杂如此不成熟，而且最后仍然会回到线下传统竞争，或者力求将线上与线下相结合，以获得相较于新兴竞争对手的全业务链优势。

一、线上价格战的噩梦

互联网金融领域因其专业化特点，更需要精耕细作。然而，今天互联网金融企业，尤其是技术驱动型的创新企业，往往还没来得及深耕，就不得不先面对价格战问题。

2011 年起，中国电子商务价格战进入白热化阶段，这从电子商务门户网站京东、天猫、亚马逊等的竞争可以看出来。2012 年以来，价格战愈演愈烈，参战方由三变多，整个上半年的热战在 6 月 18 日——京东店庆日当天达到高潮。京东以店庆之名发起促销，随即受到以天猫和苏宁易购带头，包括库巴、新蛋等数家电子商务参与的“围剿”，店庆日最终成为全民促销节。

京东刘强东随即在微博表示，将在 2012 年三四季度发起最惨烈、最全面的价格战，并称“谁价格不是最低，谁走人”。当日苏宁易购就表示“不见不散”。随后，当当李国庆宣称，目前当当网每天都在监测价格指数，只要发现不是全网最低，就会直接下调[48]。一淘更是借此机会大力开展宣传推广活动。

2013 年初，京东致函易讯，要求后者停止“贵就赔”活动，否则就要采用法律手段。易讯强硬回复其行为合法合规，京东不得不采用自己以前极力反对的竞争手段。但不管京东采用什么手段，要么帮助易讯打广告，要么坐视新对手以价格战争夺自身的份额，抢夺对价格敏感的客户。

互联网金融领域，银行利率市场化、保险费率市场化即将引发一场价格恶战。而第三方支付领域，许多陪着拿牌照、陪着降价、陪着铺产品的三陪中小企业，最后只能赔本赚吆喝。

对于很多创业企业来说，远大的市场前景与当前微小的规模形成强烈反差。以基金代销为例，截至 2012 年 6 月，证监会已经批准 7 家支付机构从事基金销售支付业务，但基金直销通过第三方支付平台的交易规模仅为 1500 亿元。业内人士计算，如果以每年 1% 的佣金计，对于平地起步的第三方销售公司来说，一年至少要做到20亿元至30亿元以上规模的量，获得两三千万元的收入，这些企业才能达到盈亏临界点。

汇付在扶持基金公司渠道上做了3年不盈利的打算[49]。

自2005年成立起，拉卡拉就一直面对亏损局面：2008年亏损7.5万元；2009年上半年亏损168万元，净资产为负数；2010年依然处于亏损[50]，直到2011年才迎来月度盈利。然而，整个第三方支付行业还没有探索出完整的盈利模型[51]。

价格战显然是互联网竞争的一个重要特征。互联网是消除交易信息不对称的利器，而交易信息中最容易标准化，最容易较传统渠道产生比较优势的，就是价格信息。在产品同质化程度极高的情况下(对于金融企业而言，管制易造成产品同质化)，企业必须且只能依靠价格战争夺客户。

线下消费者即便不满意金融机构的产品或服务，也只能无奈地选择留守某家金融机构。许多人对大银行的服务怨声载道，但却不愿或不能销户，原因不过是单位将工资账户开在协议存款银行，公积金账户统一开在某家银行，住宅或单位附近缺乏其他银行网点。与之截然不同的是，消费者可以在网上方便地转移金融资产。由于转移成本很小，网销客户的忠诚度远低于线下客户。

但当单纯的价格战导致全行业亏损后，企业之间的竞争必然转向其他领域。单纯依靠网上价格竞争势，必将转向商业模式创新和企业内部成本控制、流程控制、风险控制及价值链、供应链等其他环节的优化上去。

二、线下的价值发现

线上价格，线下价值。如果将互联网金融简单地理解为利用互联网开展价格战，就会使企业进入一个窄胡同、死胡同。相反，如果不迷信互联网，而是根据线上线下价值创造能力取舍进退，则可能开创出一片新天地。

我们来看一个互联网企业的例子。2008年，红孩子这家以目录销售起家的母婴用品企业，开始考虑向电子商务全面转型，并尝试综合B2C。但直到2010年，目录销售依然是红孩子业绩的最大贡献者。

随着目录销售市场备受挤压，营销成本上升，2011年2月，红孩子新打造的缤购网商城终于上线，但这一综合性网站品类太少，架构不全。2011年年底，红孩子宣布目录事业部取消，分别并入母婴和缤购的营销部门，完全转型成为一家电子商务公司。

红孩子放弃了目录销售，但在电子商务上却没有突破，在电子商务大鳄的围剿之下，红孩子的经营每况愈下。2010 年 5 月，京东商城宣布涉足母婴业务。2011 年，当当网也涉足这一领域。当京东商城和当当网凭借用户和流量规模、品牌等资源强势进驻这一领域后，作为垂直领域细分网站，红孩子的压力日渐明显。2011 年年底，当当网母婴品类销售额已经超越红孩子的母婴线上业务。

公开资料显示，红孩子 2008 年的销售收入逼近 10 亿元，2009 年与 2010 年的收入为 15 亿元左右。但 2011 年，红孩子的业绩开始退步，2012 年更是被爆亏损。最终，红孩子被苏宁易购并购。

相比线上业务的断杀，中国母婴市场的线下业务日子要好过得多。2012 年，母婴老品牌爱婴室凭借近 100 家直营门店宣布申请 IPO，而红孩子 IPO 已经无望。与红孩子同样发源于北京的另一家专业母婴 B2C 企业乐友孕婴童，近几年也将发展的重点投向了实体门店建设。数据显示，目前中国母婴店铺门店增速超过 30%，平均毛利高达 50%[52]。

经过将近 10 年的快速发展，电子商务已经脱离了早期通过卖场消除信息不对称以减少交易成本的简单经营模式。京东、当当、苏宁、国美等依靠融资、烧钱支撑的价格战竞争模式，注定难以持续。这也是市场化进程较快的保险业竞争史所证明的，那些曾经依靠降低费率、提高手续费率争夺市场的保险公司，经历了最初的高速增长后，随着监管环境的日益完善，后来都已经风光不再，甚至陷入低迷、衰退的窘境。

正如前面分析过的，阿里巴巴早期赖以生存乃至成功的最重要的拓展渠道，并非网站系统本身，而是其线下类似寿险扫街的推销模式。今天的电子商务竞争，必须整合线下资源。这就是钻石电子商务的体验店越开越多，京东投入巨资建设物流，奢侈品仍以线下销售为主的原因之一。

三、结合线下开展互联网经营

对金融业而言，更是需要重视线下价值。由于金融产品本身标准化程度相对较低，开展互联网金融业务，首先必须对线下业务流程、规则、组织、客户资源、供应商等进行重组整合。

以车险网销为例。经过电销车险产品的普及，网销车险将更容易被消费者接受。然而，如果网销车险仅仅是将传统客户从电销渠道转移到网销渠道，就极有可能走入当年电销推广初期的困境，尤其是对于传统大型财险企业来说，不仅渠道产生冲突，更重要的是，难以通过规模扩大摊薄成本，从而进一步推迟了盈亏平衡点的到来。

传统产业往往通过产品差异化和经销商政策来解决“窜货”问题，服务内涵相对丰富的财险业当然可以借鉴，如使线上线下产品的增值服务模块差异化，但对于银行、基金、证券等同质性较强的理财投资类产品，恐怕就没有那么容易。

车险网销渠道要避免与电销渠道的冲突，就必须突出网销渠道的特点。可以利用的网销特点包括以下几点。

（1）信息扁平化。

电销产品的消费决策时序是比较严格的，话术有顺序特征。网销则不需要遵循严格时序，消费者兴趣可以是即时的，随性的，决策时间大大缩短，决策效率极大提高。

网销可以比电销深度介入消费者决策过程，包括：提前介入、深化介入和全面介入。提前介入，如进入汽车销售环节、车友活动环节；深化介入，如可以提供更专业化的消费决策支持，通过诸如攻略之类的软文开展口碑营销；所谓全面介入，是指通过互联网即可影响、参与消费决策的整个过程，如通过基于热点（如北京7.21水灾）的事件营销，而传统营销模式往往更多的是注重影响最后环节。

（2）销售过程更易完善。

与简单粗暴的传统推销方式不同，网销更有利于正确引导消费者保险意识、消费理念，从而实现良性销售，避免传统销售模式下的销售误导。由于互联网本身就是一个巨大的知识库，不实告知不但对销售绩效收效甚微，而且还会适得其反。另一方面，良好的互动将能够促进销售，首先是售前咨询，其次是在销售过程。

网销模式下，金融产品所需要的风险偏好测试，保险产品所需要的费率厘定，均能够做得更好。传统上，由于巨大的销售压力，投资产品的风险偏好测试往往基于监管机构的要求，并未真正为客户考虑。保险产品的费率厘定，也受到时间、成本、可接受程度等制约。但网销模式下，这些因素都发生了变化。我们看到，发达国家网销保险产品的投保单和风险调查问卷，复杂程度远远超过传统产品。通过对消费行为的分析，可以不断改善营销绩效，快速对市场进行反应；通过引入更多风险因素，使费率与风险匹配更精准，以提高选择性承保的效率和效益。

（3）标准化程度更高。

相较于电销（集中在话术），网销进一步扩大了标准化的范围，提高了质量、效率。由于大量使用信息技术，从而突破了传统销售流程中员工素质的限制，可以设计更为复杂、精细的业务规则。基于人工智能的交互，将可以根据客户提供的信息，设计个性化的流程，为客户带来前所未有的便捷体验，同时也进一步提高了企业的风险控制和盈利能力，提高了签单率。

（4）客户自助，没有时间限制。

首先，能够让客户随时随地访问企业的网销渠道。

其次，客户接触时间长短不受约束。大家知道，传统上，呼叫中心对通话时间有一定限制，一方面是因为客户对较长的通话时间不满，另一方面也是为了提高效率，减少其他客户的等待时间。即便是电销模式，也仍然受到人力资源的影响，而网销则几乎不受此限。此外，与传统电销业务的客户接触时间难以分割相比，网销与客户的接触时间更容易碎片化。

（5）更精确地匹配资源。

网销模式下，仅仅依靠网络，就能够实现无人工干预地完成简单产品的整个销售过程。金融企业所梦想、追求和努力的方向，就是能够进一步提高销售流程中“事务性环节”的效率，将相对成本较高的人力资源生产要素，尽可能匹配到能创造更多价值的业务、客户和环节上。由于网销模式下的客户消费过程可以细化分割，为更精确核算成本、优化流程、匹配资源提供了条件。因此，金融机构应当不断努力，不断优化业务线，细分客户，重组流程、岗位和组织架构，以发掘更多的价值。

（6）规模效应更强，边际成本更低。

相对于传统销售模式，网销模式可以更好地与信息技术、人工智能结合。如使用问答机器人，网站访问的边际成本几乎可忽略不计。

以上这些内容，哪一项离得开线下的价值创造呢？只有紧密结合线下流程再造、价值创造，网销才能焕发出强大的生命力。

四、线下价值创造的内容

越来越多的人认识到，线上和线下的充分互动，是攫取利润的有效手段。因此诞生了O2O，即把线下商务的机会与互联网结合在一起，让互联网成为线下交易的前台[53]。团购网站是其典型应用，这类网站通过网销推广和线下拓展商家资源相结合，同时为消费者和商家创造价值并获得盈利来源。

金融业具有开展O2O业务的先天条件。大型金融机构拥有遍布全国的网络。以中国人保为例，在全国所有省份、所有地市和绝大多数县城，都拥有分支机构，同时在乡镇拥有营业服务所和服务站，在农村拥有保险代办点和协办员等，员工队伍高达30万人。银行系统也拥有庞大的网络，如中国邮政储蓄银行，拥有遍及农村市场的星罗棋布的服务网点。这些资源都为O2O提供了良好的落地基础。对于这些金融机构，只要对区域优势进行分析，借助于现有的网络优势，完全能够获得超越竞争对手的超额收益。

事实上，即便线上交易快速增长，但线下交易仍具有不可比拟的优势。数据显示，在电子商务最发达的美国，线下交易的比例仍然高达92%。

互联网金融企业之所以需要将目光转向线下的价值创造，原因还包括：许多互联网企业的竞争对手是线下对手。如对于P2P网络信贷平台，竞争对手包括银行、小贷公司、民间融资的线下业务等。

一个商业模式，一类业务，一段业务环节，究竟是放在网上去做，还是放在线下去做，关键在于放在哪里能更符合消费者的行为习惯，放在哪里能够更有效地创造价值。在很多时候，业务流程被分割成无数碎片，我们难以区分哪一段在线上，哪一段在线下。

（一）渠道重归线下

许多互联金融企业开始将业务重心放在线下：与线下渠道进行面谈及签署合作协议，管理纸质单证及现金，上门指导，派出员工开展业务等。

2012年，宜信已经拥有上万名员工，他们在各地开展业务，争夺有闲置资金的高收入客户和符合条件的借款人。

对于金融产品供应商，要开拓批量客户，如小额贷款公司开拓教育培训贷款，与（职业）教育培训机构合作，为学生及学生家庭提供无抵押的信用借款，帮助学生解决资金压力，同时帮助培训机构增加招生竞争力。宜信与江西蓝天学院合作，推出“助学贷”产品，为学生提供无抵押、无担保的信用贷款，帮助学生解决资金压力，获得教育培训机会[54]。

互联网金融企业未来的金融产品批发业务，将会大量采取如下模式。

（1）通过宣传，将潜在渠道伙伴吸引到网站，初步了解合作条件、合作内容及流程，产生初步合作意向。

（2）通过网站提供的联系方式，如电话、在线客服等，与互联网金融企业取得联系，进一步了解合作的可行性。

（3）经过初步判断后，向渠道提供访问端口，上传相关资料以供审核，必要时发传真或快递文件，进行远程视频商谈乃至面谈。

（4）审核通过，必要时面谈合作条件，确定授予合作资质，开通渠道账户，提供渠道在线管理系统，或提供包含渠道代码的桌面应用下载，对渠道开展业务提供技术支持。

（5）渠道正式开展代理、销售业务。

（6）互联网金融企业对渠道进行单证、现金、激励、费用等管理。

在这个过程中，对渠道的审核、商业谈判等工作，都可能结合渠道经理的线下活动展开，并及时将进展及渠道信息记录到在线管理系统中。

（二）营销活动重归线下

营销活动重归线下，如婚恋网站世纪佳缘举办上万人的大型相亲活动以扩展影响；生活网站篱笆网组织装修建材实体店砍价；钻石小鸟开办旗舰店，供客户现场挑选体验；淘宝也曾一度尝试开办实体店，但并不成功。

尽管互联网给传统金融业带来的影响很大程度上体现在网络营销方面，但也需要细化分析。例如，将营销划分为若干环节，我们将会发现，互联网可以有力提升其中一部分环节的价值，如客户已知品牌后，了解产品及服务深度信息和签单行为等。

同时，我们也会发现，传统营销方式仍在某些环节具有不可替代的作用，甚至更高的性价比优势。某些互联网企业曾经将电视广告作为营销方式之一，但效果不佳。如PPG衬衫，在电视广告上耗费了大量金钱，仅2007年，PPG就投放了2.3亿元的广告费。以广告驱动发展的模式，导致其烧钱过快，资金链断裂，断送了企业的前途。淘宝、阿里巴巴、百度、搜狐、致富招商网站等，也曾在电视广告上投入巨资。而部分互联网企业通过深度参与电视节目营销，却获得了巨大效果，比如婚恋网站，就广泛与电视节目开展合作。

这里以淘宝品牌御泥坊为例进行说明[55]。

2009年底，淘宝网与湖南卫视成立合资公司——湖南快乐淘宝文化传播有限公司。2010年4月，湖南卫视品牌栏目之一《天天向上》，为此制作了“快乐淘宝”特辑，并挑选了多个品类10多家淘宝网店铺进行典型推广。

2010年4月，御泥坊的销售额环比猛增了四五倍，而以往的增长速度一般是一到两倍。这种意外的增长，源于公司总裁戴跃锋4月9日参加湖南卫视“天天向上”的节目正式播出，现场演示了御泥坊泥浆面膜的制作过程，给品牌做了一次广告。当时的御泥坊刚刚决定从单纯的做产品做销售额转向同时做品牌，并开始大量推出新品，升级产品形像。

尝到甜头后，2010年5月，御泥坊与湖南当地的生活周刊《新壹周》合作，对生产基地和工艺进行了重点宣传。2011年，御泥坊的泥浆面膜受到湖南卫视美容类栏目《我是大美人》的重点推荐。此外，御泥坊还在湖南卫视的购物节目《越淘越开心》和《快乐购》中频频亮相。

不难看出，除了淘宝广告外，御泥坊的媒体投放都集中在了其总部所在地湖南。得益于湖南卫视的全国性覆盖和高频次曝光，御泥坊取得了不俗的推广效应。这种效应直接反映在了销售额上。通过在传统媒体开展宣传推广，2010年，御泥坊的销售额同比猛增10倍，达4000万元。

我们回过头来看理财机构宜信。作为互联网企业，宜信连百度竞价排名都没有做，但通过软文方式在传统媒体广为宣传，包括大力宣传宜农贷这一在宜信业务中占比极少的公益业务，组织助学助农贷款活动，发布新闻通稿，制造话题等，这些工作都获得了极好的营销效果。

（三）线下谈判供应商

前面已经提到，与渠道合作伙伴谈判需要在线下进行。在构建供应商体系的过程中，也往往需要实地考察供应商的生产规模和供货能力，以及供应商的资产规模、人员情况等，并进行面对面谈判。

举例来说，第三方支付商需要一家一家跑银行，促成合作；基金超市需要一家基金一家基金去拜访，以获得代理权，并需要合作开通数据通道，其他金融产品超市也是如此。

（四）供应链重回线下

曾经以轻公司自居的互联网企业，迫于竞争压力，不得不开始进军上下游的实体业务。如经营金融产品的互联网营销商在掌握客户资源之后，尤其是自认为对客户需求有更深刻理解之后，会向上游拓展，与有资质的金融企业共同开发量身定制的产品和服务，而不仅仅依靠建立B2B的线上合作。

在拥有强大的渠道谈判能力之后，许多电商企业开始开展自营业务，建立独立品牌，甚至设置工厂生产产品，就如超市纷纷建立自己的品牌产品一样。

可以预见，在未来，强大的第三方理财机构也会逐渐将触角伸向产品开发领域，而这一切都会在线下进行。

（五）产品化、标准化本来就是线下的事情

金融产品网销当前最大的难点，还是标准化问题，以及传统业务流程如何与网络相结合的问题。而标准化，几乎都是线下的问题。要想将金融业务产品化、标准化以便于互联网营销，首先需要在线下对其进行改造。

非寿险供应商都可以通过其产品标准化，与保险公司开展竞争。以车险为例，

4S店、汽车俱乐部等，都可以推行类似于车损险及增值服务的产品，如全年保修服务。同样，救援公司可以推出年度会员制度或救援卡产品，也对意外险产品有一定替代性。

家庭医生制度、医院会员制度，对健康险产品同样有替代作用。保险公司要在这类现场体验式服务中开展竞争，就更需要与线下资源合作。

（六）服务落地需要在线下

与发达国家相比，中国的人力资源成本相对较低，公共交通发达且交通成本较低，这些都为落地服务提供了机遇。

显然，美国的游戏企业不可能像中国游戏企业那样在网吧做“地推”，但在中国却非常有效。美国的B2B企业，也难以像阿里巴巴那样做类似保险营销员的地面扫街式推销，但在中国却是低成本扩张的捷径。

正因为如此，中国的理财公司能够通过电话营销、上门拜访、街头摆摊、社区讲课等方式，并且能够实现爆炸式增长。当然，未来这种方式将逐渐衰退，原因在于人力资源成本的快速上涨。

（七）风险审查落地

目前，视频审查、资料上传成为许多P2P网络信贷平台降低成本、提高效率的有效方式。不过，宜信仍大量采用了业务员上门拜访的形式。这是为何？事实上，通过实地登门拜访，对于了解对方的实际情况，控制风险更为有效。

登门拜访成本高吗？成本是否高，关键在于收益相对大小。登门拜访如果可以获得除了客户所谓的财产信息之外，还能获取客户道德素养、生活习惯、工作环境、家庭关系的真实信息，这些信息将在客户终生金融消费过程中持续发挥价值，只需要几乎可以忽略不计的边际成本。如此看来，登门拜访的成本不算太高，关键在于其创造的价值大小。

金融业，尤其是零售金融，主要面临的是人的风险。即便是批发金融和法人金融业务，也需要重视人的风险。规范的报表，标准化的指标当然重要，因为它们是风险控制的基础，但这只是竞争成功的必要条件，而非充分条件。没有标准化数据，金融业就几乎丧失了竞争成功的基本条件和资格。但是，仅仅掌握标准化数据是远远不够的。业务规则的制订，需要考虑复杂的实际情况，要不断将其他定性因素定量化，将实战经验标准化、规则化、模板化。

以财产保险为例，为了对企业财产保险的保险标的（即企业财产）进行风险评估，保险公司设计了复杂的风险问询表，进行现场风险查勘。这里面的难点有以下几点。

（1）如何设计标准化的风险问询表，使其同时平衡风险评估的要素、客户的便利性、信息的可获取性和成本、风险查勘人员的工作效率。

（2）如何评估差异化风险。这些差异化风险，难以反映在统一格式的风险问询表上，但可能对于某个行业、某类地区乃至某个具体的企业具有举足轻重的作用。对这些差异化风险，需要考虑如何逐步标准化，并纳入到指标体系中，这就需要大量线下的实践经验。例如，在同一个街道紧临的两家企业，虽然面对同样的自然灾害风险，但除了保险标的易损性不同之外，企业还可能采取了不同的防灾防损措施，这对最终的损失大小影响巨大。保险公司必须识别这一风险要素，并反映在承保条件中。

（3）如何结合条款定价，防灾防损，减少客户风险，实现保险企业与被保险人的共赢。条款定价方面包括：精算定价的差异化费率，免赔额免赔率及保险金额设计，其他理赔条件、承保条件的特别约定，保险责任的界定和除外责任的设计等。在这个过程中，还必须充分考虑如何激发客户自身防灾防损的积极性。

对于银行业管理的信用风险，也需要真正关注人的风险。现有信用风险管理，主要是围绕企业或个人家庭的客观情况，如财务报表、销售合同、家庭房产抵押，这是主流，但也已经是整个行业普遍的、基本的风险控制措施，这不足以形成金融企业的差异化竞争优势。要想比竞争对手拓展更多领域，对风险进行更加有效的管理，就必须关注报表之外的人的风险，发现更多的风险因素。

风险的落地管理，是金融企业形成差异化竞争优势的需要。传统金融企业，尤其是大型银行，如果仍然坚持“坐商”经营，满足于常规化策略，其市场份额必将被采取聚焦战略、有特色、有差异化经营优势的中小银行不断蚕食。

（八）产品质量控制需要落地

当金融产品互联网经销商不再满足于销售那些有明显缺陷、无法令客户满意的产品时，会发生什么？

被凡客等全国消费品网站学习和模仿的PPG，曾经是轻公司的典范。其创始人认为，PPG既不是服装企业，也不是互联网公司，而是一家数据中心，是衬衫企业中的戴尔电脑。

PPG整合上游的成衣加工厂资源和面料商资源，再根据实际订单需求，对布料颜色、质地等进行设定。采购部门发出生产指令后，原料在24小时内送到加工厂，每家代工工厂会在96小时内批量加工，然后送回到PPG等待打包发放。公司的全部运营都集中于上海郊外的三幢小矮楼，包括200多位呼叫席人员在内，员工还不到500人。公司不生产衬衫，也没有任何实体店，物流也外包给快递公司，只通过邮购目录和网络直销衬衫。其生产周期从传统衬衫制造企业的90天减少到7天，节省了大量的库存资金和流转资金，而雅戈尔2007年仅花在渠道上的钱就有3500万元之巨。

PPG的COO黎勇劲曾经这样讲："最直接的结果，就是降低了产品成本，减小了库存压力，给企业自身减轻了负担，在形成优势的同时，也把真正的实惠留给了消费者。"通过直销网站销售产品的渠道创新，使PPG极大降低了销售成本，从而能够以相对较低的价格快速占领市场。

比起同等定位和质量的衬衫，PPG的价格几乎便宜一半，平均售价为150元左右。PPG将成本优势转化为价格优势后，不但促进了销售，其利润反而比传统企业更高。

一般而言，衬衫企业的成本主要由采购成本、营业费用（包括广告和物流费用）以及管理费用构成。假设PPG衬衫均价约为每件150元，其中采购成本约为每件30元，营业费用为销售收入的30%（其中广告支出20%，物流费用10%），管理费用为销售收入的10%。这样，其税前利润率竟然高达40%，远远超过了同行业的平均水平。

PPG的产品概念既包括实物形态的衬衫产品，也包括PPG提供的顾客下单过程中的各种服务（包括订单处理、退换货处理、投诉服务等）。

然而，PPG将产品生产外包后，无法控制产品质量，产生了大量的顾客投诉。客户对PPG衬衫质量的指责包括:PPG衬衫袖口过短，下摆过短，欧版版型过宽，服装颜色与宣传不符，面料较差，免熨衬衫容易起皱等。这些投诉造成了影响恶劣的口碑传播。

面对顾客投诉，PPG发起了两起针对供应商卓越织造、虎豹的诉讼。PPG方面表示，供应商提供的服装尺寸不对、甲醛味道严重等，因此拒绝结算货款。但PPG没有专门的部门解决这些问题，尽管后来请了第三方质量监督机构负责监控衬衫质量，但仍没有完全解决这一问题。

消费者抱怨,PPG订购是一种虎头蛇尾的消费体验：确定订单的过程非常专业，货到付款的方式比较方便，试穿时问题突显，客服烦琐令人失望，退换货程序难以接受。

正如我们在前面指出的，电子商务的比价优势，其前提条件是产品标准化，或者可以比较。而质量差的商品和服务，不能与线下商品同质，再便宜也不会引起购买欲望。

对产品质量以及购买流程的服务质量难以保证，导致PPG虽然建立起了消费人群数据库，但重复购买率却很低[56]。这样一来，网销依靠规模经济形成的低成本优势不复存在，PPG需要持续依靠边际效益越来越低的广告宣传获取客户资源，从而难以为继。

（九）人才需要落地

人不是冰冷的数据库，仅仅依靠线上的数据、模型就能够管理好。基于数据库的量化分析固然重要，但更重要的是在实际业务操作中发掘价值，尤其是发掘员工主观能动性的价值。

一家企业的价值，往往体现在最基层的员工行为。如果以为企业仅仅控制商业模式，对于底层低薪员工只需要执行就够，这就大错特错了。企业如何管理好、使用好人才至关重要。

五、由轻到重的必然

根据以上揭示的规律，我们进一步思考：为什么京东向物流体系建设投入巨资？毕竟，这会让传统的被视为“轻公司”的电子商务企业越来越重。

也许是因为京东最终意识到以下几点。

（1）线上价格竞争激烈，门槛降低，后来者众多，改造完善潜力不大，已成红海。必须寻找新的价值增长点。

（2）发挥京东的信息技术优势，改造传统物流有巨大潜力。如果自己的碗里没饭吃，就从别人的碗里抢饭吃！中国物流企业虽然数量众多，但真正的强者很少。京东有资金优势，具有相对竞争优势。另一方面，如果京东不进入物流，物流也可能进入电子商务，顺丰就是一个例证。

（3）实施成本领先战略的需要。京东开展价格战，对成本控制造成了极大压力，而成本中很大一部分是物流成本。从整个电子商务到物流的供应链上，物流环节能够创造的价值大于线上环节。多年来，电子商务虽快速发展，却亏损居多，反倒养肥了物流企业。

（4）提高消费者体验的需要。物流体验在整个电子商务的消费体验中占据极为重要的位置。发展物流有利于提高消费者满意度，控制服务质量，获得相较于淘宝的差异化竞争优势。当我们查看许多电商企业的用户评论时，常常是这样的：产品很满意，可是快递态度实在太差！

（5）主要竞争者如苏宁易购，以物流优势自居。在敌人最强的地方打败敌人，就能彻底打倒敌人。对整个供应链进行边际成本、效益分析，京东确定未来经营获得突破的重点应该是物流。

按照同样的思路来分析金融业，我们看到，随着金融业市场化改革，利率市场化，费率市场化，佣金市场化，银行业、基金业、保险业、证券业、信托业在激烈价格竞争之后，会对落地服务认识更为深刻。

（1）落地服务的内容到底是什么？互联网金融发展起来之后，银行营业厅难道沦为仅仅是老人在存折上登记退休金的场所吗？

（2）落地服务仅仅是基于固定地点的服务吗？抑或只是狭义的营业场所现场业务？社区投资理财课堂是否是落地服务？

（3）落地服务仅仅限于面对面服务吗？电话服务与网络服务相比，是否也算落地服务？

（4）更有效地将服务 Push 出去，Push 到客户家中，Push 到客户工作场所，Push 到客户手持移动终端，这些算不算落地服务？ ATM 机，是否算落地服务？手持支付终端，算不算落地服务？借助于合作伙伴提供的服务，是否算落地服务？

对线下服务的概念，应当拓展为包括基于地理位置、生态系统（供应链）、客户接触点的所有非线上服务，对于销售虚拟产品的金融业尤应如此。

从前面的讨论中，我们已经深刻认识到，互联网金融企业不能忽视线下的价值创造流程。那么下一个问题就是，哪些业务（流程）需要考虑线下模式？就互联网金融企业而言，可以从如下原则考虑。

（1）大额业务、关系型业务的营销拓展。

（2）长期商业关系的建立，线下成本可以递延分摊。

（3）线下做较线上做具有成本、管理、创新等方面不可替代的优势（如更高的 ROA），或只有线下才能做。

（4）需要深度整合的业务流程，如通过 B2B 实现与供应链上下游企业的深度合作。

（5）具有较高创利能力的传统线下业务及环节。

（6）供应商、合作商和消费者的行为习惯难以从线下引导改变到线上。

（7）企业参与线下竞争具有得天独厚的竞争优势，如存量资源。

（8）能够提高线上产品和服务忠诚度、满意度的价值创造。

是否落地，归根到底还是在于企业的商业模式设计中，在于线下工作是否能创造更多的价值。这不一定是指通过设立独立模块新增绝对价值，而是指通过销售、产品设计、服务、风险控制、供应链扩展等，提高对效益的边际贡献，对核心竞争力的贡献。

第七节　为体验买单

金融产品非常重视体验，这也是为什么金融机构通常都拥有庞大的客户经理（业务经理）队伍的原因——需要一对一、面对面地讲解金融产品，并提供后续服务支持。

一、借鉴实体体验店

实体体验是一种重要的线下价值。

奢侈品电子商务曾经风靡一时，与互联网金融类似，进入奢侈品这一战场的主体主要来自两个阵营，一个是传统奢侈品企业，另一个就是互联网企业。然而奢侈品与其他标准化商品的电子商务有很大不同，即客户对实体体验非常依赖，因此，即使是从互联网产业进入这一领域的创业者们，也要逐步开办传统营业场所。

像钻石小鸟这样最早进入这一领域的领先者，更是极大地依赖其在传统行业的资源，并不断在城市开办实体门店。钻石小鸟的联合创始人之一徐磊，曾毕业于同济大学珠宝鉴定专业，在上海钻石交易中心从事钻石批发。2007 年，钻石小鸟一年的销售额在 2000 万元左右，拥有 3 家体验店，8 名员工。2011 年，成交了单颗 800 万元的钻石。据报道，2012 年某一天，在钻石小鸟上海南京东路的体验店门外，有超过 100 名顾客正在排长队等候开门营业，这些年轻人大多在网上下单购买钻石，然后到店铺察看实际效果[57]。

当当卡西欧手表，乐蜂网化妆品，京东、亚马逊中国、淘宝、1 号店的施华洛世奇水晶等，都先后被媒体曝光为假冒奢侈品[58]。如果说这些假冒奢侈品被某些电子商务解释为未获授权的真品，那么爱马仕假货风波，更是令奢侈品网站遭遇前所未有的危机。爱马仕 CEO 帕特里克 · 托马斯愤怒地表示："在互联网上以爱马仕之名售卖的商品，80% 都是假货，这绝对是耻辱[59]。”更有媒体报道，不仅门户电子商务网站，而且包括垂直奢侈品网站，都已经成为假货泛滥的重灾区[60]。

在这种背景下，开设实体体验店已经成为奢侈品电子商务的必然选择。消费者通过奢侈品品牌实体专卖渠道购买产品，可以享受个性化定制等高质量的服务。“少数人拥有”是奢侈品的本质，所有奢侈品品牌都刻意营造神秘感和高端感，而实体体验店是最重要的体验方式。

据报道，钻石小鸟由于开设了体验中心，在网上看中钻石的顾客，最终还是会选择到体验店来完成最终购买程序，80% 的消费者仍来到体验店购买，剩下来的才是在网上销售的。不难看出，原本作为主要经营方式的网络商店，间接成了实体店的网络媒体推广渠道，而原本作为服务网络店铺辅助性的体验中心，如今成了销售商品的主要载体。中国消费者现阶段对钻石这类贵重物品的消费特性，依然是“眼见为实”。

实体体验店这种方式，已经脱离了原有的电子商务模式，造成新的问题。“低价格—吸引顾客—只看不买—开设体验店—成本增加，价格上涨—销量下滑—顾客流失”，这样的一个恶性循环，正被越来越多的网店应验。大肆扩张体验店，正日益让钻石网店骑虎难下，左右为难。

钻石小鸟扩张线下体验店的行为，也引起了很多业内人士的质疑。增加体验店，店铺成本、人力成本难免会造成总成本增加，这样的投入，远远超过网销原始的预算成本，伤害了电子商务的核心竞争力——高性价比。

但是如何让消费者信任一个只有网站的企业呢？

在钻石小鸟钻戒天涯事件中，某女士在钻石小鸟电子商城直接网购了一枚 GIA 钻石婚戒，证书编号 0.42CT/G/VS2/EX/EX/EX/NO，收到后发现戒指里面有黑点。拿到质监局复验，净度竟然是 SI 级别*的。该女士大失所望，与钻石小鸟协商后，并未得到满意的解释，一气之下，在天涯社区时尚资讯发了帖子，意在讨个公道，随后引起了强烈反响[61]。

和奢侈品电子商务类似，金融产品也并非标准化产品。例如，两种投资产品往往拥有不同的期望收益率和风险，难以比较。互联网金融企业在销售产品时，也面

---

* SI 级别是钻石净度的一个级别，表示有小瑕疵。钻石净度级别一般分为 LC、VVS、VS、SI、P 五个大级别，又细分为镜下无瑕 (LC)，极微瑕 (VVS)VVS1、VVS2，微瑕 (VS)VS1、VS2，小瑕 (SI)SI1、SI2，重瑕 (P)P1、P2、P3 等十个小级别。

临同样的问题：客户究竟为什么愿意买单？难道仅仅是产品本身吗？

体验背后，是消费者的交易成本和风险成本。以风险成本为例，融资者愿意接受更高的资金价格，投资者愿意接受更低的收益。过去我们常说，任何一座城市，金融业往往拥有最宏伟高大的建筑，这是因为金融企业需要树立“大而不倒”的品牌形象，寓意责任感、可依靠、可信任。金融消费者买单的背后，是信任金融企业的实力和信用，这也是大型金融机构通过品牌形象可以制定更高价格，获得超额利润的原因。因此，金融企业必须想办法让客户获得对企业信用的体验。

无论是奢侈品电子商务，还是互联网金融企业，其客户都在为体验买单。过去金融业依靠硬实力，包括企业规模、资本金、偿付能力。在互联网时代，除了这些之外，企业还需要不断进行服务创新，以提供更好的体验。

二、体验的内容

在传统金融行业，一些创新型企业在服务创新方面拥有宝贵的经验。比较著名的是招商银行的金葵花服务：从 CI(企业识别)、服务态度、服务标准到服务内容[62]。

金葵花理财服务包括顾问、产品、资讯、渠道、贷款、费用优惠等内容。除了专业性的服务之外，招行的服务态度一直有口皆碑，而这离不开完善的培训考核、服务文化、员工素质和服务标准。

体验不仅仅涉及有形的产品和服务，还包括消费者的心理感受。譬如消费观和生活方式与其一致，获得共鸣和认同。

许多互联网企业也在不断探索体验式营销。著名的凡客体和淘宝体，就是其中的典范。这种营销模式已经超越了传统竞争模式，帮助企业获取超额收益。

凡客的营销方式被业界广泛研究。

凡客致力于推行生活方式和消费观，这种生活方式和消费观，被凡客广告、系统化口碑营销、话题营销等精确阐释。“爱网络，爱自由，爱晚起，爱夜间大排档，爱赛车，也爱 29 块钱的 T-Shirt。我不是什么旗手，不是谁的代言，我是韩寒，我只代表我自己。我和你一样，我是凡客。”韩寒代言的凡客广告一出现，就迎来大量舆论的追捧。

凡客的“无心插柳”，已经在网络上掀起一场大范围的“病毒营销”，这则以“爱……，不爱……，是……，不是……，我是……”为基本叙述方式的广告，在网上掀起一阵热潮，被称为“凡客体”。这则广告甚至被网友善意地进行恶搞：“爱忽悠，爱闹嗑；爱 5 毛一瓣的铁岭大蒜，也爱 20 元一杯的卡布其诺，更爱 15 元一顶的藏青鸭舌帽。你是凡客，我不是。我是赵本山，我把座驾吹上天，不信，走两步。”

生活方式的体验是一种高级体验，远比赤裸裸的口号式诉求更高明，更深入人心，更符合现代消费者心理。

作为反面教材的，则是李宁案例。

2012 年，李宁品牌陷入经营危机，上半年营业额比 2010 年同期下降 18%，净利润下降 92%，关店 952 家，库存高达 10 亿元。除了电子商务冲击的因素之外，2010 年，李宁公司还把品牌广告语由“一切皆有可能”，改为“90 后，让改变发生”，广受业界诟病[63]。

这是典型的体验破坏，是由于对目标客户群不了解造成的。作为 60 后、70 后的精神偶像，李宁能否符合年轻消费者的定位？精神内涵和个体特征是否一致？是否做过详细的顾客感知调研[64]？

体验营销需要通过明确定位建立情感连接[65]，就如同招商银行和邮政储蓄银行的企业价值观截然不同一样，营销与客户错位，将是不折不扣的灾难。

虽然价值观、生活方式的体验是一种高级体验，但必须有真实的服务体验作为支撑。为克服服装电子商务的缺陷，凡客努力提升服务体验价值：根据凡客规定，顾客在接收到货物时，可以立即打开包装试穿，如不满意，可以立即换货，甚至退货。凡客诚品因此获得 50% 的二次购买率，比一般网络购物网站提高了近一半多。

凡客的体验式营销，不仅包括通常的产品体验，还拓展到消费文化体验，生活方式体验，销售潮流和时尚体验。凡客在网络上开展的系统化的口碑营销模式，类似于线下企业为了积聚人气，让消费者现场说法[66]。

今天的金融业，必须面对这样的局势：随着市场化改革，消费者越来越强势，传统获取业务的方式越来越难以持续。如何改善体验已成为当务之急。

以寿险为例，在营销员和代理机制下，普遍存在过度营销，相信许多消费者尤其是老年消费者，都有将保险产品当作储蓄产品购买的经历。“犹豫期（冷静期）”是一种无损失退保安排，但这种安排过去主要是为了满足监管方面的要求。事实上，寿险营销员往往希望顾客冷静思考的时间越少越好，甚至隐瞒告知“犹豫期”概念。这与服装电子商务的服务创新相差何其大也！

三、社交网站的作用

增强、固化、改善互联网业务的消费体验，一个重要手段是电子商务社交平台。

社交平台大行其道，使得电子商务社会化成为一种趋势。研究表明，对现在的年轻人来说，相比其他的信息渠道，人际口碑传播的可信度更高，互动性更强，交流更为直接和迅速。人际口碑传播的信息也不局限于面对面的语言传播，各种购买信息、产品介绍和使用心得，都能够从网络上获取。

伴随着网络成长起来的新一代，网络搜索已经成为他们解决问题的惯用途径，社交平台则可以进一步提高消费者的忠诚度。同一个产品的消费者组成俱乐部（常见的有车友俱乐部），消费者获得了尊重和自我满足，甚至会自发结成联盟，攻击其他产品的消费者。譬如网上论坛中常见的数码单反阵营、神车阵营的口水战。

淘宝首先推出“全民淘宝”，创建“光棍节”并引发全民疯抢浪潮，这几乎不需要太多广告，仅靠口碑传播，就足以让淘宝品牌深入人心，引发参与人数最多的电子商务运动，令传统零售望尘莫及。那些在网上晒出自己消费清单的消费者，也获得了极大的心理满足。

电子商务社交体验，典型的例子是“凡客达人”。

2011 年 3 月，凡客诚品推出社会化营销平台“凡客达人”，每一个凡客的购物者，都能够成为一个凡客销售员。成为一个所谓的“凡客达人”，仅需三个步骤：搭配、拍照、分钱。

作为一种全新的社会化营销平台，达人店主招募通告显示，凡客达人平台面向所有网民。网民必须注册成为凡客诚品会员，并开通店铺，成为达人店主。之后，店主发布搭配凡客诚品服装的照片，上传至店铺并关联相关商品。用户如果通过该店铺的照片成功购买后，店主就能获得该商品的销售分成。凡客诚品负责达人店铺的商品供货、库存、送货及售后服务。同时，凡客诚品为店铺提供后台管理系统，店主可以自主查询商品的分成比例和销售收入，销售分成将直接打入店主的银行账户。

“凡客达人”体现了互联网开放、体验、分享的核心。在这个平台上，团队把优质达人做好的搭配，呈现在凡客单页页面上。网友在查看商品信息和评论的同时，可以看到其他用户的搭配照片和心得，从而刺激用户的购买行为，促进达人在自己的人际圈子内通过口碑营销凡客的产品。

达成交易后，凡客会以商品售价 4%~14% 不等的比例给达人分成。凡客达人在 2011 年第四季度每月收入超过千万元，通过用户晒单页面产生的销量占比近 5%。

口碑在整个营销环境中非常重要。就凡客 V+ 平台上的品类来说，V+ 为了调动网站用户的评论积极性和活跃度，2011 年 11 月开展了用户评论送积分活动，由此带动评论数量增加 60 倍 [67]。

金融社交一个比较知名的例子，是 MSN 理财大学。这是一个面向广大都市白领和中等收入人群的公益性综合理财互动学习社区，2007 年学员达 54 万人[68]。可惜的是，开办者没有找到好的营销方式，能够像新浪微博或美丽说那样，将流量导入到金融电子商务中，因此难以持续。

四、苹果公司的案例

人们惊叹苹果的低成本与高利润。每部 32GB 版本的 iPhone 4S，生产成本大约在 203 美元，而裸机价格却达到了 749 美元。事实上，苹果不乏三星这样的有力竞争者，但却没有竞争者获得苹果这样的业绩[69]。

2012 年一季度，三星智能手机出货量达到 4220 万部，超过苹果的 3510 万部，但苹果的毛利率高达 47.4%，而三星的毛利率仅为 13%[70]。造成这一差别的因素有许多，其中包括苹果创建的应用商店，能够提供丰富、高质量的应用。

可以说，苹果产品依靠产品定位，给用户带来独特的认知体验。也就是说，消费者购买的不仅仅是苹果手机，还包括苹果品牌带来的身份感。

此外，苹果零售店也提供了特殊的体验，并被广泛模仿，可以说苹果商店的门徒遍布商界。根据媒体报道，苹果公司被竞争对手拷贝最多的不是 iPad 或 iPhone，而是旗下的零售商店。

《体验苹果》一书的作者卡迈恩·加洛指出，“苹果开启了零售商店的新潮流，即更开放、更整洁的店面，带给顾客更宽敞的感觉。摆放在店内的产品全部开启，可供顾客随时试用，这可以说是零售业的巨大革命。”

加洛揭示，许多大大小小的公司，开始模仿苹果商店的特点，其中一些更是露骨地拷贝，而这并不限于 IT 公司。汽车公司，玩具商店，甚至是医院，都在模仿苹果商店。媒体报道，模仿苹果零售店的企业包括：微软、Tesla 汽车公司、三星、迪士尼、AT&T 、LEGO、百思买、JCPenney[71]。

苹果能够向消费者提供良好体验的企业哲学是尊重消费者，向其提供完美的产品，始终将消费者人性化放在产品开发的首位。苹果用人性化娱乐打败了索尼，用人性化智能打败了塞班，用人性化企业应用打败了黑莓。

以 iPhone5 三个麦克风和听筒降噪功能为例，苹果用了三年时间才实现其商业化。相比之下，许多金融产品冷冰冰的条款和合同，仿佛资本家撕掉了温情的面纱，将丑陋面目展示给消费者。这怎么能促进销售？相反只能激发消费者警惕、反感甚至厌恶[72]。

电子商务品牌营销，本质上来自于体验营销。互联网商业发展历史也证明，在以降低交易成本、提高价格竞争力为发端的互联网电子商务，只有在用户体验方面获得独特的优势，才能真正获得超额利润。

五、互联网金融的用户体验

我们来看现阶段互联网金融业的用户体验。

（一）网站体验

我们无从知晓某些传统金融企业的网站是否经过了人机工程学设计，我很怀疑某些利润上千亿元的金融企业，是否拥有具备基本资质的项目管理人员。从其简陋、错误百出、更新滞后、缺乏人性化的网站设计，完全看不出这些企业做好了进军互联网的准备。

网站是互联网金融企业的核心。在体验上面，网站设计应当注重以下几点。

（1）与线下流程无缝对接，减少线上线下、网页之间的转换。

（2）方便客户迅速、准确地找到需要的信息（移动互联还应实时推送）。

（3）降低客户的交易成本。

（4）迅速、便捷地达成交易。

（二）产品体验

基金公司在销售体验上做得最好。再小的基金公司，再基本的产品，也会有详细的产品说明，尤其是对预期收益的美好描绘。当然，这来自于其自身业务，与互联网没有太大的关系。

问题是，相对于许多茶叶零售商向客户寄送样品试饮，对于金融产品这种收益不确定、风险不确定的非标准化产品，企业如何让客户拥有更多的产品体验呢？

（三）服务体验

金融产品的服务，贯穿于整个业务链的各个环节，包括售前咨询、销售过程、售后服务、持续营销（重复购买）等。企业需要建立全流程、全产品线的服务标准和培训考核机制，确保服务体验目标和服务能力能够分解到每一个岗位，甚至看似不相关的岗位上去。

以保险客户服务座席为例，要保证接报案的服务，尽管可以获得企业知识库、LBS 客户端、智能调度系统、术语系统等支持，但仍应当具备听懂方言、熟悉地理位置、通晓事故处理知识、掌握查勘情况等能力。网站客服座席如果缺乏对客户的细致分类和差异化策略，就很可能陷入到指标考核的陷阱中去，难以实质性提高服务绩效。

（四）管理体验

后台管理直接决定了客户体验。这也是许多企业客户服务部门无力回天的重要原因之一：接到客户投诉却无能为力，因为无法协调其他部门资源。

许多金融产品以风险控制为理由，将销售过程复杂化。如果仔细审查，就会发现，其中许多风险审核是形式上的，并非是对实质性风险的控制。这就需要优化流程和客户界面。

客户往往能从企业处理问题时杂乱无章和行政事务混乱无序，看到企业内部管理的问题。客户有胆量在这样的金融机构购买产品或委托理财吗？恐怕即便网站绚烂多彩，功能强大，营业场所雕梁画栋，金碧辉煌，客户经理热情礼貌，巧舌如簧，服务模块琳琅满目，无微不至，客户也要逃之夭夭。

互联网金融企业应当将体验作为引导产品和服务创新的一个重要标准，坚定不移地开展客户体验创新，使其真正成为企业盈利的源泉。

第八节　获得双赢

企业的双赢，简而言之包括两方面：一是企业与客户之间的双赢，二是企业与供应链合作伙伴之间的双赢。这里不讨论企业与员工、股东等其他利害相关者的双赢。

一、双赢的途径

损害消费者或合作方利益的策略通常难以持续。聪明的做法是各取所需，企业只拿走通过双赢策略实现帕累托改进*中的一部分作为利润。

---

* 帕累托改进（Pareto Optimality），也称为帕累托优化、帕累托最优。是指资源分配的一种最优化状态，即在不使任何人境况变坏的情况下，不可能再使某些人的处境变好。帕累托改进是指一种变化，即在没有使任何人境况变坏的前提下，使得至少一个人变得更好。帕累托最优是指没有进行帕累托改进余地的状态，帕累托改进是达到帕累托最优的路径和方法。

成功的创新结果一定是双赢。我们解释企业与消费者之间的双赢为：企业通过创新，使得消费者剩余[73]进一步增值，并从中获得盈利增长。

消费者剩余（Consumer Surplus）是微观经济学的基础概念，是指消费者的支付意愿减去消费者的实际支付量。消费者剩余衡量了消费者自己感觉到所获得的额外利益。

消费者总剩余可以用需求曲线下方、价格线上方和价格轴所围成的三角形面积表示。如图8-11所示，以OQ代表商品数量，OP代表商品价格，PQ代表需求曲线，则消费者购买商品时所获得的消费者剩余为图中的灰色面积。

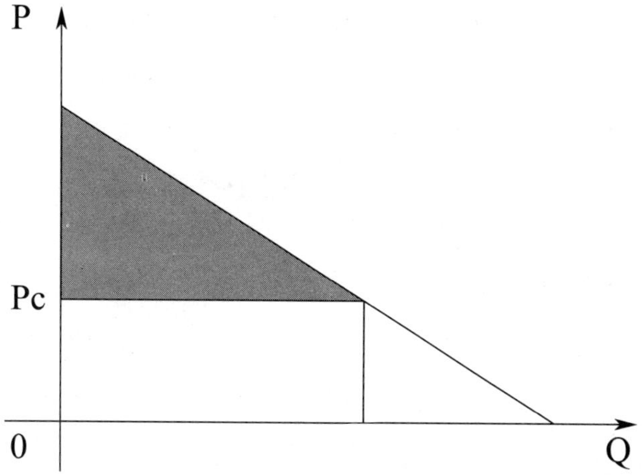

图8-12 消费者剩余

由图8-11可见：

（1）如果价格上升，则消费者剩余下降，反之亦然。

（2）如果需求曲线是平的，则消费者剩余为0。

消费者剩余＝消费者的支付意愿－消费者的实际支付

例如，一件商品的价格为60元（实际支付），可消费者认为它的价值是100元（支付意愿），那么消费者剩余则是40元。

消费者剩余概念说明：消费者所得总是大于付出，消费者能够在交易当中获取额外的利益，社会总福利在交易当中增长。消费者剩余概念形象地解释了在一场交易中，买方和卖方都能从中获得收益。

企业通过创新，使得消费者剩余增长超过成本增长，这样企业可以从中获得更多利润。这是一种帕累托改进。

二、双赢策略

双赢策略可以通过哪些方面的创新实现呢?

双赢策略包括:产品设计、成本管理创新、交易成本减少、供应链再造、技术进步、风险防范等。

(一)产品设计

互联网金融创新要创造价值,实现双赢,就应当尽可能开展产品创新,更好地适应互联网销售和客户服务等需要。

传统金融业一个典型的例子,是汽车保险免赔额的案例。根据财产险公司某个经营单位的不完全测算,汽车保险每个案件的理赔成本是250元,其中办公成本90元,查勘成本70元;非车险赔案平均理赔成本是380元,其中办公成本80元,查勘成本170元*。注意,这里的理赔成本不包括赔款支出。

看出问题了吗?对于一个小赔案,如果客户自行修理而不索赔,保险公司将节省理赔成本,客户也将减少支出。

保险公司的成本最终会体现在保费上,在财险业尤其是车险激烈的竞争中,保险公司理赔成本降低,将会很快反应到保费下降上,客户也获得了好处。

正是出于这些考虑,保险公司在主险中设置了500元绝对免赔的责任免除条款,并且另外推出了500元免赔额附加保险,但却遭到消费者和舆论的强烈指责。实际上,实行500元免赔,可以减少消费者保费支出,避免社会资源浪费,实现保险公司和消费者双赢。当然,消费者可以自行选择投保500元绝对免赔附加险。

对于500元免赔,财产险业和某些企业内部,也存在诸多争议,如可能会带来逆选择等。实际情况是,由于能够设计浮动性的费率机制,这些问题可以妥善解决。

因此,互联网金融创新者可以考虑的角度就是:对于互联网保险业务,哪些保险责任的设计是得不偿失的(譬如免赔额设计)?利用互联网可以提供哪些边际成本较低的服务?如何通过产品设计减少交易成本?

"模块化!"一位保险学者告诉我们。他希望灵活定制保险产品,如自主定义免赔额、免赔率和保险金额(责任限额),但目前保险产品很少能提供这种服务。

保险企业是否应当认为他的表述只代表了极少的专业需求,因而不必去满

* 为避免涉密,此数据根据实际情况进行了适当调整。但调整后的数据,不影响由此得到的结论。

足？不。在专业知识可以轻易通过互联网获得的情况下，消费者的水平越来越接近专家。也许企业提供了灵活定制的产品，就会有所谓的“攻略”出来，或者精明的消费者逐渐学习逆选择，对企业经营构成挑战。但是，如果清醒地认识到消费者行为的发展趋势，将消费者作为共赢的伙伴，着眼于构建长期健康可持续的关系，企业就应当主动为消费者设计购买指引。这个指引不仅仅是教会消费者使用购买说明，还要真正帮助消费者分析应当如何对自己进行评估，进而购买性价比高的产品。

或许还有一种意见，认为产品的复杂性既增加了成本，又会让一部分只需要简单产品的消费者望而却步。这实在是对乔布斯所谓“专注和简单”的产品开发原则的误解。有人会认为 iPhone 简单吗？当然不会，所谓“简单”，只是产品外观或形式（简而美），消除消费者的畏难情绪，激发其兴趣和喜爱，引导其探索并获得成就感。苹果产品所呈现的简单，是由其背后的复杂设计和制造实现的。

拒绝双赢策略的原因，往往是企业低估了消费者。由于消费者对晦涩难懂的条款反映强烈，保险业曾经开发出通俗易懂的保单，试图将条款用通俗的语言来表述，结果发现执行起来非常困难。这是为何？对于法律专用词汇和严谨表述，如果非要用小学语文表述，将更加冗长，而且还不够严谨，反而更容易引发不易解决的纠纷。

金融产品本身十分复杂，尽管需要照顾到消费者的理解能力，避免其利益受到损害，但不能强求文字通俗易懂，而应有所区别。如针对复杂产品，可以要求增加消费者的风险测试和专业能力测试。后来，针对条款问题，保险监管机构实事求是，不再要求制订通俗性条款，而是作出了针对性要求，要求必须对除外责任进行突出显示，并确保履行如实告知义务。

保险企业不能曲解消费者的本意，按照不正确的理解自作主张地解释消费者的需求。要理解消费者真实的需求，才能更好地满足他们。消费者抱怨产品说明太复杂了，看不懂，于是就将严谨的措辞拿掉。消费者出险时，发现条款理解有歧义，于是抱怨保险公司故意误导和欺骗。面对消费者的抱怨，保险公司会抱怨，认为如果完全满足消费者要求，企业非倒闭不可。

错误在谁？当然还是要归因于企业，因为企业没有弄清楚消费者真正的需求。尽管消费者也需要补充金融知识、法律知识，但这绝不应成为企业免责的理由。上帝永远是上帝！

（二）成本管理

以保险为例，看一下各产品线的成本结构*。

（1）航意险：利润率 20%；综合成本率 80%，其中赔付率 10%；内部费用率 15%；渠道成本 55%。

（2）交通意外险：利润率 20%；综合成本率 80%，其中赔付率 40%；内部费用率 15%；渠道成本 25%。

（3）家庭财产险：利润率 20%；综合成本率 80%，其中赔付率 35%；内部费用率 15%；渠道成本 30%

（4）车险：利润率 5%；综合成本率 95%，其中赔付率 72%；内部费用率 10%；渠道成本 13%。

表面看来，车险利润率低于其他险种，是否应当将更多资源投入到其他险种？不一定，因为车险业务可以提高企业的偿付能力，有助于其拓展其他业务，并提供投资资金，增加投资收益。

当然，企业可以平衡不同业务的边际成本和边际效益，并采取成本管控措施，提升整体盈利能力。但这种措施应当以不降低为客户创造的价值为前提。如果保险公司减少其中无法给消费者带来价值的成本，如渠道成本，并降低费率，就能够实现双赢，如通过电销和网销等新渠道创新。

在保险业费率市场化改革过程中，以电销和网销为代表的新渠道产品，将首先获得突破。中国人保财险网络保险事业部总经理原宇玲指出，在中国人保财险官网直销产品，可以节省传统渠道费用，让利消费者。监管机构允许网销产品按照比传统线下产品低 15% 的费率进行销售，这可以给消费者直接带来利益[74]。

不过，成本管理的范畴更为宽泛，包括企业内部的所有成本节约措施。企业也可以通过管理创新降低管理费用，如推行集中管理模式，实现规模经济，并将节省的利润让利消费者，以争取更多的市场份额；可以加强培训，提高劳动生产率，降低人力成本；可以加大信息系统开发，引入更多的智能技术，增加自动化处理的业务比重等。

对于互联网业务，如何进一步控制成本？可以利用互联网创新业务模式，如创新理赔模式，在各类保险产品中提高客户参与的力度，这样既为客户提供了便利，

---

* 基于可以理解的原因，此部数据仅为示例，且来源于公开数据，不反映任何特定保险企业的内部数据。同时，此处示意一条产品线的平均水平，但实质上，根据企业定位、客户结构、业务结构的不同，各个部分的比例也是不同的。这些比例还会随着时间变化。

又降低了企业的查勘成本（前提是控制好风险）。

（三）交易成本

互联网金融可以节约消费者的传统交易成本：价格发现成本、交通费用、信息发现成本等。原宇玲指出，通过互联网购买保险产品，消费者可以更容易查询产品条款，解决信息不对称的问题；可以合理安排购买时间，无需乘坐交通工具现场购买，实现低碳消费；也可以提高交易效率，节约时间成本。

节约交易成本的一个典型做法，仍然是渠道创新，通过节省渠道成本让利消费者。困难在于如何找到高效率、低成本的渠道。

互联网时代，企业首先要打造最好的产品。相较于苹果在中国获得的销售量而言，其在渠道方面的成本微乎其微。相反，由于产品供不应求，还为其饥饿营销提供了契机。媒体、消费者不自觉地为其充当了免费宣传员。

其次，要充分借助社交网络。2012 年 10 月，微博对电子商务的输出流量排名为：淘宝 2.8%、天猫 0.9%、京东 0.5%、拍拍 0.4%、当当 0.3%、大众点评 0.3%、亚马逊中国 0.2%、1 号店 0.2%、易讯 0.1%。对于淘宝来说，2.5% 的访问量来自新浪微博，高于蘑菇街及美丽说一倍以上[75]。由于社交网络具有如此巨大的作用，阿里巴巴集团为应对微信商业化的挑战，投资了新浪微博[76]。

金融企业发现，社交渠道在寻找新客户、智能手机应用在做深做牢现有客户方面更有效率，那么通过降低渠道成本，将可以为消费者提供更便宜（收益更高）的产品。

前面已经讨论过基金公司的成本问题[77]。2011 年，银行等渠道对基金管理费的分成越来越高，一些新成立或规模较小的基金公司，支付给渠道的尾随佣金甚至达到 7 成。

天相数据统计显示，2011 年全年，64 家基金公司支付给渠道的客户维护费高达 47.41 亿元，扣除没有客户维护费的 64 只基金，基金支付给银行的尾随佣金占整体管理费收入的 17.29%。而 2010 年，渠道佣金总额为 46.40 亿元，占管理费收入的 16.11%。

数据显示，近几年基金支付给渠道的尾随佣金持续攀升。尽管第三方基金销售机构加入将带来营销渠道的多元化，但是短期内银行仍占据强势地位。如果 2012 年基金发行数量和发行节奏仍居高不下，那么基金仍面临尾随佣金率不断攀升的局面。银行尾随佣金最高达 65%以上，事实上，这些成本最终要转化到客户身上。

此外，对客户而言，长期投资的成本极为高昂。经计算，1万美元定投两只申购费用相差1.9%的同一基金产品，50年后，两者收益相差150万美元[78]。因此，基金公司都在大力推行定投。但是即便起步较早的上投摩根，其网上直销部分也只占10%。

金融企业可以建立开放的互联网营销推广平台。任何网站都可以申请获取营销代码，协助推广。营销代码是一个含有广告商网站信息的链接地址。凡是通过点击该营销代码购买产品或服务的，在转向相应网址的同时，都会自动记录在广告商的营销业绩资料中，只要通过该链接获得业务，广告商都将获得相应比例的现金收益。这是现在网络推手获取奖金的一种常用方式[79]。

事实上，包括银行业，也应该在目前渠道资源丰富的情况下未雨绸缪，建立这样的开放平台。一旦建立了这样的平台，也就构建了自己的营销生态系统。

为什么现在第三方金融电子商务还存在发展机会？正是因为他们能帮助客户节省交易成本。那么，金融产品生产商（基金、保险、银行等）需要思考的是，为什么自身的互联网直销渠道的交易成本不能比他们低？在互联网时代，金融产品生产商不必自己从头到尾搭建一个完备的营销系统，可以借助于专业化的营销平台，有效降低交易成本。

对生产商更有意义的是，可以建立贯通每条产品线乃至每个产品从生产、销售到服务的供应链，进行精细化核算，进一步整合资源，压缩成本。可以将消费者行为考虑进来，通过社交化推广、自主定制以降低交易成本，实现企业与消费者的共赢。

（四）再造供应链

同样典型的例子是，企业通过优惠服务套餐，既获得了收入，又让消费者以较低的价格享受到了同等服务。

再以保险企业为例。保险企业可以向客户提供优惠服务套餐，客户可享受由保险公司强大的议价能力获得的低价格产品或服务。例如财险企业利用自身供应链优势，与4S店、综合维修厂、医疗机构建立战略合作伙伴关系，针对不属于保险责任的客户需求，向客户提供非条款责任的汽车保养、保健服务的优惠价格。

健康险公司可以联合供应商向客户提供优惠价格的体检产品。银行可以提供低手续费、低管理费的基金产品。很遗憾，目前银行的手续费率普遍较高，并非一个适当的购买基金的渠道。

当然，这里介绍的模式只是松散的组合，并不能从根本上加强客户粘性。因此企业还必须从产品核心价值等方面着手，获得难以替代的优势。在这个方面，银行针对企业的创新性业务做得很好，如供应链金融、买方信贷管理等。

还有一个供应链整合的案例，是贷款保证保险。对于那些风险较高，需要匹配较高贷款利率的用户，由于银行业贷款额度、贷款利率限制，传统情况下，银行并不能为其提供适合的贷款产品。如果通过贷款保证保险将部分风险分担给保险公司，当然同时也要将保费支付给保险公司，那么银行就减少了承担的风险头寸，这样做可以使银行和保险公司共同拓展市场。只不过对于这种产品，贷款人需要支付两部分资金成本：银行贷款利息和保险公司保费。

平安易贷险是一款比较典型的贷款保证保险。据报道，平安易贷险“月息”（这个提法有问题，其实并不是利息，而是费率）高达2.17%，堪比民间借贷利息水平。平安易贷险的宣传语是：无需抵押物，不用担保人，非常轻松，就可以让你获得银行1~15万元的贷款。

据报道，平安易贷险在济南的运作模式中，只选择年龄在21~55周岁，在济南工作或者生活，有稳定职业，在现单位工作满6个月，月收入2000元以上，信用卡、贷款还款历史记录良好且当前无逾期的市民，符合条件的客户，都能从合作银行获得无抵押贷款，最快2~3个工作日即可到账。贷款额度通常按客户月收入的10倍审核，一般为1~15万元，贷款期限分为12期、24期和36期三种。

媒体报道称，其实不少银行都有“无抵押信用贷款”这项业务，而且申请条件和需要提交的证明材料，与平安易贷险相差无几，但上浮有限。易贷险的费率远远超出传统贷款的利率范围。有人质疑，虽然该款产品打着保险的旗号，但本质就是一款贷款产品，存在打政策“擦边球”的嫌疑。平安保险和光大银行在贷款用途要求方面的偏差，现金方式支付贷款的方式，很可能导致贷款进入投资领域，从而增加监控的难度[80]。

媒体这个说法并不准确。保险产品没有利率的概念，只有费率概念，不受贷款利率的限制。在现有分业监管环境下，贷款保险通过创新实现多赢。贷款保证保险产品，只不过利用了银行业、保险业分业监管造就的市场机会。

由于贷款利率限制，银行难以在高风险、高利率业务上有所作为，银行通过保证保险贷款模式，降低和转移不良贷款风险，减少自留风险，分散风险，并突破业务规模和业务品种限制，拓展了市场，理当获得超额收益。

锦州银行沈阳分行试点保证保险贷款时，统一执行同档次基准利率上浮40%[81]。贷款人获得了需要的贷款，这在原有银行信贷模式下是不可能的。保险公司则发展了业务，获得了收益，并向银行输出了风险管理技术。

平安易贷险 2011 年期末未满期保单承保金额已经接近 75 亿元，同比增长近 200%，是其信保部成立 4 年后首次实现盈利[82]。从平安易贷险的快速发展所反映的旺盛需求来看，应当鼓励贷款保证保险这种“创新”，因为这款产品满足了现有监管政策下单一金融市场无法满足的市场需求。前提是，保险公司的风险控制体系能够控制好信用风险，且不违背国家的宏观经济政策。该产品现在面对的一个关键问题，是可能无法对贷款用途进行有效监管。

这款产品的积极意义，还在于进一步启发了创新的思路，即打通金融业内部分业经营的模式，创造一种全新的供应链，满足由于监管限制造成的市场空白。从保险业角度看，银行的信贷风险管理，与保险企业的贷款信用保证保险的管理模型，存在许多共同之处，整合相对比较容易。

由于这款产品帮助银行拓展了高风险客户，伴随着银行间竞争加剧，这类产品将逐渐普及。越来越多的银行正在通过保证保险贷款模式，降低和转移不良贷款的风险。据《理财周报》报道，工行、中行、建行、农行、光大等大型银行的分行，已开始涉水保证保险贷款，涉及的保险公司有人保财险、人寿财险、平安财险、太平洋保险、安邦保险、阳光保险等[83]。

（五）风险防范

除了主观故意之外，在绝大多数情况下，客户自己并不愿意发生风险。很多情况下的信用风险，源于客户自身的经营风险。某些缺乏财务知识的客户，甚至不清楚自己能否还清贷款，然后就从银行申请了贷款。

根据尤努斯小额贷款的经验，格莱珉银行在帮助孟加拉农村贫困人口通过贷款发展生产的过程中，信贷员深入乡村上门服务，帮助农户分析现金流和经营模式，通过组成贷款人小组互相帮助，能够有效降低风险。

以保险为例，保险公司利用车联网技术进行车队安全管理，能够实现与车险的完美融合，在降低客户风险、减少其损失的同时，提高车险业务的盈利能力。保险公司向物流公司客户推出基于车联网技术的风险管理服务方案，物流公司通过这套方案对营运车辆进行安全管理，有效降低了交通事故的发生频率，同时也减少自身的损失。保险公司基于风险数据，帮助物流公司采取有针对性的风险管理措施，有效规避了风险，同时也能够为物流公司提供车险费率优惠，提升自身保险产品的市场竞争力。

这款风险管理产品包括终端、网络平台和数据库。安装在物流公司营运车辆上的终端产品，能够记录汽车行驶数据，包括行驶里程、行驶路线、驾驶操作、车辆状态（车速、拐弯、刹车等），从而能够对该车辆进行准确的风险评估。

对于物流公司，所获得的收益除了保费优惠之外，还包括由于事故减少而大幅减少的损失。因为一旦发生事故，物流公司可能由于事故车辆中断营业而导致经营损失；同时，保险公司赔款往往难以覆盖全部损失（如免责条款、包括第三者责任中保险公司难以报销的费用等），这些损失需要物流公司自身承担。通过这款产品，在减少事故的同时，也减少了物流公司的损失。

通常情形下，企业或个人通过购买保险，能够实现风险转移，出险时获得补偿，但整个社会的损失依然无法避免。通过风险防范，则可以实质性减少社会财富的损失，相当于创造了更多社会价值。这种经营模式中的保险公司和客户，均可以从中获益。

第九节　还是数据和模型

要发掘盈利，仍然离不开数据和模型。互联网时代是数据为王的时代。谁掌握了数据和数据分析技术，谁就拥有了阿拉丁神灯，拥有了盈利发动机。亚马逊很少在首页做促销，原因在于其有相当有效的个性化推荐算法。贝索斯曾声称：我们不靠卖东西赚钱，我们通过帮助消费者作出更好的消费抉择赚钱[84]。

数据和模型已经成为决定企业经营成败的要素。战争年代里，对缴获战利品的结构化数据进行分析，曾帮助林彪成功找到廖耀湘的指挥所并将其部队一举歼灭[85]；政治竞选中，数据挖掘曾助力奥巴马成功连任[86]。数据挖掘技术之于今天的金融企业，是决定存亡兴衰的关键。

今天的数据之所以更有商业价值，首先是因为它比过去更丰富。大数据已经成为金融企业关注的焦点。信息技术企业、咨询服务企业都开始提供大数据解决方案。许多公司，如IBM、微软、Micro Strategy，都开发了针对社交网络的分析工具，如Connections, Yammer , Simply Measured, Salesforce，能够向企业提供有力的营销决策支持。

商业智能（BI）得到前所未有的应用，并直接创造价值。然而在商业智能应用过程中，企业需要关注经营核心，避开华而不实的投资，把资源集中于企业最紧迫、最必要、绩效最高的领域。

今天，数据和模型已经成为金融企业的核心价值，主要表现在：其已经深入企业经营管理的每一个角落，它既是创新的源泉，也是营销、服务、管理的核心，是决定经营模式、经营绩效的基础。

一、什么决定数据价值

毫无疑问，许多企业都高度重视数据的价值。但如何提高数据的价值呢？我们需要关注影响数据价值的因素。

带有互联网基因的 P2P 小额贷款平台，普遍重视数据分析。某 P2P 网站分析网络融资中欠款客户的特征时[87]，根据对样本数据的年龄、籍贯、居住地、工作地点、公司性质、职业、学历、贷款项目、贷款金额等数据分析，获得了其分布规律。根据频数分析可以发现，拖欠贷款的男性多于女性，拖欠贷款者多为中部地区到北京、广东等发达地区从事销售或小型代加工工作的小业主；网络融资金额一般在 3000~5000 元，可见其营业规模并不大，并没有将急需资金用于扩大生产，多用于短期的、少量的周转；其中有接近一半的人曾经部分还款，大多数能够联系上，并且有还款的意愿或声明。

这样的分析结果，可能在传统金融企业中比比皆是，但却没有今天的互联网金融企业那么便捷。数据能够发挥作用，需要以下几个条件。

（1）金融企业制订了科学的战略以及能够实施的方案并真正实行。

（2）获得或识别有效信息。

（3）建立适当的分析策略，获得有商业价值的结论。

（4）基于分析改进企业的业务决策、业务流程和业务规则，最终获得效益。

基于以上分析，数据的价值取决于如下三点。

（1）商业逻辑本身的价值。

为一个产出不高的商业目标进行高成本的数据采集、存储、分析是没有价值的。如果商业逻辑本身有问题，数据再丰富，分析再细致也没有用。企业如同一辆汽车，数据是驱动力，商业决策是方向盘。一家缺乏数据的企业可能驱动力不足，落后于对手；但如果没有正确的商业决策，就如同没有方向盘，会冲到沟里去。

同一类数据，可能会用于战略决策，也可能用于战术分析。用于局部，可能只是“奇技淫巧”，只能起到改善改良的作用，对于企业的经营大局没有影响；用于总体战略或影响战略执行的关键性细节，则可能决定企业的生死存亡。

（2）能否建立数据与商业之间低成本、高效率的联系。

能否建立数据和商业之间的关系？如果数据和商业决策之间没有必然的联系或因果关系，那么数据就没有什么价值。在统计学中，相关性和因果关系是两个不同的概念。

此外，数据的有效性远比数据量重要。有时候，海量数据并不是好事，因为这会导致难于发现其与商业之间的逻辑，且分析成本过于高昂。

（3）数据是否完备、真实、准确、实时、相关。

数据质量对数据价值有举足轻重的影响，质量不高的数据是缺乏价值的。不少企业陷入数据分析的形式主义误区，主题先行，为了分析而分析，不关注原始数据的质量和分析效果。这导致许多企业决策都建立在脆弱的基础上，决策风险巨大。

数据质量还可能因外部环境影响出现波动。经验数据往往存在局限性，曾经有效的数据可能会变得无效。粗略数据往往只能揭示问题，深入细致的分析才能帮助企业找到解决问题的办法，有助于企业知其然并知其所以然 。

大规模和多维数据对于企业更有价值。企业内部来自不同产品线、不同流程的数据，应当具有相关性，这样才能进行比较分析。数据孤岛的数据很难发挥作用。

今天，综合性金融集团希望通过拓展金融版图，推行综合金融，以提升其每个行业（如包括银行、保险业务）在营销和风险管理上的优势。除了量化营销、精细化营销对数据的依赖外，在风险管理方面，通过整合来自不同渠道的相关数据，可以使定价更为精细化。如对于财险公司来说，目前由于消费者对投保单涉及个人财务和家庭项目的接受程度较低，车险定价中难以纳入从人风险因素。对于综合金融集团来说，通过从集团下属银行、寿险等子公司的业务单元共享客户信息，可以获得更丰富的风险信息，完善内部的定价系统，使定价更加科学合理。在费率没有完全放开时，也可以通过调整承保策略、承保条件，实现对客户的选择性承保，从而争夺预期盈利客户，将预期亏损客户“送”给竞争对手。

二、阿里金融的案例

今天互联网金融领域最令人畏惧的，显然并不是传统金融企业，而是阿里巴巴的金融板块（简称阿里金融）。而被一致认同为阿里金融优势的，就是其所拥有的数据和相关技术。

数据及相关业务模型如何成为阿里金融的核心竞争力？

2012年9月8日，马云表示：阿里巴巴将从2013年1月1日起转型再造为平台、金融和数据三大业务，目标是实现“双百万”战略，即培育100万家年营业额超过100万的商家。

2012年上半年，阿里金融累计投放170万笔贷款共计130亿元，日均贷款近1万笔，每笔贷款平均仅为7000元。

“在阿里金融的微贷技术中，数据和互联网极其关键，我们更看重利用小微企业在电子商务平台上的各种数据，以此来评定它的信贷资质。数据化的运作，降低了小微企业获贷的门槛，也能有效控制阿里金融自身的放贷风险。而借助互联网平台，能更好地满足大批量小微企业的信贷需求。云计算等技术的运用，也降低了自身运作成本[88]。”

（一）阿里模式的数据基础

在传统企业的信息系统建设和传统业务上网的过程中，IT业者逐渐形成了“需求分析、流程分析（业务流程分析、数据流程分析）、标准化数据字典与流程、程序开发”的模式，并深刻体会到通过这套模式提高效率、降低成本带来的价值。

民生银行致力于将小微业务流程化、标准化、批量化、工业化（建立流程银行），财险公司在核保、理赔、客户服务中进行也力求流程化、标准化。与此类似，阿里金融也抱着同样的理念：吸取传统信贷模式的经验，根据阿里金融平台的客户特点，利用阿里大数据优势，发挥信息技术和互联网技术价值，探索有特色、有竞争优势的标准化互联网信贷审核模式和信贷风险模型（包含流程和业务规则）。这既与电子商务的经营思路一脉相承，又与金融业小微业务拓荒者——民生银行的业务思路如出一辙。不同的是，后者更注重来自金融实践的业务逻辑，前者更注重来自数据挖掘的经验。

阿里巴巴的B2B平台已运行10余年，全国4200万家小微企业中，超过800万家在阿里巴巴平台上进行交易。阿里平台记录了小微企业主在阿里巴巴、淘宝、天猫、支付宝平台上的注册信息、认证信息、所有线上行为（包括其在什么时间、在哪里、同谁交易，交谈时间，商品数量变化，贸易平台表现，登录管理、广告投放、社区行为等）和历史交易，数据庞大且极富价值，可以为信贷业务提供强大的支持。

阿里巴巴不但掌握网商的资金流动数据，还了解它们的整个运营细节，包括企业订单数量、销售增长、仓储周转以及投诉情况等数据信息。由于网商业务经营的全过程均在阿里系平台上完成，其经营状况、信用历史记录十分详尽，这成为银行无法超越的优势[89]。

（二）阿里模式的客户及市场

根据这一思路，阿里金融将其目标客户群定位为小微客户，这是阿里金融最具竞争优势的客户领域。阿里金融的客户定位于营业额3000万元以下的企业，以区别于银行的私有企业客户群。截至2011年底，阿里金融服务的小微企业有96800家，相当于中国小微企业总数的2‰，累计投放贷款数量154亿元。2011年底信贷投放量14亿元左右，坏账率为交易额的0.76%。

阿里金融的经营重心之所以定位为小微客户，其原因如下。

（1）阿里平台上的客户主要集中于这一范围，便于营销及客户关系管理。

（2）可通过与阿里其他板块如淘宝、天猫、阿里巴巴小企业业务等融合，如向贷款商户提供业务经营上的支持服务。

（3）有利于根据已经拥有的客户数据，尽快摸索出成熟的信贷风险评估模型，形成清晰的商业模式，确定这一领域的绝对领先地位。

（4）小客户是大客户的基础，随着小客户的快速成长，可以探索基于客户生命周期的模型和供应链金融模型，有利于未来进军大客户市场。

阿里金融不对未盈利的小微企业发放贷款，阿里认为，缺乏盈利前景的企业，负责人应该向亲戚朋友借款，或者找VC（风险投资）寻求帮助。

根据自身所掌握资源和风险能力，阿里金融目前只做100万元以下的贷款，将100万元以上的留给银行。当然，看过淘宝从C2C到做B2C（天猫）的过程，谁也不会认为这种想法会一成不变。据称，阿里巴巴内部曾经激烈争论是否应做100万元以上的贷款。事实上，规模只是风险的因素之一,二者并不完全成正比。实际业务规则非常复杂，并不简单地取决于规模。更何况，对于长期客户、大客户、低风险客户，往往还存在例外法则。企业需要有定位，但定位并非僵化不变的，关键还是不同客户群是否具有共同的特征。

2011年，阿里金融对将近30万家小微企业进行了信用评估。2012年，阿里金融的目标是对60~70万家小微企业进行评估，以支持其发展[90]。

（三）阿里模式的竞争优势

对于银行的传统信贷模式来说，小微企业融资难，主要是因为高成本和高风险。

从成本看，传统流程中，银行客户经理到企业进行信贷调查，2/3的时间花在路上，剩下的 1/3 时间里，一半是在吃饭应酬，另一半才是真正考察企业。500 万元以下贷款对银行来说，效率低、利润少，成本无法承担。

与发达国家相比，我国社会信用体系还不健全，这使得传统银行小微企业贷款成本难以降低。以美国个人助学贷款为例，申请人的社保数据、税收数据、信用记录，可以在银行平台上查到，任何银行都能够查询到客户在其他银行被拒的信息。我国相关部门所拥有的消费者信用数据既不共享，也不对社会开放，金融机构需要自己收集信用信息，这极大抬高了信息成本。

小微企业财务制度普遍不健全，也抬高了传统信贷模式获取信息的成本。某些企业资金往来不通过公司账户，不反映在财务报表中，而是通过企业主个人的储蓄账户，或以现金方式进行结算。由于银行难以了解小微企业真实的经营状况，为了防范风险，所以强调抵押物，也造成了小微企业贷款困难。

如果按照传统的银行信贷审核规则，阿里平台上只有少量客户能够满足要求。在阿里与银行合作的过程中，100 家小微企业中，有 93 家被抛弃，只有 7 家满足贷款条件，其中 4 家还被要求提供抵押。

阿里金融模式克服了以上这些障碍，从而在两个方面形成银行望尘莫及的竞争优势：首先，使得银行传统上无法开展的贷款业务得以开展；其次，提高了小微企业贷款的效率，降低了成本，提升了服务。

（四）阿里模式的核心

1. 信贷风险模型

阿里金融正致力于掌握金融企业的核心竞争力——风险控制能力和管理能力，力争推出更多基于 IT 技术和数据模型的金融产品，从而确立阿里金融的商业模式。

阿里金融最核心的技术，是客户信贷风险评级模型。首先是全方位调查客户信息，其次，分析小微企业主在阿里巴巴平台认证与注册信息、留下的痕迹、贸易平台表现等。随后进行客户交互行为分析，如顾客的收藏、购买、评价、反馈情况等。利用这些数据，通过网络行为评分模型，对小微客户进行风险评级。淘宝网通常将卖家分级为“五心”的贷款额度限定在 500 元，“一钻”的贷款额度为 2000 元。

在利用其他数据进行信用评估方面，一是通过第三方公司，掌握企业会员经过海关、税务验证的数据；二是引入心理测试系统，对小企业主进行人格分析，判读其性格特质，通过模型测评小企业主对假设情景的掩饰和撒谎程度；三是采用外部信息抓取技术，抓取客户在外部互联网上留下的数据痕迹和身份信息，结合客户软信息、上下游评价等，再将行业与政策库数据作为调整因素，从而完成对小微企业客户的全方位综合评价。

如果打算对某一地区的小微企业开展贷款业务，阿里金融通过情景模拟技术设定一系列指标，以此来进行客户评级，为信贷决策提供依据。指标体系包括风险值、交易量、交易增长与波动率、店铺星级与流量、行业排名、广告投入、诚信与处罚分以及历史交易状况等。利用云计算技术，系统自动生成授信客户浏览结果，并显示排名先后顺序。排在前50位的客户，可能成为优选贷款对象。

阿里金融坚持定性与定量相互融合的理念。通过全方位调查对客户定性，并将结果量化，之后输入评级模型组合，通过大规模数据计算进行定量处理，从而保证评级结果不发生偏离。

通过评级系统对小微企业进行分级，筛选符合条件的贷款对象，完成贷前调查流水线作业后，贷款进入审批程序，确定额度和利率，并由财务部门放款。贷款随即进入系统实时监控状态，阿里金融的实时风险控制系统开始发挥作用。

阿里金融实验室基于社交大数据概念，建立了一个风险控制工具——人际爬虫。对个人海量行为数据进行分析和追踪。例如通过模糊查询输入任何企业名称，将能获得基于这家企业的核心人际关系网络图谱，由系统给出基于模型的综合评级结果，包括风险评估和经营状况。

利用互联网技术，人际爬虫通过捕捉及整合人际关系信息并进行分类，加深对小微客户信用行为和经营状况的了解。人际爬虫通过设立规则及相关性分析得到相应估值，再将数值输入模型组合进行计算，得到的结论与评级系统进行交叉验证，构成风险控制的“双保险”。

在互联网上，风险行为升级与传播的速度十分迅速。阿里金融实验室可以实时监控贷款对象网络行为特征的变化，及时对风险控制系统进行动态升级，从而有效控制信贷风险。通过分析企业之间的相互关系，当一家企业出现风险时，会对其相关企业采取风险控制措施。相反，也可以识别好企业进行重点营销。系统实时统计小额贷款投放的企业总数、申请数、满足数与满足率等风险控制指标。

2. 流程技术

风险模型决定了业务规则，而优化流程则可以使业务操作层面提高劳动效率，降低成本，达到风险可控。以客户服务、风险管控、成本节约为三大目标，借助于信息技术和互联网技术，优化阿里金融“工作车间”的业务流程，最终实现成本领先战略。

基于互联网技术和已有用户数据库，阿里巴巴可以创新信贷风险评估技术，大幅降低信贷审核的成本。基于阿里巴巴小企业业务长期形成的大数据（既包括交易记录，也包括文字信息，如旺旺的聊天记录），阿里金融可以创新互联网信贷审核业务标准，将信贷审核流程标准化，从而实现贷款的自动化智能审核。

每个环节的审核人员可以看到客户的业务情况、风险状况，借助分析工具对风险进行评估。阿里巴巴不再采用传统银行的逐案审核方式，而是采用标准化流程，从而提高效率，降低成本。传统信贷模式中，每位银行客户经理只能管理100家小微企业，而阿里金融每位审核人员能够管理1000家以上。

阿里金融的批贷效率远高于传统贷款机构。由于评估系统为自动评价，因此放贷审核、发放也可以全程在网上自动实现。据称，只要3分钟填写贷款申请，1秒钟就能知道是否获批，而且没有地域限制。对于阿里平台上的卖家，提交申请后可立刻得知是否获批，并且贷款将很快发放到卖家的支付宝账户中[91]。

3. 信贷产品创新

阿里金融开发了贷款团购，通过系统筛选出符合条件的小微客户，在规定时间内同时发起贷款，图购贷款利率更优惠，运作成本也更低。

阿里金融计划2013年为40万家小微企业提供贷款，力争未来3年服务100万家小微企业，以证明其商业模式的可行性。

在阿里金融提供的贷款中，金额最低的只有几十块钱，许多贷款平均期限只有3~7天。

4. 配套信息技术

视频调查是阿里金融的核心技术之一。

将线下资信调查手段引入图像识别与处理等信息技术，信贷调查员通过互联网在线调查，与小微企业客户进行面对面交流，要求他们在线提供个人银行流水、水电费单等票据，帮助恢复或重新编制财务报表，以判断企业的财务状况与运营能力。

5. 业务管理模型

除了贷前审核之外，还包括贷中、贷后风险管理。阿里金融通过实时风险监控，提升贷后风险控制能力。借鉴银行经验，阿里金融在放出贷款后，通过终端和后台进行实时监控。其风险控制最重要的任务，在于交叉验证线上获取的信息是否有效，是否能够将风险分析清楚。

阿里金融正在自主研发风险决策系统，未来会将其嵌入整个风险控制体系。另外，阿里金融还引入国外一流风险控制核心技术，结合自身对国内小微企业特征的理解，用系统化和标准化方式分析贷款客户行为，合理控制贷款风险。

计算机系统 24 小时监控小微企业贷款使用是否发生偏离，如果贷款真正投入到生产经营中去，其店铺流量会发生变化，平台广告投放可能增加，营业额出现一定上涨，利润随之将增加。如果评估结果变差，将提前预警并收贷。

风险控制体系运行过程中嵌入数千条规则，可实时弹出预警信息，按照风险级别采取对应措施。如亮红灯时必须立即处理，亮黄灯时则累加到一定数量后再处理。系统还会通过客户表现，来决定贷款额度的增减。

信用恢复是阿里金融的特色技术。如果某个企业由于产销过剩，商品销售不畅，所欠贷款无法偿还，阿里巴巴交易平台可以帮他改进，以解决销路问题，而不是简单地关掉他的网店。

除了微贷技术创新，阿里金融在客服、法务、合规等方面，也形成了一套完备的风险控制体系。

6. 供应链合作

在小微企业金融服务生态链中，阿里金融不断寻找自我定位。2012 年，中国银行和中信银行成为其新的合作伙伴，将服务领域锁定 50 万元以下小微企业信用贷款，商业模式是银行提供资金，阿里金融进行线上调查，控制成本，并收取担保费和信息服务费。

除两家小贷公司外，阿里巴巴于 2010 年 11 月收购了深圳涉足交易融资业务的外贸出口服务商一达通。2011 年 5 月，阿里巴巴与上海住房置业担保公司共同推出网商信用贷款融资平台。

（五）阿里金融的启示

从相关资料可以看到，阿里金融基于其数据和模型，建立了大规模开展金融业务的坚实基础。目前，受制于小贷公司牌照的限制，资金杠杆率较低，其业务发展受到制约。一旦其获得银行或其他金融牌照，将能够以更快的速度发展。

2012 年底，阿里巴巴在旗下外贸电商服务平台一达通发布了 B2B 虚拟信用卡，海外买家可以用赊销方式在中国大陆采购货物，单笔融资最长期限可达 180 天[92]。

此外，阿里金融还将目光放在了消费金融领域，2013 年 3 月推出了首个消费金融产品——虚拟信用卡。卖家签约“信用支付”功能后，就能够支持买家信用支付。

支付宝将根据用户交易数据，分析用户消费行为和信用风险，进行信用评级，对用户进行授信，信用额度为1~5000元，用于在淘宝等购物支付，用户最长可以获得38天免息期[93]。

阿里推出和管理虚拟信用卡，同样基于其对所拥有的消费者数据进行分析，并建立相关的信用风险模型。

阿里巴巴将子公司调整为7大事业群后，2013年1月再次将组织机构重组为25个事业部。未来，阿里系中金融版图会是什么样子，还需要拭目以待。不过可以肯定的是，金融将成为阿里系最重要的业务领域。而对于阿里金融来说，数据和模型将成为其核心竞争优势，传统金融机构将很难超越。

阿里金融对传统金融机构的挑战，主要集中在小微企业和线上消费金融领域。值得注意的是，阿里巴巴在金融领域的尝试，对其他互联网企业起到了示范作用。以自营业务起家的京东，也开始涉足供应链金融。

京东提供担保功能，使供应商能够以较低成本从银行得到短期融资服务。京东还通过收购第三方支付公司网银在线，获得了支付牌照[94]。

结合电商平台，利用电商数据开展消费金融业务，其先例有亚马逊于2001年与花旗银行合作推出虚拟信用卡[95]。2004年7月，工行与腾讯合作推出国内首张虚拟卡联名E通卡。据报道，2013年5月，亚马逊还要推出针对Kindle Fire的app、游戏、应用内购买的虚拟货币Amazon Coin[96]。

阿里金融案例给我们的启示有以下几点。

（1）对于互联网金融，渠道不是核心优势，数据和模型才是核心优势。

（2）数据已经成为互联网金融业最稀缺的生产要素和最重要的资产。

（3）孤立的、静态的数据，远远没有开放的、互联的、相关的、多维的、持续更新的数据更有价值。

（4）大数据及相关技术将成为互联网金融企业的核心竞争力。

（5）依靠数据和模型实施精准营销、流程金融（借助信息技术和网络技术对传统金融业的业务流程进行脱胎换骨的再造）、移动服务（基于移动互联和物联网技术的金融服务），将成为互联网金融企业竞争的常态。

参考文献

[1] 波特价值链分析模型.MBA智库百科[G/OL].

[2] 中国平安新渠道远程贷款官网主页[G/OL].http://1010-0000.pingan.com/index.shtml.

[3] 余爱华 . 网贷通——企业网络循环贷款 . 浙商网 [R/OL].[2009-12-5].http://biz.zjol.com.cn/05biz/system/2009/12/05/016128062.shtml.

[4] 工商银行网贷通宣传主页 [G/OL].http://www.icbc.com.cn/ICBC/.

[5] 工行个人网贷通 五大优势好轻松 .http://finance.21cn.com/ztmetal/icbc2010/0603/news_90.html.

[6] 贷款能否网上操作，做到资金立等可取?. 宁波银行 [R/OL].[2011-1-1].http://www.nbcb.com.cn/zxqyzq/ jjfa/01/13049.shtml.

[7] 曾航 . 硅谷创业报告:SoLoMo 最热 .21 世纪经济报道，[2011-12-3].

[8] 扬扬 . 挖财：移动互联网引发个人记账潮流 .TechWeb[R/OL].[2011-6-7].http://www.admin5.com/article/20110607/350036.shtml.

[9] 曹宇清（rambocao11）. 阿里巴巴欺诈事件的发生绝非偶然 . 天涯论坛 [G/OL].[2011-2-23].http://www.tianya.cn/publicforum/content/free/1/2103460.shtml.

[10] 老员工的一篇公开信“阿里巴巴我很失望”及官方 HR 回应 .[2009-2-26].http://hi.baidu.com/wgb929/item/1c9c0bcc44df7924a1b50a48.

[11] 阿里巴巴初期的推广方法分析 .www.moxiuba.cn[G/OL].http://www.admin5.com/article/20100716/251619.shtml.

[12] 韩福东，雷敏 . 安徽小岗村冒死包产到户 如今反思集体道路 . 南方都市报，[2008-1-4].

[13] 淘宝店主走私 5 亿 iPhone 受审 执法部门网店监管有缺失 . 经济参考网，[2012-11-15].

[14] 孟帆红 . 珊瑚虫作者陈寿福被抓始末 . 新世纪，[2007-10-22].

[15] 古丰，方堃 . 珊瑚虫版 QQ 侵权案一审判决 陈寿福被判刑三年 . 网易科技，[2008-3-20].

[16] 王纳，严慧娟 . 腾讯前员工开发外挂红旗 QQ 被判刑半年 . 广州日报，[2012-3-7].

[17] 戴小河 . 私服大佬传奇：80 后待业青年从千万富翁到阶下囚 . 时代周报，[2012-5-24].

[18] 四部门联手整治“删帖公司”. 京华时报，[2011-4-14].

[19] 郑江波 . 山寨原罪在哪里 . 创业邦，[2012-6-5].

[20] 数据魔方案例分析 . 百度文库 [G/OL].

[21] 麻省理工博士退学开网店两年身家过千万 . 都市快报，[2011-12-9].

[22] 张大红 .NALASHOP：精确数据化运营 . 亿邦动力网 [R/OL].[2011-3-1].http://www.ebrun.com/online_retail/20477.html.

[23] 卖家使用数据魔方心得经验汇总 . 百度文库 [G/OL].

[24] 淘宝网数据魔方专业版攻略 . 百度文库 [G/OL].

[25] 史上最牛实习生爆料：我在赶集网的两个月 . 牛津管理评论 [R/OL].[2011-7-15].http://tech.hexun.com/2011-07-15/131473128.html.

[26]Nala 专题 . 派代网 [G/OL].http://www.paidai.com/labels/Nala.html.

[27] 刘勇明 .NALA 这两年发展的经验 . 派代网 [R/OL].[2011-4-29].http://bbs.paidai.com/topic/48368

[28]chenming19772006.77 年东北男义乌做淘宝，白手起家 [R/OL].[2010-8-22].http://www.tieku.org/308151/1.html.

[29] 麦包包发箱包数据魔方 趣味揭示箱包购物习惯 . 中国网 [R/OL].[2012-9-21].http://tech.qq.com/a/20120921/000080.htm.

[30] 刘勇明:NALA 凭什么两年从零做到 3 亿 . 派代网 [G/OL].[2011-8-24].http://news.paidai.com/7780.

[31] 搜索引擎营销 . 百度百科 [G/OL].

[32] 周再宇 . 互联网广告：点击率带来的困惑 . 新营销，[2010-7-16].

[33] 刘艳 . 网络广告新标尺 .IT 经理世界，2011(12).

[34] 熊立 . 网络视频广告和电视广告评估标准实现统一 . 网易科技 .[2010-4-14].http://tech.163.com/10/0414/22/6491LC6O000915BF.html.

[35]ReturnPath：2011 年下半年全球电子邮件递送数据报告 [R/OL].[2012-3-29]，http://www.199it.com/archives/28689.html#more-28689.

[36] 侯继勇 . 电子商务红海生存术：一个实际用户成本 80 元 .21 世纪经济报道，[2010-12-29].

[37] 吴英杰 . 淘宝页面显微镜系统原理及实践 .pdf. 百度文库 [G/OL].

[38] 刘平川 .Marmot 实践 .pdf. 百度文库 [G/OL].

[39] 蓝鲸 .Google Analytics 功能篇—目标和渠道 [R.OL].[2010-3-21].http://bluewhale.cc/2010-03-21/google-analytics-goals-funnel.html.

[40]Joegh. 网站转化率与漏斗模型 . 网站数据分析 [R/OL].[2010-3-24].http://webdataanalysis.net/web-quantitative-analysis/conversion-rate-and-funnel-model/.

[41] 任鑫 . 事情不是你看到的那样——网络营销数据解读 .[2009-3-17].http://www.brandmarketing.com.cn/article.asp?id=414.

[42]Dwolla. 不走寻常路颠覆支付行业 . 中国电子商务研究中心 [R/OL].[2012-8-28].http://b2b.netsun.com/detail--6054712.html.

[43] 王素文 . “榨干”银行利息有技巧 . 理财，[2012-6-25].

[44] 徐可奇 . 榨干银行利息升级版：极品存款法年收益达 5.61%. 青年报，[2012-6-12].

[45] 海底捞火锅店：服务好到“一塌糊涂”. 齐鲁晚报，[2007-11-27].

[46] 普通人就能看懂！教你榨干保险公司最后一滴血 . 网易汽车社区 [G/OL].[2008-3-10].http://auto.163.com/08/0303/12/4641LAM000081TPJ.html.

[47] 李启来 . 专家解密网络红贴《榨干保险公司最后一滴血》. 理财师，[2010-9-20].

[48] 殷雨婷 . 中国电商价格战之困：无路可走 本质悄然改变 . 和讯科技，[2012-7-23].

[49] 王晶晶 . 第三方支付代销基金现状：亏钱做渠道 . 南方都市报，[2012-6-19].

[50] 卢曦 . 合作现分歧 支付巨头拉卡拉与全家“分手”. 每日经济新闻，[2010-1-5].

[51] 华强 . 拉卡拉疯狂圈地盈利困局难解 . 投资者报，[2012-2-20].

[52] 赵陈婷 . 红孩子纯电商模式遇困苏宁易购或接盘 . 每日经济新闻，[2012-7-11].

[53]O2O. 百度百科 [G/OL].

[54] 民办高校呼唤助学贷款 宜信携手江西蓝天惠学子 . 中青在线，[R/OL].[2009-5-19].http://edu.cyol.com/content/2009-05/19/content_2673524.htm.

[55] 沈云芳 . 淘品牌御泥坊三板斧：营销产品管理及大环境 . 新浪科技，[2012-7-11].

[56] 李悦妮 . 轻舟难过万重“衫”：破解 PPG 的失败基因 . 销售与市场，[2009-1-17].

[57] 钻石小鸟网上创业史：年轻兄妹的百年品牌梦 . 北京晨报，[2012-3-9].

[58] 叶丹 . 电商卖假货 真“假”，还是假“假”. 南方日报，[2012-6-28].

[59] 爱马仕假货风波奢侈品网站遭危机 . 网络导报，[2012-7-4].

[60] 叶丹，陈阳阳 . 奢侈品电商成“假货”高发地 . 南方日报，[2012-7-5].

[61]“钻石小鸟”还能飞多远？网销模式遭质疑 . 中国电子商务研究中心 [R/OL].[2011-8-10]. http://www.cqn.com.cn/news/cjpd/452692.html.

[62] 王聪 . 招商银行，因您而变的“金葵花”. 燕赵晚报，[2012-11-14].

[63] 蔡木子，曾琢 . 李宁库存或已高达 10 亿元，品牌广告语被指最大败笔 . 长江日报，[2012-11-16].

[64] 丁家永 .90 后李宁为什么没打动 90 后 .[2011-8-12].http://www.cmmo.cn/portal.php?mod=view&aid=59914.

[65] 李宁 . 为什么搞不定“90 后”?. 虎嗅网 [R/OL].[2012-8-7].http://money.163.com/12/0807/08/889STE3800253G87.html.

[66] 王侃 . 凡客诚品体验营销让销售狂增 . 城乡致富，[2011-1-6].

[67] 马可佳 . 凡客：将“口碑营销”系统化 . 第一财经日报，[2012-3-16].

[68] 海康 -MSN 理财大学学员达 54 万人 .[2007-11-29].http://insurance.hexun.com/2007-11-29/101953727.html.

[69] 水蓝 . 苹果 iPhone4S 成本价格出炉每部 203 美元 . 腾讯数码，[2011-10-8].

[70] 孙伟 . 三星智能手机出货量超苹果利润率偏低 . 中关村在线 .[2012-5-2].http://tech.hexun.com/2012-05-02/141000990.html.

[71] 玉临 . 苹果商店的门徒：8 大公司零售店一览 . 腾讯科技，[2012-7-19].

[72] 苹果成功的必然与偶然 . 每日经济新闻，[2012-9-17].

[73] 消费者剩余 .MBA 智库百科 [G/OL].

[74] 原宇玲 . 颠覆者的取胜之道 . 艾瑞网，[2012-3-26].

[75] 乐天 .Hitwise：淘宝约有 2.5% 流量来源于新浪微博 . 腾讯科技，[2012-11-20].

[76] 汤浔芳 . 新浪阿里合作大戏未定估值分歧或是主因 .21 世纪经济报道，[2012-11-23].

[77] 丁宁 . 管窥基金公司家底：新公司生存艰难 渠道费用高企 . 上海证券报，[2012-4-9].

[78] 基金定投：选对定投渠道，成本减少 60%. 凤凰网，[2010-5-9].

[79] 营销代码 . 百度百科 [G/OL].

[80] 刘勇 . 平安易贷险被指打“擦边球”贷款成本相当高 . 经济导报，[2011-6-20].

[81] 袁盼锋 . 贷款保险小步走：锦州银行利率上浮 4 成平安兜底 . 理财周报，[2012-11-19].

[82] 蓝彬珍 . 平安易贷险承保 75 亿 需求与模式之辩 . 经济观察报，[2012-2-3].

[83] 信贷保险起步：保险替银行“卖”贷款 . 财经网 [R/OL]，[2012-11-19].

[84]Amazon.com 首页少有促销：缘于推荐算法 .i 黑马 [R/OL].[2012-10-30].http://www.chinaz.

com/biz/2012/1030/280161.shtml.

[85] 路迪 . 数据分析的重要性——从林彪的一个小故事谈起 . 新浪博客 [G/OL].[2012-11-12]. http://www.itongji.cn/article/111913D2012.html.

[86] 纳言 . 时代周刊：数据挖掘助奥巴马连任 大数据左右美国政界 [R/OL].[2012-11-8].http://it.sohu.com/20121108/n357017969.shtml.

[87] 李广明，诸唯君，周欢 .P2P 网络融资中贷款者欠款特征提取实证研究 . 商业时代，2011(1).

[88] 周桓 . 阿里集团 80 亿美元融资方案敲定回购股权或为整体上市铺路 . 上海证券报，[2012-9-13].

[89] 汪孜博，张玉洁 . 马公式金融 . 金融世界，2011(12)

[90] 赵楠 . 阿里金融宣布完成投放 154 亿元 . 腾讯科技，[2012-2-8].

[91] 缪翔 . 阿里巴巴的金融想像力 . 东方早报，[2012-9-6].

[92] 阿里推虚拟信用卡：海外买家可赊销采购 . 亿邦动力网 [R/OL].[2012-12-27].http://www.ebrun.com/20121227/64335.shtml.

[93] "虚拟信用卡"到来，支付宝推出"信用支付". 财经网 [R/OL].[2013-3-1].http://industry.caijing.com.cn/2013-03-01/112546329.html.

[94] 京东详解供应链金融服务：不占用供应商资金 . 新浪科技 .[2012-12-12].http://tech.sina.com.cn/i/2012-12-12/00377876941.shtml.

[95] 亚马逊推出在线信用卡力促年末销售 [R/OL].[2001-11-5].http://www.yesky.com/20011105/1423543.shtml.

[96] 针对 Kindle Fire 的 App 购买，亚马逊推出虚拟货币 Amazon Coin.raina[R/OL].[2013-2-6].http://www.36kr.com/p/201211.html.

后 记

作为一名出身程序员的金融企业管理人员，这本书，是自己多年来对互联网和金融的一些问题学习思考的结果。

这个领域，包括传统金融业和互联网业，有许多令人钦佩的先驱，都在努力探索。我受益于他们，理当向他们致敬。没有他们，消费者无以获得价值，我则无以写作。

这条道路异常坎坷，我们今天总结的宝贵经验，既源于那些已经初尝胜利喜悦的成功者，也源于那些没有看到黎明就在黑夜里倒下的壮士。或许他们的经验只是局部的，具体的，但因为他们亲历亲为，他们对那些书本上冰冷文字和商场中浴血奋战的真实感触，无人可比。我们可以质疑他们的商业模式、经营策略的普适性，但决不应怀疑实践的价值，我们应当对他们的勇气、魄力和不折不挠的企业家精神表达敬意。正是他们，创造了和正在创造中国互联网的历史。相较那些怀着雄心壮志，在大海里已经游了很远的人，我们这些写作者，充其量只能算是在沙滩上拾贝壳。

互联网领域变化很快。这个领域推陈出新，一日千里，非奋起直追，难悟其中奥妙。三年前，移动互联还算是新鲜事物，今天，即使行动迟缓的金融企业，也在大力推行移动战略。展望未来，大数据、云端、移动技术、物联网，都将对互联网应用带来新的冲击。以技术为驱动，金融业也将不断变革。我们必须不断学习，不断挑战，不断尝试。探索没有止境。

真正的武林高手，可能博览众家所长，却是无招无式。企业经营管理中，最高的境界也是无招，人剑合一，随机应变。没有任何一套理论，能够涵盖一个行业、一家企业面临的所有问题。对于新兴的互联网金融行业，就更是如此。

互联网金融这个课题近年来炙手可热，本书写作中参考了大量最新的资料，但写作本书的想法却起源于多年前。十余年前，我参与开发企业信息系统和业务流程再造工作，对于信息技术推动企业变革有了一定认识。2001 年在北京大学网络经济研究中心从事研究工作，有幸得到曾鸣老师指导，第一次接触到系统的电子商务理论。也是在那时，通过国际劳工组织的培训项目，接触到小额贷款、普惠金融等理念和方法。之后进行了短暂的互联网创业实践，经历了第一波互联网泡沫的破灭，使我对互联网商业模式有了粗浅认识。

北京大学光华管理学院博士毕业后，我有幸进入亚洲最大的财险公司——中国人保财险就职。在迄今十余年的职业生涯中，不断增加企业管理的感性认识，对于大型金融企业自上而下，自下而上，从经营到管理的方方面面，有机会进行系统深入的实践和思考，长期关注财险公司如何建设营销体系、绩效考核体系、运营及业务流程这三个核心课题。十年前，从事计划、考核、经营分析、战略决策支持等工作；七年前，在公司意外健康险产品线从事电子商务产品开发、平台和渠道建设等互联网保险业务管理；四年前，在分公司担任分管信息技术、电子商务和电话营销、客户服务、承保和理赔的副总经理，开展多项改革，对互联网金融的思考更加深入。这本书总结了这些年学习和实践的成果。

管理是一门实践性很强的学问。纵观管理界，即便所谓经历过检验的经验和知识，也极有可能被日新月异的市场证明不再适用。我们知道，总有一些东西可以长存甚至历久弥新，譬如抽象的理论、商业的本质规律；但囿于历史局限，又总有一些东西需要不断完善甚至淘汰，譬如具体的模式。越是接近实务的知识，其有效期就越短。但这些不成熟和尚未接受时间检验的知识，对实践者来说却具有重要价值。

成熟的理论往往意味着缺乏创新，难以带来超额收益。这个世界上有许多所谓“成熟”的知识，都容易变成“正确的废话”。这些在互联网金融领域并不是稀缺品。相反，无论崇尚创新的互联网领域，还是转型中的中国金融业，都需要一点点新鲜的空气，一些让人在会场上昏昏欲睡中突然警醒的异想天开和标新立异，需要一些有依据但又有点儿冒险的巫师般的前瞻性预言，需要尽管存在争议但能够给人以启迪的新观点、新见解。事实上，互联网金融的创新者们，总是带给我们许多惊奇。我想，总有一些读者希望了解这样的信息。

企业经营管理之奇妙，与理论研究完全不同。它既需要高瞻远瞩的战略，以及大智若愚和长期执着的坚持，又需要精巧的战术把戏——如产品宣传推广中善解人意，出奇制胜；既需要精准的管理科学，更需要艺术般的、浑然天成的商业直觉；既需要洞悉消费者需求的感性决策，又需要科学的数据分析。

胡适先生说过一句话:“大胆假设，小心求证。”希望这本书没有丧失大胆设想的勇气，也希望我们的读者，都是一些富有激情、勇于探索的实干家。正是在那些卓越的创新创业者的激励下，让笔者不揣浅陋，有足够的勇气将这本书呈现在您的面前。“小心求证”，则寄希望于实践者们了。创业家们充满热情，或许他们需要的不是“小心”，只是机遇。

商业直觉和判断，依赖长期学习和工作中的积累。我要感谢武汉理工大学、华中理工大学和北京大学光华管理学院的老师们，尤其是陈良焜老师和王红卫老师，是他们让我有机会得窥信息科学和经济学、管理学的奥妙，拥有了复合知识背景和多种视角。尤其要感谢中国人保财险总裁王银成的关怀，副总裁王和的指导，和同仁们对我的支持和帮助。在人保财险总公司的业务部门、决策支持部门和后台支持部门，以及宁波分公司的管理工作经历，充实了我的商业直觉和管理经验。没有这些领导和同仁的关心帮助，这本书无从谈起。

这本书稿来之不易。由于工作繁忙，在写作过程中，只能利用业余时间完成，花费时间远远超过预期。感谢中国宇航出版社，独具慧眼看中了这个选题，为本书的出版提供了大力支持。感谢田方卿编辑，他的诚挚约稿和不厌其烦的督促，使我克服困难，最终完成这项乐在其中的“工作”。

特别感谢我的家人，我的夫人刘亚玲承担了许多家庭责任，没有她的牺牲，就没有这本书。还有我们双方的父母，给予我们许多生活上的支持和帮助。

最后，要衷心感谢这本书的读者，您选择阅读本书，是对我最大的鼓励。

囿于时间关系，本书错误和疏漏在所难免，诚挚地希望能够聆听您的宝贵意见。我将珍视您的批评和建议，期待从中获得启发，愿能成为您的朋友。

吴成丕

2013 年 6 月

wu.champy@gmail.com

piccah@hotmail.com

新浪微博:@淡泊思远